Fürst

Verpackung

Gelobt, Getadelt – Unentbehrlich!

Reinmar Fürst

VERPACKUNG GELOBT, GETADELT – UNENTBEHRLICH!

Ein Jahrhundert Verpackungsindustrie

Vor dem Hintergrund der Geschichte
von Staat und Wirtschaft
Der Weg eines Unternehmens
von Braunschweig nach Europa

Vorwort:
Vorstand der
Schmalbach-Lubeca-Werke AG
Braunschweig

Econon Verlag
Düsseldorf · Wien

1. Auflage 1973

Gesetzt aus der 10/12 Punkt Times der Linotype GmbH
Gesamtherstellung: Kleins Druck- und Verlagsanstalt, Lengerich (Westf.)
Printed in Germany
ISBN 3 430 12997 4

Inhaltsverzeichnis

Vorwort

Am 7. Januar 1973 begeht die Schmalbach-Lubeca-Werke AG ihr 75jähriges Geschäftsjubiläum. Wir haben unseren Mitarbeiter, Herrn Professor Dipl.-Kfm. Dr. *Reinmar Fürst,* beauftragt, aus diesem Anlaß die Entwicklung der Firma, *eingegliedert in größere Zusammenhänge,* darzustellen.

Prof. *Fürst* hat uns vorgeschlagen, vor dem vierfachen Hintergrund
- der Universalgeschichte,
- der Wirtschaftsgeschichte,
- der Industriegeschichte und
- der Geschichte der Verpackungswirtschaft

zu zeigen, welchen Beitrag zur Lösung der jeweils aktuellen Probleme unsere Firma leistete, und das Buch zu schließen mit einem Ausblick auf das nächste Vierteljahrhundert. Bei der Geschichte der Verpackungswirtschaft sollte der Akzent naturgemäß bei der Feinstblechpackungsindustrie liegen, der das Unternehmen am längsten verbunden ist.

Auf diesen Vorschlag sind wir eingegangen und haben dem Verfasser völlig freie Hand gelassen, seinen Plan zu verwirklichen. Wir danken allen Mitarbeitern, die Herrn Prof. *Fürst* mit ihrem sachkundigen Rat unterstützt haben, besonders unserem Archivar, Herrn *Wilhelm Geßner,* dessen verdienstvolle Arbeiten dem jeweils 5. Abschnitt der ersten sechs Kapitel zugrunde gelegt wurden.

Der »konservierende Klempnermeister« ist der gemeinsame Ahnherr der Feinstblechpackungsindustrie und der Konservenindustrie. Erst die Erben gaben entweder das Konservieren auf und stellten die

Konservendosen ausschließlich für fremden Bedarf her oder gaben die Fertigung der Konservendosen auf und bezogen sie von einem Dosenfabrikanten.

In der Frühzeit der jungen Geschichte der Feinstblechpackungsindustrie ist die wichtigste Quelle die Fachzeitung »Die Konserven-Industrie«, Braunschweig, die bis 31. Oktober 1933 sich mit haltbaren Nahrungsmitteln aller Art beschäftigte (vom 1. November 1933 an wurde der Haupttitel und damit die Interessensphäre geändert in »Die Obst- und Gemüse-Verwertungs-Industrie«); die Geschichte der Feinstblechpackungsindustrie wird gleichsam im Spiegel der Geschichte der Konservenindustrie gesehen. Nach dem Ende des Zweiten Weltkrieges ändert sich die Lage: Es beginnen Zeitschriften zu erscheinen, die sich *ausschließlich* den Problemen des Verpackungswesens widmen. Diese konnten – zusammen mit vielen anderen Quellen – bei der Ausarbeitung der Kapitel V und VI wertvolle Hilfe leisten.

Prof. *Fürst* hat gezeigt, daß in den einzelnen Epochen die jeweils aktuellen Probleme durch unternehmerische Initiative und unternehmerischen Weitblick gelöst wurden. Wir begrüßen eine solche Darstellung als praktischen Beitrag zur Formung des Unternehmerbildes in einer Zeit, in der das Unternehmertum – trotz der überzeugenden Erfolge der von ihm getragenen »Sozialen Marktwirtschaft« – von verschiedenen Seiten angegriffen wird.

Wir danken Herrn Prof. *Fürst* für das nach unserer Auffassung voll gelungene Werk und hoffen, daß unsere Geschäftsfreunde und Gesprächspartner gern in diesem Buch lesen werden, um die eigenen Erinnerungen aufzufrischen, die Vergangenheit kennenzulernen oder einen Blick in die Zukunft zu tun.

Hans Herbert Munte

Heinz Prast — Dr. Klaus Agthe

I.
»Die gute, alte Zeit« (1898-1913)

Die goldne Zeit, womit der Dichter uns
Zu schmeicheln pflegt, die schöne Zeit, sie war,
So scheint es mir, so wenig, als sie ist;
Und war sie je, so war sie nur gewiß,
Wie sie uns immer wieder werden kann.

J. W. v. Goethe,
Torquato Tasso, Zweiter Aufzug, 1. Auftritt

1. Die Wirklichkeit nähert sich einem Wunschbild

Die Selbstbeobachtung und die Spiegelung der Wirklichkeit in zeitgenössischen Betrachtungen zeigen uns, daß die Menschheit stets die »goldne Zeit« in die Vergangenheit verlegt, nie die Gegenwart als »goldne Zeit« empfunden hat. Von dieser Regel, die *Goethe* von der Prinzessin *Leonore von Este* aussprechen läßt, gibt es in der Geschichte Deutschlands eine Ausnahme: das Halbjahrhundert von der Einleitung der Reichsgründung bis zum Ausbruch des Ersten Weltkrieges erschien auch den damals Lebenden bedeutend und glücklich zugleich.

Die von der Großen Französischen Revolution eingeleitete Bewegung zum Nationalstaat hatte einen ersten Abschluß erreicht mit dem Bürgerkrieg der Vereinigten Staaten von Amerika, der Errichtung des Königreiches Italien durch Graf *Cavour* und der Reichsgründung *Bismarcks*. Während der Aufstieg der außereuropäischen Erdteile schon begonnen hatte, strebte die Vormacht Europas »ihrem äußerlich alles überragenden Höhepunkt zu«. Trotz der am Rande sich vollziehenden und nur ungenügend beobachteten Entwicklung der Vereinigten Staaten von Amerika stellten die großen Nationalstaaten des alten Kontinents eine Machtbildung dar, die »dem Erdball politisch und militärisch, wirtschaftlich und kulturell noch fast ungehemmt das Gesetz zu diktieren vermag.«

Es entscheidet – oder es scheint zu entscheiden – die Stärke der Staaten Europas in Europa über ihre geschichtliche Geltung für Gegenwart und absehbare Zukunft. Drei Kriege, die nach raschen Siegen mit maßvollen Friedensverträgen beendet wurden: der Dänische Krieg

(1864), der sogenannte »Deutsche Krieg« (1866) und der Deutsch-Französische Krieg (1870/71) führten zur Reichsgründung *Bismarcks.* Die Folgen übertrafen in der Verschiebung des Gleichgewichtssystems der europäischen Großmächte die Tragweite der Folgen der Großen Französischen Revolution; dem Bürgertum der eigenen Zeit und zum großen Teil der beiden nächsten Generationen erschien sie darum »schlechthin als Erfüllung der deutschen Geschichte«.

Der Versuch, zum besseren Verständnis der wirtschaftlichen Entwicklung den universalgeschichtlichen Hintergrund zu skizzieren, führt zu sieben Leitsätzen:

1. Getragen von einer beispiellosen wirtschaftlichen und technisch-industriellen Entfaltung und diese wiederum verstärkend, stieg die Bevölkerung
   von 41 Millionen im Jahre 1871, bis 1890 auf 49,
   bis 1905 auf 60 und
   bis 1914 auf 67 Millionen,
   also von 1871 bis 1914 um rund 64 %.
   Diese Volksvermehrung war außenpolitisch bedeutsam unter dem Aspekt der klassischen Lehre der Diplomatie, der die Geschichte Europas seit dem Beginn neuzeitlicher Machtpolitik »als ein Prozeß des Ringens um Hegemonie und Gleichgewicht im Staatensystem galt«.
2. Der Reichsgründer hatte seine Schöpfung als Bollwerk gegen die seit 1789 immer wieder andrängenden revolutionären Tendenzen errichtet; sein Realismus befähigte ihn aber, schöpferisch und gestaltend soviel vom »Zeitgeist« in sein Werk aufzunehmen, »daß er den Kräften der Epoche ... ohne restaurative Befangenheit weitesten Spielraum gewährte«.
3. Durch den Ausbau der Zolleinheit, die Schaffung der Rechtseinheit und die Gewährung der Gewerbefreiheit wurde die Bahn geöffnet für die stürmische Entfaltung der wirtschaftlichen und sozialen Kräfte, die die Nation bis zum Zeitpunkt ihrer späten politischen Einigung (allerdings ohne Einbeziehung der Deutschen Österreichs) in sich aufgespeichert hatte. Krisen und Rückschläge haben diese Entfaltung gelegentlich gebremst, aber nie gehemmt.
4. Die maßvoll und vorsichtig begrenzte Einleitung einer deutschen Kolonialpolitik zeigte neue Aufgaben und Ziele, »die die Phantasie und den Willen der Nation in der Tiefe packten«.

5. Mit der gegen alle Widerstände durchgesetzten Sozialpolitik gelang *Bismarck* ein Durchbruch, mit dem Deutschland allen anderen Nationen weit voraneilte. Eine großzügige soziale Gesetzgebung – die Krankenversicherung (1883), die Unfallversicherung (1884) und die Invaliditäts- und Altersversicherung (1889) – sollte den Arbeitern einen Ersatz bieten für die Geborgenheit, die früheren Generationen die überschaubaren Lebensgemeinschaften der Gutsherrschaften und Zünfte geboten hatten, und sie dem Staat verbinden. Die Sozialpolitik war »die bedeutendste und eigenartigste Leistung im inneren Ausbau des Reiches«.
6. Die »gute, alte Zeit« war geprägt von der »in religiöser Verantwortung und realistisch besonnener Staatsräson gebundenen« Politik *Bismarcks*. Die Dynamik wurde nach 1871 durch statische Elemente modifiziert: das ständige Betonen der Saturiertheit, die »auf friedliche Eingewöhnung des neuen Reiches im Kreise der Großmächte, auf kunstvolle Balancierung der Spannungen dieses Systems zu einem Zustand relativ dauernder Friedensordnung gerichtete Bündnispolitik« und das Bemühen um Versöhnung mit Frankreich auf dem Höhepunkt der kolonialen Zusammenarbeit in den achtziger Jahren.[1]
7. Alles in allem: »Das Zweite Deutsche Kaiserreich war ein vortrefflich verwaltetes Land, dessen Bürger glücklicher lebten als die Bewohner vieler Nachbarstaaten und mancher früherer und späterer Epochen. Sein Wohlstand wuchs von Jahr zu Jahr; die sozialen Unterschiede wurden allmählich kleiner. In seinem Innern war nichts morsch.«[2]

Da das Deutsche Reich ein Bundesstaat war, gehört zum universalgeschichtlichen Hintergrund eine geraffte Darstellung der besonderen Lage im *Herzogtum Braunschweig* – jenem Einzelstaat, in dem der erste Schwerpunkt der Verpackungsindustrie entstand: Von 1830 bis 1884 regierte *Herzog Wilhelm* das Land. Seine Außenpolitik war durch Behutsamkeit und Klugheit, seine Innenpolitik durch eine Reihe von Reformen gekennzeichnet. Erwähnt sei die Agrargesetzgebung, die den ländlichen Grundbesitz befreite und zu hoher Entwicklung brachte, und die Förderung des Verkehrswesens. Im Eisenbahnbau erhielt Braunschweig eine führende Stellung in Niedersachsen: die Strecke Braunschweig–Wolfenbüttel wurde am 1. Dezember

1838 eröffnet und 1841 bis Bad Harzburg fortgesetzt; sie war die erste Staatsbahn in Deutschland. Als »letzte Scholle welfischer Erde« *(Heinrich von Treitschke)* wurde das Herzogtum 1866 Mitglied des Norddeutschen Bundes und 1871 Bundesstaat des Deutschen Reiches.

Der Tod *Herzog Wilhelms* hätte nach den welfischen Hausgesetzen, da er keine Erben hinterließ, der entthronten hannoverschen Linie des Hauses die Nachfolge eröffnet. Durch einen Beschluß des Bundesrates wurde indessen diese Nachfolge verhindert und eine Regentschaft eingesetzt, die bis 1906 *Prinz Albrecht von Preußen,* von 1907 bis 1913 *Herzog Johann Albrecht von Mecklenburg* führte. Die ausgewogene wirtschaftliche Struktur: Landwirtschaft mit bestem Boden, große Forste, gut entwickelte Industrie und eine treffliche Verwaltung machten das Herzogtum zu einem der wohlhabendsten und steuerkräftigsten Bundesländer; Stadt und Land Braunschweig standen mit an der Spitze des allgemeinen wirtschaftlichen Aufschwunges.

Die Heirat des *Prinzen Ernst August zu Braunschweig und Lüneburg* mit der Kaisertochter *Viktoria Luise* vollendete die von *Wilhelm II.* eingeleitete Versöhnung der Häuser Hohenzollern und Hannover und ermöglichte dem angestammten Herrscherhause die Rückkehr nach *Braunschweig.* Ohne zum Verzicht auf *Hannover* genötigt zu werden, übernahm *Ernst August* am 3. November 1913 die Herrschaft über das Herzogtum Braunschweig.[3]

2. Die Erste industrielle Revolution

Gerade beim Rückblick auf den Beginn einer neuen Epoche, die ein tiefer Einschnitt von der voraufgegangenen trennt, ist es faszinierend festzustellen, in welcher Weise geistige, politische und soziale Geschichte interferieren, Ursachen und Wirkungen unentwirrbar verbunden sind:

- 1776 veröffentlichte *Adam Smith* (1723–1790), der erste Klassiker der Nationalökonomie, das Werk »Inquiry into the Nature and Causes of the Wealth of Nation«, von dem später *Friedrich List* meinte, es hätte im Geistigen schier größere Wirkungen ausgeübt als Napoleon im Politischen.
- 1776 erkämpfte aber auch die größte Kolonie Europas ihre Freiheit und legte bald als »Vereinigte Staaten von Amerika« den Grund für die weltwirtschaftliche Situation der Gegenwart.
- 1789 vollendete die Große Französische Revolution die Auflösung der ständischen Ordnung des Mittelalters, die dem einzelnen nicht nur schwer übersteigbare Grenze, sondern auch feste Stütze gewesen war.
- Zwischen 1769 und 1770 baute *James Watt* (1736–1819) die erste Dampfmaschine[4] und
- 1798 wurde in England – dem damals fortschrittlichsten Land Europas – zum erstenmal eine Einkommensteuer erhoben.

Für die Umwälzungen, die sich aus einem neuen Denken in Politik und Wirtschaft verbunden mit neuen Möglichkeiten der Produktion ergaben, prägte *A. Toynbee* (1852–1883) den Sammelbegriff »industrielle Revolution«, der in unseren Tagen den Zusatz »erste« erhielt.

Die von England ausgehende Erste industrielle Revolution hatte auf technisch-wirtschaftlichem Gebiet zwei Merkmale:

- die Verdrängung des Holzes und
- den Aufstieg von Kohle und Eisen.

Während bis dahin das Grundmaterial aller Technik das Holz gewesen war, wurden es jetzt Kohle und Eisen. Das Holz kam in allen besiedelten Gebieten vor, die Kohle war dagegen lagergebunden und alle Kohlenverwendung vollzog sich daher zunächst in der Nähe der Kohlenlager. Es kam zu den volkswirtschaftlich und sozialpolitisch so bedeutsamen Agglomerationen um das nicht in das Produkt eingehende Gewichtsverlustmaterial Kohle einerseits; in den Großstädten, die die konsumorientierten Industrien anzogen, andererseits.[5]

Die Erste industrielle Revolution prägte die gesamte Wirtschaft und hatte Fernwirkungen auf das soziale Leben und die Politik. Sie gab der neuen Epoche der Wirtschaftsgeschichte ihren Namen: der Industrialismus löste den Merkantilismus ab. Den Kristallisationspunkt der Wirtschaftsgeschichte bildet die Industriegeschichte, um die sich gruppieren: die Geschichte des Güter- und Personentransports, der Banken, des Nachrichtenwesens und des Handels.

Die Dampfmaschine als Antriebsmaschine in Fabriken, der Rad- oder Schraubendampfer in der Schiffahrt und die mit Dampflokomotiven betriebenen Eisenbahnen hatten sich während des zweiten Drittels des 19. Jahrhunderts in West- und Mitteleuropa und im östlichen Teil der Vereinigten Staaten von Amerika so weit verbreitet, daß sich das gesamte wirtschaftliche Leben auf diese Voraussetzungen der Gütererzeugung und des Güteraustausches umstellte. Durch den Siegeszug der Dampfmaschine wuchs der Verbrauch an Rohstoffen, vor allem an Kohle, gewaltig an; die Verarbeitung von Eisenerzen, die Verdrängung des Handbetriebs in der Textilerzeugung verwandeln von England ausgehend über Westeuropa bis in die Industriestaaten der USA die handwerklich betriebene in eine industrielle Wirtschaft.

Kohle ist der wichtigste Rohstoff geworden, die Grundlage der Wirtschaft und damit auch der Macht und des Wohlstandes der Staaten. 1885 entfallen auf: England 161 009 000 t, die USA 108 843 000 t und Deutschland 73 775 000 t der Weltförderung von insgesamt

413 000 000 t. In Deutschland hat Preußen ein wirtschaftliches Übergewicht über die anderen Länder, da es im 18. Jahrhundert Oberschlesien und 1815 Rheinland-Westfalen mit dem Ruhrgebiet erworben hat.

Der zweitwichtigste Rohstoff ist *Eisenerz*. Es wird gebraucht zur Erzeugung von
- Stahl für den Maschinenbau,
- Schmiede- und Walzeisen (für Schienen beispielsweise) und
- Gußeisen und Gußstahl.

Kettenbrücken und Träger in mächtigen Konstruktionen (Wiener Rotunde, Pariser Eiffelturm), Gaskandelaber und Gebrauchsgegenstände aller Art bestehen aus Gußeisen oder Gußstahl. Das Stahlgußverfahren wird vervollkommnet. Die Veredelung des Stahls macht Fortschritte und im Walzverfahren geht man zur Fertigung immer mächtigerer Panzerplatten, Träger, Traversen, aber auch immer besserer *Eisen- und Stahlbleche* über. 1880 waren an der Roheisenproduktion der Welt von 18 547 000 t beteiligt: England mit 7 876 000 t, die USA mit 3 897 000 t, Deutschland mit 2 729 000 t und Frankreich mit 1 725 000 t (an Stahl erzeugen im gleichen Jahr England 1 321 000 t, die USA 1 268 000 t, Deutschland 624 000 t und Frankreich 389 000 t der Weltproduktion von 4 724 000 t).

Die Leistungsfähigkeit der Dampfmaschine wird in mannigfacher Weise verbessert, zugleich werden ihrer Anwendung neue Gebiete erschlossen (Dampf-Antriebsmaschinen werden eingesetzt in Hammer- und Walzwerken; Spinnereien, Webereien; Metallwarenfabriken; in der Baustoffindustrie; der Lebensmittelherstellung, umfassend Mühlen, Zucker- und *Konservenfabriken* und in der holzverarbeitenden Industrie).

Zum Unterschied vom Handwerk, das auf Bestellung arbeitete, produziert die Industrie auf Vorrat und schafft Märkte für ihre Massenwaren, wenn die Nachfrage hinter der Produktion zurückbleibt; die Werbung gewinnt an Bedeutung. Ein bis heute lehrreich gebliebenes Beispiel ist die Schaffung eines Marktes für Petroleum in China durch die Rockefeller Vacuum Oil Cie. Um die chinesischen Bauern und Arbeiter als Abnehmer zu gewinnen, mußte man sie zunächst bewegen, ihre Öl- durch Petroleumlampen zu ersetzen. Es wurde deshalb eine Petroleumlampe zu einem Preis, der unter den Herstellungskosten lag, auf den Markt gebracht. Die Chinesen kauften die billigen Lampen und der Gewinn aus dem langfristigen Petroleumgeschäft überstieg bald den Verlust aus dem Lampenverkauf.

Die Zahl der Großstädte ist bis zum Beginn des 19. Jahrhunderts auf einige wenige Hauptstädte, große Häfen und Umschlagplätze beschränkt gewesen. Mit dem Aufkommen der Industrie entstehen neue Großstädte. In Deutschland überschreiten zahlreiche Provinzstädte, Industriezentren und Handelsplätze die Hunderttausend-Einwohnergrenze. Leben 1870 noch zwei Drittel der Bevölkerung auf dem Lande, so zu Beginn des 20. Jahrhunderts nur noch ein Drittel, während ein volles Drittel in Großstädten siedelt. Aber nicht nur die älteren Städte werden zu Groß-, Halbmillionen- und Millionenstädten. Durch die Ansammlung großer Industrien in gewaltigen »Revieren«, des Ruhrgebiets und Oberschlesiens etwa, »bilden sich nach Millionen Einwohnern zählende, dicht aneinandergereihte Gruppen von Städten und Dörfern, die nicht wie die älteren Städte echte Zentren und Schwerpunkte in den Markt- und Ringplätzen, den Kathedralen und Rathäusern, Schloßbergen und Residenzen besitzen, sondern ein buntes Gemisch aller möglichen Siedlungsformen darstellen.«[6]

Der große Sozialökonom, Wirtschaftshistoriker und Soziologe *Werner Sombart* (1863–1941) sah die Ursache *der zunehmenden Bedeutung der gewerblichen Produktion* überhaupt in drei Entwicklungsreihen:[7]

- der starken Vermehrung der berufsmäßigen Gewerbetreibenden; einer Vermehrung, die sich etwa doppelt so rasch wie die der Bevölkerung vollzogen hat;
- der Zurückdrängung der handwerksmäßigen Organisation des Gewerbes durch die kapitalistische;
- der Umbildung des gewerblichen Kapitalismus (Unternehmertums) selbst zu höheren Formen der Betriebsorganisation und der Technik.

Als eindrucksvolles Beispiel für die *starke Vermehrung der berufsmäßigen Gewerbetreibenden* wird angeführt, daß in der Industrie gezählt wurden:

Jahr	Hauptbetriebe	Erwerbstätige Personen	Von 1000 Erwerbstätigen überhaupt (Berufszählung)
1882	2 270 339	5 933 663	336,9
1895	2 146 672	8 000 503	361,4

Diese eigentümliche Erscheinung hat fünf Ursachen:

1. Es werden immer mehr für fremde Völker (die für Deutschland Ackerbau treiben) Industrieerzeugnisse hergestellt.
2. Dieselbe Arbeit, die früher nebenberuflich in der Familie ausgeführt und vom Statistiker gar nicht erfaßt wurde – das Backen, Gerben und Schneidern etwa –, bildet jetzt den Inhalt eines bestimmten gewerblichen Berufes.
3. Der größte Teil dessen, was zur Steigerung des Lebensgenusses an Gütern zusätzlich gebraucht wird, hat die Sphäre der gewerblichen Produktion durchschritten, ehe er gebrauchsfertig wurde.
4. Rohstoffe, die ehedem im Lande erzeugt wurden, werden vom Ausland bezogen (beispielsweise Hanf, Wolle, Felle) und mit Industrieerzeugnissen gleichsam »bezahlt«.
5. Die *»Ersetzung organisierter Materie durch unorganisierte«:* Eisen statt Holz, Dampf und Elektrizität statt des »tierischen Motors«, Anilinfarben statt Krapp und Waid.

Die *Zurückdrängung der handwerksmäßigen Organisation* hat mannigfache Erscheinungsformen, von denen genannt seien:

- Der Handwerksmeister bleibt selbständig, wird aber finanziert von einem Händler, der ihn beliefert oder dem Eigentümer des Hauses, in dem sich sein Laden befindet.
- Der Handwerker bleibt selbständig, arbeitet aber nur für einen Verlag oder als Hausindustrie (Hauptbeispiel: die Bekleidungsindustrie).
- Ein Unternehmen faßt früher selbständige Handwerker zu einem neuen Produktionsorganismus zusammen; so entsteht etwa die Waggonmanufaktur, die Schmiede, Schlosser, Tischler, Stellmacher, Lackierer, Glaser, Klempner, Tapezierer, Sattler und Maler kombiniert.

Am interessantesten ist die Beschreibung der *Umbildung des gewerblichen Unternehmertums selbst zu höheren Formen der Betriebsorganisation* und der Technik, die zur Schaffung der *Fabrik* führt. Sie wird definiert als »diejenige Form des gesellschaftlichen Großbetriebes . . ., in welchen die entscheidend wichtigen Teile des Produktionsprozesses von der formenden Mitwirkung des Arbeiters unabhängig gemacht, einem selbsttätig wirkenden System lebloser Körper übertragen worden sind«. Die Funktion der Fabrik ist, »eine Betriebsform zu sein, in welcher die durch die Einführung der Maschinerie und des wissenschaftlichen chemischen Verfahrens [!] in die Produktion ermöglichte Überwindung der qualitativen wie quantitativen Beschränktheit des individuellen Arbeiters in jeweils höchst vollendeter Weise in die Wirklichkeit übertragen wird. Die Fabrik ist gleichsam das Werkzeug des kollektiven Gesamtarbeiters, mittels dessen er Kraft, Feinheit, Sicherheit, Schnelligkeit über die Schranke des Organischen hinaus zu entwickeln vermag, um damit der tiefsten Idee der modernen Technik zur Verwirklichung zu helfen.«

Im Zeitalter des Industrialismus tritt der Realkredit, die Verpfändung von Grund und Boden, in den Hintergrund. Die Kapitalbeschaffung für die – nach traditionellen Maßstäben – ins Gigantische gewachsenen industriellen Unternehmen, für die Umwandlung großer Familiengründungen in Aktiengesellschaften erfordert neue Formen der Finanzierung. Breite Schichten der Bevölkerung müssen für die Kapitalhergabe gewonnen werden, das Bank- und Kreditwesen erhält eine gesellschaftliche Note. Die auf eigenem Kapital beruhende Privatbank tritt allmählich zurück, das Fremdkapital wird im Bankbetrieb vorherrschend.

Die Finanzierung der Eisenbahn- und Schiffahrtsgesellschaften, der Telephon- und Telegraphennetze und die erwähnte Kapitalbeschaffung für die Industrie wirft Probleme auf, für deren Lösung der bisherige Typ des Privatbankiers, der vielfach nur den großen Staatskredit gepflegt hatte, nicht mehr ausreicht. Die Lücke wird ausgefüllt durch den von den *Brüdern Pereire* geschaffenen Banktyp, den »crédit mobilier«. Nach dem Pariser Vorbild entstehen in allen Staaten Kreditbanken, die im Wege von Aktien- und Anleiheemissionen die Mittel für die großartige wirtschaftliche Entfaltung des 19. Jahrhunderts bereitstellen. Damit haben sich die Banken zweifellos große Verdienste um die Entwicklung der modernen Wirtschaft erworben.[8]

Die Entwicklung der Industrie und des Güter- und Personentransports hatte auf technischem Gebiet drei Voraussetzungen: die – bereits erwähnte – Erfindung der Dampfmaschine und die des Telegraphen und des Telephons. Den ersten verwendbaren *Telegraphen* bauten 1837 gleichzeitig *Sir Charles Wheatstone* (1802–1875) in London und *Samuel Finley Breese Morse* (1791–1872) in New York. *Werner von Siemens* (1816–1892) und die von ihm gegründete Siemens & Halske AG verbesserten den Telegraphen und bauten 1848 die Linie Berlin–Frankfurt. Besonders gefördert hat die Entwicklung des internationalen Nachrichtendienstes die Gründung des Weltpostvereins im Jahre 1874. Die technisch brauchbare Form des *Telephons* erfand 1875 *Alexander Graham Bell* (1847–1922). Seine Ausdehnung grenzte bald »an das Fabelhafte«: 1881 hatten erst 7 Orte im Deutschen Reich Fernsprechanstalten, 1900 schon 15 533.[9]

Der *Handel* ist im Zeitalter des Industrialismus gekennzeichnet durch fünf Entwicklungen:

1. Die *Mustermessen,* auf denen Waren nach ausgestellten Mustern verkauft werden, werden ermöglicht durch die Produktion von Massengütern und erleichtern ihren Absatz.
2. Dem Absatz der gesteigerten Konsumgüterproduktion im Einzelhandel dient das spezialisierte *Fachgeschäft* einerseits; das *Warenhaus* andererseits, das später ergänzt wurde durch das *Filialgeschäft.*
3. Gegen diese Ausweitung und Spezialisierung des Einzelhandels richteten sich zwei gegenläufige Bewegungen: die eigenen *Verkaufsorganisationen der Industrie* und der *Zusammenschluß der Konsumenten zu Genossenschaften.*
4. *Die Werbung* gewann an Bedeutung: in den Städten bürgerte sich allgemein das *Schaufenster* ein; die im 18. Jahrhundert entstandenen Zeitungen wurden benutzt zu *Anzeigen* und 1855 stellte in Berlin *Ernst Litfaß* (1816–1874) die erste »Litfaßsäule« auf.
5. Der *Geschäftsreisende,* der Massengüter auf Grund von Mustern verkauft, entstand als neuer Beruf und gewann schnell an Bedeutung.[10]

3.
Die Geburt des modernen Unternehmers

Werner Sombart hat von den Wandlungen, die von der Ersten industriellen Revolution seit dem Ende des 18. Jahrhunderts in Deutschland verursacht, von den Wandlungen, die soeben analysiert wurden, am Beginn des 20. Jahrhunderts eine anschauliche Schilderung gegeben, in der er schreibt:

- »Aus einem mit kleinen Ansiedlungen spärlich durchsetzten Lande ist ein Land reich an großen, prächtigen Städten geworden . . .«
- »auf demselben Gebiete, das vor hundert Jahren 25 Millionen Menschen kümmerlich ernährte, leben jetzt 56 Millionen in viel größerer Wohlhäbigkeit als ihre Vorfahren von Anno dazumal . . .«
- »ein immer dichter gespanntes Netz von Eisenbahnen und Telegraphendrähten vermittelt einen rastlosen Verkehr . . .«[11]

Was hat diesen Szenenwechsel herbeigeführt? Die Antwort mag für uns näher liegen als für die Zeitgenossen des eindrucksvollen Fortschritts, der gewaltigen Veränderungen. Vom 16. Jahrhundert an war der Merkantilismus, das »System der staatlichen Wohlfahrtspolizei« der herrschende Stil der Wirtschaftspolitik. Verantwortungsbewußte Fürsten und ihre sachkundigen Beamten bemühten sich, durch gezielte Maßnahmen den Nationalreichtum zu vergrößern: insbesondere durch Beseitigung der Binnenzölle, Erhöhung von Qualität und Quantität der Arbeitskräfte und Förderung des Gewerbefleißes.

In wenigen Jahrzehnten hatte die Lehre von *Adam Smith* aber den Stil der Wirtschaftspolitik gewandelt, die Überzeugung sich durchgesetzt von einer natürlichen Zweckmäßigkeit der Weltordnung, in der das Individuum, auch wenn es seine eigenen Ziele verfolgt, doch der Gesamtheit dient und nützt, also auch der Mechanismus des Wirtschaftslebens – das Wirken des freien Wettbewerbs – den Eigennutz der Individuen von selbst zur Harmonie und zum Besten lenkt. Dem Staat bleibt insoweit nur die Aufgabe, die Rechtsordnung aufrechtzuerhalten.

Große praktische Wirkungen hatte die Lehre in Deutschland, vor allem in Preußen. *Karl August Fürst von Hardenberg* (1750–1822) setzte die Reformen des *Karl Freiherrn vom Stein* fort bis zur Einführung der Gewerbefreiheit (1811). Die Schranken, die die wirtschaftliche Betätigung des einzelnen bisher begrenzt (aber auch gesichert) hatten, fielen. Der wirtschaftliche Fortschritt blieb der Initiative des einzelnen überlassen; allerdings ermutigt durch außen- und innenpolitische Sicherheit, gefördert durch den Ausbau all dessen, was wir heute »Infrastruktur« nennen.

Die *treibende Kraft* ging nicht mehr von der Regierung aus, sondern von der Wirtschaftsweise des Kapitalismus. *Werner Sombart,* dessen viele tausend Seiten umfassendes Lebenswerk um den Kapitalismus und das Unternehmertum seiner Zeit kreist, hat – fern von ideologischen Verzerrungen – den Kapitalismus, das kapitalistische Unternehmen und den modernen Unternehmer analysiert. Kapitalismus nennt er die Wirtschaftsweise, in der die spezifische Wirtschaftsform das kapitalistische Unternehmen ist; eine Wirtschaftsform, »deren Zweck es ist, durch eine Summe von Vertragsabschlüssen über geldwerte Leistungen und Gegenleistungen ein Sachvermögen zu verwerten, d. h. mit einem Aufschlag (Profit) dem Eigentümer zu reproduzieren. Ein Sachvermögen, das solcherart genutzt wird, heißt Kapital.« Die konstitutiven Merkmale des Begriffes bestehen in
- der Eigenart der Zwecksetzung und
- der Eigenart der Mittel.

Die *Zwecksetzung* wird nicht bestimmt von der Beziehung zu einer lebendigen Persönlichkeit, sondern zu einem Abstraktum: dem Sachvermögen. Die Leistungen werden nicht orientiert am Bedarf einer lebendigen Persönlichkeit, sondern an der Verwertung des Kapitals.

Die Zwecksetzung ist also nicht mehr konkret und begrenzt, sondern abstrakt und darum unbegrenzt. Durch einen komplizierten psychologischen Prozeß erscheint die Verwertung des Kapitals dem Eigentümer »als eine sich ihm mit Gewalt aufdrängende Notwendigkeit.

Das Gewinnstreben oder der Erwerbstrieb, die gewiß ursprünglich höchst persönliche Seelenstimmungen waren, werden damit objektiviert.«

Ein Jahrfünft später schrieb *Walther Rathenau*[12] plastischer: »Das Objekt, auf das der Geschäftsmann seine Arbeit und seine Sorgen, seinen Stolz und seine Wünsche häuft, ist sein Unternehmen, es heiße, wie es wolle: Handelsgeschäft, Fabrik, Bank, Reederei, Theater, Eisenbahn. Dies Unternehmen steht ihm gegenüber wie ein körperlich lebendiges Wesen, das durch seine Buchführung, Organisation und Firmen ein unabhängiges wirtschaftliches Dasein führt. Der Geschäftsmann kennt kein anderes Trachten, als daß dieses Geschäft zu einem blühenden, starken und zukunftsreichen Organismus wachse . . .«

Der Eigenart der Zwecksetzung entspricht die Eigenart der *Mittel*. Alle Tätigkeit läßt sich zurückführen auf eine Summe von Vertragsabschlüssen über geldwerte Leistung und Gegenleistung; auf Vertragsabschlüsse, deren Inhalt entscheidend ist für die Frage, ob die Zwecksetzung erreicht ist, das Soll und Haben des Hauptbuches abschließt mit einem Saldo zugunsten des Unternehmens.[13]

Aus der Zwecksetzung und den Mitteln ergeben sich unmittelbar die Merkmale und mittelbar die Tätigkeit des modernen Unternehmers, der sich deutlich abhebt von seinen frühkapitalistischen Ahnherren.

Der *Unternehmer alten Stils* betrachtete als Zwecksetzung den Erwerb und die Begründung von Unternehmen war sein Mittel. Der Erwerb selbst blieb aber nur Mittel zum Zweck des Lebens. Entscheidend für Ausmaß und Richtung des Wirkens waren die eigenen Lebensinteressen und die der Menschen, *für* die er, *mit* denen er tätig ist.

Zur Kennzeichnung dieser Grundeinstellung sei angeführt: Der *Reichtum* wird geschätzt und auf seinen Erwerb viel Mühe gewandt. Er ist indessen nicht Selbstzweck, sondern soll nur dazu dienen, *Lebenswerte* – Freiheit, Unabhängigkeit, Ansehen, Berühmtheit – zu schaffen oder zu erhalten.

Das *Tempo* der geschäftlichen Tätigkeit war gemächlich, das Tun geruhsam. *Benjamin Franklin* (1706–1790), der den Fleiß als oberste Tugend pries, widmete dem Geschäft sechs Stunden täglich.

Es war allgemeine Gepflogenheit, daß Unternehmer, die in Handel oder Produktion ein ausreichendes Vermögen erworben hatten, sich ein Landgut kauften, um auf ihm ihren Lebensnachmittag und Lebensabend in beschaulicher Ruhe zu verbringen. Das *Rentnerideal* war ein gemeinsames Merkmal frühkapitalistischer Wirtschaftsgesinnung.

Alle Geschäftsweisheit war daran orientiert, *möglichst hohe Preise* zu erzielen, um mit einem geringen Umsatz einen hohen Profit zu erreichen; es wurde im wesentlichen an die Reichen verkauft.

Die »*Kundschaft*« galt gleichsam als umfriedeter Bezirk, der dem einzelnen zugesprochen ist wie das Territorium im überseeischen Lande, das einer Handelsgesellschaft zur alleinigen Ausbeutung überlassen wurde. Auf das strengste verpönt war es, seinen Nachbarn die Käufer abspenstig zu machen. Noch hemmte die Tradition die freie Entfaltung des Erwerbstriebes und des Unternehmungsgeistes!

Im Mittelpunkt des Lebens des *modernen Unternehmers* stehen dagegen nicht mehr seine eigenen Bedürfnisse und Anforderungen, sondern der Erwerb und das Geschäft. Die Blüte des Geschäftes *will* er und den Erwerb *muß* er betreiben (auch wenn es nicht bewußt sein Ziel ist).

Sehr treffend formulierte *Walther Rathenau:* »Ich habe noch niemals einen Geschäftsmann gekannt, dem das Verdienen die Hauptsache seines Berufes war, und ich möchte behaupten, daß, wer am persönlichen Geldgewinn hängt, ein großer Geschäftsmann überhaupt nicht sein kann.«[14]

Die Blüte eines Geschäfts, also eines kapitalistischen Unternehmens, ist gebunden an den Erwerb eines Überschusses. Eine Fabrik mag die teuersten oder die billigsten Produkte herstellen; die Qualität der Produkte mag Weltruf haben; arbeitet sie *dauernd* mit Verlust, ist sie ein mißglücktes Unternehmen. In diesem Sinne ist zu verstehen, daß der Unternehmer die Blüte des Geschäftes *will* und darum – nicht wegen des Verdienens für überhöhte private Bedürfnisse – den Erwerb wollen *muß*.

Um die Mitte des 20. Jahrhunderts findet sich eine interessante Parallele bei *Peter F. Drucker* über das Management, das inzwischen den Unternehmer abgelöst hatte: »Allein die wirtschaftlichen Ergebnisse, die es erzielt, vermögen sein Dasein und seine Gestaltung zu rechtfertigen. Es mag große Leistungen nichtwirtschaftlicher Art vollbringen«, die volle Anerkennung finden, es hat versagt, »wenn es ihm nicht gelingt, seine wirtschaftliche Aufgabe zu erfüllen.«[15]

Mit der Zielsetzung: Blüte des Geschäftes und Erwerb ist der Endpunkt des Strebens des modernen Unternehmers in die Unendlichkeit gerückt; es gibt keine natürliche Begrenzung, wie sie aller früheren Wirtschaft durch den »standesgemäßen Unterhalt« gegeben war.

Aus der Zwecksetzung des kapitalistischen Unternehmens und der Zielsetzung des modernen Unternehmers ergeben sich die drei Merkmale seiner Tätigkeit:

1. Die Tätigkeit ist *disponierend-organisierend,* sie ist gerichtet auf die Inbeziehungsetzung anderer Personen. Dem Wesen kapitalistischer Organisation völlig fremd ist die höchst persönliche, individuell-isolierte Werkschöpfung des einsamen Arbeiters, wie sie Gelehrte und Künstler vollbringen. In dem Angewiesensein »auf die unausgesetzte Verknüpfung von Menschen untereinander liegt die spezifisch gesellschaftsbildende Kraft« des kapitalistischen Unternehmens. Man kann es deshalb auch als *Verkehrsunternehmen,* die von ihm geprägte Wirtschaftsweise als *Verkehrswirtschaft* bezeichnen.
2. Die Tätigkeit ist *kalkulatorisch-spekulativ.* Die *Rechenhaftigkeit* – »die Neigung, die Gepflogenheit, aber auch die Fähigkeit, die Welt in Zahlen aufzulösen und diese Zahlen zu einem kunstvollen System von Einnahmen und Ausgaben zusammenzustellen« – leitete den Frühkapitalismus ein.[16] Die doppelte Buchführung, das Kapital und das kapitalistische Unternehmen haben eine gemeinsame Wurzel: Aus dem Zunftbetrieb, der Haushalt und Erwerbswirtschaft zu einem harmonischen Ganzen zusammenfügte, löst sich das »*werbende Vermögen*«, das mittels der doppelten Buchführung zu einer organischen Einheit objektiviert wird; es wird zu »*Kapital*«. Das Kapitalkonto zeigt nämlich eine sehr reale Wertsumme, die Gewinn und Ertrag bringt, »die aber *unmittelbar* zu *keinem dinglichen* Gegenstand, weder zu Grundstücken noch zu Waren noch zu Geld in einer ursächlichen Beziehung steht. Man kann daher mit Recht sagen: *Es entstand mit dem ersten Kapitalkonto das erste Kapital*«. Der *Erwerbsbetrieb* trennt sich von der Haushaltung und wird zum kapitalistischen »*Unternehmen*«.[17]

Das kapitalistische Unternehmen unterscheidet sich also vom Zunftbetrieb dadurch, daß
– das »werbende Vermögen« vom Haushalt getrennt und
– seine Wertsumme am Kapitalkonto erfaßt wurde.

Das Kapitalkonto bildet darum den Schlüssel zum präzisen Feststellen von Gewinnen und Verlusten und zu der – dem Zunftbetrieb fremden – Quantifizierung der Kosten. Die Tätigkeit des modernen Unternehmers, das sei wiederholt, ist kalkulatorisch-spekulativ. Da nämlich dem Unternehmer für seine Entscheidungen – so würden wir sagen – nur ausnahmsweise vollständige Informationen zur Verfügung stehen, fließt in sein Kalkulieren ein spekulatives Element ein. Im einzelnen Unternehmer verbinden sich Kalkulation und Spekulation, Verstandesschärfe und Phantasiefülle in verschiedenartiger Weise. Im Idealtyp des Unternehmers halten sich Genialität der Spekulation und Nüchternheit der Kalkulation die Waage.

3. *Die Tätigkeit ist eine rationalistische.* Das Handeln des modernen Unternehmers ist ein Handeln nach Gründen. Zur Begründung ihrer Handlungsweise bedürfen sie aber einer Aufdeckung der kausalen Beziehungen, einer Ordnung der Dinge nach der Kategorie von Ursache und Wirkung.[18]

Die *Zielsetzung* des modernen Unternehmers ist also *essentiell* verschieden von der seiner frühkapitalistischen Ahnherren: Er orientiert sich nicht an dem Erwerb des standesmäßigen Unterhalts, eines Vermögens, das ihm erlaubt, sich schon in den guten Jahren des Lebens zur Ruhe zu setzen, sondern trachtet mit allen Kräften, das Unternehmen »zu einem blühenden, starken und zukunftsreichen Organismus zu machen«.

Die *Tätigkeit* des modernen Unternehmers unterscheidet sich *graduell* von der seiner frühkapitalistischen Ahnherren: Sie ist verfeinert und intensiviert. Die Intensivierung prägt das Menschenbild der Ersten industriellen Revolution: »Früher Menschen, für deren Tätigkeit und deren ganze Lebensform Gemessenheit, Verhaltenheit, Würde kennzeichnend sind – nun ein Typ, der als Unternehmer, als Arbeiter, als Militär ›energisch‹ auftritt, der immer Eile hat, dem Zeit gleich Geld ist, dem daher die Schnelligkeit der Produktion, des Transports, ja sogar des Verzehrs bis hin zur beschleunigten Einnahme der Mahlzeiten Form und Ziel der Wirtschaft und des Lebens bestimmt.«[19]

Die deutsche Wirtschaftsgeschichte des 19. und des beginnenden 20. Jahrhunderts ist reich an Persönlichkeiten, in denen sich die »Genialität der Spekulation« mit der »Nüchternheit des rechnerischen Sinnes« verband, an Persönlichkeiten, denen die freie Wirtschaft die Chance bot, weit gesteckte Ziele zu realisieren: *Ernst Abbe* (1840 bis 1905), *Karl Benz* (1844–1929), *Robert Bosch* (1861–1942), *Gottlieb Daimler* (1834–1900), *Ludwig Loewe* (1837–1886), *Emil Rathenau* (1838–1915) und *August Thyssen* (1842–1926). Gemeinsam ist ihnen, daß sie den *Fortschritt* wollten: »etwas Neues fabrizieren, einen ganz neuen Gegenstand oder einen bekannten Gegenstand in einer noch nicht dagewesenen Qualität; oder sie wollten eine neue Fabrikationsmethode anwenden; oder sie wollten in anderer Weise die Wirtschaft reformieren«. Gemeinsam ist ihnen aber auch die *soziale Einstellung*: entweder sie sorgten für ihre Angestellten und Arbeiter in der traditionellen Weise der Gutsherren und Handwerksmeister patriarchalisch oder sie beschritten auch auf sozialem Gebiete neue Wege wie *Abbe,* der in der von ihm 1889 gegründeten Carl-Zeiss-Stiftung feste Mindestlöhne, Gewinnbeteiligung, Achtstundentag, Alters- und Invalidenpension einführte.

Die große Bedeutung der freien Wirtschaft fällt besonders auf in den Lebensläufen jener Unternehmer, die etwas beginnen wollten, an dessen Erfolg sie allein oder nur wenige glaubten; sie wären an der Realisierung gehindert worden, wenn nicht das Prinzip der Unternehmerfreiheit geherrscht hätte, sondern vielleicht ein Konzessionssystem oder eine Zentralverwaltungswirtschaft. Niemand hat eingesehen, daß mit dem Prinzip der Vorgenauung oder der Austauschmethode Maschinen besser und billiger herzustellen waren als bisher; *Ludwig Loewe* war davon überzeugt und ... als er Erfolg hatte, wurde er nachgeahmt. Der *Diesel*sche Explosionsmotor wurde so wenig ernst genommen wie der *Otto*sche Viertaktmotor; *Benz* gründete eine Fabrik, die Kraftfahrzeuge mit Antrieb durch Verbrennungsmotor produzierte. Als Sir *Henry Bessemer* (1813–1898) das Windfrischverfahren erfand, waren die Sachverständigen skeptisch und als *Henry Ford* (1863–1947) ein Vermögen an die Entwicklung der Fließarbeit wagte, glaubte niemand an den Erfolg.

Die Pioniere des Fortschrittes ließen sich nicht beirren und brauchten sich nicht beirren zu lassen, denn in der freien Wirtschaft hatten sie niemanden zu fragen außer ihren Geldgebern.[20] Diese Geldgeber, die vertrauten, wo die Experten zweifelten, gehören zu den Unternehmern, die das System der freien Wirtschaft erst mit pulsierendem Leben erfüllten. Paradigmatisch genannt sei *Carl Fürstenberg* (1850 bis 1933), der an der Spitze der Berliner Handels-Gesellschaft Eisenbahnen wachsen ließ, Staatsanleihen verteilte, aber vor allem – an der Ruhr oder in Schlesien, an der Wasserkante oder in Berlin – dem industriellen Zeitalter die Tore weit öffnete.

Frühere Generationen erkannten wohl den Wert der freien Wirtschaft für die Entfaltung des Wohlstandes in allen sozialen Schichten, aber sie sahen nicht die Interdependenz mit den »bürgerlichen Freiheiten«. Der »Freiburger Schule« blieb die Erkenntnis vorbehalten, daß die freie Wirtschaft (in der Form der Leistungswettbewerbsordnung) auch in höchstmöglichem Maße der Würde des Menschen und der Idee der Freiheit gerecht wird.

4.
Ein Wendepunkt in der Verpackungswirtschaft

Dr. William J. Gall hat auf dem Jahreskongreß 1968 der European Packaging Federation berichtet, daß in den Entwicklungsländern schätzungsweise bis zu 50 v. H. der produzierten Lebensmittel nicht den Verbraucher erreichen, sondern durch Fäulnis, Insekten, Nagetiere oder Mikroorganismen verlorengehen. Es fehlt an Erkenntnissen und Einrichtungen für den Transport, die Lagerung, die Konservierung, den Schutz, die Weiterverarbeitung und Verteilung von Lebensmitteln. Bei *jedem* dieser Tätigkeitsbereiche hat die *Verpackung* eine wichtige Aufgabe zu erfüllen.[21]

Dieser Blick auf die gegenwärtige Situation der Entwicklungsländer soll uns daran erinnern, daß der lange Weg der Menschheit durch die Geschichte begleitet war vom Kampf gegen den Hunger, der aus zwei *gleich wichtigen* Komponenten besteht:

1. dem Mühen um die Erzeugung der Lebensmittel;
2. dem Mühen um ihren Schutz bis zum Verzehr
   - gegen den Verderb während der Lagerung und
   - gegen die Beschädigung während des Transportes.

Die ersten Entdeckungen und Erfindungen auf den Gebieten, die wir Lebensmitteltechnologie und Verpackungstechnik nennen, haben erst den Übergang ermöglicht

- vom beständigen Wechsel zwischen üppigem Festmahl und lebensbedrohendem Hunger zur geregelten Ernährung,
- von der individuellen Nahrungssuche zu höheren Wirtschaftsstufen.

Vom Zähmen des Feuers, das die Haltbarkeit der Jagdbeute durch Braten etwas zu verlängern erlaubte, vom Entdecken des Räucherns, das die Jagdbeute für lange Zeit genußfähig erhielt, vom ersten Anbau der Körnerfrüchte, die relativ leicht für den Winter und Zeiten der Not zu lagern waren, führt ein weiter Weg zum Lebensmittelmarkt der Industrienationen des letzten Drittels des 20. Jahrhunderts, der jedermann einlädt, die täglichen Mahlzeiten zusammenzustellen aus den Ernten von zwölf Monaten, aus den Erzeugnissen von fünf Erdteilen.

Das Einlagern von Körnerfrüchten vermochte Hungersnöte zu verhindern – das zeigt beispielsweise der Bericht des Alten Testaments über *Joseph* in Ägypten –, aber andere Lebensmittel konnten in gleicher Weise weder haltbar aufbewahrt noch transportiert werden. Diese Wege erschließt der unbekannte Erfinder des *Tongefäßes.* In Tongefäßen – Amphoren und Krügen –, die versiegelt wurden, legten schon die archäischen Fürsten große Vorräte an von Wein, aber auch von Obst, das man in Blätter einwickelte oder später in gekochten Wein legte. Weit über die Renaissance hinaus bildeten weiße Bohnen, sorgsam in Tontöpfen aufbewahrt, die Sonntagsmahlzeit der Bauern.

Die *ersten Verpackungen* waren indessen aus Ruten oder Binsen geflochtene *Körbe.* Die Erfindung des Korbes war von großer Bedeutung: innen mit Harz oder Lehm verstrichen wurde der Korb wasserdicht. Die Erfindung des Tongefäßes erfolgte wahrscheinlich in der Weise, daß ein solcher mit Lehm verstrichener Korb zu nahe ans Feuer gestellt wurde, das Geflecht verbrannte und der gebrannte Lehm das erste Tongefäß bildete.

Die Gallier erfanden das aus hölzernen Dauben gefertigte und mit Reifen zusammengehaltene *Faß.* Spanschachteln und Tongefäße reichten für lokale Transporte, für den Land- und Seetransport wurden aber strapazierfähige Behälter benötigt; darum wurden nicht nur Bier und Wein, sondern auch feuchtigkeitsempfindliche Waren – Salz und *Bücher* – in Fässern als »Versandverpackung« verladen. Das Packfaß hieß, zum Unterschied vom Flüssigkeitsfaß, »Stübch« oder »Stübchen«.

Fässer waren haltbar und widerstandsfähig, hatten aber einen Nachteil: beim Verfrachten entsteht viel toter Raum. Darum trat als Versandverpackung für trockene Güter an ihre Stelle die *Kiste,* die auch den Warenballen ablöste. Es ist nicht bekannt, seit wann es

Kisten als Versandverpackung gibt, denn »Kisten« waren nach mittelalterlichem Sprachgebrauch auch die Truhen; »Kistner« oder »Kistenmaker« finden sich in Zunftordnungen in Straßburg erstmals 1322, in Danzig 1375.

Ägypter und Babylonier verstanden sich auf die Kunst, Glasmasse zu schmelzen und um einen Sandkern zu einem *Glasbehältnis* zu formen, aus dem nach dem Erstarren der Sandkern entfernt wurde. Solche Glasbehältnisse waren sehr kostbar und fanden darum nur Verwendung für die Aufbewahrung von Salben und Ölen und für sakrale Zwecke. Um Christi Geburt brachte die Erfindung der Glasmacherpfeife einen Fortschritt in der Herstellungstechnik. Durch die Römer gelangte die Kunst des Glasmachens und -blasens nach Deutschland. Nach dem Verfall der römischen Glashütten produzierten einige Manufakturen in den großen germanischen Wäldern »Waldglas« für die Laboranten und die Hersteller von Tinkturen und Essenzen. (Um das Jahr 1902 erfand *Michael Josef Owen* die Glasblasmaschine. Gegenüber dem Verfahren des Mundblasens bot sie zwei Vorteile: die Quantität wurde mehr als verhundertfacht, die Qualität entscheidend verbessert.)

Der *Sack* aus gewebtem Material war spätestens 600 v. Chr. bekannt und ist bis zur Gegenwart eine bedeutsame Verpackung geblieben. In Deutschland waren die in Hausweberei hergestellten Leinensäcke bis in die Mitte des vorigen Jahrhunderts eine wichtige Verpackung in fast jedem Gewerbe. Um 1870 kam zu den Gewebefasern Flachs und Hanf die Jute hinzu, die als festes, billigeres Material dem Flachs und Hanf Konkurrenz machte und in diesem Sektor seither den Markt beherrscht.

Mit den Fortschritten in der »Verpackungstechnik« verbanden sich Fortschritte in der Lebensmittelgewinnung und -technologie:

- Im Mittelalter fingen *unbekannte Seeleute* zwei bis dahin *unbekannte Fische:* den *Hering* und den *Kabeljau*; sie salzten sie ein und ... vergrößerten die Nahrungsquellen der Menschheit erheblich. Bald ging der Hering in die Geschichte ein: Am 12. Februar 1429 wurde eine Kolonne von 300 mit Heringen beladenen Wagen, die zur Verpflegung der Orléans belagernden englischen Truppen bestimmt war, von der französischen Artillerie vernichtet. Das war der »Tag des Herings«, bekannt aus dem Heldenepos der *Jeanne d'Arc.*

- Von Ägypten aus verbreitete sich das *Marinieren* von Fischen. Der Name der Stadt Malaga bedeutet »Stadt der Marinaden« und im 4. bis 3. Jahrhundert v. Chr. ernährten sich die Mittelmeervölker von mariniertem Thunfisch und Anchovis (Fleisch wird in ähnlicher Weise durch Pökeln haltbar gemacht).
- Uralt ist das *Trocknen* von Fisch und Fleisch an der Sonne; getrocknetes Fleisch ist bis zur Gegenwart als Delikatesse bekannt (Bündner Fleisch, »tajados«).
- Die *Milchsäuregärung* (Gurken, Sauerkraut) und
- das *Einlegen von Früchten in Honig* vervollständigen die Aufzählung der traditionellen Verfahren des Haltbarmachens von Lebensmitteln.

Trotz aller Entdeckungen und Erfindungen ernährt sich am Vorabend der Ersten industriellen Revolution die Bevölkerung nahezu ausschließlich aus den Erzeugnissen der Umgebung und der Jahreszeit. Der Handel beschränkt sich auf Gewürze, Fässer mit Heringen und Wein, ergänzt durch einige Luxuswaren für eine dünne Oberschicht. Oft herrscht Mangel, immer wieder dezimieren Hunger und Seuchen die Bevölkerung.

Einen Wendepunkt in der Geschichte der Verpackungswirtschaft bringt die *Konservennahrung,* die basiert auf zunächst zwei Erfindungen:

- der Hitzesterilisation (das ist unser, damals noch unbekannter Begriff) und
- der Weißblechdose (Konservendose).

Aus der Distanz von mehr als 150 Jahren schreibt die Chicagoer Ausgabe der ENCYCLOPEDIA BRITANNICA: »Man kann wahrscheinlich behaupten, daß die Methode der Nahrungsmittelkonservierung in Dosen die größte Erfindung aller Zeiten ist.«

Während des 17. und 18. Jahrhunderts wurde das Problem, warum es schwierig ist, Lebensmittel zu konservieren, warum sie so schnell verderben, wissenschaftlich erforscht. Bisher war herrschende Lehre gewesen, daß die »unendlich Kleinen« – die Keime, die Schimmelpilze, die Würmer – in den organischen Stoffen durch *Urzeugung* entstehen. Der erste, der sich gegen diese Lehre wandte, war der florentinische Arzt und Dichter *Francesco Redi* (1626–1698). Eine Stelle in *Homers Ilias* war dazu der Anlaß:

».. . Aber bekümmert
Sorg' ich, daß mir indes Menötios' tapferem Sprößling
Fliegen, hineingeschmiegt in die erzgeschlagenen Wunden,
Drinnen Gewürm erzeugen, und ganz entstellen den Leichnam;
(Denn sein Geist ist entflohen!) und der Leib hinsink'
in Verwesung.« (XIX. Gesang, Vers 23–27).

Redi spürte der Auffassung nach, daß die Würmer im verderbenden Fleisch aus Eiern schlüpfen, die von Fliegen gelegt sind und fand die Hypothese durch ein Experiment bestätigt. Unter leidenschaftlicher Anteilnahme der Öffentlichkeit dauerte der anschließende Streit der Gelehrten, der Streit zwischen alter und neuer Lehre an bis er durch die außergewöhnlichen Versuche *Louis Pasteurs* (1822–1895) entschieden wurde.

Lange vorher regte der Streit aber eine wissensdurstige Persönlichkeit, *Nicolas Appert* (Bildteil S. 8), zu Arbeiten an, die zu einem wahrhaft großartigen Erfolg führten. *Appert* wurde am 17. November 1749 als vierter Sohn eines Gastwirts in Châlons-sur-Marne geboren. In seiner ersten Veröffentlichung nennt er sich »Gutsbesitzer in Massy, Departement Seine-et-Oise, ehemaliger Conditor und Liqueurfabrikant, Mundkoch *Herzogs Christian IV*.«

Es handelt sich um den damaligen Herzog von Zweibrücken, in dessen Diensten *Appert* in jungen Jahren stand und in dessen Hofküche er das Kochen erlernt hat. Es liegt nahe, daß diese Tätigkeit schon sein Interesse für das Haltbarmachen von Lebensmitteln geweckt und ihn später zu tieferem Eindringen in den geschilderten Streit der Gelehrten veranlaßt hat.

Appert hatte sich gegen 1780 in Paris, rue des Lombards, als Süßwarenfabrikant niedergelassen. Bald zeigten die Große Französische Revolution und die anschließenden Kriege Bedeutung und Dringlichkeit des Problems, Lebensmittel haltbar und transportabel zu machen, in neuem Lichte. Das Directoire setzte einen Preis von 12 000 Francs für den Entdecker eines Verfahrens aus, das erlaubt, Frische und

Nährwert von Fleisch und Gemüsen für mehrere Monate zu erhalten. Das bildete für *Appert* den äußeren Anlaß, seine bürgerlich-behäbige Existenz aufzugeben und in Ivry-sur-Seine sein Verfahren zu entwickeln oder zu vervollkommnen.

1804 gründete er in Massy bei Palaiseau auf einem Gelände, das dem Anbau von Erbsen und Bohnen diente, die *erste Konservenfabrik,* deren Erzeugnisse verkauft wurden in Paris, 8, rue Boucher. »Monsieur Appert hat«, so steht im »Courrier de l'Europe« vom 10. Februar 1809, »die Kunst entdeckt, die Jahreszeiten stillstehen zu lassen; bei ihm ist das ganze Jahr hindurch Frühling, Sommer und Herbst, wie bei den köstlichen Pflanzen, die der Gärtner durch eine Glashaube vor den Unbilden der Witterung schützt.« Nach Prüfung durch eine Kommission, der auch *Louis-Joseph Gay-Lussac* (1778 bis 1850) angehörte, verlieh ihm *Jean-Pierre Bachasson, Comte de Montalivet,* der Minister des Inneren, mit Schreiben vom 30. Januar 1810 den ausgesetzten Preis.

Im gleichen Jahr veröffentlichte *Appert* das Werk »L'art de conserver pendant plusieurs années toutes les substances animales et végétales«; *im gleichen Jahre* erschien eine deutsche und eine italienische Ausgabe, 1811 folgte die schwedische und 1812 die englische Übersetzung.

Die Beschreibung der Elemente des Verfahrens lautet:

»1. Einfüllen der Substanzen, die man aufbewahren will, in Flaschen oder größere gläserne Geschirre.
2. Verschließen dieser verschiedenen Geschirre mit der allergrößten Genauigkeit, denn der gute Erfolg hängt größtenteils von der Zuverlässigkeit des Verschlusses ab.
3. Kochen der auf solche Art eingeschlossenen Substanzen in dem siedenden Wasser eines Kochbades, und zwar auf längere oder kürzere Zeit, nach ihrer verschiedenen Beschaffenheit, und auf die Art, wie ich es in der Folge für jede Gattung der Eßwaren anzeigen werde.
4. Herausnehmen der Gefäße aus dem Kochbade zur vorgeschriebenen Zeit.«

Appert ist also nicht der Erfinder der Konservendose, sondern er verwendete Glasflaschen; er erfand das Verfahren der Hitzesterilisation.

Die beiden entscheidenden Patente auf Konservierung von Lebensmitteln in verzinnten Eisengefäßen wurden erteilt

- am 26. Februar 1810 *Augustus de Heine* (englisches Patent Nr. 3310) und
- am 25. August 1810 *Peter Durand* (englisches Patent Nr. 3372).

Die *Appert*sche Methode zur Konservierung von Lebensmitteln zum ersten Male in Weißblechdosen *angewandt* zu haben, ist das Verdienst von *Bryan Donkin* (1768–1855), Mitinhaber der Firma J. and E. Hall Ltd.: *Donkin* (Bildteil S. 8) und sein Sozius *John Hall* haben das Verfahren *Apperts* gekannt und für *Donkin,* den man als »geborenen Erfinder und Tüftler« schildert, mag es nahegelegen haben, die Glasflaschen *Apperts* durch die Weißblechdosen zu ersetzen. Die J. and E. Hall Ltd. hat in Bermondseye eine Fabrik zur Herstellung von Konserven errichtet, wo zunächst nur Fleisch verarbeitet wurde. Von *Lord Arthur Wellesley,* dem nachmaligen *Herzog von Wellington* (1769–1852), liegt ein Schreiben vom 30. April 1813 vor, in dem er die hohe Qualität der Konserven lobt. In einem späteren Schreiben vom 15. Juli 1815 bestätigt er, daß Fleischkonserven, hergestellt im Dezember 1812, bei der Öffnung noch in tadellosem, gebrauchsfähigem Zustand gewesen wären.

Donkin hat also die Verbindung hergestellt

- zwischen der Hitzesterilisation und der Weißblechdose und
- zwischen dem Hersteller der Weißblechdosen und dem Hersteller der Konserven.

Im Jahre 1810, ehe noch die Firma J. and E. Hall Ltd. die ersten Konserven in Weißblechdosen geliefert hatte, schrieb *Grimod de la Reynière* in der siebenten Auflage seines »Almanach des gourmands«, in einem Artikel über »Sardinen, eingemacht zu Nantes«:

> »In der Bretagne nennt man ›confiture‹ verschiedene Zubereitungsverfahren, um die Sardinen während eines beachtlichen Zeitraumes in ihrer ganzen Frische zu erhalten. Dieses Einmachen geschieht auf drei Arten: mit Butter, Essig oder Öl. So zubereitet und in verlöteten Weißblechdosen verpackt, können die Sardinen ohne jedes Risiko verschickt werden und erscheinen genauso frisch auf der Tafel der Feinschmecker, als ob sie gerade aus dem Meer kämen.«

Warum hat *Appert,* der mit *Grimod de la Reynière* befreundet war und die Dosen für Sardinen kennen mußte, nicht auch Weißblechdosen verwandt? Er hat sich darüber offen ausgesprochen: die Engländer waren in der Herstellung von Weißblech den Franzosen damals überlegen. Hohe Qualität und vollständige Gleichmäßigkeit des Weißblechs spielten (und spielen) aber eine große Rolle beim Problem der Konservierung.

Die dritte Voraussetzung für die Konservennahrung ist also – wie wir sagen würden – *das Know-how der Weißblechproduktion. Hans Freiherr von Ungnad* hatte 1551 von *Kaiser Ferdinand I.* (1503 bis 1564) die Genehmigung zur Errichtung eines Betriebes zu Waltenstein (Steiermark) erhalten, in dem Kupfer gegen das Oxydieren verzinnt wurde. Von da kam die Kenntnis der Technik des Verzinnens, *auch von Eisenblech,* nach Sachsen, wo um 1660 schon an die 80 000 Menschen in der Weißblechverarbeitung beschäftigt waren. *Andrew Yarranton* brachte die Weißblechtechnik nach England. 1673 erhielt *William Chamberlaine* das 1. englische Patent auf das Verzinnen von Eisen, Stahl und Kupfer und bald erreichten die Erzeugnisse der jungen Industrie den Ruf hervorragender Qualität.

Durch die Initiative von *Jean-Baptiste Colbert* (1619–1683) wurde 1665 die erste französische »Weißblechfabrik« in Beaumont-la-Ferrière im Nivernais errichtet und mit Hilfe deutscher Spezialisten betrieben. Im 18. Jahrhundert wurde eine Reihe weiterer Unternehmen gegründet, von denen indessen nur zwei die Große Revolution überlebten. Als *Appert* die Hitzesterilisation erfand, wurde Weißblech im wesentlichen aus England importiert.

Die Erfindung und Entwicklung der Konservennahrung war von eminenter Bedeutung für die Weißblechindustrie. Lange hüteten die Engländer das Geheimnis der hohen Qualität und bis 1873 importierten die Vereinigten Staaten von Amerika aus Cornwall. Bald wird aber der Vorsprung aufgeholt: Gegen 1935 ist die Kaltwalzmethode von Bandstahl in den Vereinigten Staaten von Amerika produktionsreif und revolutioniert die Weißblechherstellung der Welt. Auch die Methode der Verzinnung wird vervollkommnet: das elektrolytische Verfahren erlaubt es, die Stärke der Zinnschicht genau zu dosieren und einen gleichmäßigen Überzug zu erzielen.

Zurück zu *Appert*!

In Massy erfolgte das Kochen zunächst im Wasserbad. *Appert* verstand aber auch, die Dampfsterilisation anzuwenden, wobei er entweder nur sehr wenig oder überhaupt kein Wasser in dem Kessel mit den zu sterilisierenden Behältnissen hatte und den Dampf aus einem zweiten Kessel hineinleitete. Auf diesen Vorarbeiten aufbauend, hat sein Nachfolger *Raymond Chevalier Appert* den *Autoklaven* erfunden, der das Kochen ohne Verdampfung ermöglichte und am 28. Dezember 1852 patentiert wurde.

Die Versuche *Apperts* waren wahrhaft umfassend und er konservierte beispielsweise auch *Bier*:

»Ich zog Bier, wie es aus dem Brauhause kam, in Flaschen, ließ es ruhig stehen und recht klar werden und stöpselte es dann zu, um ihm eine starke Wallung im Kochbad zu geben. *Nach einem Jahr* öffnete ich eine dieser Flaschen und fand das Bier so gut, wie am Tage der Zubereitung.«

Nach der Rückkehr von einer Reise nach England, wo er 1814 ein Konsortium beim Bau einer Konservenfabrik beraten hatte, ließ er sich in Paris nieder. Er wurde von finanziellen Sorgen bedrückt, denn seine Fabrik in Massy war in den Freiheitskriegen stark beschädigt worden. Die Regierung stellte ihm die notwendigen Räume für die Wiederaufnahme seiner Arbeiten zur Verfügung und 1824 erhielt er einen Preis von 2000 Francs für die Konstruktion eines Behälters zum Konservieren von Fleisch in großen Portionen. 1832 verlieh ihm die Société d'encouragement pour l'industrie nationale den Titel »Wohltäter der Menschheit«. Dennoch starb er völlig mittellos am 1. Juni 1841. Er hinterließ nicht einmal so viel, daß davon die Begräbniskosten hätten bezahlt werden können und fand deshalb seine letzte Ruhestätte in einem Massengrab.

Am Schlusse der gerafften Darstellung des Lebenslaufes und -werkes von *Appert* sei bemerkt, daß nach dem Ergebnis der Forschungen von *Prof. Dr. Edm. O. von Lippmann* der Physiker *Denis Papin* (1647–1712) den *Papin*schen Topf zur Bereitung von Konserven »durch Auskochen und nachherigen luftdichten Verschluß« angewandt und ein »Gelee« hergestellt habe, das die »geistigen und flüchtigen Bestandteile des Fleisches, die man beim üblichen Einsalzen verliere, festzuhalten vermöge«, also die Konserven und den Fleischextrakt erfunden habe.[22] Wir wissen allerdings nicht, ob *Appert* die Vorarbeiten von *Papin* kannte und ihr Ergebnis in seine Entwicklung einbezog.

In der Literatur über die Zweite industrielle Revolution findet sich die Regel, daß die Zeit, die von der technischen Erfindung bis zu ihrer industriellen Auswertung vergeht, ständig kürzer werde; die Entwicklung dauerte etwa in der Photographie 112 Jahre (1727–1839), für die Integrierten Schaltkreise in der Elektronik nur drei Jahre (1958 bis 1961). Von dieser Regel bildet die Konservennahrung eine eindrucksvolle Ausnahme. Wir haben schon gehört, daß der *Herzog von Wellington* Konserven, die *zwei Jahre* nach der Verleihung des Preises von 12 000 Francs an *Appert,* der Erteilung der Patente an *de Heine* und *Durand* geliefert worden waren, mit hohem Lob bedachte.

1814 nahm die Expedition von *Sir John Ross* (1777–1856), dem englischen Polarforscher, auf den Schiffen »Isabella« und »Alexander« *Donkin*sche Konserven mit, und zwar »preserved meats«, »vegetable soup« und »concentrated soup«; ihn begleitete der später als Polarforscher gleichfalls berühmt gewordene *William Edward Parry* (1790–1855) als Leutnant auf dem Schiff »Alexander«. Es kann kein Zweifel daran bestehen, daß die Konserven die Erwartungen der Forscher erfüllten, denn als im darauffolgenden Jahre eine Schiffsreise zur Erkundung der Nord-West-Passage vom Atlantik zum Pazifik unternommen wurde, konnte die Firma J. and E. Hall Ltd. auch diese Expedition, die durch die Arktis ging, mit Dosenkonserven ausrüsten, und *Parry* nahm 1824 auf seiner eigenen, dritten Polarexpedition große Mengen Konserven mit.

Mit der Bewährung war der Weg für den Aufbau einer Konservenindustrie geöffnet. Die englische Regierung benötigte für ihre Schiffahrt und die ausländischen Stützpunkte haltbare Lebensmittel, um die Ernährung der Schiffsbesatzungen zu verbessern, denen bisher während der langen Segelschiffsreisen als einzige Fleischnahrung nur Salzfisch zur Verfügung gestanden hatte. Die königliche Marine war deshalb der erste und wichtigste Auftraggeber.

Um eine Vorstellung von der Größenordnung des Bedarfes zu vermitteln, sei der Inhalt des Auftrages wiedergegeben, den die Admiralität der Firma J. and E. Hall Ltd. 1818 erteilte:

14 243 Dosen Fleischkonserven
3 862 Dosen gemischte Fleisch- und Gemüsekonserven
5 660 Suppenkonserven

Die Dosen sollten verschieden groß sein, mit einem Inhalt von 1 lb 6 oz bis 4 lbs. Der Kaufpreis betrug 5841 £ 4 s.

Das Erscheinen einer deutschen Ausgabe des Werkes von *Appert* hatte zunächst keine praktischen Wirkungen. Die Anfänge der Herstellung von Weißblechdosen sind auch in Deutschland eng verbunden mit dem Konservieren: der »konservierende Klempnermeister« ist der gemeinsame Ahnherr der Feinstblechpackungsindustrie und der Konservenindustrie. Erst die Erben gaben *entweder* das Konservieren auf und stellten die Weißblechdosen ausschließlich für fremden Bedarf her *oder* gaben die Fertigung der Weißblechdosen auf und bezogen sie von einem Dosenfabrikanten. Zwischen 1820 und 1830 hatte *Baron Wilhelm Eberhard Anton von Campen* als braunschweigischer Diplomat in Frankreich das *Appert*sche Verfahren kennengelernt. Nach der Heimkehr wollte er seine Jagdbeute nach diesem Verfahren haltbar machen und beauftragte den Klempnermeister *Heinrich Züchner* in Seesen mit der Herstellung und dem Verlöten der Dosen. Bald entwickelte sich aus dieser Tätigkeit ein blühendes Geschäft, das heute als Blechwarenfabrik Fritz Züchner zu den Großunternehmen der Feinstblechpackungsindustrie gehört.

Einer Veröffentlichung aus dem Anfang dieses Jahrhunderts ist zu entnehmen, daß 1845 in Frankfurt/M. von den Gebrüdern *Bethmann* und in Lübeck von dem Kaufmann *Daniel Heinrich Carstens* je eine Konservenfabrik gegründet wurde.[22a] Die Gründung von *Carstens* besteht bis in unsere Tage unter der Firma Charlotte Erasmi & Carstens.

Um 1840 hielt der Braunschweiger *Professor Franz Varrentrapp* (1815–1877) im Gewerbeverein einen Vortrag über das *Appert*sche Verfahren, das er während eines längeren Aufenthaltes in Frankreich kennengelernt hatte. Unter den Zuhörern waren die Klempnermeister *P. W. Daubert* und *Pillmann*. Beide haben – unabhängig voneinander – als Nebenbetrieb der Klempnerei eine ständig wachsende Abteilung für die Konservierung von Spargel angegliedert und gelten als die ersten *Spargelkonservenhersteller* im Herzogtum Braunschweig. *Daubert* gab 1850 seinen bisherigen Hauptberuf als Klempnermeister auf und gründete am 1. April 1852 die Firma P. W. Daubert, die die *erste Konservenfabrik* in Braunschweig gewesen sein dürfte.

Braunschweig, Lübeck und Seesen waren die Geburtsorte der – zunächst mit der Herstellung von Dosen verbundenen – deutschen Konservenindustrie (Bildteil S. 9) und in diesen Städten entstanden auch die Zulieferindustrien für Maschinen, Packmittel und Packhilfsmittel.

Anfänglich wurden die Weißblechdosen vollständig in Handarbeit angefertigt. Das Weißblech für den Rumpf wurde mit einer Schere in Platten zerschnitten, die anschließend über einen Holz- oder Eisenkegel gewölbt und überlappt zusammengelötet wurden. Zum Löten wurden im Feuer erhitzte Lötkolben verwendet, die von einer Stange Zinn die benötigte Menge abnahmen und verteilten entlang der Lötnaht, die vorher mit Lötwasser befeuchtet oder mit Kolophoniummehl bestreut worden war. Die Platten für Deckel und Böden wurden mit einem Zirkel auf die Blechtafel gezeichnet und mit der Schere herausgeschnitten. Mit einem Hammer wurden die Kanten so umgebördelt, daß sie knapp über den Dosenrumpf griffen. Zunächst wurde der Boden an den Rumpf gelötet, dann – nach Füllung der Dose – der Deckel.

Es ist ein glücklicher Zufall, daß *Ludwig Evers,* der schriftstellerisch begabte zweite Direktor der »Hannöverschen Baumwoll-Spinnerei und Weberei«, in seinem Roman »Die Großvaterstadt« die Eindrücke eines Rundganges durch die Klempnerei einer Konservenfabrik anschaulich schildert, die ein hervorragender Sachkenner als Firma G. C. Hahn, Lübeck, identifiziert: »Dafür sah *Tachanjou* in der Klempnerei desto gespannter der Verlötung der Dosen zu, der Stichflamme der Lötkolben, deren Indigoblau sich jäh in Smaragdgrün verwandelte, wenn der heiße Kolben das Zinn von den schmalen blinkenden Stangen löste und mit dem Lötwasser mischte . . .

. . . den Belehrungen der Klempner, welche Aufmerksamkeit erforderlich war, um das giftige Lötwasser nicht mit dem Doseninhalt in Berührung zu bringen . . .

. . . Die Trippelweiber auf dem Hof gaben den verschlossenen Dosen mit Putzmitteln ihren Glanz und umfuhren mit einem Nagel die Lötnarbe.«

Eine lange Reihe von Verbesserungen haben allmählich das Herstellungsverfahren und das Produkt vervollkommnet; genannt seien:

- Die offenen Enden des Dosenrumpfes werden angerollt oder gestaucht und ein genau passender Boden und Deckel, mit Gummierung oder synthetischer Dichtungsmasse versehen, wird maschinell aufgefalzt, so daß die Handlötung wegfällt.

- Die überlappte Lötung der Längsnaht des Dosenrumpfes wird durch eine von außen gelötete Falznaht ersetzt und es gibt im Doseninneren keine unverzinnten Schnittkanten mehr, die mit dem Inhalt in Berührung kommen.
- Die ausgezeichneten Lackiereigenschaften des Weißbleches legten es nahe, Lacke zu entwickeln, die das Weißblech gegen aggressive Füllgüter schützen.

Neben die *Verbesserungen* traten *Erweiterungen* der Anwendung:
- Um 1830 kam der Konditor *Thomas Huntley* in Reading an der Themse auf den Gedanken, seine auch in London beliebten Biskuits und Kuchen transport- und lagerfähig zu machen. Er ließ sich zu diesem Zweck von seinem Vetter, dem Eisenwarenhändler *Joseph Huntley* Weißblechdosen anfertigen. Die Biskuits und Kuchen in Dosen wurden ein glänzender Erfolg und der Umsatz nahm ständig zu.
- Um 1870 begann die Anwendung von Feinstblechpackungen aus Schwarz- oder Weißblech für den »Nonfood«-Bereich, für Brauerpech, Harzöl und Schuhmacherpech etwa. Diesen Geschäftszweig pflegte beispielsweise die Firma Wilhelm Sparkuhl & Co. in Lübeck, aus der am 22. Juli 1904 die Lubecawerke GmbH hervorging.

Im Hinblick auf die enge Verbindung zwischen Feinstblechpackungsindustrie und Konservenindustrie ist es sicher interessant, einige Zahlen aus der mit dem Ausbruch des Ersten Weltkrieges endenden Frühgeschichte der Obst- und Gemüseverwertungsindustrie zu nennen:

Es waren vorhanden im Herzogtum Braunschweig:

1860	2 Konservenfabriken
1890	30 Konservenfabriken
1901	43 Konservenfabriken

1905 bestanden im Reichsgebiet 188 Gemüse- und Obstkonservenfabriken:

Herzogtum Braunschweig	42
Provinz Sachsen	19
Provinz Hannover	15

Königreich Bayern	14
Provinz Brandenburg	12
Großherzogtum Hessen	11
Elsaß-Lothringen	14
Übriges Reichsgebiet	61

Die Größenordnung der Fabriken im Herzogtum Braunschweig ergibt sich aus der folgenden Tabelle:

Menge der Jahresproduktion	Zahl der Betriebe
unter 50 000 Dosen	5
bis 100 000 Dosen	6
100 000 bis 200 000 Dosen	10
200 000 bis 500 000 Dosen	12
500 000 bis 1 000 000 Dosen	7
über 1 000 000 Dosen	2

Die Herstellungsmengen im damaligen Reichsgebiet betrugen 1913 in Millionen $^1/_1$-Dosen:

80 Gemüsekonserven
30 Obstkonserven[23]

Die Geschichte der modernen industriellen Interessenverbände begann 1871 mit der Gründung des »Vereins zur Wahrung der gemeinsamen wirtschaftlichen Interessen im Rheinland und Westfalen«, bekannt unter der von *Bismarck* geprägten Abkürzung *»Langnamverein«*, der allmählich ähnliche Gründungen folgen. So wurde am 21. Februar 1901 in Braunschweig der »Verein deutscher Conserven- und Präservenfabrikanten« ins Leben gerufen. Nachdem sich die Präservenfabrikanten aus dem Verein gelöst hatten, wurde der Name geändert in »Verein Deutscher Conservenfabrikanten e. V.«. Der Verein erwarb sich große Verdienste um die Verwendung genormter Dosen, die Ausarbeitung von Herstellungs- und Qualitätsnormen sowie eines Systems der Anbauverträge und auf seine Initiative geht eine Reihe von Organisationen zurück, die später zu würdigen sein werden.

Besonders erwähnt sei, daß 1908 der Vorstand des Vereins Deutscher Conservenfabrikanten e. V. den bedeutsamen Entschluß faßte, in Zukunft nur mehr »*Normaldosen*« zu verwenden. Die Vorschläge der Dosenfabriken, vorgetragen von *Dohm* und *Schmalbauch,* sahen vier Dosengrößen vor:

Erzeugnis	Höhe mm	Durchmesser mm	Inhalt, offen gemessen ccm
Gemüse $^1/_1$	122	99	900
Gemüse $^1/_2$	113	73	450
Stangenspargel $^1/_1$	184	80	–
Früchte $^1/_1$	120	95	830 (offen)
			800 (geschlossen)

Die Braunschweiger Dosenfabrikanten verpflichteten sich, ab sofort nur mehr diese Dosen an die Konservenfabriken zu liefern und empfahlen den auswärtigen Dosenfabriken, sich ihrem Vorgehen anzuschließen.[23] Es wurde also im Sinne der Terminologie der Kooperationsfibel eine »Vereinbarung über die einheitliche Anwendung von Normen oder Typen« geschlossen.

1900 hat *G. Brandau,* ein ehemaliger Konservenfabrikant, die »Versuchsstation für die Konservenindustrie« gegründet; ihr wurde eine kleine Versuchsfabrik angegliedert, deren Leitung *Bruno Hempel* übernahm, und 1912 wurde *Dr. Hermann Serger* zum wissenschaftlichen Leiter der Versuchsstation bestellt. Aus diesen Anfängen entstanden:

- der Verlag Günter Hempel, in dem die Zeitschrift »Die industrielle Obst- und Gemüseverwertung« erscheint;
- der Fachverlag Dr. Serger & Hempel und
- das Konserven-Technikum zur Heranbildung des technischen Nachwuchses.

Von 1908 an begann *Dr. Paul Nehring* (1865–1945), Braunschweig, der ein Laboratorium für die Ausführung von Aufträgen aus der Industrie eingerichtet hatte, auch Aufträge aus der Konservenindustrie zu übernehmen und wurde bald ihr chemischer Berater. Der Name *Nehring* ist seither untrennbar mit der Geschichte der Konservenindustrie verbunden. Das auf *Dr. Paul Nehring* zurückgehende Institut für Konserventechnologie wurde zunächst von seinem Sohn

Dr. Eduard Nehring (1897–1962), dann von seinem Enkel *Professor Dr. Peter Nehring* weitergeführt.

Zwei Impulse lösten die Konstruktion von *Verpackungsmaschinen* aus:

- Das Entstehen des Markenartikels, der überall zum gleichen Preis, in der gleichen Verpackung und der gleichen Qualität verkauft werden mußte. Nur die Maschine kann aber Verpackungen vollkommen gleichmäßig herstellen und nur die gleichbleibende Verpakkung sichert die Erhaltung der Qualität der Ware.
- Das Streben nach Vervollkommnung der Sicherheit des Verschlusses machte es erforderlich, die Handarbeit mit der ihr innewohnenden Gefahr menschlichen Versagens abzulösen durch die Maschine (beim Verlöten der Weißblechdosen wies die Lötbahn, die den Deckel luftdicht mit der Dose verbinden sollte, gelegentlich dem Auge kaum bemerkbare Poren auf, die zu Bombagen führten).

Einen großen Fortschritt bei der Herstellung von Weißblechdosen (und Konserven) brachten die *Verschließmaschinen* (Bildteil S. 9). Die Firma Fr. Ewers & Co., Lübeck, baute um 1883 Maschinen, »deren Leistungsfähigkeit schon zu Anfang mehr als zehnmal so hoch war als die eines gelernten Löters«[24]; Senator *Friedrich Ewers* hatte am 24. November 1877 das Patent 6480 auf diese Maschinen, die Boden und Deckel durch Doppelfalz mit dem Rumpf verbanden, erhalten. Die Firma Wilhelm Sparkuhl & Co., Lübeck, entwickelte 1890 eine handbetriebene Dosenverschließmaschine, die zunächst dem eigenen Bedarf diente, dann aber das erste Stück des Produktionsprogramms der Verpackungsmaschinen bildete, die – nach der Umfirmierung auf *LUBECA-WERKE* – in einer eigenen Maschinenbau-Anstalt hergestellt wurden.[25]

5.
Die Grundsteinlegung des Hauses Schmalbach

Am 7. Januar 1898 fanden sich in der Kanzlei des Justizrates Notar *Friedrich Neßig*, Braunschweig, Theaterpromenade 17, ein

- *Johann Andreas Schmalbauch,*
- *Franz Becker* und
- zwei als Zeugen geladene Dienstmänner Anton Gaup und Karl Schwieger,

um die Firma Becker & Schmalbauch zu gründen.

Dem kalligraphischen Protokoll (Bildteil S. 1 f.) ist zu entnehmen, daß der Gesellschaftsvertrag eine Klausel enthielt, die bald bedeutsam werden sollte:

»Herr Schmalbauch übernimmt die kaufmännische Vertretung der Firma und ist berechtigt, seinen Sohn Willy [sic!] oder Gustav als seine Hilfskräfte im Geschäfte mit zu verwenden. Er wird seine Kräfte dem Geschäfte soweit erforderlich widmen. Die Cassenführung liegt ausschließlich Herrn Schmalbauch oder dessen Vertreter ob.«

Gustav konnte – der Begabung und Neigung für die Technik folgend – sofort praktische Erfahrungen in der Produktion sammeln, die dem Werk zugute kamen, als sich der Vater am 1. Oktober 1898 vom Fachmann, Franz Becker, trennte. Gewiß mag *Johann Andreas Schmalbauch* berechtigten Stolz auf den Erfolg und frohe Hoffnung für die Zukunft erfüllt haben, als er alleiniger Inhaber einer Blechwarenfabrik mit 300 qm Grundfläche und 15 Maschinen wurde, die in der Saison 25–30 Arbeitskräfte beschäftigte, aber ebenso gewiß ahnte er nicht, den Grundstein zum größten Verpackungshersteller des kontinentalen Europa gelegt zu haben.

Wenn man die Geschichte derjenigen Unternehmen, die sich besonders gut entwickelt haben und in ihrer Branche führend geworden sind, bis in die Anfänge zurückverfolgt, dann tritt in erstaunlich zahlreichen Fällen *ein einzelner Mann* auf. Diese Beobachtung, die *Prof. Eugen Schmalenbach,* der berühmte Betriebswirt, bei der Betrachtung der Geschichte der freien Wirtschaft gemacht hat[26], trifft auch für diese Neugründung zu und die Anfänge der Firmengeschichte sind unlösbar verflochten mit dem Lebensbild und -werk jenes »einzelnen Mannes«, der sich spät, aber rechtzeitig in die zukunftsträchtige Entwicklung der Verpackungswirtschaft einschaltete.

Johann Andreas Schmalbauch wurde am 20. Februar 1851 zu Niedersachswerfen bei Walkenried im Südharz geboren. Sein Vater, *Andreas Schmalbauch,* hatte nach längerer Soldatenzeit in Niedersachswerfen ein Handelsgeschäft und eine Ziegelei gegründet. Im Vaterhause erlernte er den Kaufmannsberuf und die Ziegelherstellung, doch erbte der ältere Bruder nach der Heimkehr aus dem Kriege 1870/71 das väterliche Geschäft. Da das Wandern damals zur regulären Ausbildung eines jungen Mannes gehörte, verließ er die Heimat. Eines Tages kam *Johann Andreas Schmalbauch* nach Braunschweig und fand als Fachmann sofort eine Stellung bei der Ziegelei von Meyer in Gliesmarode-Querum. Nach seiner Heirat mit *Johanne Beste* aus Stadtoldendorf am 10. Oktober 1875 machte er sich aber selbständig und bis 1898 betrieb er nacheinander drei Lebensmittelgeschäfte, zwei Gastwirtschaften und die Spargelplantage »Am schwarzen Berge« bei Rühme; daneben kaufte und verkaufte er mit Erfolg Grundstücke. 1892 erwarb er ein eigenes Haus in der Gliesmaroder Str. 12 und konnte sich schon Kutscher, Pferde und Wagen halten. In allen Geschäften war ihm seine Frau eine nimmermüde Helferin. Sie schenkte ihm drei Kinder: zwei Söhne – *Willi,* geboren am 17. Februar 1876 und *Gustav,* geboren am 12. Februar 1880 – und eine Tochter *Emma,* geboren am 31. Mai 1877, die später den Konservenfachmann *Paul Kasper* heiratete. Nach dem Erwerb der Spargelplantage begann *Johann Andreas Schmalbauch* den Spargel zu konservieren und bezog die Dosen von *Franz Becker,* der in der Herderstr. 5 eine kleine Fabrik betrieb. *Becker* war verschuldet und lieh sich von seinem neuen Kunden Geld. Schließlich sah der Geldgeber nur in einer Beteiligung die Chance, einen größeren Verlust zu vermeiden und so kam es zu der geschilderten Gründung. Mut und

Weitblick gehörten zu diesem Schritt, denn in Braunschweig gab es bereits seit Jahren mehrere bekannte Dosenfabrikanten, die ihren festen Kundenstamm hatten.

Zwei interessante Einzelheiten verbinden Beginn und Gegenwart:

- Dicht bei der früheren Spargelplantage »Am schwarzen Berge« befindet sich seit 1965 die Hauptverwaltung der Schmalbach-Lubeca-Werke AG.
- Auf dem Grundstück Herderstraße 5 hatte zwei bis drei Jahre lang ein Zweigwerk der Lübecker Blechwarenfabrik Fr. Ewers & Co. bestanden, die etwa siebzig Jahre später mit der Aktiengesellschaft für Cartonagenindustrie zu SCHMALBACH stieß.

1898 erwarb *Johann Andreas Schmalbauch* das Grundstück Hamburger Straße 37, auf dem sich noch heute das »Stammwerk« befindet. Das »Comptoir« kam in einen alten Fachwerkbau; dieser Bau dient heute als Museum und Archiv, ausgestattet mit den alten Möbeln.

Schon längst war die reine Handarbeit von der maschinellen Fertigung abgelöst, doch wurden die Deckelstanzen, Gummier- und Verschließmaschinen mit Handgriffen bedient. Eine Ausnahme bildete das Löten der Dosenrümpfe mit dem Kolben, das rein manuell erfolgte. Immerhin wurde um die Jahrhundertwende eine Jahresproduktion von rund 1 Million Dosen erreicht.

Nur wenige Jahre konnte sich *Johann Andreas Schmalbauch* seiner Erfolge als Dosenfabrikant freuen. Nach kurzer Krankheit starb er am 7. Januar 1904, am sechsten Jahrestage der Gründung, ehe er das 53. Lebensjahr vollendet hatte.[27]

Das Lebensbild und das Lebenswerk des Gründers mit seinen Wirkungen in die Zukunft zeigen drei Motive, die bis in die Gegenwart bei den geschäftsführenden Familienmitgliedern immer wieder anklingen:

- *Johann Andreas Schmalbauch* war kein groß und reich gewordener Handwerker, sondern ein moderner Unternehmer, der Kalkulation und Spekulation ausgewogen verbindend, die verschiedensten Unternehmen erfolgreich zu führen verstand.
- Er ließ die Söhne früh in die Verantwortung hineinwachsen, so daß sein unerwarteter Tod den Aufstieg des Unternehmens nicht hemmte.

– Er hat eine Lebensgefährtin gewählt, die ihn und sein Lebenswerk in vielfältiger Weise mittelbar und unmittelbar stützte.

Nach dem Tode von *Johann Andreas Schmalbauch* übernahmen die Geschäftsleitung seine beiden Söhne *Willi* und *Gustav*. Den veränderten Verhältnissen entsprechend, wandelten sie die Einzelfirma am 1. März 1904 um in eine offene Handelsgesellschaft. In enger Verbindung blieben sie mit ihrer Schwester *Emma,* deren Gatte ganz in der Nähe eine Konservenfabrik gegründet hatte. Die Mutter *Johanne* blieb der gute Geist der Familie und der Firma bis zu ihrem Tode im Jahre 1923. Es wird überliefert, daß sie von ihrem Nähtisch am Fenster aus gern das Fabrikgelände und das Kommen und Gehen der Mitarbeiter, die sie alle persönlich kannte, beobachtete.[28] Ohne unmittelbaren Einfluß auf die Entscheidungen hat sie mit Ermutigung und Rat den Aufstieg des Unternehmens begleitet und gefördert.

Willi hatte bei E. F. Witting in Braunschweig Textilkaufmann gelernt und mehrere Jahre bei großen Häusern in Dresden und Berlin »konditioniert«. 1899 folgte er, obwohl ihm der Wechsel nicht leichtgefallen sein soll, dem Rufe seines Vaters, der ihm im gleichen Jahre Prokura erteilte. Charakteristisch für ihn ist, daß er in Abendlehrgängen seine buchhalterischen Kenntnisse abrundete. *Gustav* trat sofort nach Schulbesuch und Militärdienst in das väterliche Unternehmen ein, wo er sich in die technischen Aufgaben einarbeitete.

Am 9. Mai 1913 wurde der Name »*Schmalbauch*« mit Rescript des Herzoglichen Staatsministeriums zu Braunschweig in »*Schmalbach*« geändert. Die Brüder erhielten für sich und ihre ehelichen Nachkommen die Erlaubnis zur künftigen ausschließlichen Führung des neuen Familiennamens.

Für Familie und Firma war es eine glückliche Fügung, daß zwei Brüder am Todestage des Vaters im Unternehmen tätig waren, von denen der eine als Prokurist seit fünf Jahren die Verantwortung im kaufmännischen Bereich mitgetragen, der andere als Techniker seit dem Ausscheiden des Fachmannes *Becker* die Dosenfertigung geleitet hatte.

Der *Stand der Technik* und die Lösung der Produktionsprobleme läßt sich durch drei Merkmale charakterisieren:

1. Eine gute Löterin konnte in zehnstündiger Arbeitszeit 2100 bis

2400 Dosenrümpfe löten; also wurden 9 Löterinnen gebraucht, um eine Tagesproduktion von 20 000 Stück zu schaffen (heute liegt die Tagesproduktion einer Dosenfabrik mit zehn automatischen Linien bei etwa eineinhalb Millionen Stück). Deckel und Böden wurden mit Fußtrittmaschinen gummiert, wobei jeder Gummiring von Hand aufgelegt werden mußte.

2. Die Kontrolle beschränkte sich auf eine Augenprüfung der Lötnähte, der aufgefalzten Böden und der Gleichmäßigkeit der Bördelränder.
3. Der hohe Anteil der Lieferungen an die Obst- und Gemüseverwertungsindustrie am Umsatz machte die Dosenfabriken zu Saisonbetrieben und die in den allerersten Anfängen steckende Mechanisierung der Produktion erforderte den Ausgleich der Schwankungen und die Bewältigung der Spitzen durch verstärkte Handarbeit. Beschränkungen der Arbeitszeit gab es nicht, der fehlende Schlaf wurde in den ruhigeren Wintermonaten nachgeholt.

   Wenn in der Saison, besonders während der Erbsenkampagne, Höchstleistungen erforderlich waren, setzten sich *Willi* und *Gustav* an die Verschließmaschinen oder halfen beim Packen der Dosen, während ihre Frauen der Belegschaft Kaffee und Limonade brachten. Sicherlich überstieg bei solchem Einsatz die Wirkung der »Führung durch Beispiel« weit die errechenbare Wirkung von zwei zusätzlich gewonnenen Arbeitskräften und wurde überhöht durch den Eindruck der persönlichen Fürsorge ihrer beiden Frauen.

   Einer Anzeige in der Fachzeitung »Die Konserven-Industrie« ist zu entnehmen, daß die Produktion bis 1913 auf ca. 20 Millionen Dosen gestiegen war.

Die Entwicklung im *kaufmännischen Bereich* ist gekennzeichnet durch

- die Erweiterung des Produktionsprogramms (das selbstverständlich seinerseits technische Probleme brachte) und
- die Erweiterung des Absatzgebietes.

Die Erweiterung des *Verkaufsprogramms* hatte vier Schwerpunkte:

- Die Obst- und Gemüseverwertungsindustrie ging im Sektor *Marmeladen* von der Verarbeitung von Holzfässern auf die leichteren und hygienischen Eimer über.

- Die Fleischwarenindustrie begann für Braunschweiger Wurst, Halberstädter Würstchen und westfälische Fleischgerichte Feinstblechpackungen zu verwenden.
- Von Lübeck ausgehend wurde die Herstellung von Fischdosen aufgenommen.
- Feinstblechpackungen ersetzten – wie schon dargelegt – allmählich andere Verpackungen für chemische und technische Artikel, beispielsweise Bohnerwachs, Farben, Lacke, Öle und Schuhcreme.

Die Erweiterung des *Absatzgebietes* ergab sich aus dem Entstehen von Fabriken der Obst- und Gemüseverwertungsindustrie in anderen deutschen Landschaften mit traditionellem Anbau von Obst und Gemüse: in der Altmark, der Lößnitz bei Dresden, den Gebieten um Mainz und Schwetzingen.

Willi und *Gustav Schmalbach* wußten ersichtlich schon, daß die eigentliche Rolle des Management (das damals von den Gesellschaftern wahrgenommen wurde) liegt im »intelligenten Reagieren auf Veränderungen«[29] und faßten zwei Entschlüsse, um die Chancen zur Erweiterung des Produktionsprogramms und des Absatzgebietes zu nutzen:

- Mit äußerster Konsequenz führten sie die Trennung von Konservendosen und sogenannten »technischen Artikeln« durch, die uns heute als Gliederung in »Open Top« und »General Lines« geläufig ist und nützlich erscheint; sie gründeten nämlich für die Fertigung der technischen Artikel mit Beteiligung der Hausbank und einiger Geschäftsfreunde die Union Blechwarenwerke GmbH.
- Für die Belieferung der Konservenindustrie in der Lößnitz wurde die Blechwarenfabrik Otto Bark in Radebeul erworben. Leiter der Union Blechwarenwerke GmbH wurde *Oscar Krafft;* als Techniker stand ihm zur Seite *Willi Kaufmann,* der dann mehr als dreißig Jahre im Unternehmen tätig war. Mit der Leitung der Blechwarenfabrik Otto Bark wurde *Otto Niebuhr* betraut, der sich hervorragend bewährte.

Es ergab sich aus Ausbildung und Neigung der beiden Brüder, daß die kaufmännische Leitung bei *Willi,* die technische bei *Gustav Schmalbach* lag. Sie arbeiteten aber in so großer Harmonie zusammen, daß eine Abgrenzung der Kompetenzen nie erfolgte. Der Kaufmann *Willi* griff im Betrieb und Versand ein, wenn es notwendig war, und der Techniker *Gustav* besuchte auch im Winter Konservenfabriken, um die Aufträge für die nächste Kampagne zu sammeln.

Die Zusammenarbeit der Brüder miteinander, die Zusammenarbeit zwischen Geschäftsleitung, Angestellten und Arbeitern in Verbindung mit der auf äußere und innere Sicherheit und Förderung der Wirtschaft bedachten Politik des Zweiten Deutschen Kaiserreichs, bildeten die drei Komponenten des raschen, stetigen Wachstums des Unternehmens.

In dem Jahrzehnt zwischen dem Tode des Gründers und dem Vorabend des Ersten Weltkrieges war es *Willi* und *Gustav Schmalbach* gelungen, drei eindrucksvolle Erfolge zu erzielen, die einen vorläufigen Abschluß bedeuteten:

- Die Jahresproduktion wurde von rund 1 Million auf rund 20 Millionen Dosen gesteigert (Bildteil S. 13).
- Zur Erweiterung des Produktionsprogramms war eine eigene Tochtergesellschaft gegründet und deren Leitung an tüchtige Mitarbeiter – wie wir sagen würden – »delegiert« worden.
- Zur Erweiterung des Absatzgebietes war eine zweite Tochtergesellschaft durch Kauf einer bestehenden Firma errichtet und deren Leitung an eine hervorragend geeignete Persönlichkeit »delegiert« worden, so daß die Gesellschafter nicht häufige, zeitraubende Reisen nach Dresden zu unternehmen hatten.

Bei rückschauender Betrachtung ist es überraschend festzustellen, daß die Brüder *Willi* und *Gustav Schmalbach* sich auf den Ausbruch des Weltkrieges, der rational nicht vorhersehbar war, gut vorbereitet hatten. Die Erklärung dafür kann nur darin liegen, daß sie die *Eingebung* besaßen, die auf dem Gebiete der Bewältigung von praktischen Problemen durch einen modernen Unternehmer die gleiche Rolle spielt wie in der Wissenschaft oder in der Kunst.[30]

Anmerkungen

1 H. *Herzfeld,* Die Reichsgründung. Europa von 1878 bis 1914, in: HISTORIA MUNDI. Hrsg. von F. *Valjavec.* Zehnter Band. Bern und München 1961, S. 93 ff.

2 L. *Reiners,* In Europa gehen die Lichter aus. Der Untergang des wilhelminischen Reiches. 2. Aufl. [1. Aufl.: 1954.] München 1955, S. 405 f.

3 G. *Schnath,* H. *Lübbing,* G. *Möhlmann,* F. *Engel,* Geschichte des Landes Niedersachsen. Würzburg 1962, S. 56 f. und 60.

4 W. *Heinrich,* Hat der Westen eine Idee? Frankfurt/M. 1958, S. 6.

5 E. *Salin,* Vor einer neuen Etappe der industriellen Revolution, in: KYKLOS Vol. VIII (1955), S. 1 ff.

6 E. *Franzel,* 1870–1950 Geschichte unserer Zeit. München 1951, S. 12 ff.

7 Die deutsche Volkswirtschaft im Neunzehnten Jahrhundert. Band VII der Reihe »Das Neunzehnte Jahrhundert in Deutschlands Entwicklung«. Hrsg. von P. *Schlenther.* Berlin 1902, S. 321 ff. (zitierweise: »deutsche Volkswirtschaft«).

8 H. *Krasensky,* Bankgeschichte, in: Handwörterbuch der Betriebswirtschaft. Hrsg. von K. *Seischab* und K. *Schwantag.* 3. Aufl. [1. Aufl.: 1926–28]. Band I, Stuttgart 1956, Sp. 467 ff.

9 W. *Sombart,* deutsche Volkswirtschaft, S. 318.

10 J. *Löffelholz,* Handelsgeschichte, in: Handwörterbuch der Betriebswirtschaft. Hrsg. von K. *Seischab* und K. *Schwantag.* 3. Aufl. [1. Aufl.: 1926–28]. Band II, Stuttgart 1958, Sp. 2553 ff.

11 W. *Sombart,* deutsche Volkswirtschaft, S. 71.

12 Reflexionen. Leipzig 1908, S. 82.

13 W. *Sombart,* deutsche Volkswirtschaft, S. 76 ff.

14 a. a. O., S. 81.

15 Praxis des Management. Düsseldorf 1956, S. 17.

16 W. *Sombart,* Der Bourgeois. Zur Geistesgeschichte des modernen Wirtschaftsmenschen. München und Leipzig 1913, S. 217 ff. und 164.

17 J. *Löffelholz,* Geschichte der Betriebswirtschaft und der Betriebswirtschaftslehre. Stuttgart 1935, S. 138.

18 W. *Sombart,* deutsche Volkswirtschaft, S. 79 f.

19 E. *Salin,* a. a. O., S. 1 ff.

20 E. *Schmalenbach,* Der freien Wirtschaft zum Gedächtnis. 3. Aufl. [1. Aufl.: 1949]. Köln und Opladen 1958, S. 16 ff.

21 Verpackung hilft im Kampf gegen den Hunger der Welt, in: neue verpackung XXII (1969), S. 170 ff.

22 Die Konserven-Industrie I (1914), S. 153.

22a C. *Wagner,* Konserven und Konservenindustrie in Deutschland. Vierter Band, Drittes Heft der »Abhandlungen des staatswissenschaftlichen Seminars zu Jena«. Hrsg. v. J. *Pierstorff.* Jena 1907, S. 18.

23 120 Jahre Gemüse- und Obstkonserven, in: Die industrielle Obst- und Gemüseverwertung 50. Jg. (1965), S. 241 ff. [Jubiläums-Sondernummer].

24 J. *Fahl,* Lübecks Wirtschaftsleben in der Gegenwart. Lübeck 1935, S. 126.

25 Die Darstellung dieses Abschnittes stützt sich – soweit nicht anders angegeben – auf drei verdienstvolle Arbeiten:

- H. *Flick,* 150 Jahre Konservendose, in: Die industrielle Obst- und Gemüseverwertung, 45. Jg. (1960), S. 87 ff.
- W. O. P. *Kettel,* Die Verpackung im Wandel der Zeit. Hrsg. vom Zentrallaboratorium für Verpackungstechnik der Lubecawerke GmbH, Lübeck 1960.
- J. Vimar, La fortune du pot. Petite historie illustrée du conditionnement. Hrsg. von Carnaud Basse-Indre, Paris o. J.

26 a. a. O., S. 17.

27 Die Darstellung stützt sich auf die kenntnisreiche und sorgfältige Würdigung der drei ersten Generationen von W. *Geßner:* »Johann Andreas Schmalbauch 1851–1904, Willi Schmalbach 1876–1929, Gustav Schmalbach 1880 bis 1931, Herbert Munte 1899–1961«, in: Niedersächsische Lebensbilder. Band 7. Hrsg. im Rahmen der Veröffentlichungen der Historischen Kommission für Niedersachsen (Bremen und die ehemaligen Länder Hannover, Oldenburg, Braunschweig und Schaumburg-Lippe) von E. *Kalthoff.* Hildesheim 1972, S. 247 ff.

28 W. *Geßner,* a. a. O., S. 251.

29 J.-J. *Servan-Schreiber,* Die amerikanische Herausforderung. 4. Aufl. [1. Aufl.: 1968]. Hamburg 1968, S. 94.

30 M. *Weber,* Wissenschaft als Beruf. 4. Aufl. [1. Aufl.: 1919]. Berlin 1959, S. 13 f.

II.
Ein Jahrzehnt geprägt vom Ersten Weltkrieg (1914-1923)

»In diesem Augenblick
gehen in ganz Europa die Lichter aus;
wir alle werden sie in unserem Leben
nie wieder leuchten sehen.«

Sir Edward Grey *(1862–1933)*
bei Eintritt des Kriegszustandes

1.
Der Krieg, den niemand gewollt hatte

Der geistvolle Diplomat und glänzende Schriftsteller *Pietro Quaroni,* dessen vielseitiges Wirken als italienischer Botschafter in Bonn unvergessen geblieben ist, hat einen neuen Beitrag zum alten Thema »Theorie und Praxis« geleistet: Er hat beobachtet, daß der gelehrte Historiker versuche, »den Ereignissen der Vergangenheit eine logische starre Verkettung zu geben«, basierend auf der Vorausschau, dem Handeln und dem Realisieren der Staatsmänner; der erfahrene Diplomat weiß, daß es die Ereignisse sind, »die die Menschen in diese oder jene Richtung treiben«. Als Beweis führt er an, daß bei *Carl J. Burckhardt* der Vergleich zwischen dem, was er vor seiner langjährigen diplomatischen Tätigkeit geschrieben hat, mit den späteren Werken eine Verschiebung des Schwerpunktes vom Menschen in Richtung der Ereignisse zeige.[1]

Der Versuch, zum besseren Verständnis der wirtschaftlichen Entwicklung wiederum den universalgeschichtlichen Hintergrund zu skizzieren, führt zu dem ersten Ergebnis, daß keine Regierung der Staaten, von denen 1914 Kriegserklärungen abgegeben wurden, den Weltkrieg gewollt hatte, die Staatsmänner dem Gang der Ereignisse gefolgt waren, statt ihre Richtung zu bestimmen:

Das *Deutsche Reich* wollte – wie die umfassenden Forschungen von *Gerhard Ritter* ergeben haben – nicht die Nachbarn zum Zweikampf herausfordern, um sich mit Waffengewalt den angestrebten Aufstieg zur »Weltmacht« zu erkämpfen. Die Regierung verstand auch den Krieg gegen Serbien, zu dem sie Österreich ermutigte, als reine Abwehr, »als Verteidigung gegen lebensbedrohende Gefahren, nicht als Offensivhandlung zur Eroberung des slawischen Landes«[2], *lokalisiert auf den österreichisch-serbischen Raum.*

In *Österreich-Ungarn* hat die Ermordung des Erzherzog-Thronfolgers *Franz Ferdinand* und seiner Gemahlin am 28. Juni 1914 durch großserbische Nationalisten begreifliche Empörung ausgelöst und ein scharfes Ultimatum veranlaßt. Von Rußland ermutigt, gab Serbien eine nur halb entgegenkommende Antwortnote und die Regierung Österreich-Ungarns hielt das »kalkulierte Risiko« des Krieges für notwendig, damit nicht »das bestehende Staatsgehäuse von der aufsteigenden Flutwelle der nichtdeutschen Nationen und Nationalitäten im Donauraum verschlungen« werde (Serbien verstand sich selbst als »Piemont« des Balkans).

Sir *Edward Grey* (Außenminister von 1905 bis 1916) hat sich um Vermittlung zwischen Österreich-Ungarn und Serbien bemüht, um den Krieg zu verhindern. Erst nach dem deutschen Einmarsch in Belgien, dem das vergebliche Bemühen um ein Abkommen vorangegangen war, entschloß sich *Großbritannien* nach spannungsreichem Ringen im Kabinett, in den Krieg einzutreten, um Frankreich zu unterstützen.

Eine Reihe von alten Gegensätzen und latenten Spannungen und der Ablauf der Ereignisse haben in ähnlicher Weise die übrigen Kriegserklärungen ausgelöst, die beabsichtigte Lokalisierung des Konfliktes verhindert; das Verhängnis nahm seinen Lauf. Alle Nationen waren überzeugt, daß dieser erste Krieg mit modernen Millionenheeren schon aus dem Grunde kurz sein müsse, »weil das empfindliche Geflecht der Weltwirtschaft bei längerer Dauer des Ringens unrettbar zerstört werden würde und der Krieg sich dadurch selbst ein Ende bereiten müsse«.[3]

Der Krieg wurde mit wechselndem Glück geführt. Er weitete sich räumlich aus auf Ostasien, den Kaukasus, Armenien, Persien und Mesopotamien; gleichzeitig führten die Fortschritte der Waffentechnik zu immer furchtbareren Kämpfen: in der »Materialschlacht« an der Somme (24. 6. – 26. 11. 1916) betrugen die Verluste 400 000 Deutsche, 400 000 Engländer und 200 000 Franzosen. Angesichts dieser Lage und der sich abzeichnenden Erschöpfung der Kriegführenden versuchten die USA – leider erfolglos – durch eine Note an alle Kriegführenden den Frieden zu vermitteln.

Das Deutsche Reich eröffnete am 1. Februar 1917 (als Reaktion auf die Blockade) den unbeschränkten U-Boot-Krieg, um Großbritannien zu besiegen und einen günstigen Frieden zu erringen. Damit löste es den Entschluß der USA aus, am 6. April 1917 den Krieg zu erklären, die Erweiterung des Krieges zum umfassenden *Weltkrieg*. Die frischen Truppen, die unerschöpflichen Materialreserven der USA entschieden den Krieg zugunsten der Alliierten. Obgleich das Deutsche Reich am 3. März 1918 den Frieden von Brest-Litowsk mit Rußland geschlossen und damit eine Entlastung im Osten erreicht hatte, konnte es an der Westfront nicht siegen und mußte am 11. November 1918 die Waffenstillstandsbedingungen annehmen, denen am 28. Juni 1919 der Versailler Vertrag folgte.

Mit dem Ende des Krieges konnte noch nicht der Wiederaufbau beginnen. Bis gegen Ende des Jahres 1923 wurde die junge Republik von inneren Wirren erschüttert, in denen sich die Reichswehr – als »seelisch immune, gegen Politik und Volksmassen abgeschlossene Elite« *(General Hans von Seeckt* [1866–1936]) – wiederholt bewährte.[4]

Paradigmatisch seien genannt:

1919: Generalstreik und Straßenkämpfe in Berlin, die erst durch Eingreifen der Truppen beendet werden (6.–15. Januar);

1920: Kommunistischer Aufruhr im Ruhrgebiet, der den Einmarsch der Reichswehr erforderlich macht (15. März bis 10. Mai);

1921: Ermordung *Matthias Erzbergers* (1875–1921) durch Angehörige einer rechtsradikalen Geheimorganisation, die zur Verhängung des Ausnahmezustandes durch den Reichspräsidenten und dadurch zu einem Konflikt zwischen Bayern und dem Reich führt (26. und 29. August);

1922: Ermordung des Reichsministers des Auswärtigen *Walther Rathenau* (1867–1922) und Verordnung des Reichspräsidenten zum Schutz der Republik (24. Juni);

1923: Besetzung des Ruhrgebietes durch die Franzosen wegen angeblicher Vernachlässigung der Kohlelieferungen (11. Januar); Reichskanzler *Wilhelm Cuno* (1876–1933) verkündet im Reichstag den »passiven Widerstand« (13. Januar); Unruhen im Freistaat Sachsen (Mitte bis Ende Oktober); Putsch *Hitlers* und *Ludendorffs* in München (8./9. November); die vollziehende Gewalt wird angesichts der revolutionären Ereignisse dem Chef der Heeresleitung, *General von Seeckt,* übertragen, der die kommunistische und die nationalsozialistische Partei verbietet (23. November).

Im Herzogtum Braunschweig muß *Ernst August* bei Ausbruch der Revolution die Herrschaft niederlegen (8. November 1918). Im Gegensatz zu Hannover herrscht bis 1922 ein revolutionärer Radikalismus. Die dem Kommunismus nahestehende *Unabhängige Sozialdemokratische Partei* ergreift die Macht. Im April 1919 wird sie von der Reichsregierung unter Einsatz von Freiwilligenverbänden ausgeschaltet. Die Wahl von 1920 bringt sie aber erneut an die Macht und erst 1922 wird sie abgewählt.[5]

2.
Die Wirtschaft zwischen Planung und Inflation

Ein Jahrhundert nach dem Ende der Napoleonischen Kriege, ein halbes Jahrhundert nach den Kriegen von 1864, 1866 und 1870/71, deren Verlauf genau dem »kalkulierten Risiko« entsprach, am Vorabend eines Krieges, dessen Ausbruch jeder befürchtet, niemand wirklich gewollt hatte, überstieg es einfach die Phantasie der Staatsmänner und Generale zu erkennen, welche flankierenden Maßnahmen auf wirtschaftlichem Gebiet die militärischen Rüstungen hätten begleiten, welche Vorbereitungen für den nicht auszuschließenden Ernstfall getroffen werden müssen. Es gab keinerlei »Generalstabsplanung« für die Lösung aus dem Netz der weltwirtschaftlichen Verflechtung, die Umstellung auf die Autarkie, als mit dem Ermächtigungsgesetz vom 4. August 1914 die rechtlichen Voraussetzungen für die Konzentration aller wirtschaftlichen Kräfte geschaffen wurden.

Die Notwendigkeit der am 8. August 1914 von *Walther Rathenau* vorgeschlagenen Errichtung einer »*Kriegsrohstoffabteilung*« wurde von *General Erich von Falkenhayn* (1861–1921; 1913–1915 preußischer Kriegsminister, 1914–1916 Generalstabschef) erkannt und verwirklicht. Sie hat die gleiche Bedeutung erlangt wie das 1915 von *David Lloyd George* (1863–1945) geschaffene Munitionsministerium in Großbritannien. Ohne die »Kriegsrohstoffabteilung« und die Mitarbeit der Wissenschaft wäre kurzfristig schon die Pulverfabrikation zusammengebrochen. Die Leistungen von *Rathenau* haben erst die wirtschaftlichen Voraussetzungen für die Führung des Krieges geschaffen; noch im November 1918 waren die Rohstoffvorräte nicht erschöpft.

»Die Gesamtwirtschaft der Metalle ist geordnet«, so schrieb *Ra-*

thenau im Oktober 1914, »ebenso die der Chemikalien, der Textilstoffe, soweit sie auf Wolle und Jute beruhen, und eine große Anzahl anderer Produkte ... steht noch bevor. Am gefährlichsten war die Lage des Salpeters, der die Basis unserer gesamten Sprengstoffe bietet und der ohne Eingreifen rettungslos in der ersten Hälfte des nächsten Jahres zu Ende gegangen wäre. Ich habe den Bau großer Salpeterfabriken in die Wege geleitet, die von der Privatindustrie mit Staatssubventionen errichtet werden sollen ...« Die »Kriegsrohstoffabteilung« blieb auch nach dem Rücktritt *Rathenaus* am 1. April 1915 mit ihrem Gründer in Fühlung, da der Nachfolger *Major Koeth* den philosophischen Ideen *Rathenaus* nahestand und es in gleicher Weise verstand, in enger Verbindung mit Naturwissenschaftlern zu bleiben und die Planung auf die wechselnden Forderungen der Front elastisch abzustellen. Der »Kriegsrohstoffabteilung« untergeordnet waren die Kriegsrohstoff-Gesellschaften, die die einzelnen Produktionszweige erfaßten.

Auf dem Gebiete der *Ernährung* war die Situation bei rückschauender Betrachtung völlig klar:

- Die Bevölkerung hatte von 1871 bis 1914 um mehr als 25 Millionen, um rund 64 %, zugenommen und der Fleischverbrauch pro Kopf war dank dem zunehmenden Wohlstand auf das Doppelte gestiegen.
- Der Ertrag der intensiv betriebenen Landwirtschaft war abhängig geworden von der Versorgung mit Geräten und Kunstdünger und mußte also im Laufe eines Krieges ständig sinken.
- Trotz der die Interessen der Landwirtschaft berücksichtigenden Schutzzollpolitik mußten jährlich für über 1½ Milliarden Mark Lebensmittel importiert werden.

Den verantwortlichen Reichsstellen war diese Situation nicht unbekannt, aber sie waren von einem Optimismus erfüllt, der sich auf zwei Erwägungen stützte:

- Es wurde die *internationale Überzeugung* geteilt, ein etwaiger Krieg könne nur kurz sein.
- Es wurde davon ausgegangen, daß die Märkte der neutralen Staaten in Europa *und Übersee* für deutsche Einkäufe offen bleiben würden, denn die Londoner Seerechtsdeklaration des Jahres 1909 hatte im Anschluß an die 2. Haager Friedenskonferenz von 1907

die Liste der auf neutralen Schiffen einer Beschlagnahme nicht ausgesetzten Waren – einschließlich vor allem der Lebensmittel – wesentlich erweitert und zwischen Freiwaren und Konterbande eine Zwischenkategorie geschaffen. Die sich nach Kriegsausbruch allmählich durchsetzende Auffassung, der Charakter des »totalen Krieges« gestatte keine Unterscheidung zwischen den Bedürfnissen der durch Völkerrecht zu schützenden Zivilbevölkerung und denen der Streitkräfte war der Londoner Deklaration *völlig fremd*.

Die Eskalation des Wirtschaftskrieges, die sich ergab aus der Intensivierung des deutschen U-Boot-Krieges gegen Handelsschiffe und der Verschärfung der englischen Blockade, machte Eingriffe von steigender Strenge erforderlich: zuerst behördlich festgesetzte Höchstpreise, dann Einkaufsgesellschaften des Reiches, dann Beschlagnahmen und Verteilungsstellen, zuletzt Rationierung. Die Rationierung begann mit der Brotkarte, der die Fleischkarte folgte und sie endete mit Karten für nahezu alle Lebensmittel. Ein System, das die Massen der Verbraucher, die Großstädte, die Gewerkschaften fordern und das ihnen nie genug streng, genug gerecht sein kann. Die Verbündeten des Reiches: Österreich-Ungarn, die Türkei und Bulgarien haben zwar – überwiegend unvollkommene – Rationierungssysteme eingeführt, aber es glückte nicht, den wirtschaftlichen Bereich in die politischen und militärischen Bündnisse einzubeziehen. Die Lebensmittelversorgung der Zivilbevölkerung wurde zu einem unlösbaren Problem. Der Versuch, aus der Fülle von Einzelheiten gleichsam ein Syndrom zu bilden, führt zu fünf Merkmalen:

- Das Ernteergebnis ging bis 1917 zurück für Weizen auf 50, für Roggen auf 58, für Hafer auf 38, für Kartoffeln auf 65 und für Zuckerrüben auf 59 % des Standes von 1913;
- bis 1918 wurde der Verbrauch von Fett auf 8 g pro Kopf und Tag reduziert (Friedenssatz 50 g), der Verbrauch von Fleisch auf 125 g pro Kopf und Woche (Friedenssatz 1050 g);
- der Kalorienwert der rationierten Lebensmitteltagesmenge sank von anfänglich 2600 auf 1100 Kalorien;
- die Menschen verloren im Durchschnitt ein Fünftel ihres Gewichts und
- die Zahl derer, die an Hungerkrankheiten starben, näherte sich einer Million.

Vergleichsweise günstig ist die Lage der Arbeiter in den Fabriken, der »Schwerarbeiter«, die gut bezahlt werden und höhere Nahrungsrationen bekommen; Verlierer sind die Angestellten mit festen Gehältern, die Rentner, die Witwen der Gefallenen und das alte Bürgertum.

Die lange Dauer des Krieges, die schlechte Ernährungslage, die ungleichmäßige Verteilung der Lasten des Krieges auf Front und Heimat, das Sinken der Reallöhne (bis September 1916 um 21 %, außerhalb der Rüstungsindustrie um 42,1 %) führte 1916 zu wachsender Unzufriedenheit. Im gleichen Jahre zeigte die »Materialschlacht« an der Somme die Erfolge des englischen Munitionsministeriums. Zur Milderung der Unzufriedenheit und Steigerung der Munitionsproduktion verlangte die Oberste Heeresleitung ein Gesetz, das alle nicht in der Wehrmacht dienenden Personen zu einem *»Vaterländischen Hilfsdienst«* verpflichtet. Das Gesetz wurde am 2. Dezember 1916 angenommen, aber schon der Winter 1916/17 zeigte, daß es kein Allheilmittel für die zunehmenden Schwächen der Rüstung und Versorgung war. Die lang anhaltende Kälte lähmte das Transportwesen und löste indirekt eine Kohlenkrise aus. Später sank auch die Produktion von Pulver und Stahl ab[6]; die Dauer des Krieges wurde zu einer Existenzfrage!

In den ersten Tagen des Krieges ging das Deutsche Reich vom Goldstandard ab und die Notenpresse druckte, was der Krieg kostete: drei bis vier Milliarden im Monat. Das Geld ging in die Wirtschaft und sollte durch die freiwilligen, insgesamt neun Kriegsanleihen wieder herausgepumpt werden. Das gelang indessen nur in geringem Ausmaß: der Papiergeldumlauf erhöhte sich von 3 auf *22 Milliarden* Mark, die Kriegsanleihen brachten 98,7 *Millionen* Mark (die Kriegsausgaben erreichten 164,2 Milliarden Mark). Die Kaufkraft der Mark sank schon während des Krieges und nach dem Ende des Krieges kam hinzu das Übel der Reparationen, umfassend Zahlungen in zunächst unbestimmter Höhe und Sachleistungen. 1923 lähmte die Besetzung des Ruhrgebietes das Wirtschaftsleben. Für die Zahlung der Reparationen, für die Unterstützung des wachsenden Heeres der Arbeitslosen wurde immer mehr Geld gedruckt, sein Wert sank und sank, wie die nachstehende Entwicklung der Dollarnotierungen (im Monatsdurchschnitt) zeigt:

	Mark
Juli 1914	4,20
Januar 1919	8,90
Januar 1920	64,80
Januar 1922	191,80
Januar 1923	17 972,00
August 1923	4 620 455,00
15. November 1923	4 200 000 000 000,00[7]

Innenpolitische Wirren und wirtschaftliche Not hatten das Reich an den Rand des Abgrundes geführt.

3.
Die Industrie empfängt neue Impulse

Die Generation, die den Zweiten Weltkrieg erlebt und erlitten hat, nimmt das Wort *Heraklits* »Krieg ist der Vater aller Dinge und aller Dinge König« mit Skepsis auf, zumal inzwischen die Zweite industrielle Revolution *im friedlichen Wettstreit* der Völker den Fortschritt von Technik und Wirtschaft gefördert und einen Aufschwung eingeleitet hat, dessen Ende sich gar nicht absehen läßt. Für den Ersten Weltkrieg galt der alte Spruch aber noch!

Der Wirtschaft der Vereinigten Staaten von Amerika wurden mit den Rüstungsaufträgen Großbritanniens und Frankreichs, später mit der eigenen Teilnahme am Krieg, Aufgaben gestellt, die nur durch zwei – bisher *nicht systematisch* gehandhabte – Verfahren gemeistert werden konnten:
- die Normung der Produkte und
- die Rationalisierung der Produktion.

Die Aufträge auf damals konventionelle Waffen lösten eine Kette von Impulsen aus, reichend von der Erzeugung von Stahl und Kohle über Eisenbahnen und Spezialschiffe bis zu den Fabrikhallen mit Drehbänken, Kränen und Werkzeugmaschinen.

Die Entwicklung der Luftwaffe und der Wunderwaffe des Ersten Weltkriegs, des Tanks, erzwang die Steigerung der Produktion von Leichtmetallen, Motoren, Benzin, Öl und . . . Tankern. Der U-Boot-Krieg verschlang Schiffsraum, die Materialschlachten Munition, die rasch ersetzt werden mußten. Die Erfüllung aller dieser Aufträge hatte, wie erwähnt, zwei Voraussetzungen:
- Die Zahl der Produkte wurde auf ein Minimum reduziert und ihre Ausführung festgelegt, genormt.
- Der Produktionsprozeß wurde in einzelne Handgriffe zerlegt, die

entweder einer Maschine oder einem in wenigen Stunden anzulernenden Arbeiter übertragen werden konnten.

Obgleich die Wirtschaft des Deutschen Reiches von ihren ausländischen Rohstoffquellen durch die Blockade weitgehend abgeschnitten war, gelangen durch Normung und Rationalisierung *einerseits,* durch Erfassen *aller* Rohstoffe (Einschmelzen von Glocken, Sammeln von Altmaterial) *andererseits* eindrucksvolle Leistungen. Bis 1918 blieb die Versorgung geordnet. Gegen Ende des Krieges traten allerdings Mangelerscheinungen auf: Geschütze, Munition, Stiefel und Uniformen wurden knapp.

Die Industrieanlagen, die der Kriegswirtschaft gedient hatten, verwandelten sich allenthalben in Inseln des Fortschritts. Um sie friedlich zu nutzen, wurde durch Marktforschung ermittelt, wie viele Ausführungen eines bestimmten Produktes tatsächlich notwendig waren für die Befriedigung der Wünsche der Verbraucher. Diese Ausführungen wurden genormt und rationell in großen Mengen kostengünstig hergestellt. Um im Wettbewerb mit den auf Friedensbedarf umgestellten Industrieanlagen nicht zu unterliegen, mußten auch vom Krieg unberührt gebliebene Fabriken allmählich zu neuen Methoden übergehen.

Die Erfahrungen mit der Luftwaffe und dem Kraftfahrwesen während des Weltkrieges lösten eine Wandlung im *Verkehr* aus: Neben die Eisenbahn treten das Flugzeug und der Kraftwagen, wobei der Kraftwagen sich schneller durchsetzt. Vom Standpunkt der Wirtschaftsgeschichte ist bedeutsam, daß der Lastkraftwagen ermöglicht,
- die Lücken im Eisenbahnnetz auszufüllen und jedes kleinste Dorf zu erreichen, ferner
- Güter beim Produzenten zu laden und ohne jede Zwischenmanipulation dem Abnehmer auf den Fabrikhof zu stellen.

Die bestehenden Straßen entsprachen indessen in Führung und Unterbau nicht den Anforderungen der Lastkraftwagen. Es wurden deshalb erst in den Vereinigten Staaten von Amerika, dann im Deutschen Reich *Autobahnen* gebaut, die den Gegensatz Schnelligkeit – Verkehrssicherheit weitgehend aufheben. Im Zweiten Weltkrieg hatten die deutschen Autobahnen eine große strategische Bedeutung: am

Anfang des Krieges sicherten sie den Aufmarsch und die Umgruppierung der eigenen Armeen, am Ende des Krieges erleichterten sie den Alliierten die rasche Besetzung.

Der Erste Weltkrieg gab auch den Impuls zur Schaffung der *»Getreidefabriken«*. Der Schiffsraum reichte nicht aus, um genügend Getreide aus Argentinien und Australien nach Westeuropa zu bringen. Im Norden der Vereinigten Staaten von Amerika gab es indessen Gegenden, in denen bis dahin kein Getreide angebaut worden war, da die im Weizen- und Maisgebiet des Südens üblichen Sorten nicht vor Kälteeinbruch reiften. Wegen des Krieges wurden die Versuche der Züchtung widerstandsfähigerer Getreidearten vorangetrieben und es gelang, die Anbaugrenze für Roggen und Weizen um 100 km nach Norden zu verschieben. Natürlich konnte man nicht kurzfristig Bauern ansiedeln, sondern Aussaat und Ernte wurden von ungelernten Arbeitern mit Dampfpflügen, Sämaschinen und Mähdreschern bewerkstelligt.

4.
Die Verpackungswirtschaft vor neuen Problemen

Die Konservenindustrie Frankreichs wurde geschaffen zur Versorgung der Soldaten in den Napoleonischen Kriegen, die Konservenindustrie Großbritanniens erhielt ihre ersten Aufträge von der Admiralität, die für Schiffsbesatzungen und ausländische Stützpunkte haltbare Lebensmittel benötigte. Die Konservenindustrie des Deutschen Reiches verdankte dagegen ihr Entstehen dem wachsenden Wohlstand im Zeitalter der Ersten industriellen Revolution. Die »konservierenden Klempnermeister« haben zunächst den hochwertigen Spargel konserviert, um der wohlhabenden Bevölkerung auch in den Wintermonaten den Genuß dieses Luxusgemüses zu ermöglichen. Da damit die größer werdenden Betriebe nicht ausgelastet waren, wurde schrittweise ein umfassendes Programm wohlschmeckender und gesunder Produkte entwickelt.

Die Konserven waren zunächst nicht billig. Ein erhalten gebliebener »Preis-Courant« der Konservenfabrik, die *Johann Andreas Schmalbauch* einige Zeit mit dem Spargelplantagenbesitzer *Wilhelm Cordes* betrieb, bietet 1882 die Kilo-Dose zu folgenden Preisen an:

Prinzeßbohnen	1,60 Mark
ff. Erbsen	1,60 Mark
Stangenspargel Riesen	3,25 Mark
Aprikosen	1,80 Mark
Erdbeeren	2,– Mark

Um eine möglichst anschauliche Vorstellung von der Kaufkraft der Mark zu geben, seien einige Preise aus der Speisenkarte des Hotel Kronprinz, Wolfenbüttel, aus der »guten, alten Zeit« angeführt:

Kotelett mit Spargel	120 Pf
Schnitzel à la Holstein	150 Pf
Zander in Butter	80 Pf
Eisbein mit Erbsen und Sauerkohl	80 Pf
Portion Stangenspargel	75 Pf

Der Ausbruch des Ersten Weltkrieges forderte endgültig die Massenproduktion von Konserven. Sie wurden benötigt für die Versorgung der Millionenheere, die auf fernen Kriegsschauplätzen operierten. Plastischer als alle Zahlen zeigt uns die Schilderung eines Budapester Journalisten vom 27. Januar 1916, wie glänzend es gelungen ist, diese Aufgabe zu lösen: »Im Herbst habe ich die Stadt der Konserven besucht; mit einigen Kollegen aus neutralen Ländern schlenderten wir in den alten Gassen, in denen alles Erinnerung ist, jeder Stein ein Stück deutschen Mittelalters und in den modernen großartigen Fabriken, wo alles nur Arbeit, Vordringen, Leben und Monumentalität ist. Ich wußte, daß Braunschweig Deutschlands größtes Konservenproduktionsgebiet ist, daß der größte Teil der deutschen Armee von hier aus mit Konserven versorgt wird, aber diese an den ›Bauch von Paris‹ erinnernde Großzügigkeit, diese gigantische Werkstätte der Arbeit, die wir hier gesehen, hat uns doch alle verwirrt, festgehalten und gepackt ... Braunschweig ist gegenwärtig der Magen des Heeres. Seine Konservenfabriken produzieren in unerhörten Dimensionen, mehr als die Hälfte des Konservenbedarfes der deutschen Armee wird von dieser einzigen Stadt gedeckt ... Diese prächtige industrielle Kultur ist nicht von heute auf morgen aus der Erde gewachsen, nicht im Kriege ist sie groß geworden, sondern hat sich seit Jahrzehnten entwickelt, eingerichtet, hat das ganze Milieu nach ihrem Bilde umgewandelt, die ergänzenden Industrien geschaffen. Die Tradition hat die Produktion geadelt und diese natürliche Entwicklung, diese langjährige Kultur der Kraftentfaltung der Arbeit schuf aus dem alten Braunschweig ein modernes Chikago, dessen ganzes Schaffen nur einem einzigen Zweck dient: je bessere und je mehr Konserven herzustellen ...

Und wo das Reich des Gemüses endet, dort beginnt das des Fleisches. Lange Reihen von Zügen liefern das Vieh nach Braunschweig, in dessen Schlachtbrücke täglich jenem Riesenmagen Hekatomben geopfert werden, der diese Riesenmengen von Fleisch ißt, die in den

Konservenfabriken aufgearbeitet wird. Das rohe Fleisch wird in den modernen Moloch, die Schneidemaschine, geschüttet. Sie kocht es, reißt es auseinander und schüttelt es durch und durch. Von hier gelangt es in Kessel, in neue Kochapparate, um dann in den hunderttausend Büchsen anschließend ins Lager und von dort in alle vier Richtungen des Weltalls zu gehen, überall den Ruhm einer mächtigen Kultur, den Stolz des alten, fürstlichen Braunschweigs verkündend.«[9]

Die größte Schwierigkeit der Erzeugung der *Konservendosen* bestand darin, daß das Zinn für das Verzinnen der Eisenbleche und das Löten der Rumpfnähte zu 99 % im außereuropäischen Wirtschaftsraum gewonnen wird, also die Einfuhr durch die sich verschärfende Blockade allmählich verhindert werden konnte. Abgesehen von der Verfügung des Kriegsministeriums, nach der alle Weißbleche nur für Heereszwecke verwendet werden durften, wurde auf drei Wegen versucht, dem Mangel abzuhelfen, nämlich durch
- Regenerierung des Zinns aus Weißblechabfällen,
- Verfahren zum Einsparen von Zinn und
- Entwicklung eines Kriegslötzinns.

Das *Regenerieren des Zinns aus Weißblechabfällen* war erstaunlich erfolgreich: etwa 70 % des gesamten Zinnverbrauchs von 21 500 t jährlich, also rund 15 000 t, stammten um 1916 aus dieser Quelle. Der Rest wurde überwiegend aus bolivianischen Erzen gewonnen. In dem Maße, in dem die Zufuhr aus dem Auslande behindert wurde, mußte versucht werden, Zinn einzusparen, um die Lücke von 30 % zu schließen. Dr. *Hermann Serger,* der wissenschaftliche Leiter der Versuchsstation für die Konservenindustrie Dr. Serger & Hempel, hat nach jahrelangen Vorarbeiten berichtet, es gäbe vier Grundformen der Bestrebungen zum Einsparen von Zinn:
- die Verwendung blanken (dekapierten) Eisenbleches,
- die Verwendung einseitig verzinnten Eisenbleches,
- der Ersatz des Zinnes durch andere Metalle und
- das Überziehen von dekapiertem Blech mit Lack.

Keine der Bestrebungen führten zu einem vollen Erfolg, einer der traditionellen Weißblechdose gleichwertigen Dose; aber es gelang, unter sorgfältiger Berücksichtigung des Füllgutes und des Herstellungsverfahrens die Weißblechdose bis zu einem gewissen Grade zu ersetzen, »so daß die weitere Großfabrikationsmöglichkeit in der Konservenindustrie als gesichert angesehen werden« konnte. Die Lösungen, die für das gleiche Problem im Zweiten Weltkrieg gefunden wurden und der älteren Generation der Verpackungsexperten noch erinnerlich sind, und die Entwicklung von zinnfreiem Feinstblech (*T*in *F*ree *S*teel) in der Gegenwart legen es nahe, eine geraffte Darstellung der damaligen Bestrebungen zu geben:

Das *blanke Eisenblech* rostet bekanntlich nur bei gleichzeitiger Gegenwart von Wasser und Sauerstoff. Da im Inneren der sterilisierten Konservendose der freie Sauerstoff fehlt oder nur in geringen Mengen vorhanden ist, genügt es, das äußerliche Rosten einer aus blankem Eisenblech hergestellten Konservendose durch Tauchen der noch heißen Konserve in einen leicht trocknenden farblosen oder gefärbten Spirituslack zu verhindern. Die praktischen Versuche haben ergeben, daß Konservendosen aus blankem Eisenblech für die *Frischeinpackung von Fleisch,* d. h. Einpacken der rohen Fleischstücke und Weichkochen mit dem Sterilisationsprozeß, geeignet sind, da das austretende Fett das Schwarzblech überzieht und eine Rostbildung aus den geringen Sauerstoffmengen verhindert. Eine Verbesserungsmöglichkeit sieht Dr. Serger darin, daß das Eisenblech passiviert – in Säuren vorübergehend unlöslich gemacht wird – durch Überziehen mit einer hauchfeinen alkalischen Schicht, z. B. mit Wasserglas, die das Rosten mindestens bis zum Verschließen der Dose verhindert.

Der eigentliche Vorteil des Weißblechs besteht darin, daß eine Innenverzinnung der Dose erreicht wird; die Außenverzinnung stellt keineswegs einen idealen Rostschutz dar. Es liegt deshalb nahe, *einseitig verzinntes Blech* zu verwenden, die verzinnte Seite bei der Dosenherstellung nach innen zu nehmen und die Außenseite durch einen Farbanstrich zu schützen. Lösungen für das Löten einer verzinnten Fläche mit einer unverzinnten sind erörtert, aber nicht erprobt worden; dagegen ist es gelungen, die Außenseite von Konserven, für die traditionelle Konservendosen verarbeitet worden sind, nachträglich elektrolytisch zu entzinnen.

Den *Ersatz des Zinns durch andere Metalle* hält *Dr. Serger* für theoretisch und praktisch nicht möglich und sagt auch für künftige Versuche einen Mißerfolg voraus.

Beim Überziehen von dekapiertem – mit Säuren abgebeiztem und in Muffeln erhitztem – *Blech mit Lack* beginnen sich die im Zweiten Weltkrieg gefundenen vollkommenen Lösungen abzuzeichnen. Doppelt dekapierte Eisenbleche werden in der Lackiermaschine lackiert und bei 170–180° C 30–60 Minuten gebrannt; aus den so hergestellten Tafeln lassen sich Deckel und Böden stanzen. Rümpfe werden durch elektrische Verschweißung der Blechränder hergestellt und erst dann verniert. Eine Schwäche liegt darin, daß die Lackschicht an das Füllgut bei längerer Lagerung einen strohig-faden Geschmack abgibt.[10]

Der äußerst fühlbare Mangel an Weißblech hat der Verwendung von Schwarzblech immer weitere Gebiete erschlossen. Bei den *Weißblechersatzdosen* wurde unterschieden zwischen »gestreckten«, mit Boden und Deckel aus Schwarzblech, und den »ersetzten«, die ganz aus Schwarzblech bestanden. Für die Aufstellung einer aufschlußreichen *Richtlinie für den Gebrauch* gliederte *Dr. Serger* später die »Vernierung« (Lackierung) in vier Gruppen:

Gruppe I: Reine Kunstharzlacke (die Lackierung schmeckt kaum gegen das Füllgut ab, ist aber so spröde, daß schon beim Prägen der Deckel und Böden der Lack teilweise abspringt oder abblättert)

Gruppe II: Gemischte Kunstharzlacke (die Lackierung ist infolge Zusatz von Öl kaum spröde, gibt aber merkliche Mengen strohig oder bitter schmeckender Stoffe an das Füllgut ab)

Gruppe III: Reine Holzöllacke (die Lackierung ist sehr fest, schmeckt aber deutlich strohig oder bitter auf das Füllgut ab)

Gruppe IV: Imprägnierte Holzöllacke (die Lackierung hat die Festigkeit der Gruppe III, schmeckt aber infolge der auf der Lackschicht befindlichen Imprägnierungsstoffe nicht ab)

Alle Lackierungen hatten noch den gemeinsamen Nachteil, die längere Einwirkung von Fruchtsäure bzw. anderen Säuren (Essigsäure) nicht zu vertragen oder zum mindesten so durchlässig zu sein, daß eine Wechselwirkung von Säure und Eisen unter Bildung von Wasserstoffgas stattfindet.

Die für die einzelnen Gruppen der »gestreckten« und »ersetzten« Dosen gebildeten Richtlinien zeigen präzise den erreichten Stand der Technik:

»Dosen der Gruppe I.

a) gestreckt. Für Obst: unbrauchbar, für Gemüse: brauchbar, für Fleisch: brauchbar.

b) ersetzt. Für Obst: unbrauchbar, für Gemüse: nur sehr bedingt brauchbar, für Fleisch: brauchbar.

Dosen der Gruppe II.

a) gestreckt. Für Obst: bedingt brauchbar, für Gemüse: bedingt brauchbar, für Fleisch: brauchbar.

b) ersetzt. Für Obst: unbrauchbar, für Gemüse: nur sehr bedingt brauchbar, für Fleisch: brauchbar.

Dosen der Gruppe III.

a) gestreckt. Für Obst: unbrauchbar, für Gemüse: nur sehr bedingt brauchbar, für Fleisch: bedingt brauchbar.

b) ersetzt. Für Obst: unbrauchbar, für Gemüse: unbrauchbar, für Fleisch: unbrauchbar.

Dosen der Gruppe IV.

a) gestreckt. Für Obst: bedingt brauchbar, für Gemüse: brauchbar, für Fleisch: brauchbar.

b) ersetzt. Für Obst: unbrauchbar, für Gemüse: bedingt brauchbar, für Fleisch: brauchbar.«[11]

Zur Herstellung von Lötzinn durfte von Mitte 1916 an nur solches Zinn verwendet werden, das aus Krätzen, Zinnaschen und ähnlichen Abfällen gewonnen ist, und von der Metallberatungs- und Verteilungsstelle für Zinnlegierungen, Charlottenburg, Technische Hochschule, wurde grundsätzlich für die Herstellung von Lötzinn nur Mischzinn dieser Herkunft freigegeben. Das aus diesem Mischzinn durch Zusatz von Blei gewonnene Lötzinn durfte nicht mehr als 30 % Zinn enthalten. Zur zusätzlichen Einsparung von Zinn empfahl die Beratungsstelle für Zinnlegierungen eine Legierung, bestehend aus 10 % Zinn, 10 % Kadmium und 80 % Blei. Das Zinn-Kadmium-Lot soll sich günstiger verhalten haben als ein Lötzinn von 30 % Zinn und 70 % Blei. Durch jedes Kilogramm Kadmium wurden 2 kg Zinn erspart. Hierzu durfte ebenfalls nur Mischzinn (50 % Zinn und 50 % Blei) verwendet werden. Zur Herstellung des *Kriegslötzinns* mußten also 20 kg Mischzinn, 70 kg Blei und 10 kg Kadmium zusammenlegiert werden. Um Abbrand tunlichst zu verhüten, war größte Vorsicht beim Zusammenschmelzen geboten.

Die »Herstellung von Pappebüchsen als Blechdosenersatz«[12], die im Zweiten Weltkrieg forciert wurde, war während des Ersten Weltkrieges gleichfalls schon bekannt. Die Dosen bestanden aus einem Rumpf aus gewickeltem Papier, Deckel und Boden aus ziehfähigem Karton; ausgekleidet wurden sie mit einer Aluminiumschicht oder Paraffin. Sie schienen besonders geeignet für die Konservierung von Hartbrotvorräten für Rettungsboote, aber auch für das Abpacken von Tee, Kaffee, Zucker, Backwaren, Honig, Marmelade und Sirup.

Ein Feldpostpaket brauchte von der Heimat zur Front 3–6 Wochen, ein Feldpostbrief 5–6 Tage. Diese zeitliche Differenz ließ eine eigenartige Spezialproduktion entstehen, die der Vergessenheit entrissen werden soll: die »Konserve im Feldpostbrief«. Die Dose hatte einen Durchmesser von 10,0 cm, eine Höhe von 2,3 cm und einen Inhalt von 55 ccm; gefüllt wog sie – je nach dem Inhalt – um 125 g. Sie hatte einen Stülpdeckel, der durch ein aufgelötetes Abreißband festgehalten wurde; ein Schlüssel zum Aufrollen des Bandes lag bei. Zwei Dosen wogen also, zusammen mit einer dünnen Papphülle, um 250 g. Der Inhalt bestand aus Rindsgulasch, Rindfleisch mit weißen Bohnen, mit grünen Bohnen oder mit Bouillonkartoffeln, Hammelfleisch mit Weißkohl oder grünen Bohnen, Irish Stew, Kalbsbraten, Schweinebraten, Wildbraten, Wildragout, Reh, Gans, Ente, Poularde gebraten oder Schinken in Burgunder und hat in das Einerlei des Felddienstes eine kleine Abwechslung gebracht.[13]

Wegen der vom Weißblech-Verkaufs-Kontor vorgenommenen Preiserhöhung um 20 % für sofort lieferbares Weißblech hat die Vereinigung deutscher Blechwarenfabriken am 31. August 1914 der »verehrlichen Kundschaft« ihrer Mitgliedsfirmen eine wirklich interessante Alternative angeboten:

- Diejenigen Abnehmer, welche auf Nachlieferung des noch rückständigen Restes der von ihnen getätigten Abschlüsse nach Beendigung des Krieges verzichten, haben vom 1. September 1914 ab eine Preiserhöhung von 10 % auf die vereinbarten Preise zu zahlen.
- Diejenigen Abnehmer, welche auf Nachlieferung der noch rückständigen Mengen bestehen, müssen 15 % Preiserhöhung vom 1. September 1914 ab bezahlen.

Mit Zustimmung des Kriegsministeriums wurde eine Preisregelung für Dosen beschlossen, die am 30. April 1915 in Kraft trat. Danach kosteten beispielsweise:

100 1/1-Dosen, blank	13,50 bis 14,30 M (1910–1914 = 9,70 M)
100 1/1-Dosen, lackiert	14,25 bis 15,05 M
100 1/2-hohe-Dosen, blank	10,– bis 10,30 M
100 1/2-hohe-Dosen, lackiert	10,50 bis 10,80 M

Der griechische Schriftsteller *Synesius* aus Alexandrien, gestorben um 412 als Bischof von Ptolemais, erzählt, daß im Jahre 283 nach Christi Geburt auf einem Kriegszuge die Abgesandten eines feindlichen Volkes zu Kaiser *Carinus* gekommen seien, als er gerade während einer Rast inmitten seiner Soldaten »alten Erbsbrei« gegessen habe, den man in Form von Mehl aus der Heimat mitgeführt hatte und kunstvoll zuzubereiten verstand. Fast 1600 Jahre später bildete »Erbswurst« das wichtigste konservierte Nahrungsmittel der deutschen Armee im Deutsch-Französischen Krieg 1870/71. Es bestand aus dem haltbaren Erbsmehl und Speck, der zur Erhöhung der Verdaulichkeit entfettet wurde. Die gelbliche Masse war in Pergament eingehüllt und hatte den Vorzug, daß sie die schnelle Bereitung einer schmackhaften Suppe oder eines nahrhaften Breis ermöglichte. Insgesamt wurden fünf Millionen Kilogramm Erbswurst an die Truppen geliefert.

Die *Konservennahrung* bot im Ersten Weltkrieg zum erstenmal der Armee eine abwechslungsreiche Kost, die die drei Hauptnährstoffe Eiweiß, Fett und Kohlehydrate in der richtigen Menge und im richtigen Verhältnis enthielt. Schon im Herbst 1914 wurden für die Einzelernährung Dosenkonserven, die sogenannten »eisernen Rationen« eingeführt. Es handelte sich um Weißblechdosen von 7,7 cm Höhe und 8,8 cm Durchmesser, gefüllt mit Rindfleisch. Im ersten Kriegsjahr wurden 142 990 000, im zweiten 126 570 000 »eiserne Portionen« verbraucht. Selbstverständlich wurden auch andere Formate und andere Füllgüter für das Heer gefertigt, wobei insbesondere Marmelade als Ersatz für das amerikanische Schmalz eine Rolle spielte (Verbrauch in den beiden ersten Kriegsjahren 72 141 t).

Sehr anschaulich schildert ein Brief an die »Braunschweiger Landeszeitung« die Bedeutung der Konservenindustrie für den Soldaten:

»Die Konserven-Industrie hat uns im Kriege unschätzbare Dienste geleistet. Sie hat nicht nur durch Lieferung der Armee-Konserven einen beträchtlichen Teil der Verpflegung des Feldheeres geliefert und den Feldküchen damit die Arbeit oft bedeutend erleichtert, sondern sie versieht uns jetzt im Stellungskriege mit allerhand wohlschmeckenden Sachen, die zwar nicht zu den eisernen Notwendigkeiten des Lebens, aber um so mehr zu dessen Annehmlichkeiten gehören. Nur wer ein halbes Jahr lang und länger Rindfleisch mit Nudeln, Graupen, Reis-, Erbs- und Fleischkonserven gegessen hat, kann sich die Wonne vorstellen, mit der man eine Büchse Apfelmus, gemischte Früchte oder was sonst der Marketender oder das Magazin für einen angemessenen Preis liefert, auslöffelt. Warum nicht ein bißchen Luxus, es kommt ja der heimischen Erzeugung zugute. Ein Hoch unserer Konserven-Industrie!«[14]

Die Kriegswirtschaft wurde nicht von der Friedenswirtschaft abgelöst, sondern von einer *Übergangswirtschaft,* um den schwierigen Prozeß der Umstellung zu erleichtern und durch öffentliche Bewirtschaftung die Versorgung der Industrie mit Rohstoffen und die Versorgung der Verbraucher mit Waren zu sichern. Es blieb geraume Zeit notwendig, »den Mangel zu bewirtschaften«. Im Frühjahr 1919 beschloß beispielsweise der Ausschuß der Gemüsekonserven-Kriegsgesellschaft bezüglich des Einsatzes von Dosen:

»Im laufenden Jahr dürfen nur gestreckte Dosen verwandt werden. Die Verwendung von reinen Schwarzblech- und unverzinnten Bandstahldosen wird verboten. Die Verwendung von reinen Weißblechdosen wird nur bei Stangenspargelkonserven erlaubt.«

Die Schwierigkeiten der Dosenbeschaffung führten zu der Anregung, *gebrauchte Konservendosen* nach ihrer Instandsetzung von neuem dem Verbrauch zuzuführen. Die Versuchsstation für die Konservenindustrie Dr. Serger & Hempel veranstaltete Versuche und Erhebungen, die zu dem Ergebnis kamen, die Verwendung gebrauchter Dosen sei aus technischen Gründen zu verwerfen, da die Verzinnung stark zurückgeht und eine sichere Konservierung in gebrauchten Dosen nicht durchführbar ist.[15]

Zu Beginn des Jahres 1920 bereitete der *Weißblechmangel* große Sorgen. Aus Gründen verschiedenster Art war die Weißblecherzeugung im Deutschen Reich während des Winters 1919/20 ganz außerordentlich zurückgegangen. Die Dosenindustrie hatte sich entschlossen, um überhaupt Weißblechdosen anbieten zu können, verhältnismäßig große Mengen ausländischer Weißbleche aufzukaufen, die wegen des schlechten Standes der deutschen Währung im Ausland sehr teuer waren. Allmählich pendelte sich der Marktpreis für die $^{1}/_{1}$-Dose auf 2,85 M ein, etwa das 25fache des Friedenspreises (1919 hatte eine $^{1}/_{1}$-Dose aus Weißblech 1,– M gekostet, eine gestreckte 0,94 M).

Die ausreichende Versorgung der Konservenindustrie mit Dosen während des Krieges mußte mit gewissen Zugeständnissen an die Qualität erkauft werden. *Dr. Serger* erklärte: »Eine Dose, die nur kleine Qualitätsmängel, meist nur dem Kenner bemerkbar, hervorruft, wird man unter den heutigen Umständen als brauchbar ansehen müssen, wenn anders nicht die Fabrikation der Dosenkonserven zum weitaus größten Teile in Frage gestellt werden soll.« Nach Beendung des Krieges wurde eine Rückkehr zur früheren Qualität angestrebt, strengere Anforderungen an Dichtungsringe und Weißblech gestellt. Es ist außerordentlich instruktiv, die von *Dr. Paul Nehring* vorgeschlagenen Normativbestimmungen für Weißblech nachzulesen:

»Das Blech von gleichmäßiger, 0,3 mm betragender Dicke soll mindestens 2,5 % Zinnüberzug haben. Das Zinn soll von 99,6 % Zinn enthaltender Reinheit sein, es soll auf so gereinigtem Eisenblech aufgetragen sein, daß ein völliges Zusammenwachsen stattfinden kann. Es soll als Schutzmittel wieder nur Palmöl verwendet werden und alle Hülfsmittel wieder auf den früheren Standpunkt kommen und über ihn hinaus. Torf als Feuerung muß ausgeschlossen werden.«[16] Mit der Torffeuerung – das sei erläuternd bemerkt – konnte kein Eisenblech hergestellt werden, das genügend rein war, um das aufgetragene Zinn mit ausreichender Festigkeit an allen Stellen zu halten.

Im Hinblick auf die Aktualität der Verwendung von *Aluminium für Konservendosen* sei daran erinnert, daß vor, während und nach dem Ersten Weltkrieg eine Reihe von Versuchen, Zinn bzw. Weißblech durch Aluminium zu ersetzen, unternommen worden sind:

Vor dem Kriege gab es ein Projekt, Eisenbleche zu aluminieren, d. h. ein ähnliches Erzeugnis wie Weißblech herzustellen, bei dem aber das Zinn durch Aluminium ersetzt ist. Die technische Durchführung gelang wohl, aber die Erprobung zeigte zweierlei Mängel: einmal direkte Korrosionen des Aluminiums, zum anderen Auflösung und damit verbundene Wasserstoffentwicklung, die zu chemischen Bombagen führte. Die Versuche wurden deshalb eingestellt.

Die Kriegszeit führte wegen des Weißblechmangels zu einer Wiederaufnahme des Projekts in anderer Form. Es wurden aus reinem Aluminiumblech durch dreimaliges Ziehen becherförmige Gefäße hergestellt, etwa im Format der $^1/_1$-Dosen. Die Erprobung führte zu heterogenen Ergebnissen, deren Erklärung nicht gelang: in einigen Fällen hielten sich Gemüse- und Milchkonserven monatelang unverändert, in anderen Fällen traten nach kurzer Zeit Korrosionen auf. Die Experimente – in verschiedenen Variationen durchgeführt – verliefen im Sande (Aluminiumeimer für Marmelade erwiesen sich als nicht genügend stabil und zu teuer).

In der Periode der »Übergangswirtschaft« wurde in vielversprechenden Laboratoriumsversuchen das Aluminium »inaktiviert«, nämlich an der Oberfläche imprägniert und dann erhitzt. Es ist indessen nicht bis zur Herstellung einer Dose gekommen.

Dagegen haben sich Tuben aus Aluminium für Marmelade, Kondensmilch – also für nicht kochsalzhaltige Füllgüter – gut bewährt.[17]

Im Herbst 1921 veranlaßten die schwierigen politischen und wirtschaftlichen Verhältnisse, die Auswüchse des Wettbewerbs: Schleuderpreise, persönliche Rabatte und Geschenke, eine Reihe führender Firmen der Blechwarenindustrie (der Begriff »Feinstblechpackungsindustrie« wurde erst nach dem Zweiten Weltkrieg geprägt) auf eine *wirksame Selbsthilfe* zu sinnen. So beschloß man, ein Verkaufssyndikat zu schaffen, den Verkauf zu zentralisieren.

Noch vor dem Ende des Jahres gründeten die Blechwarenfabrik Bremer & Brückmann; Lautenberger Blechwarenfabrik Rudolf Züchner & Co.; Sächsische Blechwarenfabrik Otto Bark; Seesener Blechwarenfabrik Fritz Züchner; J. A. Schmalbach, Blechwarenfabrik; Max Singewald & Co. AG, Blechwarenfabrik; Union-Blechwarenwerke GmbH und Züchner & Co., Blechwarenfabrik, die *Vereinigte Blechwaren-Industrien GmbH* mit Sitz in Braunschweig (»VAUBI« genannt). Die Sicherung der Rohstoffbeschaffung übernahm die Eisengroßhandlung Otto Wolff, Köln, und die von ihr vertretenen Firmen.

Es war vorgesehen, daß die einzelnen Gesellschafter sich auf die Herstellung bestimmter Gruppen von Erzeugnissen spezialisieren, um rationeller arbeiten und billiger liefern zu können. Auch die Normalisierung der Dosen sollte gefördert werden.

Leider war die Zeit für die Realisierung des großangelegten Versuchs noch nicht reif und es gelang nicht, die widerstreitenden Interessen der Gesellschafter zu koordinieren. Die VAUBI stellte mit dem 7. April 1923 ihre Verkaufstätigkeit ein und trat in Liquidation. Die Idee der Zusammenarbeit ging aber nicht unter, sondern wurde später in anderer Form erfolgreich verwirklicht.

Für jeden Verpackungsfachmann, der Erfahrungen im Zweiten Weltkrieg sammeln konnte, bilden die Jahrgänge 1918 bis 1923 der Zeitschrift der gesamten Konserven-, Präserven- und Nährmittelindustrie eine fesselnde Lektüre, besonders wegen des Vergleiches zwischen der Prognose für die Nachkriegszeit mit der Wirklichkeit am Ende der »Übergangswirtschaft«:

Anfang 1918 erinnerte H. *Querner* in einem Artikel daran, daß vor dem Kriege die Fabriken *entweder* auf Gemüse- und Obstkonserven *oder* auf Fleischkonserven spezialisiert waren, wobei die letztgenannten fast ausschließlich für militärische Zwecke hergestellt wurden; wenige Wochen nach Kriegsbeginn haben die Fabriken alle Aufgaben erfüllt, die die Kriegswirtschaft stellte. An diesen Rückblick schließt sich eine sehr ausgewogene Prognose:

- Der *Marmeladenbedarf* wird gegenüber der Zeit vor dem Kriege zunehmen (da sich die Bevölkerung an den Genuß von Marmelade gewöhnt hat), aber nicht auf der gegenwärtigen Höhe bleiben.
- Der Verbrauch an *Gemüse- und Obstkonserven* wird sich auf den vielleicht etwas erhöhten Vorkriegsstand einpendeln (die Produktion an Gemüsekonserven war 1918 gegenüber 1914 auf weniger als $^1/_3$ abgesunken) aus zwei Gründen: Fleisch wird auf Jahre hinaus knapp bleiben und auch an den Genuß von Gemüse hat sich die Bevölkerung gewöhnt.
- *Fleischkonserven* werden wegen des Mangels an Frischfleisch zunächst nur in geringem Maß hergestellt werden; auf lange Sicht ist aber ein Aufschwung zu erwarten wegen der guten Erfahrungen, die die Kriegsteilnehmer gemacht haben und der Gewöhnung an die Vorteile einer Vorratswirtschaft in den privaten Haushalten.

Ende 1923 zeichnete sich etwa das folgende Bild ab, das in erster Linie von nicht vorhersehbaren Entwicklungen der Staats- und Wirtschaftspolitik bestimmt wird:

- Wegen der Ruhrbesetzung konnten Eimer für *Marmelade* fast nur aus englischen Blechen beschafft werden. Auf allen Rohstoffmärkten werden Goldpreise verlangt, die durchschnittlich 100 % über den Vorkriegspreisen liegen. Der Absatz verlief während des Jahres mengenmäßig befriedigend, aber der rasche Währungsverfall führte zu Einbußen. Seit der Stabilisierung der Währung ermöglicht nur hohe Qualität den Wettbewerb mit den preislich günstigen Fetten.
- Die Gesamterzeugung an *Gemüse- und Obstkonserven* dürfte ein Drittel der Vorkriegsproduktion nicht überstiegen haben. Die Preise für Dosen und Eimer betrugen am Ende des Jahres das Anderthalbfache der Vorkriegspreise (vor der Stabilisierung im Oktober kostete eine leere $^1/_1$-Weißblechdose 25 Millionen Mark). Trotz aller Vorsicht bei Ausarbeitung der Geschäftsbedingungen sind hohe Verluste entstanden; namentlich diejenige Kundschaft, die mit Wechseln bezahlt hat, erhielt die Ware oftmals fast geschenkt.
- Die Herstellung von *Fleischkonserven* hat eine gewisse Belebung erfahren. Der Mangel an Lebensmitteln und die Inflation haben dazu geführt, daß Angehörige aller Stände Barmittel, um sie vor Entwertung zu schützen, sofort in Lebensmittel umgesetzt haben, um sich eine wertbeständige Reserve für Tage des Mangels anzulegen.

Zusammenfassend war 1923 für die Konserven-Industrie – damit auch für die Blechwarenfabriken – eines der schwersten Geschäftsjahre, die es jemals gegeben hat. Das ganze Jahr stand unter dem Zeichen der Geldentwertung, und zwar einer Geldentwertung von so rapidem Tempo, daß irgendwelche Dispositionen auch nur auf Wochen hinaus völlig ausgeschlossen waren.[18]

5.
Das Haus Schmalbach in der Kriegs- und Übergangswirtschaft

In der Zeit zwischen dem Tode des Gründers und dem Vorabend des Ersten Weltkrieges war es *Willi* und *Gustav Schmalbach* gelungen, eindrucksvolle Erfolge zu erzielen, den Aufbau zu einem vorläufigen Abschluß zu führen. Bei Ausbruch des Krieges war das Unternehmen deshalb vorbereitet auf die Lösung der unvorhersehbaren Aufgaben, die die Kriegswirtschaft stellte. Material war zunächst in ausreichender Menge vorhanden, aber sofort wurden viele Mitarbeiter eingezogen und einer der beiden Gesellschafter: *Gustav Schmalbach*. Die frei gewordenen Arbeitsplätze der Mitarbeiter nahmen Frauen ein, später auch Kriegsgefangene; die oberste Unternehmensführung lag allein in den Händen von *Willi Schmalbach*.

Später stellte selbstverständlich auch SCHMALBACH »gestreckte« und »ersetzte« Konservendosen her. Es wird überliefert, daß es viel Mühe bereitet habe, bei den Rümpfen aus Schwarzblech, die doch nicht gelötet werden konnten, die *gefalzte Längsnaht* richtig dicht zu bekommen.

Eine große Schwierigkeit, auf die später eingegangen werden soll, bildete der Mangel an Gummi (Buna wurde erst in den zwanziger Jahren hergestellt). Bekanntlich ist der maschinenmäßig angelegte Falz an Deckel und Boden durch Dazwischenlagerung eines geeigneten Materials abgedichtet, da auch ein technisch völlig einwandfreier Falz, Blech auf Blech, wegen des hohen Innendruckes, der beim Sterilisieren auftritt, nicht genug dicht ist. Vor dem Kriege bestand der Dichtungsring aus Gummi, genauer: einer Kautschukmasse. Der Gehalt an reinem Kautschuk betrug ursprünglich 10–12 %, später 5–6 %.

Bald trat ein sehr fühlbarer Mangel an Kautschuk auf und es wurde zunächst der knappe Rohstoff gestreckt mit Faktis, Linooxyden oder Firnissen, die aber bald auch schwer zu beschaffen waren. Erwähnenswert sind die Versuche, die Stelle des Deckels oder Bodens, an der bisher der Dichtungsring lag, mit einer Lackschicht zu versehen und auf diese Weise die erforderliche Dichtung zu erzielen; die Versuche scheiterten an der Beschaffung eines geeigneten Lackes.

Zurückgreifend auf das Gebrauchsmuster Nr. 174 898 für *Robert Voß* »Konservendose, deren Deckel oder Rumpf mit aufgeklebtem Papierdichtungsring versehen ist« vom 4. April 1902 wurden schließlich *Papierdichtungsringe* entwickelt, die sich bewährt haben. Da das Aufkleben der Ringe auf den Deckelrand nicht glückte, wurde eine Lösung gefunden, die sich später, als der Rohstoffmangel behoben war, allgemein als Verbesserung durchsetzte: die bisher scharfen Deckelränder wurden angerollt, so daß die Ringe nicht vor dem Verschließen herunterfallen konnten. Dabei wurde die Erfahrung gemacht, daß der angerollte Deckelrand den Vorgang des Verschließens wesentlich erleichterte. Da der Dichtungsring aus Papier nicht so kittartig wirkte wie der aus Kautschukmasse, mußte der Falz *sehr fest und gleichmäßig* sein.[19]

Während des Krieges waren bei SCHMALBACH durchschnittlich 500 Personen beschäftigt, die monatlich – neben anderen Verpackungen – etwa 5 Millionen Konservendosen herstellten; der Ausstoß wurde also gegenüber dem letzten Friedensjahr verdreifacht. Jede Produktion in Kriegszeiten ist einem Schwimmen gegen den Strom zu vergleichen. Der ständige Mangel an Fachkräften und voll geeigneten Rohstoffen führt zu unzähligen wechselnden Schwierigkeiten, die täglich neu andrängen. Besonders schlimm war die immer mangelhafter werdende Versorgung der Bevölkerung mit Lebensmitteln. Die Lösung der Aufgaben, die die Kriegswirtschaft stellte, gelang dennoch durch das unermüdliche Wirken von *Willi Schmalbach* und die Pflichttreue aller Mitarbeiter; besonders ist der Frauen zu gedenken, die doch zusätzlich für Haushalt und Kinder zu sorgen hatten.

Bei der Ablösung der Kriegs- durch die Übergangswirtschaft war die Situation allerdings eine andere als am Ende des Zweiten Weltkrieges: es waren keinerlei Sachschäden durch Fliegerangriffe oder durch den Verlust von Fabriken infolge Enteignung eingetreten. Es war lediglich der Maschinenpark durch außergewöhnliche Inanspruchnahme und mangelnde Möglichkeit der Instandsetzung und Erneuerung stark abgenutzt.

Die Zeit der »Übergangswirtschaft« war, wie schon erwähnt, gekennzeichnet durch

- innere Unruhen, die wiederholt das Eingreifen der Reichswehr erforderlich machten;
- die Besetzung des Ruhrgebietes durch französische Truppen, die das Wirtschaftsleben lähmte und für die Blechwarenfabriken eine Gefährdung der Rohmaterialversorgung bedeutete, und
- die unaufhaltsame Inflation, die Dispositionen für die Zukunft erst erschwerte, dann unmöglich machte.

Je größer und inniger im Laufe des wider Erwarten langen Krieges die Hoffnung auf den Frieden geworden war, um so schwerer und tiefer wurde die Enttäuschung über die traurige Wirklichkeit empfunden; es ist verständlich, daß viele Menschen jeden Mut verloren und resignierten.

Zu diesen vielen gehörten aber nicht *Willi* und *Gustav Schmalbach.*

In sorgenvollen Zeiten, während derer keine Prognosen für die Zukunft eines Unternehmens gestellt werden konnten, der Staats- und der Wirtschaftspolitik eine mittel- oder gar langfristige Konzeption fehlte, beschränkten sich *Willi* und *Gustav Schmalbach* nicht darauf, den aufregenden und erschöpfenden betrieblichen Alltag zu meistern, sondern griffen in die Zukunft weisende Probleme auf. So waren sie selbstverständlich maßgeblich beteiligt an der Gründung der *Vereinigte Blechwaren-Industrien GmbH.* Sicherlich war es für sie eine bittere Enttäuschung, daß der breit angelegten Kooperation, die ihrer Zeit voraneilte, nur eine kurze Lebensdauer beschieden war.

Mehrere Großprojekte zum Ausbau des Unternehmens wurden in Angriff genommen und mit Erfolg – überwiegend mit nachhaltigem Erfolg – gelöst:

In Danzig, das nach dem Versailler Vertrag ein Freistaat geworden war, befanden sich die ehemaligen königlich preußischen Artilleriewerkstätten. Die Regierung wollte vermeiden, daß diese großen, maschinell gut ausgestatteten Fabriken in ausländisches Eigentum gelangten und fragte deshalb bei *Willi* und *Gustav Schmalbach* an, ob sie geneigt wären, den Komplex zu übernehmen.

Der Entschluß wurde schnell gefaßt und unter Beteiligung von Banken, Geschäftsfreunden und einigen angesehenen Danziger Bürgern erfolgte im März 1922 die Gründung der »*Industriewerke Danzig AG*«. Der Bestand an Eisen und Stahl verarbeitenden Maschinen erlaubte ein breites Fabrikationsprogramm: Pflugschare, Zubehörteile für Eisenbahnwaggons, Artikel für das Baugewerbe und Bettgestelle. Gleichzeitig wurde auf demselben Gelände die *Danziger Blechwarenfabrik GmbH* gegründet, die den Markt der Ostgebiete mit Konservendosen belieferte. Beide Firmen wurden später (1926) in der »*Industrie- und Blechwarenwerke AG*« vereinigt. Die Produktion von Verpackungen trat von nun an immer mehr in den Vordergrund, bis 1939 die von der Industriewerke Danzig AG ursprünglich hergestellten Artikel ganz aufgegeben wurden.

Der Zeit etwas vorauseilend, sei zur Aktivität in Danzig abschließend bemerkt, daß 1930 noch die *Ibewag Kraftfahrzeuge GmbH* gegründet wurde, die den Verkauf von Kraftfahrzeugen und Zubehör betrieb und 1935 die *Bydgoska Fabryka Opakowan Blaszanych Sp.* z. Z. o. O. in Bromberg, deren Kundschaft aus der blühenden polnischen Schinken- und Fleischwarenindustrie kam.

1923 – im schwersten Jahre der »Übergangswirtschaft« – wurde die *Rheinische Blechwarenwerke AG* in Karlsruhe gegründet zur Versorgung der Konservenindustrie Badens, Rheinhessens und der Rheinpfalz. Das Werk befand sich anfänglich in gemieteten Räumen, für die – bezeichnend für die damals herrschenden Verhältnisse – als Miete einige Säcke Mehl zu entrichten waren. Später bezog das Werk eigene Räume in Karlsruhe-West.

Etwa gleichzeitig entstand die *Westfälische Blechwarenwerke AG* in Bad Oeynhausen, die sich insbesondere der Betreuung der Konservenindustrie in Lippe und Westfalen widmen sollte. Wegen nicht befriedigender Rentabilität wurde das Werk 1925 geschlossen. Der Leiter, *Arnold Roever,* ein Schwager von *Gustav Schmalbach,* nahm indessen weiterhin die Schmalbach-Interessen im lippisch-westfälischen Raum wahr; die Lieferungen erfolgten vom Werk Seesen aus.

1923 wurde schließlich der Erweiterungsbau des 1911 entstandenen *Verwaltungsgebäudes in Braunschweig, Hamburger Straße 37,* begonnen und schon im folgenden Jahr beendet. Im Erdgeschoß des

Neubaues befand sich die Verwaltung. Zum erstenmal erhielten *Willi* und *Gustav Schmalbach* getrennte Arbeitszimmer, nachdem sie über zwanzig Jahre sich mit *einem* gemeinsamen Raum begnügt hatten. Die oberen Stockwerke dienten zunächst als Werkswohnungen und wurden erst im Laufe der dreißiger und vierziger Jahre allmählich in Geschäftsräume umgewandelt. Bis in die Mitte der fünfziger Jahre war in diesem Gebäude das Top-Management untergebracht.

Auch in der Zeit der Kriegs- und Übergangswirtschaft gewannen *Willi* und *Gustav Schmalbach* einige hervorragende Mitarbeiter, die bereit und fähig waren, eine große Verantwortung zu übernehmen:

Kurz vor dem Beginn des Ersten Weltkrieges (1913) trat *Albert Wanglin* ein, der als Prokurist, später als Fabrikdirektor und Vorstandsmitglied bis zum Erreichen der Altersgrenze (1946) tätig war; von 1946 bis 1953 gehörte er dem Aufsichtsrat an. 1922 kam *Otto Winkelmann* als Prokurist zur Firma: bald wurde er zum Direktor ernannt. Von 1935 bis 1959 war er Mitglied des Vorstands der J. A. Schmalbach Blechwarenwerke AG.

Eine ständig wachsende Zahl hochqualifizierter Mitarbeiter wurde für die Stellung des Werkleiters benötigt. Die Werke waren bis in die sechziger Jahre weitestgehend selbständig, so daß jeder Werkleiter Produktion und Verkauf zu führen und zu koordinieren hatte. Mehrere Werkleiter stiegen in den Vorstand auf.

Die Geschäftsleitung – später der Vorstand – legten niemals Wert auf »bequeme Untergebene«, sondern auf Mitarbeiter, die sich ihre eigene Meinung bildeten und sie offen vertraten. Der kooperative Führungsstil, die Delegation von Aufgaben und Verantwortung wurden traditionell geübt, ehe die Begriffe geprägt und bekannt geworden waren.

Gegen Ende der Übergangswirtschaft waren die beiden Hauptursachen der Querelen des betrieblichen Alltags
– die Inflation und
– die Vielzahl der Dosenformate.

Die *Inflation* strebte ihrem Höhepunkt zu. Zahlungsmittel verloren während der Postbeförderung manchmal 50 % ihres Wertes und es gab Auseinandersetzungen über die Höhe der zu erteilenden Gutschrift. Der Wechsel wurde ein beliebtes Zahlungsmittel. Wer am

1. Mai einen Wechsel über 10 Millionen Mark akzeptierte, brauchte vielleicht am 1. August nur 5 % des ursprünglichen inneren Wertes für die Einlösung. Das Papiergeld war so knapp, daß viele Firmen die behördliche Genehmigung erhielten, ihr Geld selbst zu drucken. Eine solche Genehmigung besaß auch SCHMALBACH; auf Blechdruckmaschinen wurde das Geld gedruckt, das erforderlich war, um die dreimal wöchentlich erfolgenden Lohnzahlungen durchführen zu können (Bildteil S. 14).

Die *Zahl der Dosenformate* wuchs: Viele Konservenfabrikanten wünschten eigene Formate und Abmessungen und je schärfer der Konkurrenzkampf sich entwickelte, um so schwerer wurde es, abzulehnen. Es gab Dosen

- für Würstchen vom kleinsten bis zum größten Format,
- für Schinken in runder, rundeckiger, ovaler und birnenförmiger Form,
- für Zunge in Form von abgeschnittenen Kegeln und
- für Corned beef in mannigfaltigen konischen Ausführungen.

Für *Willi* und *Gustav Schmalbach* waren die Stunden im Familienkreis die Quelle, aus der sie die Kraft schöpften, eine ständig sich vergrößernde Arbeitslast zu tragen. Am 15. September 1904 hatte sich *Willi Schmalbach* mit *Margarete Bösche* verheiratet. Aus der Ehe gingen zwei Töchter und zwei Söhne hervor: *Hans-Werner,* der von 1962 bis 1970 dem Vorstand angehörte und seither Mitglied des Aufsichtsrates ist, und *Hellmut,* der sich während des Zweiten Weltkrieges und anschließend bis zu seinem frühen Tode (25. Februar 1948) als Leiter des Werkes Seesen bewährte. Die Tochter *Irmgard* heiratete am 20. September 1924 *Herbert Munte,* dem sie eine Tochter und zwei Söhne schenkte: *Hans Herbert,* geb. am 28. Oktober 1925, den gegenwärtigen Vorsitzenden des Vorstandes, und *Nikolaus,* geb. am 21. Mai 1937, der bei der Schmalbach-Lubeca-Austria GmbH als Verkaufsleiter tätig ist. Die andere Tochter, *Ursula,* heiratete am 1. Oktober 1936 *Günter Mehring,* der von 1939 bis 1970 dem Aufsichtsrat angehörte. *Gustav Schmalbach* heiratete am 20. Oktober 1904 *Elli Roever,* die ihm vier Töchter und zwei Söhne schenkte. Einer von ihnen fiel im Zweiten Weltkrieg.

Für die wenigen Stunden Freizeit, die *Willi* und *Gustav Schmalbach* den geschäftlichen Verpflichtungen abringen konnten, erwarben sie 1918 das Heide- und Waldgut *Brenneckenbrück* bei Gifhorn. Es war aber nicht nur ein Ort der Entspannung, sondern es wurde dort auch – neben der Holzverwertung – eine kleine Steinefabrik betrieben.

Die Hobbys bildeten für *Willi Schmalbach* die Philatelie und die Förderung der Luftschiffahrt, für *Gustav Schmalbach* die Jagd.

Aus dem sozialen Wirken ist die Stiftung *»Braunschweiger Heimatdank für erwerbsunfähige Kriegsinvaliden«* hervorzuheben, die 1917 errichtet und mit 100 000 Mark dotiert wurde. Sie hat zwei Inflationen überstanden und bis in die Gegenwart werden jährlich an 20–30 Personen Geldspenden verteilt.[20]

In das letzte Jahr der Übergangswirtschaft fiel das *fünfundzwanzigjährige Firmenjubiläum,* das wegen der äußeren allgemeinen Lage nur bescheiden begangen wurde. Ein kurzer Rückblick ergibt, daß die Entwicklung, die vom *Gründer* und seinen beiden Söhnen unermüdlich vorangetrieben worden war, sich in fünffacher Weise kennzeichnen läßt:

- Die Jahresproduktion wurde von rund 1 Million auf rund 60 Millionen Dosen gesteigert.
- Die Belegschaft hatte sich von 25–30 auf rund 500 Arbeitskräfte vermehrt.
- *Willi* und *Gustav Schmalbach* hatten fünf neue Werke gegründet oder erworben.
- *Willi* und *Gustav Schmalbach* hatten – für die damalige Zeit keineswegs selbstverständlich – ein Team ausgezeichneter Mitarbeiter aufgebaut, das sie unterstützte und ihre Impulse verwirklichte.
- Der technische Fortschritt wurde kontinuierlich und systematisch gefördert.

Anmerkungen

1 Erinnerungen an Carl J. Burckhardt, in: Dauer im Wandel. Festschrift zum 70. Geburtstag von Carl J. Burckhardt. Hrsg. von H. *Rinn* und M. *Rychner*. München 1961, S. 322 ff.

2 Staatskunst und Kriegshandwerk. Das Problem des »Militarismus« in Deutschland. Dritter Band: Die Tragödie der Staatskunst / Bethmann-Hollweg als Kriegskanzler (1914–1917). München 1964, S. 16 ff.

3 H. *Herzfeld,* Der Erste Weltkrieg. dtv-Weltgeschichte des 20. Jahrhunderts. Hrsg. von M. *Broszat* und H. *Heiber*. Band 1. München 1968, S. 35 und 47.

4 G. *Mann,* Staat und Heer, in: Geschichte und Geschichten. Frankfurt/M. 1961, S. 242 ff.

5 G. *Schnath,* W. *Lübbing,* G. *Möhlmann,* F. *Engel,* Geschichte des Landes Niedersachsen. Würzburg 1962, S. 60 f.

6 H. *Herzfeld,* a. a. O., S. 179 ff. und 259 ff. und G. *Mann,* Deutsche Geschichte des neunzehnten und zwanzigsten Jahrhunderts. Frankfurt/M. 1958, S. 598 ff.

7 R.-W. *Borchardt,* Grundzüge der Wirtschaftsgeschichte. 8. Aufl. [1. Aufl.: 1954]. Wolfenbüttel 1960, S. 136 ff.

8 E. *Franzel,* a. a. O., S. 255 ff.

9 nach: Die Stadt der Konserven, in: Die Konserven-Industrie III (1916), S. 53 f.

10 Zur Frage des Weißblechersatzes für Konservendosen, in: Die Konserven-Industrie III (1916), S. 109 ff. und 115 ff.

11 Richtlinien für den Gebrauch von Schwarzblechdosen zum Konservieren, in: Die Konserven-Industrie III (1916), S. 377 f.

12 in: Die Konserven-Industrie II (1915), S. 233 f.

13 H. *Serger,* Konserven in Feldpostbrief-Packungen, in: Die Konserven-Industrie I (1914), S. 401 f.

14 nach: Ein Hoch unserer Konserven-Industrie, in: Die Konserven-Industrie II (1915), S. 121 f.

15 H. *Serger,* Die Verwendung gebrauchter Weißblechdosen in der Konserven-Industrie, in: Die Konserven-Industrie VII (1920), S. 187.

16 in: Die Konserven-Industrie VIII (1921), S. 131.

17 H. *Serger,* Aluminium in der Konserven-Industrie, in: Die Konserven-Industrie VIII (1921), S. 145 ff.

18 Vgl. Die deutsche Konservenindustrie nach dem Kriege, in: Die Konserven-Industrie V (1918), S. 71 f. und Die Industrien der Konserven und haltbaren Nahrungsmittel an der Jahreswende 1923, in: Die Konserven-Industrie X (1923), S. 369 ff.

19 H. *Serger,* Die Verwendung von Papierdichtungsringen bei Konservendosen, in: Die Konserven-Industrie IV (1917), S. 241 f.

20 W. *Geßner,* a. a. O., S. 253 und 255 f.

III.
Zwischen Rentenmark und Vierjahresplan (1924-1938)

»Ein deutscher Staatsmann der Nachkriegszeit hat davon gesprochen,
daß das napoleonische Wort, die Politik sei unser Schicksal,
heute nicht mehr bestehe.
Er hat geglaubt, davon sprechen zu können,
daß heute die Wirtschaft unser Schicksal sei.
Ich vermag diese Umkehrung nicht anzuerkennen.
Aber anerkennen will ich, daß die Politik der Völker und Nationen
kaum jemals von wirtschaftlichen Entwicklungen und Tendenzen
so beeinflußt worden ist, wie gegenwärtig.«

Gustav Stresemann *(1878–1929) bei der Nobelpreis-Rede*
am 29. Juni 1929.

1.
Zwischen den Kriegen

Die Geschichte läuft spiralenförmig ab; »man kehrt zur früheren Position zurück – oder zum früheren Problem –, aber auf einer höheren Stufe und auf einem korkenzieherförmigen Weg.«[1] Wir lesen heute bei *Peter F. Drucker,* alles Gegenwärtige sei im Veralten begriffen; es käme darauf an, »die Zeitspanne zu finden und zu nutzen, welche zwischen dem Erkennen eines Wandels in Wirtschaft und Gesellschaft und seiner vollen Auswirkung liegt – anders ausgedrückt: die Zukunft vorwegzunehmen, die bereits eingetreten ist.«[2]

Wer einen Blick auf die Jahre zwischen den Kriegen wirft, einige Wendungen der Spirale der Geschichte zurückverfolgt, dem wird sich die Erkenntnis aufdrängen, daß damals in gleicher Weise eine antizipative Anpassung an die Veränderungen der Umwelt für jede Unternehmensführung geboten war wie in unserer Gegenwart, der Gegenwart der Zweiten industriellen Revolution. Die fünfzehn Jahre zwischen der tatsächlichen – nicht nur juristischen – Beendung des Ersten Weltkrieges und dem sich immer deutlicher abzeichnenden Beginn des Zweiten Weltkrieges umfaßten drei heterogene Abschnitte, einen dreifachen »Wandel in Wirtschaft und Gesellschaft«:

- die »Stresemannjahre« (1924–1929),
- die Weltwirtschaftskrise (1930–1932) und
- die ersten Jahre des Dritten Reiches (vom 30. Januar 1933 an).

Gustav Stresemann (1878–1929) – zuerst Reichskanzler, dann Außenminister – war der erste deutsche Politiker seit *Bismarck,* »der einen ungewöhnlich ausgeprägten Sinn für Realitäten besaß, zugleich die Entschlossenheit und die Fähigkeit, einen an realistischen Einsichten orientierten Kurs auch durchzusetzen.« Sein außenpolitisches Denken war bestimmt vom Patriotismus, von der Überzeugung, daß der wahrhaft nationale Staatsmann nicht zur Realisierung möglichst weit gespannter Macht- und Herrschaftsansprüche, sondern zur Wahrung der Wohlfahrt und Sicherheit der Nation verpflichtet sei.[3] Als ehemaliger Syndikus industrieller Unternehmen und erfahrener Parlamentarier verstand er es, die Brücke von der Erkenntnis zum Handeln zu schlagen: die »*Stresemannjahre*« von 1924 bis 1929 waren eine leider nur allzu kurze Epoche der wirtschaftlichen Produktivität, der kulturellen Blüte.[4]

Am 11. August 1923 stürzte das Kabinett *Cuno*; am 15. November – ein Vierteljahr später – gelang es dem Kabinett *Stresemann*, die Inflation zu beenden. Es wurde die Rentenbank mit 3,2 Milliarden Rentenmark gegründet; die Deckung bildeten Forderungen des Reichs gegen Industrie und Landwirtschaft. Für eine Billion Papiermark konnte man eine »*Rentenmark*« eintauschen (vom 11. Oktober 1924 an »*Reichsmark*«). Die praktische Durchführung der Konsolidierung war ein Verdienst des Reichsfinanzministers *Hans Luther* und des Reichswährungskommissars *Hjalmar Schacht*. In den folgenden Monaten wurde der Reichshaushalt ausgeglichen.

Als *Stresemann*, der während des Krieges als *Ludendorffs* »junger Mann« galt, erkannt hatte, daß der Wiederaufstieg Deutschlands die Verständigung mit der Entente und gerade auch mit Frankreich bedingte, begann er entschlossen den Kurs einer rationalen und konsequenten Erfüllungspolitik zu steuern. Der gleichzeitige Wunsch der USA, die europäischen Gegensätze zu mildern, führte zum *Dawesplan*. Unter dem Schlagwort »Business, not politics« wurde für die Reparationen ein Zahlungsplan ausgearbeitet, der im Vergleich zur bisherigen Handhabung einen Fortschritt bedeutete, die Wiedergesundung der deutschen Volkswirtschaft einleiten sollte. Die Liquidierung der Inflation betrachtete *Stresemann* mit Recht als ersten Schritt zur Rückkehr Deutschlands in die europäische Staatengesellschaft:

- Die *Konsolidierung* zerriß den Zahlenschleier und ermöglichte eine Beurteilung der Zahlungskraft und eine realistische Reparationskalkulation;
- die Konsolidierung schuf die Vertrauensbasis für eine internationale Anleihe und
- bildete die Voraussetzung für das Transferieren von Reparationsgeldern ohne Gefährdung des Kurswertes der Mark.[5]

Am 1. Dezember 1924 folgte als nächster Schritt auf dem Wege des Strebens nach Frieden zwischen den Völkern, nach Wohlfahrt und Sicherheit der Nation der *Vertrag von Locarno*. Er umfaßt: den Sicherheits-, Rhein- oder Westpakt zwischen Deutschland, Belgien, Frankreich, Großbritannien und Italien, der die Unverletzlichkeit der Grenzen zwischen Deutschland einerseits, Belgien und Frankreich andererseits garantiert; das Schiedsabkommen zwischen Deutschland und Belgien sowie zwischen Deutschland und Frankreich und den Schiedsvertrag zwischen Deutschland und Polen und Deutschland und der Tschechoslowakei. Große Hoffnungen knüpften sich an den »Geist von Locarno«!

Das Jahr 1926 brachte der Konzeption *Stresemanns,* die er gegen Widerstände kämpfend, seine Kräfte frühzeitig verzehrend, durchsetzte, eine doppelte Anerkennung:

Am 8. September wurde das Deutsche Reich einstimmig in den Völkerbund aufgenommen und erhielt einen ständigen Ratssitz. Ein Beifallssturm, der in der Geschichte des Völkerbundes ohne Beispiel blieb, begrüßte *Stresemann* und seine Begleiter beim Betreten des Saales.

Gemeinsam mit *Aristide Briand* (1862–1932), Sir *Austin Chamberlain* (1863–1937) und *Charles Gates Dawes* (1865–1951) wurde ihm der Friedensnobelpreis verliehen.

Im Winter 1928/29 begann sich eine neue Krise abzuzeichnen: Die Konjunktur war ermöglicht worden durch Auslandskredite, insbesondere aus den USA, die zur Finanzierung von Reparationslieferungen dienten und sich also nicht gleichsam von selbst einlösten, sondern wuchsen; 1929 hatten sie 25 Milliarden RM erreicht. Die Zahl der Arbeitslosen überschritt 2 Millionen. Innenpolitisch löste die Rezession kommunistische Unruhen und einen Aufschwung der bisher bedeutungslosen Nationalsozialisten aus. Am 3. Oktober 1929 stirbt *Stresemann.* Am 25. Oktober 1929 leitet der »Schwarze Freitag« an der Börse von New York die Weltwirtschaftskrise ein.

»Es gehören das Ökonomische, das Soziale, Politische und Geistige so sehr zusammen wie Körper und Seele. Nur der Erzähler muß trennen und Abschnitte machen, damit er überhaupt etwas erzählen kann.«[6] Beim Versuch, zum besseren Verständnis der wirtschaftlichen Entwicklung von 1930–1932 einmal mehr den universalgeschichtlichen Hintergrund zu skizzieren, gelingt es nicht, Abschnitte zu machen: die Weltwirtschaftskrise beherrscht die Szene. Außenpolitische Erfolge, redliche Bemühungen um den Ausgleich des Haushalts wurden nicht honoriert, solange es nicht gelang, die Wirtschaftskrise zu beherrschen, ihr furchtbarstes Symptom: die Arbeitslosigkeit zu heilen. Die Not stärkte die radikalen Minderheiten zu Lasten der Parteien der Mitte.

Der Kurszusammenbruch der Börse von New York löste eine Liquiditätskrise aus, in deren Verlauf das amerikanische Auslandskapital zurückgezogen werden mußte. Wo war mehr kurzfristiges USA-Kapital angelegt als in Deutschland? Die deutsche Wirtschaft benötigte aber nach wie vor Investitionen, die durch den Kapitalabzug unmöglich gemacht wurden. Wo das kurzfristige Kapital – entgegen der Goldenen Bilanzregel – langfristig angelegt war, bedeutete die Kündigung den Zusammenbruch. Drei Probleme mußten vordringlich gelöst werden: eine Anleihe zur Deckung des Haushaltsdefizits, eine Erleichterung der Reparationslasten und eine Reform der Arbeitslosenversicherung.

Das vordringlichste der vordringlichen Probleme war die Reform der Arbeitslosenversicherung: mit der Zahl der Arbeitslosen wuchs das Defizit und die Meinungen über seine Beseitigung prallten hart aufeinander. Das Mißlingen eines Kompromisses war der Anlaß zum Rücktritt des Kabinetts *Hermann Müller* (SPD) am 27. März 1930, damit zum Ende der »Großen Koalition«.

Schon am 29. März bildete *Heinrich Brüning* (Zentrum) ein neues Kabinett. Angesichts der Schwierigkeit, eine dauernde Majorität im Reichstag zustande zu bringen, war er entschlossen, mit Hilfe von Notverordnungen, zu denen Art. 48 der Verfassung den Reichspräsidenten ermächtigte, sein Programm zur Sicherung von Finanzen und Wirtschaft zu verwirklichen.

Brünings Außenpolitik hatte große Erfolge errungen oder vorbereitet:

- Aufgrund der von ihm eingeleiteten Verhandlungen wurden gem. Vertrag von Lausanne vom 9. Juli 1932 *die Reparationsschulden*

mit einer Zahlung von 3 Milliarden RM ein für allemal erledigt (nach dem *Youngplan* waren es noch 112 Milliarden gewesen).
- Aufgrund der von ihm eingeleiteten Verhandlungen wurde am 11. Dezember 1932 dem Deutschen Reich die militärische Gleichberechtigung in einem künftigen System der »*Sicherheit für alle Nationen*« konzediert.

Mit »der Sparsamkeit eines verantwortungsbewußten Hausvaters« löste *Brüning* die Finanzen des Reichs aus den Kalamitäten: er senkte die Ausgaben – den sinkenden Einnahmen in etwa entsprechend – um 38 %, von 11,4 Milliarden im Jahre 1928 auf 7 Milliarden im Jahre 1932. Es war aber gerade die »deflatorische Redlichkeit«, die die Krise verschärfte. Es ist müßig zu fragen, ob *Brüning* ein inflationäres »deficit spending« hätte wagen sollen, denn dem stand der verständliche Abscheu der Bevölkerung vor der – kürzlich überstandenen – Inflation entgegen und die Einbettung in weltwirtschaftliche Verflechtungen schloß jeden Alleingang aus. Im Jahre 1932 übersteigt die Zahl der Arbeitslosen die 6-Millionen-Grenze. Am 10. April desselben Jahres erhalten im zweiten Wahlgang der Reichspräsidentenwahl *Hindenburg* 19,4 Millionen, *Hitler* 13,4 Millionen und *Thälmann* 3,7 Millionen Stimmen. Von verschiedenen Seiten wurde der im 84. Lebensjahr stehende Reichspräsident für die These gewonnen, nicht einen »Damm gegen die Naziflut« zu halten, sondern die Flut zu »kanalisieren«, wozu es einer anderen Regierung bedurfte als der, die SA und SS hatte am 13. April verbieten lassen. Am 29. Mai 1932 eröffnete *Hindenburg* dem Kanzler, er werde ihm künftig keine Notverordnungen mehr unterschreiben und am folgenden Tage demissionierte *Brüning* (ohne an den Reichstag zu appellieren).

Nach den relativ kurzen Zwischenspielen der Regierungen *Franz von Papen* und *General Kurt von Schleicher* berief *Hindenburg* am 30. Januar 1933 *Adolf Hitler* zum Reichskanzler. Vom Tode *Stresemanns* bis zu diesem Augenblick beherrscht die Weltwirtschaftskrise die Szene:

- ohne die Emotionen und Ressentiments, die der Versailler Vertrag und seine Handhabung auslösten, hätte *Hitler* sicher keinen Erfolg gehabt, aber ...

– ohne die Wirtschaftskrise – die wirtschaftliche Not, die Hoffnungslosigkeit der Massen – hätte er nie den Sieg errungen; zwischen Wirtschaftskrise und *Hitlers* Sieg besteht ein Kausalzusammenhang.[7]

Die Erinnerung an das Dritte Reich ist in allen Menschen, die es erlebt und erlitten haben, noch so lebendig, die Zeitgeschichte – auch die des Auslandes – hat sich mit dem Phänomen so ausführlich befaßt, daß zur Einführung in die Probleme der Wirtschaft, besonders der Verpackungswirtschaft, keine geraffte, notwendig simplifizierende Darstellung erforderlich erscheint. Es genügt vielmehr, einige Erwägungen anzustellen, einige Facts aus den Jahren 1933 bis 1938 zu schildern.
Am 21. März 1933 trat der etwa vierzehn Tage vorher gewählte Reichstag, in dem die NSDAP 288 von 648 Sitzen (44 %) innehatte, zur ersten Arbeitssitzung zusammen. Einziger Punkt der Tagesordnung war die Annahme des »Gesetzes zur Behebung der Not von Volk und Reich« (Ermächtigungsgesetz). Es ermächtigte die Regierung, befristet bis zum 1. April 1937, selbständig Reichsgesetze, auch verfassungsändernder Art, zu erlassen und wurde von 444 der 538 anwesenden Abgeordneten gegen die Stimmen der SPD angenommen. Dem Zentrum war vorher feierlich versprochen worden, die Regierung werde von dem Gesetz keinen Gebrauch machen, der beeinträchtigt: die Grundrechte der Deutschen, die Unabhängigkeit der Rechtspflege und die Rechte der Volksvertretung.

Brüning, der »die Vaterlandsliebe, die Wissenschaft, die Selbstzucht, die selbstlose Tugend« inkarniert war[8], plante, die Arbeitslosigkeit zu bekämpfen durch Förderung der Exportindustrie und Abschluß von Handelsverträgen; er konnte sich nicht entschließen zu staatlichen Arbeitsaufträgen wegen der damit verbundenen Verschuldung. *Hitler* fürchtete die Verschuldung nicht und vergab staatliche Arbeitsaufträge großzügig: Der Bau der Autobahnen, die Errichtung von Repräsentationsbauten in Berlin, Nürnberg und München und die Vorbereitung der Aufrüstung, später die Aufrüstung selbst, verminderten rasch das Heer der Arbeitslosen (1933 von über 6 auf 4 Millionen); zwischen 1933 und 1938 gab das Deutsche Reich mehr Geld für militärische Zwecke aus als Großbritannien, Frankreich und die Vereinigten Staaten von Amerika zusammen.[9] Das Ende der internationalen Wirtschaftskrise erleichterte natürlich den Erfolg der nationalen Bemühungen.

Am 2. August 1934 starb *Hindenburg*. Das Ermächtigungsgesetz bot *Hitler* die Möglichkeit, sich über das Gesetz zur Stellvertretung des Reichspräsidenten vom 17. Dezember 1932 hinwegzusetzen. Gemäß Gesetz »über das Oberhaupt des Deutschen Reichs« wird das Amt des Reichspräsidenten mit dem des Reichskanzlers vereinigt. Die Befugnisse des Reichspräsidenten gehen über auf den *»Führer und Reichskanzler Adolf Hitler«*. Am 19. August stimmen bei einer Volksbefragung 84 % dieser Lösung zu.

Teil IV und V des Versailler Vertrages, enthaltend die militärischen Bestimmungen, forderten insbesondere: die Auslieferung nahezu des gesamten Kriegsmaterials, die Auflösung des Großen Generalstabs und die Aufhebung der allgemeinen Wehrpflicht. Mit dem Gesetz »für den Aufbau der Wehrmacht« vom 16. März 1935 wird die *allgemeine Wehrpflicht* wieder eingeführt. Ziel war die beschleunigte Aufstellung einer Armee, die im Frieden 36 Divisionen zählen sollte.

Hand in Hand mit der militärischen geht die wirtschaftliche Aufrüstung. Auf dem Reichsparteitag in Nürnberg vom 8.–14. September 1936 wird der neue *Vierjahresplan* verkündet, dessen Ziel die *Autarkie* war, die Unabhängigkeit vom Austausch von Gütern mit anderen Ländern. Das Schwergewicht lag beim Ersatz von ausländischen Rohstoffen durch Kunststoffe oder ihrer synthetischen Herstellung. Gummi wurde durch Buna ersetzt, Wolle und Baumwolle durch Kunstfasern, Benzin wurde aus Kohle gewonnen. Der gesamte Außenhandel lief über staatliche Lenkungsstellen. Mit der Durchführung des Vierjahresplanes wurde *Hermann Göring* betraut.

Die wachsenden staatlichen Arbeitsaufträge, die Umwandlung des Freiwilligen Arbeitsdienstes in den obligatorisch abzuleistenden Reichsarbeitsdienst, die Wiedereinführung der allgemeinen Wehrpflicht beseitigten praktisch die Arbeitslosigkeit; 1938 gab es noch 164 000 Arbeitslose. Die Blüte der Wirtschaft war indessen – das erkannten nur ganz wenige – eine Scheinblüte: einen allzu breiten

Raum nahmen die nicht unmittelbar produktiven staatlichen Arbeitsaufträge ein, die immer größer werdende Zahl von Menschen im Dienste des Staates, die nicht unmittelbar produktiv tätig wurden, einen allzu schmalen Raum die Waren für den Export. Nach zwei Jahren hatte sich die Staatsschuld mehr als verdoppelt und betrug 21 Milliarden RM; am 31. August 1939 hatte sie die Grenze von 50 Milliarden RM überschritten.

Im *Lande Braunschweig* brachte die Wahl von 1930 – nach langen Jahren einer vom Sozialdemokraten *Dr. Jasper* geführten Regierung – die Deutschnationalen und die Nationalsozialisten (Minister *Dietrich Klagges*) an die Macht. Die NSDAP benutzte diese Macht, um *Hitler* durch die Ernennung zum braunschweigischen Regierungsrat die deutsche Staatsbürgerschaft zu verschaffen, die er für die Aufstellung als Präsidentschaftskandidat 1932 benötigte.

Die Industrialisierung wurde durch die Anlage der Hermann-Göring-Werke um *Salzgitter* und des Volkswagenwerks in *Wolfsburg* zweifellos gefördert.

Das Gesetz über den Neuaufbau des Reiches vom 30. Januar 1934 beendet auch die Eigenstaatlichkeit des Landes Braunschweig; es ist hinfort nur mehr ein Verwaltungsbezirk unter dem Gauleiter Südhannover-Braunschweig als Reichsstatthalter.[10]

Außerhalb eines kleinen Kreises von Spezialisten ist es sicherlich nicht mehr erinnerlich, daß ein Soziologe der Karls-Universität zu Prag, *Jan Mertl,* in den dreißiger Jahren den fundamentalen Unterschied der modernen Diktatur gegenüber den Oligarchien des Altertums und des Mittelalters entdeckte und schilderte: Sie ist nämlich nicht mehr die Sache eines kleinen Kreises von Herrschenden, sondern stützt sich auf die Volksmassen, ist undenkbar ohne die Volksmassen.[11] Es drängt sich die Frage auf, wie ein Diktator, den die Angst vor Arbeitslosigkeit und die Angst vor *Stalins* Kommunismus zum Sieg verholfen hatte, *dauernd* die notwendige breite Basis erhalten konnte.

Golo Mann beantwortet die Frage in einer Weise, die verblüfft und überzeugt: Der Nationalsozialismus war eine Regierungsform, in der sich Identität und Nichtidentität verbanden. Die *Identität* manifestierte sich darin, daß die vielen Menschen, die den Machthabern nicht glaubten, bei Volksbefragungen doch »die Politik ihrer Reichsregierung« billigten, um nach Jahren der Not Arbeitsplätze und leidliche Sicherheit nicht wegen politischer Meinungsverschiedenheiten zu gefährden. Die *Nichtidentität* schadete den Machthabern nichts, sondern kam ihnen indirekt zugute: Diejenigen nämlich, die die neue Autorität verachteten, flüchteten in das private Leben, das ausgeübte Können und vollbrachten damit ungewollt nützliche Leistungen für den Staat. So meldeten sich etwa junge Leute, enttäuscht von der Unmoral des Regimes, freiwillig zum Heeresdienst, »weil sie in dessen Bannkreis anständigere Luft zu atmen, zuverlässigeren Rechtsschutz zu genießen hofften.«[12]

2.
Vom Liberalismus zum Neomerkantilismus

Von 1924 an wich die negative Einstellung der Alliierten zum Deutschen Reich, die in Großbritannien und den Vereinigten Staaten von Amerika nie ganz geteilt worden war, einer neuen Haltung: der Tendenz, die Leistungen zu bewundern, der Bereitschaft, in Schwierigkeiten zu helfen. Die amerikanische Geschäftswelt entwickelte *entschiedene Sympathien* für das Volk Europas, in dem sie »verwandte Bestrebungen und Tüchtigkeiten am stärksten zu erkennen glaubte«. Das Ausland legte dem Wiederaufstieg in den Stresemannjahren kein ernstes Hindernis mehr in den Weg.

Tatsächlich waren die Leistungen der deutschen Wirtschaft bewundernswert. Sie erlaubten es dem industrialisierten, auf engem Raum zusammengedrängten Volk unter allmählich sich bessernden Bedingungen zu leben. Gegensätze gab es in der Politik – sicher mehr als in Großbritannien, wo die Gegensätze spielen »auf dem Grunde eines mit sich selber eins Seins der Nation« – *nicht* in der Welt der Wirtschaft, der Basis der materiellen Existenz.

Mit der auslaufenden Übergangswirtschaft begann auch nach dem Ersten Weltkrieg ein »Wirtschaftswunder«: das Nationaleinkommen, das nach dem Kriege auf etwa die Hälfte des Vorkriegsstandes gesunken war, hatte zehn Jahre später die alte Höhe überschritten. Was während des Krieges vernachlässigt oder aufgrund von Teil VIII des Versailler Vertrages abgeliefert worden war, erstand neu: die modernste Handelsflotte, die schnellsten Eisenbahnen und ein ausgezeichnetes Straßensystem.

Die industrielle Planung war großartig und wirksam. Die Rationalisierung, die Erhöhung der Produktivität durch Mechanisierung machte große Fortschritte. Hand in Hand mit der technischen Rationalisierung ging – ähnlich wie in unserer Zeit – die Konzentration: die I. G. Farbenindustrie AG kontrollierte einen sehr großen Teil der chemischen und pharmazeutischen Industrie, die Vereinigten Stahlwerke etwa vier Zehntel der Eisen- und Stahlindustrie; ähnliche Gebilde gab es für Elektrizität, Kautschuk, Kunstseide und Zement. Die großen deutschen Unternehmer nahmen ihren Beruf sehr ernst und fühlten sich mitverantwortlich für die Nation, verantwortlich für die eigenen Arbeiter. Seit dem Ende des Krieges waren Achtstundentag, Tarifverträge und staatliche Schiedsgerichtsbarkeit akzeptiert.

Den deutschen Unternehmern war allerdings noch nicht bekannt, »daß die Kaufkraft der eigenen Arbeiter den wichtigsten Markt abgeben kann und abgeben muß«. Das ist eine Feststellung, in der kein Vorwurf liegt, denn die deutsche Industrie arbeitete für den Staat und für den Export, der von niedrigen Preisen abhängig war, nicht für den sich allmählich hebenden Wohlstand der Massen. Selbst in den Vereinigten Staaten von Amerika hat sich der *Fordismus* – die Verbindung von Rationalisierung der Fertigung durch Massenproduktion für uniformen Bedarf mit Preissenkungen und Zahlung höherer Löhne zur Schaffung von Kaufkraft – erst in den zwanziger Jahren zu verbreiten begonnen, obgleich dort der Mangel an Menschen und der Überfluß an Rohstoffen die Entwicklung einer neuen Industriepolitik und ihre praktische Erprobung nahelegte.

Die deutschen Städte waren vor dem Krieg »Lehrmeister schöpferischer Verwaltung« für die ganze Welt gewesen; sie wurden es noch einmal in den Stresemannjahren. Viele Bürgermeister bemühten sich – meist mit Erfolg –, in den Vereinigten Staaten von Amerika Anleihen zu erhalten für Siedlungsprojekte, Ausstellungen, Grünanlagen, Schwimmbäder und Jugendherbergen; (Finanzminister um Anleihen für landwirtschaftliche Meliorationen, Kanal- und Straßenbauten).

Der Sturz der Monarchie war ein Verlust für die Landeshauptstädte, ein Gewinn für die Reichshauptstadt *Berlin.* Mit der zunehmenden

Zentralisierung von Funktionen bei der Reichsregierung, mit den zunehmenden »politischen, industriellen und finanziellen Bürokratien« wurde Berlin zum Mittelpunkt der Arbeit und der Repräsentation, der Wirtschaft und der Kultur. Es war ganz Gegenwart, »das Amerika Deutschlands«.[13]

Es ist schon dargelegt worden, daß von 1930–1932 das Ökonomische und das Politische nicht miteinander verflochten waren, sondern das Ökonomische: die Weltwirtschaftskrise die Szene beherrschte. Die Betrachtung des Ökonomischen kann deshalb nur das Bild des universalgeschichtlichen Hintergrundes um einige Farbnuancen bereichern.

Der sensationelle Aufstieg der NSDAP von 12 auf 107 Mandate bei den Reichstagswahlen vom 14. September 1930 – eine Folge der Krise – bewirkte ihrerseits einen Kurssturz der deutschen Papiere an den Börsen, ein Abströmen von Gold, Devisen und Inlandskapital in Höhe von etwa einer Milliarde Reichsmark. Mitte des Jahres 1931 war die Reichsbank am Ende ihrer gesetzlichen Golddeckung angelangt.

Am 13. Juli 1931 mußte eine der vier deutschen Großbanken, die Darmstädter und Nationalbank (Danat), ihre Schalter schließen; ein bis dahin beispielloser Vorfall! Ende des Monats stand eine zweite Großbank, die Dresdner Bank, vor der Gefahr der Illiquidität. Das Reich war gezwungen zu helfen: im ersten Falle mit der Übernahme von Garantien, im zweiten mit einer Kapitalinvestition.

Die *Devisenzwangswirtschaft,* als Attribut des Dritten Reiches in Erinnerung, wurde damals eingeführt.

Das alles beherrschende Streben nach einem *ausgeglichenen Haushalt* trotz sinkender Steuereinnahmen und nach *Stabilität der Währung* gebot *unmittelbar* eine Senkung der Ausgaben, *mittelbar* die Drosselung der Importe und die Förderung der Exporte. Die Förderung der Exporte gebot ihrerseits ein temporäres Stagnieren oder Reduzieren der Löhne und Gehälter bei steigenden Verbrauchssteuern, eine Schonung der exportierenden Unternehmen. Die erhoffte Verbesserung der Lage blieb indessen aus: Die Exportchancen der deutschen Erzeugnisse besserten sich nicht, denn infolge der Weltwirtschaftskrise fielen die Preise *überall* und *überall* – angefangen von den USA – wuchs die Tendenz, die eigene Produktion durch Zollmauern zu schützen. Die Förderung des Exports brachte also nicht die erhoffte positive Wirkung, dagegen das temporäre Stagnieren oder Reduzieren der Löhne und Gehälter eine doppelte negative Wirkung: im Ökonomischen den Ausfall an Kaufkraft, im Politischen die weitere Radikalisierung.[14]

Abschließend sollen einige Zahlen die Auswirkungen der Weltwirtschaftskrise auf das Deutsche Reich präzisieren und zusammenfassen:

	Beschäftigtenzahl (Mill.)	Erwerbslose (Mill.)	Einkommen des Volkes (Mill. M.)	Gehälter und Löhne (in %)	Durchschnittliche Kurse der Aktien	Steinkohlen-produktion (Mill. t)	Koksproduktion (Mill. t))	Erzeugungswert der Maschinenindustrie (in %)
1929	17,5	2	75	100	150	165	40	100
1932	12,5	6	45	60	50	105	20	54[15]

Zwischen 1924 und 1938 wechselt der Stil der Wirtschaftspolitik in rascher Folge:

Der *Liberalismus* – die Betonung des Rechts auf die Entfaltung der Privatinitiative des einzelnen im Wirtschaftsleben, die Beschränkung der staatlichen Eingriffe in die Wirtschaft auf das Notwendigste –, kennzeichnet die Stresemannjahre. Die Auswirkungen der Weltwirtschaftskrise auf das Deutsche Reich lassen immer mehr staatliche Eingriffe in die Wirtschaft als »das Notwendigste« erscheinen; der Stil der Wirtschaftspolitik wandelt sich erst schrittweise, vom 30. Januar 1933 an mit einem Ruck zum *Neomerkantilismus* – einer einseitig auf Exportförderung ausgerichteten Handelspolitik, die schon *Brüning* pflegte, und dem Streben nach Autarkie, das bei *Hitler* hinzukam.

1936 leitete der *Vierjahresplan* über zur *Wehrwirtschaft,* einer Form der Planwirtschaft. Das Politische gewinnt immer mehr den Vorrang vor dem Ökonomischen, bis die Politik der Wirtschaft diktiert.

Die *Industrie* entwickelte sich in der Richtung weiter, die sie in der Hohenzollern- und der Weimarer Zeit eingeschlagen hatte, wahrscheinlich innerhalb des Rahmens der internationalen Wirtschaftspolitik und nationalen Staatspolitik einschlagen mußte. Die Richtung läßt sich kennzeichnen mit den Stichworten: Rationalisierung, Konzentration, Vertrustung, Abhängigkeit von Staatsaufträgen. Daraus haben manche Historiker geschlossen, das Dritte Reich habe im Dienste industrieller Interessen gestanden. Zu dieser Hypothese nimmt *Golo Mann* Stellung:

»Ist das nicht ein Fehlschluß? Das Leben ging weiter. Es ging weiter in der alten Spur, von der war kein Wegkommen. Neu war die Politik, und sie war das, was H. interessierte. Die Wirtschaft ließ er im wesentlichen weitermachen wie vorher, solange sie ihm die für seine Politik benötigten Güter lieferte ... Freilich gibt es Historiker, die glauben, der falsche Aufbau seiner Wirtschaft habe Deutschland zum Krieg gezwungen, 1914 wie 1939. Aber das ist Metaphysik. Es kann nicht bewiesen werden. Die Fäden, welche von der Industrie zu den Entscheidungen im Kopfe H.s gegangen sein sollen, können nicht gezeigt werden. Auch braucht man diese Hypothese nicht, um zu verstehen, was im Jahre 1939 und danach geschah.«[16]

Der neue *»Vierjahresplan«* unterwarf die Industrie mehr als bisher den parteilichen und politischen Zwecken. In einer Denkschrift *Hitlers* hieß es, die Wirtschaft werde eingespannt »ohne alle Rücksicht auf Privatinteressen, Rentabilität und was sonst. Das Wirtschaftsministerium hat nur die Aufgabe zu stellen, die private Unternehmerschaft mag sich die Köpfe zerbrechen über die Durchführung. Zeigt sie sich unfähig, ihre Aufgaben zu erfüllen, so wird der nationalsozialistische Staat schon selbst die Probleme zu lösen wissen ... Dann wird aber nicht Deutschland ruiniert werden, sondern nur gewisse Wirtschaftler! Binnen vier Jahren muß die deutsche Armee kampfbereit und die deutsche Wirtschaft fertig sein zur Mobilisation für den Krieg.«[17]

3.
Die Industrie schließt sich zusammen

Die Stärke und Schwäche der Industrie- und Handelskammern, die seit Beginn des 19. Jahrhunderts gebildet worden waren, lag darin, daß sie stets nach einem Ausgleich der in ihnen vereinigten Wirtschaftszweige suchen mußten. Die Industrie schuf deshalb allmählich freie Verbände für die Wahrnehmung ihrer speziellen Interessen. Als die Zahl der einzelnen Verbände zunahm – der erste war bekanntlich der 1871 gegründete »Langnamverein« (S. 47) –, kam es 1875 zur Bildung des ersten Verbandes der Verbände, des *Centralverbandes deutscher Industrieller*. Die Auseinandersetzung über die Zollfrage war der unmittelbare Anlaß, eine Vertretung der gemeinsamen Interessen der gesamten Industrie ins Leben zu rufen.

Der Gegensatz zwischen Schutzzoll und Freihandel, zwischen Rohstofferzeugern und -verbrauchern führte 1895 zur Gründung des *Bundes der Industriellen,* der die kleinen und mittleren Unternehmen und die Fertigwarenindustrien vereinigen wollte. Der Bund ist für die Verbandsgeschichte von bleibender Bedeutung aus zwei Gründen: Der Geschäftsführende Vorsitzende, *Gustav Stresemann,* verschaffte der Industrie durch Bemühungen um die Wahl industrieller Vertreter in das Parlament mehr Einfluß auf die Gesetzgebung; ferner stützte er sich – zum Unterschied vom Centralverband – auf die territoriale Unterteilung, die seither bei den Spitzenverbänden mit dem fachlichen Unterbau kombiniert zu werden pflegt.

Der Ausbruch des Ersten Weltkrieges half alle scheinbar unüberbrückbaren Gegensätze zu mildern: Anfang August 1914 bildeten Centralverband und Bund den *Kriegsausschuß der deutschen Indu-*

strie. In beiden Lagern begrüßte man die Schaffung einer gemeinsamen Plattform und bald wurde überlegt, in welcher Weise sie in die Friedenszeit übernommen werden könnte.

Aufgrund der guten Erfahrungen mit dem Kriegsausschuß wurde Anfang 1919 der *Reichsverband der Deutschen Industrie* gegründet, der bis 1933 zur Währungs-, Wirtschafts- und Reparationspolitik laufend Stellung nahm und der Reichsregierung in entscheidenden Augenblicken Hilfe leistete. Paradigmatisch sei erwähnt, daß im *Dawes-Gutachten,* für dessen Annahme sich der Hauptausschuß des Reichsverbandes mit 100 gegen 10 Stimmen aussprach, der Industrie eine Hypothek von fünf Milliarden Goldmark auferlegt wurde. Als dann der Strom der Auslandskredite einsetzte, warnte der Reichsverband – leider vergeblich – davor, kurzfristige Mittel langfristig festzulegen und unproduktive Anlagen mit Auslandsanleihen zu finanzieren.

Das Dritte Reich setzte sich das Ziel, die industriellen Verbände in der *Reichsgruppe Industrie* zu unmittelbaren Organen des Staates zu machen. Den in der Reichsgruppe führenden Persönlichkeiten gelang es aber, die Grundlagen einer wirtschaftlichen Selbstverwaltung zu behaupten. Obgleich der Zweite Weltkrieg die Aufgaben reduzierte, blieb es der Reichsgruppe möglich, sich auf Teilgebieten als beratendes Organ einzuschalten und den Unternehmern bis zum Ende des Krieges ihren eigenen Wirkungsbereich zu erhalten.

Mit dem Vordringen der Großindustrie und der Vermehrung der Industriearbeiter gewann die industrielle Interessenvertretung auf dem Gebiete der Sozialpolitik an Bedeutung. 1913 schlossen sich die Hauptstelle deutscher Arbeitgeberverbände und der Verein deutscher Arbeitgeberverbände zusammen zur *Vereinigung der deutschen Arbeitgeberverbände.* Im Dritten Reich trat – nach mannigfachen Änderungen der Organisationsform – an die Stelle der Arbeitgeberverbände und der Gewerkschaften die *Deutsche Arbeitsfront.*

Von großer Bedeutung war die aus der Initiative von *Hans von Raumer,* Leiter des Zentralverbandes der elektrotechnischen Industrie, und *Carl Legien,* Vorsitzender der Freien Gewerkschaft, am 14. und 15. November 1918 gegründete »*Zentralarbeitsgemeinschaft*«

der Unternehmerverbände und Gewerkschaften. Die Atmosphäre des Vertrauens zwischen den Führern beider Parteien, die dort erstand, überlebte die Institution und bewahrte die Weimarer Republik – mit einer Ausnahme – vor schweren Arbeitskämpfen.

Neben den Verbänden zur Wahrnehmung der wirtschaftspolitischen Interessen der Industrie und den Arbeitgeberverbänden sind noch zu nennen die vertragsmäßigen Zusammenschlüsse zur Beeinflussung des Marktes: die Kartelle.

Die Geschichte der *Kartelle* geht zurück bis in das Altertum. Indessen erlangten sie in Deutschland praktische Bedeutung erst vom letzten Viertel des vorigen Jahrhunderts an: 1879 gab es 14, 1900 rund 300 und nach dem Ende des Ersten Weltkrieges schätzungsweise 1500 Kartelle.[18] Kartelle sind »Kinder der Not«, die allein im Bereich der homogenen Güter, der Unternehmen mit einem hohen Anteil der fixen Kosten an den Gesamtkosten eine Marktzerrüttung, Auswüchse des Wettbewerbs und die Auszehrung der Unternehmen verhindern können.[19]

Der Reichsverband gründete 1920 als Träger seiner Kartellpolitik eine *Kartellstelle,* die von den 1500 Organisationen marktregelnder Art rund 1000 betreute. Während die Reichsregierung 1923 mit der Kartellverordnung die Grundlage der Kartellaufsicht schuf, bemühte sich die Kartellstelle auf dem Wege der Freiwilligkeit Mißbräuchen zu begegnen, eine vorbeugende und beratende Tätigkeit zu entfalten.[20]

4.
Fortschritte in der Verpackungswirtschaft

Einer gerafften Darstellung des Verbandswesens der *Feinstblechpackungsindustrie* steht eine Schwierigkeit entgegen: durch die Kriegs- und Nachkriegswirren sind die schriftlichen Quellen weitgehend vernichtet worden. Die »Prähistorie« reicht deshalb bis zum Ende des Zweiten Weltkrieges; kein Verband hat das Archiv der Vereinigung deutscher Blechwarenfabrikanten Braunschweig (von der wir wissen, daß sie sich mit Materialbeschaffung, mit Tarifvereinbarungen befaßte) oder der Gesamtvereinigung der Weiß- und Schwarzblech verarbeitenden Industrien e. V. übernommen! Indessen hat der langjährige Geschäftsführer des Gesamtverbandes Feinstblechpackungen e. V., *Dr. Wolfgang Benzinger,* für den Geschäftsbericht 1966 eine Verbandsgeschichte verfaßt, die die »Prähistorie« einschließt. Er stützt sich allerdings nicht auf Boden- und Höhlenfunde, wie es die allgemeine Prähistorie tut, sondern auf Briefe, die bei einzelnen Firmen erhalten blieben, Erinnerungen, die er bei den Altmeistern des Wirtschaftszweiges sammelte, und zeitgenössische Veröffentlichungen, die er fand.

Um 1933 wurden zwei Zusammenschlüsse geschaffen:

- Die Fachgruppe Feine Blechpackungen, eine Untergliederung der Reichsgruppe Industrie, und
- der Verband der Hersteller feiner Blechpackungen.

Die *Fachgruppe Feine Blechpackungen* ist ein Musterbeispiel dafür, daß es bedeutenden Persönlichkeiten gelang, ihre Organisation gegen Partei und Staat abzuschirmen, die Mitglieder vorbildlich zu betreuen. Der Leiter der *Fachgruppe, Dr. Werner Funk,* wurde nach dem Ende des Zweiten Weltkrieges zum ersten Vorsitzenden des neugegründeten Fachverbandes Feinblechpackungen e. V. gewählt; in solchem Maße hatte er sich das Vertrauen der Mitglieder erworben und durch bewegte Tage erhalten.

Der Verband der *Hersteller feiner Blechpackungen* hat eine interessante und lehrreiche Vorgeschichte. Vom Standpunkt des Absatzes betrachtet, hat die Feinstblechpackungsindustrie drei Eigenarten, die gegenwärtig allerdings nicht mehr so stark ausgeprägt sind, wie in den zwanziger und dreißiger Jahren:

- Sie stellt aus gleichartigem Material mit gleichartiger Verfahrenstechnik Massenerzeugnisse her.
- Der Preis der Massenerzeugnisse orientiert sich am jeweils billigsten Angebot.
- Der Absatzmarkt ist wenig elastisch, da er weitgehend vom Anfall der zu verarbeitenden Füllgüter bestimmt und begrenzt wird.

Wenn also ein Unternehmen, um seinen Marktanteil zu vergrößern, den Preis senkt, zwingt es die Konkurrenz, den Preis gleichfalls zu senken, um die verlorenen Abnehmer zurückzugewinnen, und nach einer Übergangszeit nähern sich die Marktanteile dem ursprünglichen Zustand; lediglich der gesunkene Preis bleibt bestehen. Daraus folgt, daß die Feinstblechpackungsindustrie von dem sinkenden Absatz am Ende der Übergangswirtschaft und während der Weltwirtschaftskrise besonders schwer getroffen wurde, eine Welle von Preissenkungen die andere ablöste.

Der Verband der Hersteller feiner Blechpackungen – ein Kartell – hat durch eine behutsame Preispolitik, die die Interessen von Lieferanten und Abnehmern angemessen berücksichtigte, zur Konsolidierung der Feinstblechpackungsindustrie in gleicher Weise beigetragen wie das Abklingen der Auswirkungen der Weltwirtschaftskrise. Es betrug der Umsatz

1933	67,0 Millionen RM
1934	83,5 Millionen RM
1935	101,0 Millionen RM
1936	112,5 Millionen RM

Als Beweise für die behutsame Preispolitik seien angeführt:

- Das vielzitierte Gutachten von Koch & Kienzle, Berlin, nannte 1935 für die $^1/_1$-Normal-Konservendose 99/122 mm unter Einrechnung von 5 % Gewinn als kalkulatorischen Endpreis 96,53 RM je 1000 Stück, während der »Verbandspreis« nur 90 RM betrug.

- Der gewiß nicht großzügige Reichskommissar für die Preisbildung übertrug mit der Anordnung zur Regelung der Herstellerpreise und Lohnanfertigungsentgelte für Blechpackungen vom 10. Oktober 1942 (Deutscher Reichs- und Preußischer Staatsanzeiger Nr. 241 vom 14. Oktober 1942) das Recht zur autonomen Preisfestsetzung für Blechpackungen dem Verband.
- Jede Mitgliedsfirma war berechtigt, zur Ausnutzung eines Rationalisierungserfolges die Reduzierung eines Preises zu beantragen; dem Antrag wurde entsprochen, wenn seine Berechtigung durch die Kalkulation nachgewiesen werden konnte; laufend erfolgten Reduzierungen der Preise der Artikel, bei denen das betriebswirtschaftlich vertretbar war.

In dem *Verbandsleben der Konservenindustrie* gab es einige bedeutsame Entwicklungen und Ereignisse:

- 1924 wurde auf der Tagung der Fleischwaren-Industrie die Gründung eines *Reichsverbandes der Deutschen Fleischwaren-Industrie e. V.* als Spitzenorganisation beschlossen.
- 1928 feierte der *Verein Deutscher Konservenfabrikanten* 25jähriges Jubiläum. Im Rückblick auf seine Tätigkeit finden sich viele interessante Einzelheiten: Nach den Geschäftsbedingungen, die schon damals anerkanntermaßen Handelsbrauch geworden waren, wurden Konserven nach dem Rauminhalt und nicht nach Gewicht gehandelt (heute legt im Rahmen der Neuordnung des Meß- und Eichwesens die Fertigpackungs-Verordnung vom 16. Dezember 1971 für Obst- und Gemüsekonserven und einige andere Erzeugnisse wiederum Standardgrößen nach dem Volumen des Behältnisses fest). Wir lesen ferner, daß der Verein 1920 den Schutzverband der Deutschen Konserven-Industrie – ein Preis- und Konditionenkartell für Gemüsekonserven – ins Leben gerufen hat, ohne den die Branche die Inflation nicht überstanden hätte.[21]
- Am 24. August 1933 wurde in Braunschweig ein *Verband zur Förderung des Konservenverbrauches* gegründet. Ausgehend davon, daß damals der jährliche Pro-Kopf-Verbrauch an Konserven im Deutschen Reich eine Dose, in den Niederlanden sieben und in den USA vierzehn Dosen betrug, sollte die Hausfrau über den Nährwert und den Vitamingehalt der Konserven aufgeklärt, also eine

Gemeinschaftswerbung zur Steigerung des Absatzes betrieben werden. *Herbert Munte* und *Bernhard Römmert* vertraten im Vorstand die Feinstblechpackungsindustrie.

Die Gründung eines Verbandes zur Förderung des Konservenverbrauches kam nicht von ungefähr.

Ein ungenannter Experte hatte schon Mitte der zwanziger Jahre geschätzt, daß bei einem Jahresverbrauch von 60 Millionen $^1/_1$-Dosen Gemüse- und Obstkonserven etwa 12 der insgesamt 40 Millionen Haushalte vollständig leer ausgehen und ein *»Presse- und Propagandabüro«* gefordert, dessen Aufgabe es sein sollte, diese »vergessene Absatzkolonie« zu gewinnen.[22]

Um die Mitte des Jahres 1933 hat ein wiederum ungenannter Experte die Untersuchung des Statistischen Reichsamtes »Die Lebenshaltung von 2000 Arbeiter-, Angestellten- und Beamtenhaushaltungen« ausgewertet. Leider hatte das Reichsamt nur »Gemüsekonserven« und »Marmeladen, Gelees« gesondert erfaßt, während die Fleischkonserven in den »Sonst. Fleischwaren«, die Fischkonserven in den »Anderen Fischen« und die Obstkonserven im »Sonstigen Obst« enthalten waren; immerhin ergab sich klar, daß Gemüsekonserven in 70 % der Arbeiterhaushaltungen, 81 % der Angestelltenhaushaltungen und 78 % der Beamtenhaushaltungen, Marmeladen, Gelees gleichfalls in 70–80 % sämtlicher Haushaltungen verbraucht wurden. Eine *»Kollektivpropaganda«* könnte – so wurde ausgeführt –

- den Verbrauch bei denen, die bisher schon Konsumenten waren, steigern und
- einen größeren Teil der *nicht*konsumierenden Haushalte für den Konsum erschließen.[23]

Da die Verbandsarchive der Feinstblechpackungsindustrie nicht erhalten sind und eine eigene Zeitschrift erst 1949 begründet wurde, die schriftlichen Quellen also nur unvollkommen sind, bleibt es auch in diesem Abschnitt der Geschichte nützlich, einen Blick auf die Entwicklung der Konservenindustrie zu werfen, die in der Fachzeitung »Die Konserven-Industrie« bis 31. Oktober 1933 eine Chronik für haltbare Nahrungsmittel aller Art besaß (vom 1. November 1933 an wurde der Haupttitel und damit die Interessensphäre geändert in: »Die Obst- und Gemüse-Verwertungs-Industrie«):

Anfang 1928 hat *Professor Dr. H. Kanter,* Geschäftsführendes

Vorstands-Mitglied des Vereins Deutscher Konservenfabrikanten, ein »von den Zufälligkeiten gereinigtes Bild der Lage« gegeben:

- Als *Abnehmer* kommt eine Bevölkerung in Betracht, deren wohlhabender Teil stark dezimiert ist, die aber andererseits wegen »der Notwendigkeit für die meisten Frauen, beruflich tätig zu sein, zweifellos ein größeres Interesse an Konserven hat, als in wirtschaftlich günstigeren vergangenen Zeiten«.
- Der *Reiseverkehr* hat gegenüber der Vorkriegszeit nicht abgenommen, aber die Zahl der Beherbergungstage sich wesentlich verkleinert und stark besucht waren die gemeinnützigen Erholungsheime.
- *Ausfuhr* ist nur in wenigen Artikeln möglich, wobei es sich nicht um eine »Luxusausfuhr« handelt, sondern in der Regel um Auslandsdeutsche, die beliefert werden wollen.

Zusammenfassend: ein Markt ist vorhanden und kann vielleicht vergrößert werden, aber – sehr zum Unterschied von der Vorkriegszeit – nur für billige Konserven.

Die *Produktionskosten* sind indessen erheblich höher als vor dem Kriege. Rohware und Löhne haben etwa die Steigerung des mittleren Teuerungsindexes mitgemacht, aber darüber hinaus gewachsen sind die *Zinslasten*. Im Hinblick auf den Verlust des eigenen flüssigen Kapitals sind wohl alle Unternehmen in stärkerem Maße als vor dem Kriege auf Bankkredit angewiesen. Der einmalige Kapitalumschlag in Verbindung mit der Verdoppelung des Leihzinses gegenüber der Vorkriegshöhe üben einen entscheidenden Einfluß aus auf die Produktionskosten.

Der *Wettbewerb* wird bestimmt von der Überkapazität und einer Beschränkung der Tätigkeit des Schutzverbandes der deutschen Konserven-Industrie, der sich 1927 hatte dazu verstehen müssen, auf die Innehaltung bestimmter Preise grundsätzlich zu verzichten.[24]

Dieses »von den Zufälligkeiten gereinigte Bild der Lage« erklärt, daß die Konservenindustrie von den Auswirkungen der Weltwirtschaftskrise *hart* getroffen werden mußte:

- Anfang des Jahres 1930 begann die zunehmende Arbeitslosigkeit den Absatz zu behindern und die Produktion in der Konservenkampagne 1930/31 wurde eingeschränkt (aber nicht genügend); die festen Kosten lasteten selbstverständlich schwer auf der reduzierten Menge.

- Die Konservenkampagne 1931/32 brachte keine Annäherung von Angebot und Nachfrage, die Lagerbestände führten zu Verlusten; eine steigende Zahl von Fabriken mußte schließen.
- Die Krise wurde verschärft durch ein eigenartiges Wettbewerbsphänomen: den um ihre Existenz kämpfenden, um auskömmliche Preise bemühten Unternehmen standen zunächst stillgelegte, dann sanierte Unternehmen gegenüber, die in der Lage waren, den Abnehmern günstigste Angebote zu machen.

Erst im Sommer 1933 beendeten das Abklingen der Weltwirtschaftskrise zusammen mit der Festsetzung von Mindestpreisen durch den Reichskommissar für die Preisüberwachung die Deroutierung des Marktes.[25]

Auch damals war schon bekannt, daß das Erschließen neuer Märkte dem Wettbewerb auf dem vorhandenen Markt vorzuziehen ist. Unter der Bezeichnung »*Wochenendkonserven*« tauchen Fertigmahlzeiten auf, die sowohl von Fleisch wie auch von Gemüse verarbeitenden Werken hergestellt werden können: Grüne Bohnen mit Hammelfleisch und andere Eintopfgerichte. Die Wochenendkonserven sollen sich richten nach den Gewohnheiten der Verbraucher, also auf die Eigenart der bayerischen, schlesischen, schwäbischen oder westfälischen Küche eingehen. Eine andere Möglichkeit besteht darin, als Leckerbissen gerade die Spezialität eines anderen Stammes anzubieten.[26]

Aus Kalifornien wird von *Rosen in Dosen* berichtet. Rosen können eingedost über Tausende von Kilometern versandt werden, Tage lagern und bleiben dennoch frisch. Kalifornische Rosenknospen werden auf diese Weise nach New York und andere Städte des Ostens verkauft.

Gegen Ende der dreißiger Jahre beginnt *die Verknappung von Weißblech*:

Im Juni 1937 mußte die Hauptvereinigung der Deutschen Gartenbauwirtschaft offiziell in die Verteilung eingreifen, »um zu verhindern, daß einzelne Firmen auf Kosten anderer sich mit Weißblechbehältnissen versorgten und so die ordnungsmäßige Unterbringung der deutschen Ernte, die gleichmäßige Ausnutzung der einzelnen Herstellungsrechte sowie die Abwicklung der eingegangenen Verpflichtungen von Abnahme von Rohware aus Anbau- und Lieferungsverträgen gefährdeten«.[27] »Die sparsame Verwendung und Erhaltung der landwirtschaftlichen Erzeugnisse« – so wird im folgenden Jahr ausgeführt – »ist eine der wichtigsten Voraussetzungen auf dem Weg zur Nahrungsfreiheit des deutschen Volkes. Das bedeutet aber Steigerung der Vorratswirtschaft.« Diese Steigerung wird gehemmt dadurch, daß die Naßkonservenindustrie abhängig ist von zwei knappen Rohstoffen: Eisen und Zinn.

1937 wurden in Gemeinschaft mit der Fachgruppe Feine Blechpackungen die beschränkten Weißblechzuteilungen nach den Verwendungszwecken von Monat zu Monat an die Hersteller von Blechpackungen aufgeteilt. Dieses Verfahren hat sich als nicht ausreichend erwiesen und »eine straffe Ordnung in der Weißblechbewirtschaftung« wurde erforderlich. Den einzelnen Erzeugnissen entsprechend wurden folgende Verwendungszwecke unterschieden: 1. Fisch, 2. Milch, 3. Fleisch, 4. Obst und Gemüse, 5. Haushalt. Der Gesamtweißblechverbrauch der Blechpackungsindustrie (mit Ausnahme des Verbrauchs für technische Zwecke) betrug:

1935	114 000 t
1936	133 000 t
1937	135 000 t

Hiervon ausgehend wurde die Inlandsversorgung mit Weißblech für die Dosenherstellung geplant und für den Bezug von Dosen das folgende, durch die Anordnung E 15 der Überwachungsstelle für Eisen und Stahl gesetzlich gebundene Verfahren entwickelt:

- Das zur Verfügung stehende Weißblech wird der Blechpackungsindustrie in monatlichen Abschnitten zugeteilt.
- Entsprechend der Höhe der Zuteilungen werden die Hauptvereinigungen (für die Obst- und Gemüseverwertungsindustrie beispielsweise die Hauptvereinigung der Deutschen Gartenbauwirtschaft) ermächtigt, an die Mitglieder *Freigabescheine* auszugeben, die zum Bezuge einer bestimmten Gewichtsmenge von Weißblech in Form von Dosen berechtigen (Umrechnungsschlüssel nach Normvorschriften).
- Der Freigabeschein ist befristet und muß nach Gebrauch vom Dosenverbraucher an die zuständige Hauptvereinigung zurückgegeben

werden, die ihn zur Kontrolle und für statistische Zwecke benötigt.

Da die Blechpackungsindustrie Weißblechbehältnisse nur bei Vorlage eines Freigabescheines abgeben und die Konservenindustrie Dosen nur auf Freigabeschein beziehen kann, ist sichergestellt, daß die Bleche den vorgeschriebenen Verwendungszwecken entsprechend verarbeitet und verbraucht werden.[28]

Zwischen den Kriegen erfolgte eine Intensivierung der Verbindung der *Fischindustrie* mit der Feinstblechpackungsindustrie, die zu einer Zusammenfassung einlädt:

»Die Fischerei hat seit jeher mit zwei großen Übelständen zu kämpfen: mit der außerordentlichen Ungleichheit der Fangergebnisse und mit der leichten Verderblichkeit der Fischereiprodukte. Während die Fischer oft monatelang so wenig fangen, daß sie von dem Erlös ihrer Arbeit kaum ihr Leben zu fristen vermögen, zieht der Fisch zuweilen in ungeheuren Scharen nach den Küsten, drängt sich in den engen Buchten und Fjorden in dichten Massen zusammen . . . und läuft in so riesigen Mengen in die Netze der Fischer, daß diese kaum wissen, was sie mit dem reichen Segen beginnen sollen.«[29] Die Fischer haben deshalb – wie schon berichtet wurde – seit dem Altertum nach Verfahren gesucht, Fische haltbar zu machen.

Die erste Verbindung zur Feinstblechpackungsindustrie bahnte sich an, als um die Mitte des vorigen Jahrhunderts Fischer zuerst in Vorpommern, dann an der westlichen Ostseeküste auf den Gedanken kamen, die sicherlich schon längst bekannte Herstellung von Bratheringen kommerziell zu nutzen. Bald wurde das Produktionsprogramm ausgedehnt

- auf andere Marinaden und
- auf sonstige Präserven.

Die Ware wurde ursprünglich in Holzfäßchen oder -kübel verpackt. Seit etwa 1888 lösten allmählich Dosen die Holzbehältnisse ab. Es wurden fast ausschließlich 4- und 8-l-Dosen mit *gleichem* Durchmesser geliefert, die leicht aufeinander gestapelt und in Lattengestelle für den Bahntransport eingeschlagen werden konnten.[30]

Da Fleisch in Deutschland bald nach dem Ausbruch des Ersten Weltkrieges knapp wurde, war die Nachfrage nach Fischen und Fischwaren groß; neue Bevölkerungsschichten wurden als Verbraucher gewonnen.

Die »Stresemannjahre« brachten Bestrebungen nach einer Verbesserung der Qualität:

- Der Verein der Fischindustriellen Deutschlands erreichte durch Verhandlungen mit den Hochseefischerei-Gesellschaften, daß die Trawlheringe bereits an Bord mit Salz bestreut und in Eis verpackt wurden.
- Die hochwertige Rohware wurde durch Einlegen in Mayonnaise, Senf-, Bouillon- und anderen wohlschmeckenden Tunken zu Feinmarinaden verarbeitet.

Die Fein- und Konsummarinaden wurden in wachsendem Umfange in – nach den bisherigen Gepflogenheiten – kleinen Gebinden, 1-l- und 1/2-l-Dosen, in den Verkehr gebracht.[31]

Ende der zwanziger Jahre wandte die Fischindustrie ihr Interesse der Herstellung von *Vollkonserven* zu. Bis dahin hatte die eigenartige Lage bestanden, daß einige Industrielle Vollkonserven für den Export nach Übersee, die deutsche Kriegsmarine, deutsche und ausländische Schiffahrtsgesellschaften herstellten, der Bedarf des innerdeutschen Marktes aber durch Importe aus Portugal, Frankreich und Norwegen gedeckt wurde. Dieser Bedarf stieg nach dem Ersten Weltkrieg auf das Dreifache!

1929 begann das Forschungsinstitut für die Fischindustrie e. V. in Altona, Kurse über die Herstellung von Vollkonserven abzuhalten und bald gelang es, den innerdeutschen Markt zu erobern. Die Vollkonservenproduktion stieg von 3700 t im Jahre 1929 auf 28 151 t im Jahre 1938.

Für die Vollkonserven wurden Dosen benötigt, die im Tiefziehverfahren hergestellt wurden. Es gab

- spitzovale Dosen norwegischer Art für 240, 280, 300 und 340 g,
- eine rundovale Dose, die später als »Hansadose« die Standarddose wurde und
- runde Dosen für spezielle Zwecke, fassend 1/4, 1/2 oder 1 l.[32]

Sicherlich wurde die Entwicklung gegen Ende der dreißiger Jahre positiv beeinflußt durch die vorzügliche Eignung der Fischvollkonserven, die allmählich einsetzenden Spannungen auf dem Fleischmarkt zu überbrücken.

Der Fachschriftsteller, der den *Stand der Technik der Dosenfertigung* vor dem Ausbruch des Zweiten Weltkrieges skizzieren möchte, hat es außerordentlich leicht: *Waldemar Friebel* veröffentlichte 1936 im VDI-Verlag das erste und bisher einzige Handbuch der Dosenfertigung, in dem er die Ergebnisse mehrjähriger Erfahrungen und gründlicher Studien mit prägnanter Kürze zusammenfaßte.

Er nennt als Arbeitsgänge bei der Fertigung einer einfachen Konservendose:

- Prüfen der Werkstoffe und Berechnen der besten Materialausnutzung,
- Zuschneiden des Dosenrumpfes auf Länge und Breite,
- Löten oder Falzen der Längsnaht der Dose,
- Bördeln des Dosenrumpfes,
- Stanzen von Deckel und Boden,
- Auftragen des Dichtungsmittels auf Deckel und Boden,
- Auffalzen des Dosenbodens auf den Dosenrumpf,
- Prüfen der Dose.

(Der Deckel der Dose wird bei der verarbeitenden Industrie nach dem Füllen der Dose aufgefalzt.)

In Anlehnung an die Arbeitsgänge gliedert der Verfasser das Werk in sieben Kapitel:

- Der Werkstoff Weißblech
- Arbeitsvorgänge bei der Dosenrumpffertigung
- Arbeitsvorgänge bei der Deckel- und Bodenfertigung
- Die Dichtungsmittel
- Arbeitsvorgänge bei der Falzung
- Die gezogene Konservendose
- Nutzungsgrad der Tafeln und Weißblechbänder

Obgleich bei jeder Auswahl ein subjektives Moment nicht auszuschließen ist, sollen doch drei Passagen aus dem leider im Buchhandel vergriffenen Werk wiedergegeben werden:

- In der Einleitung wird die *Schlüsselstellung* der Feinstblechpackungsindustrie geschildert (S. 1):

  »Die Blechindustrie [der Fachausdruck ›Feinstblechpackungsindustrie‹ kam erst später auf] nimmt eine ausgesprochene Schlüsselstellung ein und schafft Arbeit für viele andere Industriegruppen, die ihr als Zubringer von Rohstoff, Hilfsmaterial und Zubehör dienen. Viele große Walzwerke schaffen den Werkstoff Feinblech entweder in Form von Tafelblechen oder Bandstahl. Gummiwerke liefern das Dichtungsmittel, Weichgummi oder flüssiger Gummi, zur Abdichtung des Deckel- und Bodenfalzes der Dosen. Zinn- und Bleihütten fertigen das erforderliche Lötzinn, das in vielerlei Formen und Mischungsverhältnissen bei der Herstellung von Dosen benötigt wird. Hinzu kommen die vielen Kleinindustrien für die Beschaffung der Zubehörteile und sonstiger Hilfsstoffe.

Dieser Industriegruppe schließen sich die verpackenden und konservierenden Betriebe an, die die Weiterverarbeitung der Dosen übernehmen.«

– Es ist schon früher die Ablösung des Handlötens durch das Falzen als Verbesserung genannt worden; dazu bemerkt *Friebel* (S. 73):

»Das Falzen ist in der Blechindustrie, desgleichen in der Konservenindustrie, sofern letztere Weißblechdosen verarbeitet, der am häufigsten vorkommende Arbeitsgang. Der Doppelfalz (auch nur Falz genannt) ist der wichtigste Teil einer jeden Konservendose. Von ihm wird verlangt:

Absolute Luftdichtigkeit und
Kochfestigkeit.

Da es sich bei dem Zusammenfalzen von Deckel und Boden mit dem Dosenrumpf um einen mechanischen Verschließvorgang handelt, der bei neuzeitlichen Maschinen in rd. 1,5 Sekunden abläuft, so können sehr leicht Fehler, die eine Undichtigkeit hervorrufen, entstehen. Nur durch Beachtung aller später ausführlich behandelten Falzregeln und sorgfältige Beobachtung dieses Arbeitsganges während der Fertigung lassen sich größere Ausfälle undichter Dosen vermeiden.

Erst die Einführung des Doppelfalzes, in Verbindung mit dem Dichtungsmittel Gummi, brachte den großen Aufstieg der Konservendosen- wie auch der Konservenindustrie. Die frühere Lötdosenfertigung konnte diesen Aufschwung infolge ihrer teueren Herstellart nicht herbeiführen.«

– Da soeben berichtet wurde, daß für die *Fischvollkonserven* im Tiefziehverfahren hergestellte Dosen benötigt wurden, liegt es nahe, über dieses Verfahren jetzt zu informieren:

»Die aus Feinblech hergestellten Dosen sind zu unterteilen nach Falzdosen und gezogenen Dosen. Bei den gefalzten Dosen ist im allgemeinen die Längsnaht gelötet oder gefalzt und der Deckel und Boden durch einen Doppelfalz auf dem Dosenrumpf befestigt. Bei der gezogenen Dose ist das Unterteil (Dosenrumpf und Boden) aus einem Stück gezogen und lediglich der Deckel wird aufgefalzt. Gefalzte Dosen sind in allen Größen aus Feinblech herstellbar, die gezogenen dagegen nur in verhältnismäßig kleinen Abmessungen, weil das Feinblech große Ziehbeanspruchungen nicht erfahren darf. Die gezogene Dose wird mit zusammengesetzten Stanz- und Ziehwerkzeugen hergestellt, ...

Das Hauptabsatzgebiet der gezogenen Dose liegt in der pharmazeutischen und der Fischindustrie, wo sie sich stark verbreitet hat, weil sie im Verhältnis zur Falzdose infolge niedrigerer Fertigungslöhne billiger werden kann.« (S. 91)

Es ist ein glücklicher Zufall, daß die Berichtigung eines Artikels über angebliche Nachteile von Weißblech bei der Herstellung von Konservendosen das Oeffentlich chemische Laboratorium Dr. Paul Nehring & Dr. Eduard Nehring zu einer gerafften Darstellung seiner Beobachtungen und Erfahrungen veranlaßte, die prädistiniert erscheint zur Abrundung des Berichts über den Stand der Technik:

»Das Weißblech ist dasjenige Verpackungsmaterial für Dauerwaren, das sich im Laufe der Jahrzehnte als das einzige wirklich brauchbare erwiesen hat, das in physikalischer, chemischer, hygienischer und wirtschaftlicher Beziehung den weitgehendsten Ansprüchen, die Hersteller und Verbraucher an eine derartige Verpackung billigerweise stellen können, gerecht wird. Die Hauptmenge der Konserven, Gemüse- und Fleischkonserven, sind, wie durch langjährige Versuche der Handelskammer zu Braunschweig im Verein mit allen maßgeblichen Stellen der Hersteller, Händler und Verbraucherkreise in den Jahren 1912–1920 festgestellt wurde, praktisch fast unbegrenzt (mindestens 10 Jahre) haltbar, ohne daß eine Qualitätsveränderung, d. h. Minderung von Geschmack, Geruch, Konsistenz und Aussehen, eintritt ... Die Mengen von Zinn, die von den Konserven auch bei längster Lagerung aufgenommen werden, sind so gering, daß eine Qualitätsveränderung einerseits und eine physiologisch nachteilige Wirkung auf den menschlichen Organismus überhaupt nicht in Frage kommt. Der beste Beweis für die feststehende Tatsache ist, daß bis heute bei dem außerordentlich großen Konsum der in Weißblech eingelegten Konserven nicht ein Fall bekannt ist, daß durch den Verzehr von in Weißblech verpackten Konserven eine Gesundheitsschädigung des Verbrauchers eingetreten wäre, die auf das Weißblech an sich zurückzuführen wäre.«[33]

1905 gilt als Geburtsjahr der *Dosennormung*. In diesem Jahr faßte der Verein der Fischindustriellen Deutschlands, Sitz Altona, e. V., den Beschluß, »daß mit aller Energie anzustreben sei, daß gleichmäßige Dosenformate von der gesamten Branche geführt werden.« 1906, d. h. elf Jahre vor Gründung des »Normalienausschusses für den deutschen Maschinenbau« und dreiundzwanzig Jahre vor der Herausgabe der ersten Normblätter für Feinstblechpackungen, wurde die Frage der »Normaldose« nach Fühlungnahme mit den Dosenherstellern im Plenum des Vereins behandelt. Es wurden zwölf Typen runder und je vier Typen ovaler und viereckiger Dosen festgelegt, von denen einige noch gebräuchlich sind.[34] 1908 führte dann, wie schon früher erwähnt, der Vorstand des Vereins Deutscher Konservenfabrikanten eine Einigung der Interessenten herbei auf einen Inhalt von 900 ccm für Gemüse- und 800 ccm für Obstkonservendosen (später erhöht auf 850 ccm).

Anfang 1928 wurde beim Deutschen Normenausschuß ein eigener *Fachnormenausschuß für Konservendosen* gebildet; den Vorsitz übernahm Direktor *A. Noth* (Gesamtvereinigung der Weiß- und Schwarzblech verarbeitenden Industrien e. V.). Die Zielsetzung war, außer den bereits festliegenden Inhalten für Gemüse- und Obstkonservendosen auch einheitliche Abmessungen für Durchmesser und Höhen zu bestimmen, und zwar nicht nur für die beiden genannten Verwendungsarten, sondern auch für die Verpackung von Gurken, Fischen, Dauermilch und Fleischwaren. Aus der ersten Aussprache ergab sich die nebenstehend wiedergegebene Tabelle, zu der zu bemerken ist, daß die Festlegung der technischen Einzelheiten, z. B. Formgebung der Deckel, einer kleinen Kommission überlassen wurde.

Die Bestrebungen zur Vereinheitlichung der Konservendose wurden von seiten der Verbraucher unterstützt, da die Einführung der mit dem DIN-Zeichen versehenen Dose die Gewähr dafür gibt, daß der Käufer von Konserven stets und überall eine genau festgelegte, stets gleichbleibende Menge erhält.[35]

Nach den beim Deutschen Normenausschuß erhalten gebliebenen Originalunterlagen datieren die Erstausgaben der ersten drei DIN-Normblätter vom Juni 1929:

- DIN 2011 Normaldosen für Gemüsekonserven
- DIN 2012 Normaldosen für Obstkonserven
  (später zurückgezogen)

Durchmesser in mm	*Gemüse* Durchmesser und Höhe in mm	Benennung	*Früchte* Durchmesser und Höhe in mm	Benennung	*Gurken* Durchmesser und Höhe in mm	Benennung	*Fische* Durchmesser und Höhe in mm	Benennung
56	56× 49	1/8						
	56× 90	1/4						
	56×113	1/4						
	56×184	1/2						
73	73× 58	1/4						
	73×113	1/2	73×108	1/2				
80	80×184	1/1						
99	99× 63	1/2			99× 63	1/2		
	99×122	1/1	99×118	1/1	99×122	1/1		
	99×180	1 1/2	99×229	2/1				
113	113×184	2/1	113×175	2/1				
	113×228	2 1/2						
153	153×248	5/1	153×240	5/1				
160							160× 48,5	1/1
							160×170	4/1
163					163× 92	2/1		
195					195×123	4/1	195×123	4/1
235					235×123	5/1	235× 83	4/1
							235× 88	4/1
					235×170	8/1	235×170	8/1

– DIN 2013 Dosen für Gurkenkonserven;
im September 1929 folgte DIN 2021 Dosen für Schuhputzmittel und im Juli 1931 DIN 2023 Normen für Konservendosendeckel und Verschließrollen. Das Jahr 1932 brachte fünf Normblätter (DIN 2014 bis 2018) für Fischdosen.[36]

Aufgrund der Vorarbeiten des Verbandes der Hersteller feiner Blechpackungen wurde die Normungsarbeit von 1937 an intensiviert; die Anordnung 23 der Überwachungsstelle für Eisen und Stahl

(Normung von Blechpackungen) vom 8. März 1937 (Deutscher Reichs- und Preußischer Staatsanzeiger Nr. 55 vom 8. März 1937) sicherte die einheitliche Anwendung der Normen für den Inlandsbedarf. Das Ergebnis der Normung sei an folgenden Beispielen gezeigt:

	Vor der Normung	Nach der Normung
Für Würstchendosen	150 Typen	11 Typen
für runde Fischdosen	45 Typen	12 Typen
für Fleisch	400 Typen	36 Typen
für Schuhpflegemittel	60 Typen	3 Typen
für Obst und Gemüse	24 Typen	12 Typen
für Gurken	27 Typen	7 Typen
für Fleischsülze	42 Typen	3 Typen[37]

Friebel hat in der Einleitung seines Handbuchs betont, die Ausführungen seien möglichst allgemeingültig dargestellt, aus diesem Grunde wäre auf die Wiedergabe der einzelnen gebräuchlichen *Bearbeitungsmaschinen* verzichtet worden. »Es ist ein hervorstechendes Merkmal der Dosen erzeugenden Industrie« – so fährt er fort – »daß die gleiche Dose mit den verschiedensten Maschinen gleich wirtschaftlich gefertigt werden kann.«

Das Kernproblem der Fertigung von Konservendosen, die hohen Kochbeanspruchungen unterworfen sind, liegt im Dichten der Falznähte:
- der beiden Rundfalznähte bei Boden und Deckel und
- der Längsfalznaht.[38]

Folgerichtig ging – wie schon einmal erwähnt – der stärkste Impuls zur Konstruktion von Verpackungsmaschinen aus vom Streben nach Vervollkommnung des Verschlusses, nach Ablösung des mit der nie auszuschließenden Gefahr menschlichen Versagens behafteten und teueren Hand-Verlötens durch eine Maschine; die erste aller Verpackungsmaschinen war die Verschließmaschine. Ausgehend von den handbetriebenen Verschließmaschinen, die Dosenfabrikanten für den eigenen Bedarf gebaut hatten, nahm die Entwicklung dreierlei Richtungen:
- zu höheren Leistungen als sie der Handbetrieb ermöglichte,
- zum Verschließen unrunder Dosen und
- zu Verbesserungen und Verfeinerungen verschiedener Art.

Einem Ende der zwanziger Jahre erschienenen Aufsatz ist zu entnehmen, daß die Lubecawerke GmbH damals produzierten:

- Eine Verschließmaschine für sich drehende runde Dosen zur Erzielung hoher Leistungen in trockenen Räumen und bei *leeren* Dosen (also zur Anwendung in der Feinstblechpackungsindustrie).
- Eine Verschließmaschine für stillstehende runde Dosen, besonders leicht umstellbar auf wechselnde Dosendurchmesser bis zu 235 mm, geeignet für das Verschließen gefüllter Dosen in feuchten Räumen (also zur Anwendung in der Konservenindustrie).
- Eine Verschließmaschine für stillstehende unrunde Dosen jeder Art, auch scharfkantige, geeignet für leere und gefüllte Dosen, für das Arbeiten in feuchten und in trockenen Räumen; die Leistungsfähigkeit betrug bei Fischdosen von 75 × 123 mm in der Minute 15 bis 20 Verschlüsse (also zur Anwendung in der Feinstblechpackungs- und in der Konservenindustrie).[39]

40 Jahre später, 90 Jahre nach dem Bau der ersten Verschließmaschine, finden wir im Produktionsprogramm der Maschinenfabrik Lübeck der Schmalbach-Lubeca-Werke AG eine große Auswahl von Typen, von denen zwei kurz beschrieben seien:

1. Dosen-Verschließautomat LW 203 zum Verschließen von runden Dosen im kontinuierlichen Durchlauf, der vollkommen wartungsfrei arbeitet; die wichtigsten Daten lauten:

– Dosendurchmesser	52–100 mm
– Dosenhöhe	40–185 mm
– Leistung	stufenlos regelbar von 15 000–40 000 Dosen/Std.

2. Dosen-Verschließautomat LW 213 zum Verschließen von runden Dosen im kontinuierlichen Durchlauf nach dem Prinzip der stillstehenden Dosen; die wichtigsten Daten lauten:

– Dosendurchmesser	99–175 mm
– Dosenhöhe	90–255 mm
– Leistung	stufenlos regelbar durch angeflanschten Getriebemotor von 2400–7500 Dosen/Std. je nach Dosenart und Füllgut

Erst gegen Ende des Ersten Weltkrieges kam die erste Lötmaschine für die Längsfalznaht, für das Löten der Rümpfe der *1/1-Konserven-*

dosen auf den deutschen Markt. Sie war ein Erzeugnis der Braunschweiger Firma Karges-Hammer (heute: Karges-Hammer Maschinen GmbH & Co. KG); ihre Leistung betrug 20 000 bis 22 000 Rümpfe innerhalb von 8 Stunden (für alle anderen Formate blieb es noch jahrelang bei der Handlötung).

1922 begann Karges-Hammer mit der Produktion des *»Verschließwolfs«*, der die gelöteten $^1/_1$-Konservendosen-Rümpfe bördelte und automatisch die Böden auffalzte. Eine Koppelung von Lötmaschine und Verschließwolf bildete die erste »Dosenlinie«, bei der allerdings noch Anlagen für das automatische Stanzen und Gummieren der Deckel fehlten.

Allmählich entstand eine Reihe von Fabriken, die sich auf die Belieferung der Feinstblechpackungsindustrie spezialisierten; außer den beiden schon erwähnten, die übrigens auch die Konservenindustrie beliefern: Clemens & Vogl, Julius Klinghammer, Lanico-Maschinenbau Otto Niemsch KG, Braunschweig, und Schuler Pressenbau, Göppingen.

Alle diese Fabriken exportieren in viele Länder der Welt.

5.
Schmalbach schwimmt gegen den Strom

Nur derjenige, der selbst die Inflation erlebt hat, wird ganz ermessen können, welcher Mut, welcher Weitblick erforderlich waren, um die Investitionen nicht zu bremsen, in die Zukunft weisende Pläne konsequent zu realisieren. Der Höhe des Einsatzes entsprach die Größe des Erfolges. In den »Stresemannjahren« konnte das Haus SCHMALBACH um eine ganze Reihe von Firmen und Werken erweitert werden:

Die *Deutsche Blechwarenwerke AG* war in Schwierigkeiten geraten und wurde 1924 durch eine 50%ige Beteiligung von SCHMALBACH gestützt, 1934 voll übernommen. Das Produktionsprogramm bestand aus Geschenkpackungen für Kaffee, Tee, Zigarren und Zigaretten sowie Plakaten. Trotz hervorragender Qualität der Erzeugnisse war die Rentabilität nicht befriedigend. Das Werk wurde im Zweiten Weltkrieg zerstört und nicht wieder aufgebaut, das Produktionsprogramm verlagert. 1925 bot sich die Gelegenheit, die Werke Seesen und Weißenthurm der Firma Fritz Züchner zu übernehmen, die weitergeführt wurden als

Seesener Blechwarenfabrik AG und
Rheinische Blechwarenwerke AG.

Mit beiden Werken wurde »Umsatz gekauft«: Seesen hatte Kunden in der Ölindustrie, aber auch in der Konservenindustrie Bayerns, Sachsens und Schlesiens; Weißenthurm in der Konservenindustrie des Rheinlands.

1927 erwarb SCHMALBACH eine maßgebliche Beteiligung an der *Osterburger Blechwarenfabrik C. W. F. Rungwerth AG* und damit deren Kunden in der Konservenindustrie der Altmark. Die Osterburger Blechwarenfabrik wurde nach dem Zweiten Weltkrieg – in der sowjetischen Besatzungszone gelegen – liquidiert.

1927 gründete SCHMALBACH gemeinsam mit Bremer & Brückmann die *Milchdosenwerk Braunschweig GmbH,* in der sich der erste Schritt zu einer vollautomatischen Dosenherstellung vollzog. *Gustav Schmalbach* war in die USA gereist, um die Fertigung der Milchfülllochdosen zu studieren; also jener Milchdosen, bei denen durch ein kleines Loch im Deckel eingefüllt wird, das anschließend ein Zinntropfen verschließt. Das Ergebnis war die Anschaffung einer vollautomatischen Linie für das Milchdosenwerk.

Ein Jahrzehnt vor der Automatisierung der Herstellung der $^1/_1$-Konservendosen konnten die Geschäftsfreunde im Milchdosenwerk den »Bodymaker« (Bildteil S. 15) bewundern, der die Längsnähte der Dosenrümpfe erst automatisch falzte und dann mit Hilfe von Wellen, die das flüssige Zinn heranbrachten, lötete. Die Deckel und Böden wurden – als Stülpdeckel und -böden geformt – im »Header« auf die Rümpfe aufgesetzt und im »Floater« mit flüssigem Zinn verlötet. Abschließend durchliefen sie den »Tester«, in dem unter Luftdruck die Dichtigkeit geprüft wurde.

Vor der Vergessenheit soll bewahrt werden, daß die erste Anlage, die später »Bodymaker« genannt wurde, die Firma Fr. Ewers & Co. baute; sie ist abgebildet in dem noch erhaltenen Katalog aus dem Jahre 1901 auf S. 75 mit der Überschrift »Combinirte Abkant-, Rund- und Längsfalzmaschine mit Löthmaschine« (Bildteil S. 10).

1932 wurde das Milchdosenwerk nach Leer verlegt und umbenannt in *Ostfriesische Blechwarenfabrik Mido*; die Zahl der Linien wurde vergrößert, die Füllochdose auch für Speiseöl geliefert. 1951 erreichte der Ausstoß 132 Millionen Füllochdosen für Milch und Öl; 1966 wurde das Werk Leer aufgelöst und die Fabrikation nach Hannover verlegt.

1928 übernahm SCHMALBACH die *A. Runge, Blechwarenfabrik AG* in Braunschweig. Die Produktion wurde sofort in andere Werke verlagert, doch brachte die Transaktion die wertvolle Verbindung zur deutschen Film- und Fotoindustrie, die einen großen Bedarf an Verpackungen hatte, besonders an runden Kinofilm-Dosen.

Ein Parallelfall im gleichen Jahr war die *Bierlingwerke AG* in Dresden-Heidenau, die Spielwaren aus Feinstblech, Thermosflaschenhülsen und Karteikästen herstellte. Die Firma wurde erworben und die Fabrikation schon im folgenden Jahr übernommen von der zu SCHMALBACH gehörenden Sächsischen Blechwarenfabrik GmbH in Radebeul. 1928 wurde noch das seit 1924 bestehende Auslieferungslager *in Wesermünde* umgestaltet in eine Fabrik von Fischdosen, in der im Stammhaus Braunschweig gefertigte und bedruckte Halbteile: Rümpfe, Deckel und Böden zu Dosen »montiert« wurden.

Schließlich beteiligte sich SCHMALBACH in den zwanziger Jahren an der Maschinenfabrik *Karges-Hammer AG* in Braunschweig, die – wie schon berichtet – die Feinstblechpackungs- und die Konservenindustrie belieferte. Nach Ankauf *aller* Aktien wurde die Maschinenfabrik 1936 in den SCHMALBACH-Unternehmensverband eingegliedert, aber 1950 verkauft an die Firma Schuler Pressenbau in Göppingen.

Die technische Entwicklung führte zu einer ständigen Verbesserung der *Fabrikationsmethoden.* Es wurden Hochleistungsmaschinen zum Ausstanzen von Böden und Deckeln angeschafft; obgleich die Automation in den Anfängen stand, hat das Stammhaus 1928 einmal an einem Tage 750 000 Konservendosen hergestellt!

Der *Verkaufs- und Außendienst* lag – außerhalb des Landes Braunschweig – in den Händen von tüchtigen Handelsvertretern, deren an dieser Stelle gedacht werden soll:

- Erich Eduard Bintz für Groß-Hamburg (Schmuckdosen),
- Friedrich Borchers für Wesermünde,
- Mr. van der Brugge für die Niederlande,
- Hans Eichholz für Berlin und die Mark Brandenburg,
- Karl-Heinz Koch für Groß-Hamburg und Umgebung,
- Dr. Fritz Lebrecht für Sonderaufgaben,
- Emil H. Lührs für Frankfurt/Main und Hessen,
- Wilhelm Mosetter für Stuttgart und Süddeutschland,
- Werner Nollet für Niedersachsen,
- Arnold Roever, der einmal die Westfälische Blechwarenwerke AG geleitet hatte, für Lippe und Westfalen,
- Harry Simon für das Rheinland,
- Heinrich Steinhäuser für Rheinland und Westfalen (für Werk Seesen) und
- Albert Stippe für Kiel und Schleswig-Holstein.

Von Braunschweig aus wirkte bis 1932, der damaligen Gepflogenheit entsprechend, ein »Reisedirektor«, *Oscar Krafft,* der sich insbesondere um die großen Abschlüsse bemühte.

Im Zweiten Weltkrieg sind manche Unterlagen verlorengegangen; dennoch läßt sich die Situation am Ende der »Stresemannjahre« rekonstruieren:

- Zahl der Werke: 11
- Zahl der Mitarbeiter: 3000
- Umsätze:

1924	9,0 Millionen RM	
1925	11,4 Millionen RM	
1926	14,0 Millionen RM	
1927	22,2 Millionen RM	(Blechverbrauch: 31 470 t)
1928	27,1 Millionen RM	(Blechverbrauch: 40 070 t)
1929	32,0 Millionen RM	(Blechverbrauch: 44 319 t)

Die wachsende Zahl der angegliederten Firmen und Werke legte eine organisatorische Zusammenfassung nahe.

Am 20. Oktober 1927 wurde die *Union Blechwarenwerke GmbH* in eine Aktiengesellschaft mit einem Kapital von 2,5 Millionen RM umgewandelt und faßte als Holdinggesellschaft die SCHMALBACH-Interessen zusammen. Daneben blieb die Firma J. A. Schmalbach, das Stammhaus, mit der Beteiligung am Milchdosenwerk und der Fabrik Wesermünde bis 1928 Offene Handelsgesellschaft (die sie bekanntlich seit dem 1. März 1904 war); im Herbst wurde sie umgewandelt in eine GmbH, deren Kapital von 1 Million RM je zur Hälfte *Willi* und *Gustav Schmalbach* übernahmen; selbstverständlich waren auch beide Herren Geschäftsführer.

Der große wirtschaftliche Erfolg der zweiten Hälfte der »Stresemannjahre« wurde überschattet von einem tragischen persönlichen Schicksal. 1928 durfte *Willi Schmalbach* noch erleben, daß ihm die Technische Hochschule Carolo-Wilhelmina zu Braunschweig »wegen hervorragender Verdienste um die Förderung der braunschweigischen Wirtschaft« die Würde eines Dr.-Ing. e. h. verlieh (bis heute erinnert ein SCHMALBACH-Saal an dieses Ereignis); im darauffolgenden Jahr erkrankte er plötzlich und starb am 22. Juni 1929, ehe er das 54. Lebensjahr vollendet hatte.

»Es ist soweit gekommen, daß es in weiten Kreisen unseres Volkes, selbst in solchen des Bürger- und Beamtentums und sogar in Kreisen der Wirtschaft, als moralisch nicht zu rechtfertigen angesehen wird, wenn in wirtschaftlichen Unternehmen Gewinne erzielt werden, wenn die Betriebe rentabel arbeiten. Auch wird es als selbstverständlich angesehen, daß gutgehende Unternehmungen immer die Zeche für das hemmungslose und fehlerhafte Experimentieren der öffentlichen Hand in der Wirtschaftspolitik bezahlen. Es ist wirklich nicht zu verwundern, daß unter diesen Umständen beste und älteste Firmen zusammenbrechen müssen.« So charakterisierte *Carl Friedrich Duisberg* (1861–1935) am 23. Mai 1930 bei der Hauptausschußsitzung des Reichsverbandes der Deutschen Industrie[40] den Ernst der Lage am Beginn der Jahre, die von den Auswirkungen der Weltwirtschaftskrise geprägt wurden.

Wie wurde diese Lage bei SCHMALBACH gemeistert?

Zunächst lag die Verantwortung allein bei *Gustav Schmalbach,* der sich auf bewährte Mitarbeiter stützen konnte: *Albert Wanglin* und *Otto Winkelmann* in Braunschweig, *Otto Niebuhr* in Radebeul, *Otto Stötzel* in Seesen und *Franz Langert* in Weißenthurm. Bald wurde aber die oberste Unternehmensführung auf eine breitere Basis gestellt.

Die *J. A. Schmalbach GmbH* besaß einen Aufsichtsrat, an dessen Spitze *Dr. Albert Rössing,* Direktor der Deutschen Bank in Leipzig, trat. Er wurde später in die Geschäftsleitung delegiert, heiratete am 22. April 1933 Frau *Margarete Schmalbach,* die Witwe von *Willi Schmalbach* und arbeitete ständig – bis zum Ende des Zweiten Weltkrieges – im Verwaltungsgebäude in der Hamburger Straße 37.

Auf seine Veranlassung erfolgte ein Schritt, der entscheidend werden sollte für das Schicksal des Unternehmens während der nächsten drei Jahrzehnte.

Dipl.-Ing. Herbert Munte, geb. am 16. Sept. 1899, verheiratet mit *Willi Schmalbachs* Tochter *Irmgard* wurde gebeten, die kaufmännische Leitung zu übernehmen. Obgleich er seit 1924 Teilhaber, seit 1928 Alleininhaber der väterlichen Konservenfabrik *H. L. Krone* in Braunschweig war, folgte er spontan diesem Rufe. Er legte sein eigenes Unternehmen in andere Hände und trat Ende 1930 ein in die Geschäftsführung der *J. A. Schmalbach Blechwarenfabriken GmbH* und in den Vorstand der *Union Blechwarenwerke AG.*

Nur wenige Monate blieben zur Einarbeitung in die verantwortungsvollen und weitverzweigten Aufgaben: am 17. August 1931 setzte ein Herzschlag dem Leben und Schaffen von *Gustav Schmalbach* ein jähes Ende (seine Witwe Elli, geb. Roever, überlebte ihn nur um ein Jahr). Die Erben von *Gustav Schmalbach* schieden aus, für die Abfindung sorgte die Familie *Willi Schmalbach.* Die dritte Schmalbach-Generation – die beiden Söhne *Willi Schmalbachs*: Hans-Werner und Hellmut – wuchs erst heran und so mußte *Herbert Munte* die Führung des Unternehmensverbandes übernehmen, während eine Krise, deren Ende noch nicht abzusehen war, die Welt erschütterte. Rat und Unterstützung fand er bei *Dr. Albert Rössing* und Frau *Margarete Schmalbach* brachte ihm uneingeschränktes Vertrauen entgegen. Ähnlich wie die Witwe des Gründers verstand sie es, durch ihre innere Ruhe, ihren Glauben an eine bessere Zukunft Mut und Zuversicht während schwerster Zeiten einzuflößen.

Als Seniorin lebte sie auf dem Gute Brenneckenbrück und blieb eifrig tätig auf karitativem Gebiet bis kurz vor dem Tage ihres Todes, dem 15. Mai 1972.

Die Auswirkungen der Weltwirtschaftskrise auf die Verpackungswirtschaft konfrontierten die Unternehmensführung mit zwei Problemen:

- Da die Obst- und Gemüseverwertungsindustrie in der Konservenkampagne, deren Höhepunkte die Erbsen- und die Bohnenernte bilden, produziert und während der Wintermonate erst der Verkauf einsetzt, ist es üblich, daß die Lieferanten der Konservendosen diesem Rhythmus angepaßte Zahlungsziele einräumen und sich auf diese Weise an der Finanzierung der Konservenproduktion beteiligen. Das Problem Nr. 1, das sich stellte, war die Abwicklung der Forderungen gegen insolvent gewordene Kunden.
- Durch den hemmungslosen Konkurrenzkampf waren die Preise für Konservendosen um fast 40 % gesunken, die Weißblechpreise aber nur um 15–20 %; vom Ende des Jahres 1932 an deckten die Preise nicht mehr die Selbstkosten.

Bei der Abwicklung der Forderungen erwarb sich Syndikus *Fritz Schmiedecke* (1899–1964) große Verdienste. Er war seit dem 1. August 1924 bei SCHMALBACH tätig; er hat – wie *Hans-Werner Rössing-Schmalbach* anläßlich des 40jährigen Dienstjubiläums sagte – »durch seine Umsicht, sein Geschick und die Kenntnis der wirtschaftlichen Zusammenhänge der einzelnen Betriebe so manche finanziellen Schwierigkeiten in der Konservenindustrie überwinden helfen«.

Einige wenige Zahlen zeigen den Weg durch die Krise und bestätigen einmal mehr die Regel, daß die Feinstblechpackungsindustrie stets mit einer Verspätung dem allgemeinen Aufschwung und Abschwung folgt:

Jahr	Umsatz in Millionen RM	Blechverbrauch in t
1930	23,0	34 717
1931	16,6	27 800
1932	12,1	23 433
1933	13,4	20 363

Der gestiegene Umsatz bei weiter abgesunkenem Blechverbrauch des Jahres 1933 zeigt, daß eine Konsolidierung des Marktes erfolgt war.

Es klingt sehr einfach, wenn man hört, die Krise wurde gemeistert durch Umsicht und Zuversicht der Geschäftsleitung und die großzügige Unterstützung der Banken. Diese Unterstützung setzte zweifellos die Überzeugung voraus, daß *Herbert Munte* die charakterlichen Eigenschaften und fachlichen Fähigkeiten besitzt, die die Gewähr dafür bieten, daß er übernommene Verpflichtungen notfalls unter Opfern erfüllen und sein Unternehmen durch die Klippen eines immer härter werdenden Konkurrenzkampfes steuern wird.

In den Kriegs- und Nachkriegsjahren war die Produktionstechnik der deutschen Feinstblechpackungsindustrie gegenüber dem Fortschritt in den USA weit zurückgeblieben. Kaum war die Krise abgeklungen, im Frühjahr 1934, unternahm *Dr. Albert Rössing* – begleitet vom Leiter der Maschinenfabrik Karges-Hammer AG, an der SCHMALBACH zu mehr als 60 % beteiligt war, *Paul Kraney,* und dem neuen Leiter des Werkes Seesen, *Walter Barthel* – eine Studienreise nach USA, die in erster Linie zu den Werken der *Continental Can Company* führte. Die gewonnenen Eindrücke und die angeknüpften Verbindungen führten zum Abschluß eines Technical Assistance Agreement, das eine umfassende technische Unterstützung bot. Um eine Maschinenfabrik zur Ausnutzung der US-amerikanischen Patente zur Verfügung zu haben, wurde zunächst die Beteiligung an der Karges-Hammer AG auf 100 % aufgestockt. Wegen der Devisenbewirtschaftung war es nicht möglich, Lizenzgebühren zu überweisen und es wurde deshalb eine andere Lösung gefunden, die sich als sehr glücklich erwies.

Im Herbst 1935 wurden die J. A. Schmalbach Blechwarenfabriken GmbH und die Union Blechwarenwerke AG zur *J. A. Schmalbach Blechwarenwerke AG* zusammengefaßt und an dem Aktienkapital von 4 Millionen RM der *Continental Can Company* eine Beteiligung von 20 % eingeräumt. Damit verbunden war eine vollständige Einschmelzung aller Tochtergesellschaften; allein die *Industrie- und Blechwarenwerke AG,* Danzig, blieben aus politischen Gründen selbständig.

Das Vertragswerk vom 14. Juni 1934 – abgeschlossen für den Zeitraum von 15 Jahren, gerechnet vom 1. Oktober 1934 an – wurde unterzeichnet für

- die Continental Can Company (CCC) von *O. C. Huffman,*
- die J. A. Schmalbach Blechwarenfabriken GmbH (SCHMALBACH) von *Herbert Munte* und *Otto Winkelmann* und
- die *Karges-Hammer* Maschinenfabrik Aktiengesellschaft (KARGES-HAMMER) von *Paul Kraney.*

Das Vertragswerk bestand aus drei Teilen:

Das *Abkommen A* hatte zum Gegenstand:

- CCC versieht SCHMALBACH mit Unterweisungen, die gewünscht werden in bezug auf die Methoden, Herstellungsverfahren und Vorrichtungen, die die CCC bei der Herstellung von Metallbehältern benutzt.
- CCC verkauft an SCHMALBACH Maschinen oder Vorrichtungen, die von der CCC gem. ihren Patenten hergestellt und bei der Herstellung, dem Verschluß oder der Dichtung von Metallbehältern verwandt werden.
- CCC gewährt SCHMALBACH die alleinige und ausschließliche Lizenz im Vertragsgebiet (Deutsches Reich, Freistaat Danzig und Republik Polen)
  - zur Benutzung von allen an SCHMALBACH verkauften Maschinen,
  - zur Herstellung von Metallbehältern gem. den Patenten, Methoden und Fabrikationsprozessen der CCC.

Das *Abkommen B* hatte zum Gegenstand:

- CCC versieht KARGES-HAMMER mit Unterweisungen, die gewünscht werden in bezug auf die Methoden, Verfahren und Vorrichtungen, die die CCC bei der Fabrikation von Blechbearbeitungsmaschinen, Fisch-Konservierungsmaschinen und bei der elektrolytischen Verzinkung und Verkupferung von Stahl- oder Eisenblechen anwendet.

- CCC verkauft an KARGES-HAMMER Blechbearbeitungsmaschinen, Fisch-Konservierungsmaschinen oder Maschinen und Vorrichtungen für elektrolytisches Verzinken und Verkupfern, wie sie von der CCC hergestellt werden.
- CCC gewährt KARGES-HAMMER
  (1) die alleinige und ausschließliche Lizenz im Vertragsgebiet (Deutsches Reich, Freistaat Danzig und Republik Polen), die folgenden Einrichtungsgegenstände gem. den Patenten, Methoden und Herstellungsverfahren der CCC herzustellen:
    (a) Blechbearbeitungsmaschinen zum Verkauf ausschließlich an SCHMALBACH,
    (b) Fisch-Konservierungsmaschinen zum Verkauf und Gebrauch im Vertragsgebiet;
  (2) eine nicht ausschließliche Lizenz, Stahl- und Eisenbleche nach Patenten, Methoden und Verfahrensarten der CCC elektrolytisch mit Zink oder Kupfer zu versehen.

Im *Abkommen C* verpflichtete sich SCHMALBACH,

- die restlichen Aktien von KARGES-HAMMER durch Ausübung einer Kaufoption zu erwerben,
- 270 Aktien zu je 1000 RM = 45 % der insgesamt 600 Aktien zum Nennwert zu verkaufen an CCC.
- Die Zahlung des Kaufpreises sollte erfolgen durch Aufrechnung gegen
  - Forderungen aus Maschinenverkäufen an SCHMALBACH und
  - Lizenzgebühren, die SCHMALBACH gemäß Abkommen A zu entrichten hatte.

Die Unternehmenspolitik von SCHMALBACH war in den nächsten Jahren gekennzeichnet durch die Verwendung des Großteils der erzielten Gewinne für Investitionen, während die Dividende 5 % nie überstieg.

Die Fabrikation der 1/1-Konservendosen wurde umgestellt auf den

»Bodymaker«, den wir schon von den Füllochdosen für Milch und Öl her kennen (S. 132); in Verbindung mit einer Reihe von weiteren Verbesserungen ermöglichte der Bodymaker auf einer Linie täglich 150 000 Konservendosen von bisher nicht üblicher Präzision zu erzeugen. Die große Leistungsfähigkeit erlaubte es, die kostspielige Lagerhaltung für den stoßweise auftretenden Bedarf der Konservenindustrie zu reduzieren.

Es ist ferner zu berichten über eine Fülle neuer Produkte und interessanter Versuche:

- Für eine damals sehr bekannte Zigarettenfabrik wurden *»Tropenpackungen«* vollautomatisch gefertigt; Zigarettendosen aus 0,10 bis 0,11 mm dicken Blechen mit Papierscharnier.
- Das Werk Seesen begann *Mineralöldosen* zu liefern.
- Für die *Fleischdosen* wurde ein Lack verwendet, der absolut schwefelfest war und die Haltbarkeit des Füllguts verbesserte.
- Beim Blechdruck gelang es, eine *kochfeste weiße Lackierung* zu erzielen (bisher hatte sich jeder weiße Ton beim Sterilisieren gelb verfärbt).
- Die Versuche mit *Bierdosen* liefen an. Sie begannen als »Flaschendosen«, hatten einen konischen Oberboden mit Kronenkorkverschluß; schwierig war es, einen Lack zu finden, der das Blech gegen die Einwirkung der Kohlensäure schützte.

Die technische Rationalisierung wurde ergänzt durch die betriebswirtschaftliche, für die ein beratender Organisator, *Dr. Bruno Kulicke,* gewonnen werden konnte. Aus seiner vielfältigen Tätigkeit seien genannt:

- Die straffe Planung der Fertigung.
- Die Einsparung von Blech durch Einführung neuer Formate, die den Abfall verringerten.
- Die Einsparung von Zinn.
- Die Ablösung der teueren Kistenverpackung von Blech durch Stapeln auf Hubuntersätze.

Gegen Ende der dreißiger Jahre, bevor sich die schon geschilderte Verknappung von Blech und Zinn deutlich abzeichnete, umfaßte das Produktionsprogramm:

- Konservendosen für Gemüse und Obst, Fleisch und Fisch;
- Füllochdosen für Milch und Speiseöl;
- sonstige Verpackungen für Nahrungs- und Genußmittel: Marme-

ladeneimer, Saft- und Sirupbehältnisse, Kaffee-, Tee-, Kakao- und Bonbondosen, Zigarren- und Zigarettendosen;
- Verpackungen für die chemisch-technische Industrie, insbesondere für Farben, Fette, Lacke und Öle (Autoöle) und
- Dosen für Foto- und Kinofilme.

Alle Verpackungen – mit Ausnahme der Füllochdosen – standen auch in lackierter oder bedruckter Ausführung zur Verfügung.

Feinstblechpackungen sind ein billiges und zugleich sperriges Massenerzeugnis, dessen *Export* beschränkt ist auf Spezialpackungen einerseits, die Belieferung von Ländern ohne eigene Produktion andererseits. Beide Chancen nutzte SCHMALBACH: in die Niederlande wurden Spezialpackungen für Zigarren und Zigaretten exportiert; nach dem Baltikum, Litauen und Polen – von Danzig aus – Konservendosen.

Einige Zahlen zeigen den Aufschwung in den Jahren vor dem Zweiten Weltkrieg:

Jahr	Umsatz in Millionen RM
1934	17,3
1935	20,8
1936	24,1
1937	28,6
1938	26,0
1939	27,2

Ein Rückblick auf die Firmengeschichte von der Gründung bis zum Zweiten Weltkrieg wirkt wie eine Illustration zu den Grundsätzen für die erfolgreiche Führung von Familienunternehmen, die *Dr. Kurt Pentzlin* entwickelt, gelegentlich des Festaktes zum 100jährigen Bestehen der Firma Karl Huber Verpackungswerke vorgetragen[41] und in geraffter Fassung veröffentlicht hat[42]:

1. *Die Firma hat einen Vorrang vor der Familie*

   Drei Generationen haben »kein anderes Trachten« gekannt, als daß das Unternehmen »zu einem blühenden, starken und zukunftsreichen Organismus wachse« (*W. Rathenau*). Drei Generationen haben im Dienste des Unternehmens sich verzehrt: Es ist gewiß kein Zufall, daß der Gründer und seine beiden Söhne die Mitte

Fünfzig nicht erreicht haben und auch *Herbert Munte* konnte sich nicht entschließen, nach einer schweren Erkrankung seine Kräfte zu schonen und starb vor Vollendung des 62. Lebensjahres.
Der Vorrang der Firma – als oberster Grundsatz – zeigt sich aber auch in dem »Entnahmestopp«, der Betonung des Wachstums gegenüber der Eigenkapitalquote und der permanenten Rationalisierung.

2. *In jeder Generation muß ein »Pionierunternehmer« an der Spitze des Unternehmens stehen*
   Der *Gründer* war in einer Zeit des Überganges schon ein moderner Unternehmer, der es verstand, verschiedene Unternehmen erfolgreich zu führen, der spät, aber noch rechtzeitig sich einschaltete in die zukunftsträchtige Entwicklung der Verpackungswirtschaft.
   Gustav und *Willi Schmalbach* verstanden es, hervorragende Mitarbeiter zu gewinnen, an die sie Aufgaben und Verantwortung voll »delegieren« konnten; sie waren darauf bedacht, führend zu sein in der maschinellen Ausstattung sowie den Produktionsverfahren und sie erweiterten ständig das Verkaufsprogramm um neue Artikel.
   Herbert Munte zeigte sich von Anfang an als »Pionierunternehmer«. Die Übernahme der kaufmännischen Leitung konfrontierte ihn mit zwei konkreten Auswirkungen der Weltwirtschaftskrise, die er zu meistern hatte: der Notlage in der Konservenindustrie und dem sinkenden Umsatz, den sinkenden Preisen der Feinstblechpackungsindustrie. Er leitete die betriebswirtschaftliche Rationalisierung ein und in die ersten Jahre seines Wirkens fällt die Aufnahme der Verbindung zur *Continental Can Company,* der Fortschritt in den Produktionsmethoden, den amerikanische Maschinen ermöglichten und die Neuordnung der zur Interessensphäre von SCHMALBACH gehörenden Firmen und Werke.
3. *Freiwillige Bindungen sichern den Bestand*
   Gustav und *Willi Schmalbach* haben die J. A. Schmalbach Blechwarenfabriken GmbH mit einem Aufsichtsrat ausgestattet (der bei der Rechtsform der GmbH die Funktion eines Beirates hat), obgleich sie als alleinige Gesellschafter und Geschäftsführer hätten »unumschränkte Herren im Hause« bleiben können.
4. *Der »Entnahmestopp« sichert Substanzerhaltung und Wachstum*
   Der freiwillige Verzicht der Familie auf einen Teil der Gewinne,

die Begrenzung der Dividende – eine andere Form der freiwilligen Bindung – bildeten die Voraussetzung für

- die *kontinuierlichen* Investitionen und
- das schnelle Wachstum.

5. *Das Wachstum hat Vorrang vor der Eigenkapitalquote*
Das erste Beispiel für die Beachtung dieses Grundsatzes, dem noch viele folgen sollten, ist die Gründung der *Industriewerke Danzig AG,* die mit Hilfe von Banken, Geschäftsfreunden und einigen angesehenen Danziger Bürgern erfolgen konnte.
6. *Die Rechtsform ist immer wieder neu zu durchdenken*
Mit großer Konsequenz wurde die Rechtsform dem Unternehmen, später dem Unternehmensverband angepaßt, den sie umkleiden sollte:
- 1904 Offene Handelsgesellschaft
- 1927/28 Gesellschaft mit beschränkter Haftung (kombiniert mit einer Aktiengesellschaft als Holdinggesellschaft)
- 1935/36 Aktiengesellschaft
7. *Es muß ständig rationalisiert werden*
Es ist eine der schwersten Unternehmeraufgaben, *ständig* zu rationalisieren. Ein Unternehmer hat das Problem auf die Formel gebracht: »Wenn wir Geld haben zum Rationalisieren, dann haben wir keine Zeit dazu; und wenn wir Zeit haben zum Rationalisieren, haben wir kein Geld dafür.«
Die ersten drei Kapitel der Firmengeschichte haben gezeigt, die künftigen werden noch zeigen, daß *ständig* rationalisiert wurde: für den technischen Fortschritt, aber auch für die Verbesserung und Verfeinerung der Organisation, wurde in Phasen der Krise oder Rezession am *knappen Geld,* in Phasen der Konjunktur an der *knappen Zeit* nicht gespart.

Anmerkungen

1 P. F. *Drucker,* Die Zukunft bewältigen. Aufgaben und Chancen im Zeitalter der Ungewißheit, Düsseldorf–Wien 1969, S. 63.

2 Sinnvoll wirtschaften. Notwendigkeit und Kunst, die Zukunft zu meistern. Düsseldorf–Wien 1965, S. 24 und 271 f.

3 H. *Graml,* Europa zwischen den Kriegen. Band 5 der dtv-Weltgeschichte des 20. Jahrhunderts. Hrsg. von M. *Broszat* und W. *Heiber.* München 1969, S. 178.

4 G. *Mann,* Deutsche Geschichte des neunzehnten und zwanzigsten Jahrhunderts. Frankfurt/M. 1958, S. 691.

5 H. *Graml,* a. a. O., S. 180.

6 G. *Mann,* a. a. O., S. 699.

7 H. *Heiber,* Die Republik von Weimar. Band 3 der dtv-Weltgeschichte des 20. Jahrhunderts. Hrsg. von M. *Broszat* und H. *Heiber.* München 1966, S. 207 und 219 ff.

8 G. *Mann,* a. a. O., S. 736.

9 H. *Graml,* a. a. O., S. 291.

10 G. *Schnath,* W. *Lübbing,* G. *Möhlmann,* F. *Engel,* Geschichte des Landes Niedersachsen. Würzburg 1962, S. 62 f.

11 Politické Strany / Jejich základy a typy v dnešním světě. Band IV der »Sociologická Knihovna«. Hrsg. von der MASARYKOVA SOCIOLOGICKÁ SPOLEČNOST. Prag 1931, S. 181.

12 a. a. O., S. 842 f.

13 G. *Mann,* a. a. O., S. 692 ff.

14 H. *Heiber,* a. a. O., S. 232.

15 R.-W. *Borchardt,* Grundzüge der Wirtschaftsgeschichte. 8. Aufl. [1. Aufl.: 1954]. Wolfenbüttel 1960, S. 145.

16 a. a. O., S. 844.

17 Zitiert nach G. *Mann,* a. a. O., S. 845 f.

18 L. *Graf Schwerin von Krosigk,* Die Große Zeit des Feuers. Der Weg der deutschen Industrie. 2. Band. Tübingen 1958, S. 292 ff.

19 R. *Fürst,* Kartelle in betriebswirtschaftlicher Schau, in: Betriebswirtschaftliche Forschung und Praxis IX (1957), S. 321 ff.

20 L. *Graf Schwerin von Krosigk,* a. a. O., S. 310.
21 Aus der Geschichte des Vereins Deutscher Konservenfabrikanten, in: Die Konserven-Industrie XIII (1926), S. 127 ff.
22 Eine vergessene Absatzkolonie der deutschen Konserven-Industrie, in: Die Konserven-Industrie XII (1925), S. 397 f.
23 Der Verbrauch von Konserven. Nach der Statistik der Haushaltsrechnungen, in: Die Konserven-Industrie XX (1933), S. 365 f. und 382 f.
24 Rückblick und Ausblick, in: Die Konserven-Industrie XV (1928), S. 119 ff.
25 H. *Hoffmeister,* Was uns bewegt! in: Die Obst- und Gemüse-Verwertungs-Industrie XXI (1934), S. 209 f.
26 Wochenendkonserven, in: Die Obst- und Gemüse-Verwertungs-Industrie XXI (1934), S. 391.
27 K. *Köhn,* Wichtige Fragen aus der Gemüse- und Obstkonservenindustrie, in: Die Obst- und Gemüse-Verwertungs-Industrie XXIV (1937), S. 543 ff.
28 R. *Ackermann,* Grundlagen der Weißblechbewirtschaftung, in: Die Obst- und Gemüse-Verwertungs-Industrie XXV (1938), S. 266 ff.
29 M. *Stahmer,* Fischhandel und Fischindustrie, Stuttgart 1913, S. 222.
30 W. O. P. *Kettel,* Die Lubecawerke GmbH / Chronik eines Lübecker Industrieunternehmens. Band 12 der Schriftenreihe »Ein Beitrag zur Geschichte der Verpackungsindustrie.« Hrsg. vom Zentrallaboratorium und Institut für Verpackungstechnik der Lubecawerke GmbH, Lübeck o. J., S. 20 ff.
31 Die Fischindustrie im Jahre 1925, in: Die Konserven-Industrie XIII (1926), S. 446 f.
32 W. O. P. *Kettel,* a. a. O., S. 65 ff.
33 Das Weißblech als Material für Konservendosen, in: Die Konserven-Industrie XV (1928), S. 63 f.
34 O. *Jacob,* Die betriebswirtschaftlichen Probleme der Normung dargestellt am Beispiel der Feinblechpackung. Dissertation Freie Universität Berlin 1958 (veröffentlicht 1959), S. 37 f.
35 A. *Noth,* Die Normung der Konservendosen, in: Die Konserven-Industrie XV (1928), S. 127 f.
36 O. *Jacob,* a. a. O., S. 39 f.
37 W. *Brennecke,* Probleme der deutschen Blechpackungsindustrie, Heft 4 der Schriftenreihe der Fachgruppe Feine Blechpackungen, Berlin 1942, S. 50 f.
38 W. *Friebel,* Vom richtigen Dichten der Konservendosen, in: Die Konserven-Industrie XX (1933), S. 133 ff.
39 Neuzeitliche Verschlußmaschinen für die Blechemballagen- und Konserven-Industrie, in: Die Konserven-Industrie XVI (1929), S. 307.
40 Deutschland in der Weltwirtschaftskrise in Augenzeugenberichten. Herausgegeben und eingeleitet von W. *Treue.* Düsseldorf 1967, S. 98.
41 Sonderdruck: Die Chancen des Familien-Unternehmens (Ansprache von Herrn Dr. Kurt Pentzlin, Hannover, Mitglied des Verwaltungsrates, anläßlich des Festaktes zum 100jährigen Bestehen der Firma Karl Huber Verpackungswerke, gehalten am 1. Juli 1971 in der Stadthalle Öhringen).
42 Firma geht vor Familie / Die Chancen des Familienunternehmens, in: Frankfurter Allgemeine Zeitung Nr. 240 vom 16. Oktober 1971.

IV.
Ein Jahrzehnt geprägt vom Zweiten Weltkrieg (1939-1948)

»Ich habe nichts zu bieten als Blut,
Mühsal, Tränen und Schweiß.«

Sir Winston Churchill *(1874–1965)*
bei der Antrittsrede im Unterhaus
nach der Ernennung zum Premierminister
am 13. Mai 1940

1.
Der Krieg, den nur einer gewollt hatte

»Wer sich über das Wesen des Krieges, über seine Notwendigkeiten, Forderungen und Folgen klar ist, also der Soldat, wird weit ernster über Kriegsmöglichkeiten denken als der Politiker oder Geschäftsmann, der kühl die Vor- und Nachteile abwägt. Schließlich ist es vielleicht nicht so schwer, das eigene Leben hinzugeben; aber von Berufs wegen das Leben der anderen einsetzen zu sollen, lastet schwer auf dem Gewissen.

Wer dem Krieg tief in die blutunterlaufenen Augen gesehen hat, wer von guter Übersichtswarte aus die Schlachtfelder eines Weltkrieges überblickte, wer die Leiden der Völker mit ansehen mußte, wessen Haar grau wurde von der Asche so vieler verbrannter Heimstätten, wer die Verantwortung für Leben und Tod vieler getragen hat, der erfahrene und wissende Soldat fürchtet den Krieg ...«[1]

Die leidvoll erlebten und glänzend formulierten Erfahrungen des Generalobersten *von Seeckt* lösen mit wenigen Zeilen den scheinbaren Widerspruch, der darin liegt, daß

– *Adolf Hitler,* der es im Ersten Weltkrieg bis zum Gefreiten gebracht hatte, von Anfang an entschlossen war, den Ersten Weltkrieg »noch einmal und diesmal richtig zu führen«,
– die hohen Offiziere die entschiedensten Gegner des Krieges und seiner Ausweitung waren.

»Nie ist ein Generalstab so unschuldig an einem Krieg gewesen, wie der deutsche ..., nie ist er so widerwillig an die Ausübung seines Handwerks herangegangen; nie ist die Politik so sehr der Reiter gewesen, das Heer aber nur das Pferd.« 1937 warnte der Chef des Generalstabs des Heeres, Generaloberst *Ludwig Beck,* vor der Kriegspolitik und trat am 27. August 1938 zurück, da er sie nicht mehr verantworten konnte. In der Folge warnten Generäle und Generalstab immer wieder, besonders vor dem Angriff auf die Sowjetunion. In den besetzten Gebieten des Ostens bemühten sich die Generäle, *Hitlers* Befehle zu umgehen, »›soldatische Sauberkeit‹ zu bewahren, Gefangene vor dem Hungertod zu retten, womöglich sich die Sympathien der Bevölkerung zu erwerben.«

Der Krieg war gekennzeichnet durch eine nie dagewesene Totalität im doppelten Sinne:

- Der Krieg weitete sich aus auf alle Erdteile.
- Der Krieg wurde hineingetragen bis in die kleinsten Dörfer und einsamen Weiler durch Bombenangriffe und Tiefflieger.

Plastisch zeigt den Unterschied von einst und jetzt eine Reminiszenz: im Dreißigjährigen Krieg fand der französische Botschafter *Feuquières,* mit großem Gefolge durch Sachsen reisend, ein paar Monate nach der Schlacht von Lützen in einer kleinen Stadt, ganz nahe dem Schlachtfeld, ein ausreichendes, gutes Quartier *(Golo Mann).*

Für ein holzschnittartiges Bild des Krieges, das ausschließlich als Illustration der Wirtschaftsgeschichte dienen soll, bietet sich an die Gliederung in die Zeit der deutschen Erfolge (1939–1941) und die Zeit der deutschen Niederlagen (1942–1945).

Die Zeit der Erfolge wird gekennzeichnet durch:

- Den Polenfeldzug (1. September bis 6. Oktober 1939), der mit einer Aufteilung Polens zwischen dem Deutschen Reich und der UdSSR endete.
- Die Besetzung Dänemarks und Norwegens (April 1940), die der Sicherung der Erzzufuhr aus Schweden über den Seeweg gegen einen denkbaren Zugriff Englands diente.
- Der Westfeldzug (10. Mai bis 25. Juni 1940), der führte zur vollständigen Besetzung Belgiens und der Niederlande, zur teilweisen Frankreichs.

Der Umschwung zur Zeit der Niederlagen wird eingeleitet durch den Angriff auf die UdSSR am 22. Juni 1941. Nach großen Anfangserfolgen brachte der Ostfeldzug im Winter 1941/42 den ersten Rückschlag, dem nach der erfolgreichen Offensive gegen Stalingrad und zum Kaukasus weitere folgten.

Im demselben Winter traten die USA in den Krieg ein, die – wie im Ersten Weltkrieg – gefeit gegen jeden Angriff, umfassende Vorbereitungen getroffen hatten, ehe sie auf dem Schauplatz erschienen.

Die angelsächsische Allianz war die engste, die es je gegeben hat: »Ein weltweites Netz von Stützpunkten, Rohstoffquellen, Produktionszentren, Kenntnissen, diplomatischen Einflußmöglichkeiten und Prestige, in dessen Zentrum nun das unschätzbar reiche, ausgeruhte, glücksverwöhnte Nordamerika stand.« Diese Allianz ging gemeinsam mit der UdSSR systematisch gegen das Deutsche Reich vor mit dem Ziele der »Bedingungslosen Übergabe«.

Auf drei Jahre der Vormärsche folgten zwei Jahre der Rückzüge und schließlich der Versuch, die alten Reichsgrenzen zu verteidigen. Die Gesamtkapitulation der deutschen Wehrmacht wurde am 7. Mai 1945 im Hauptquartier *Eisenhowers* und am übernächsten Tage im sowjetischen Hauptquartier unterzeichnet.

Klar hebt sich die zweite von der ersten Nachkriegszeit ab: In den von den amerikanischen, englischen und französischen Armeen besetzten Zonen, die später die Bundesrepublik Deutschland bildeten, wurde *sofort* für Ruhe und Ordnung gesorgt; es kamen Übergriffe vor, aber es gab keinerlei Unruhen. *Universalgeschichtlich* endete der Krieg am 8. Mai 1945; *wirtschaftsgeschichtlich* schloß sich eine schwierige Periode des Überganges an, die bis zur Währungsreform 1948 andauerte.

Die demokratische Ordnung begann nicht wie 1919 an der Spitze – mit der Ausrufung der Republik –, sondern bei der Basis: den Gemeinden, Kreisen und Ländern. Erst am 23. Mai 1949 schafft ein vorläufiges Grundgesetz die *Bundesrepublik Deutschland*. Die irreversible und positive Entwicklung, die der Zweite Weltkrieg brachte, besteht darin, daß es nie wieder gelingen wird, die USA gegen Deutschland zu mobilisieren, oder Deutschland gegen die ehemaligen westlichen Alliierten.[2]

Nach dem Ende des Zweiten Weltkrieges steht Nordwestdeutschland unter britischer Militärverwaltung; die Gebietsgrenze gegen die sowjetische Besatzungszone fällt zusammen mit der Ostgrenze von Hannover und *Braunschweig*. Mit der Verordnung Nr. 55 der britischen Militärregierung wird durch Zusammenschluß von Hannover, Oldenburg, *Braunschweig* und Schaumburg-Lippe das Land Niedersachsen geschaffen. Die Landesregierung konstituiert sich als All-Parteien-Kabinett mit *Hinrich Wilhelm Kopf (SPD)* als Ministerpräsidenten.

Niedersachsen hat als Folge seiner Raumlage besonders schwere Lasten zu tragen: »Die Auswirkungen von 564 km Zonengrenze, die Unterbringung von 2,3 Millionen Heimatvertriebenen und die Sicherung einer von Sturmfluten und Hochwasser gefährdeten Küstenlinie von mehr als 300 km mit 538 km See- und Stromdeichen.«[3]

2.
Vom Währungsverfall zur Währungsreform

Die Finanzierung der Rüstung erfolgte durch vermehrten Notendruck und Wechsel; einer der Gründe dafür war, daß die Kosten verschleiert und nicht mit den im Haushalt ausgewiesenen Posten verglichen werden konnten. Die Reichsbank stellte für die unmittelbare Aufrüstung von 1934 bis 1938 12 Milliarden RM zur Verfügung; ausgegeben wurden 60 Milliarden RM. Die Staatsschuld, die 1932 11,6 Milliarden RM betragen und – wie schon erwähnt – am 31. August 1939 die Grenze von 50 Milliarden überschritten hatte, stieg bis zum Kriegsende auf 380 Milliarden; davon 51,3 % bei Banken, Sparkassen und Genossenschaften, 23 % bei der Reichsbank. Die Staatsschuld entsprach damit 90 % des normalen inländischen Geldvermögens.

Die Realisierung der Rüstungspläne wurde gefördert durch die Erweiterung des Wirtschaftsraumes um Österreich und die industriell hochentwickelte Tschechoslowakische Republik (durch Abtretung der sudetendeutschen Gebiete und Bildung des Reichsprotektorates Böhmen und Mähren); sie wurde aber auch gefördert durch das systematische Streben nach Autarkie (S. 109 f.). Die Eroberung sowjet-russischer Gebiete mit 40 % der Gesamtbevölkerung, 65 % der Kohlenförderung, 68 % der Roheisen-, 58 % der Stahl-, 60 % der Aluminiumproduktion, 38 % der Brotgetreide- und 84 % der Zuckererzeugung; die Erschließung der Rohstoffquellen und des Industriepotentials West- und Südosteuropas für die Rüstung erlaubten es, die Rüstungsproduktion bis Mitte 1944 ständig zu steigern. Erst durch die schrittweise Reduzierung des von Deutschland beherrschten Wirtschaftsraums und die alliierten Bombenangriffe wurde das Wirtschaftssystem geschwächt, bis es schließlich zusammenbrach. Die Versorgung der deutschen Zivilbevölkerung gelang wesentlich besser als im Ersten Weltkrieg. Zunächst bildeten die aufgrund des Handelsvertrages vom 19. August 1939 erfolgenden sowjet-russischen Lieferungen eine wesentliche Wirtschaftshilfe, dann die Zufuhren aus den besetzten Gebieten, deren Bevölkerung deshalb immer größere Not an allen lebenswichtigen Gütern litt. 1944 erhielt der Normalverbraucher täglich im Deutschen Reich 2000, in Belgien, Bulgarien, Finnland, den Niederlanden und dem Reichsprotektorat Böhmen und Mähren 1500 bis 1800, in den baltischen Ländern, Frankreich, Italien, Norwegen und Polen 1000 bis 1500 Kalorien und in Jugoslawien war die Ernährungslage noch schlechter.[4]

1945 war Deutschland ein Trümmerhaufen. Im Bundesgebiet waren von 10,84 Millionen Wohnungen 2,2 Millionen = 20,3 % (in Braunschweig 34,6 %) zerstört; die Gesamtschäden an Grundvermögen wurden auf 25 % geschätzt. Das Betriebsvermögen wurde zu 20 % vernichtet. Die Kriegssachschäden, auf Basis von Einheitswerten errechnet, betrugen 28 Milliarden. Die Währungsschäden, die die Währungsreform manifestierte, bezifferten sich mit 149 Milliarden.
Die aus den Gebieten jenseits des Eisernen Vorhangs Vertriebenen und Zugewanderten belasteten zunächst den Haushalt und verstärkten die Arbeitslosigkeit. Später förderten sie das Wirtschaftswunder in dreifacher Weise:
- durch den – wegen der erlittenen Verluste – hohen Konsumbedarf,
- durch den hohen Anteil qualifizierter Facharbeiter und verschiedener Spezialisten, und
- durch Know how, das den Aufbau neuer Branchen, beispielsweise der Gablonzer Glasindustrie, ermöglichte.

In Niedersachsen bahnten sich zwei Entwicklungen von gewaltigem Ausmaß an:
(1) Die stärkste Strukturveränderung der Geschichte, die Wandlung vom »alten Bauernland Niedersachsen« zum Industrieland.
(2) Die Drehung der Hauptverkehrslinien um 90°, von der westöstlichen in die nordsüdliche Richtung.[5]

Bei Kriegsende beseelte die westlichen Alliierten ein Übermaß an gutem Willen und Bewunderung für Rußland und seine unschätzbaren Beiträge zum Siege, aus denen sich die Bereitschaft zu weitgehenden Zugeständnissen ergab. Diese Stimmung war indessen bald verflogen und es gab überall und wegen jedes nur denkbaren Problems Zusammenstöße. Seit 1946/47 entstand ein heftiger ideologisch-politischer Gegensatz zwischen den westlichen Alliierten und der UdSSR mit der Gefahr einer bewaffneten Auseinandersetzung. Der Gegensatz löste die Aufteilung der Welt in drei Bereiche aus: der eine wurde weitgehend von den Zielsetzungen der USA, der andere von denen der UdSSR bestimmt, während in dem dritten, der hauptsächlich afrikanische und asiatische Länder, aber auch solche Süd- und Mittelamerikas umfaßte, das Streben nach Unabhängigkeit im Vordergrund stand.

Diese Aufteilung war ein Unglück für Deutschland, durch dessen Mitte nun eine Trennungslinie zwischen zwei der drei Welten ging, aber – vom isolierten Standpunkte der Wirtschaftsgeschichte betrachtet – erwies sich die Aufteilung der Welt als ein Glück. Die Vertreter der westlichen Alliierten waren erschienen mit Programmen zur dauernden Niederhaltung der deutschen Wirtschaftsmacht, über die noch zu berichten sein wird; nun verwandelten sie sich rasch »in milde Aufseher, dann in Helfer, in Freunde, in Verbündete« und förderten den *Wiederaufbau.*[6]

Die zweite Stütze des Wiederaufbaues war das in der Bevölkerung vorhandene WISSEN. Der Wiederaufbau und das »Wirtschaftswunder« sind eine Illustration zur Erkenntnis, daß WISSEN »Grundlage und Maßstab des Wirtschaftspotentials und der wirtschaftlichen Macht« geworden ist, den alten Wertmesser Stahl abgelöst hat.[7] WISSEN ermöglichte – zusammen mit der Hilfe der USA – den raschen Wiederaufbau und den Aufstieg der Bundesrepublik zur zweitgrößten Welthandels-Nation.

Von den wirtschaftspolitischen Zielsetzungen der US-amerikanischen Militärverwaltung war für die gesamte Wirtschaft am bedeutsamsten der Versuch, die *Gewerbefreiheit* wiederherzustellen und zu erweitern. In vielen Gewerbezweigen war die Zahl der Neuzulassungen beschränkt oder vom Nachweis der Eignung und des wirtschaftlichen Bedarfs abhängig gemacht. Alle diese Beschränkungen wurden aufgehoben, soweit dadurch nicht Gesundheit und öffentliche Ordnung gefährdet erschienen; aber auch hier war nur die Eignung des Bewerbers zu prüfen, nicht sein Vermögensstatus und nicht der »volkswirtschaftliche Bedarf«.

Die anderen Besatzungsmächte folgten dem amerikanischen Beispiel nicht. Der damals gegebene Anstoß wirkte aber weiter und führte allmählich zu einer vollständigen Modifizierung der bisherigen Verhältnisse.[8]

Wenn wir ein Datum für das Ende der Periode des Überganges, der Rückkehr zur Friedenswirtschaft suchen, ist es zweifellos der 20. Juni 1948. Nachdem die Bemühungen, gemeinsam mit der UdSSR eine ganz Deutschland umfassende Währungs- und Finanzreform auszuarbeiten, gescheitert waren, führten die Westmächte in ihren Zonen eine *Währungsreform* durch. Alle Forderungen wurden auf 10 % ihres Nennwertes abgewertet, die Geldkonten auf 6,5 %. Die neue Währung, die Deutsche Mark, erwies sich als kaufkräftig, Rationierung und »schwarzer Markt« hörten auf, der als »Wirtschaftswunder« bezeichnete Aufschwung setzte ein.

3.
Demontage und Entflechtung

Die Vertiefung in die Industriegeschichte lehrt, daß die bedeutendsten Spezialprobleme in der Periode des Überganges zu lösen waren. Die Industrie wurde stärker als andere Wirtschaftszweige beim Wiederaufbau gehemmt durch

- die Teilung Deutschlands,
- die Demontage und
- die Entflechtung.

Der »Morgenthau-Plan«, den der Finanzminister *Henry Morgenthau* hatte ausarbeiten lassen, die Zielsetzung: Internationalisierung der Ruhr und Vernichtung der Schwerindustrie, wurde nicht in die Joint Chiefs of Staff 1067, die Richtlinie für die amerikanische Besatzungspolitik, übernommen, beeinflußte sie aber. Die Wirtschaft sollte nicht gefördert, nur Seuchen und Unruhen verhindert werden. Der energische und kluge Militärgouverneur, *Lucius D. Clay,* ließ allerdings die undurchführbaren Bestimmungen stückweise fallen und weitete die Formel »Verhinderung von Seuchen und Unruhen« aus.

Aufgrund der negativen Erfahrungen mit den Reparationen nach dem Ersten Weltkrieg wurde ein neuer Weg beschritten. Der erste Industrieplan begrenzte die Produktion auf die Hälfte des Standes von 1938 und verfügte die *Demontage* von 1800 Betrieben, um Deutschland für immer an der Führung eines neuen Krieges zu hindern. Deshalb betrafen die Demontagen vor allem die Eisen- und Stahlindustrie, den Maschinenbau, die Schiffswerften, den Fahrzeugbau und die Zulieferwerke der Grundstoffindustrie. Die Amerikaner erkannten indessen als erste, daß die Maßnahmen zur Produktionsbeschränkung auf ihre Urheber zurückschlugen.

Am 5. Juni 1947 verkündete der amerikanische Außenminister *George Marshall* sein Hilfsprogramm für die notleidenden Staaten Europas, das als »Marshall-Plan« in die Geschichte eingegangen ist. Die Hilfe wurde auch der UdSSR und ihren Satelliten angeboten, die aber ablehnte und den Satelliten die Annahme verbot. Achtzehn freie Staaten erhielten Unterstützung (Geld, Lebensmittel, Maschinen und Rohstoffe) im Werte von 13,9 Milliarden Dollar, davon das westliche Deutschland 1,5 Milliarden Dollar.

Im folgenden Monat warfen die USA das Steuer herum: eine »sich selbst erhaltende Wirtschaft« wurde zum Hauptziel der Deutschlandpolitik erklärt, die Zahl der zu demontierenden Betriebe allmählich auf 680 reduziert.

Bis zur endgültigen Einstellung der Demontagen im Jahre 1950 rückte der zähe Widerstand gegen die Demontage einige Unternehmen ins Licht der Weltöffentlichkeit; genannt seien: die *August-Thyssen-Hütte,* um deren Rettung sich besondere Verdienste erwarben Mrs. *Joan S. Crane,* Assistentin des Senators *George W. Malone,* und *Walther Reuther,* Präsident des amerikanischen Automobilarbeiterverbandes, und der *Bochumer Verein,* dessen Generaldirektor *Franzjosef Müser,* die »Bochumer Widerstandskampagne« führte und eine erfolgreiche Petition an Präsident *Harry S. Truman* richtete.

In diesem Zusammenhang ist auch zu erinnern an die zahlreichen Abhandlungen, in denen *Professor Dr. Dr. h. c. Wilhelm Hasenack,* damals Leiter der Betriebswirtschaftlichen Abteilung des Instituts für praktische Wirtschaftsforschung, Essen, die Auswirkungen der Demontagen analysierte.

Der Wert der demontierten Anlagen wurde auf der Preisbasis von 1948 auf 5,4 Milliarden DM errechnet. Der Verlust für die deutsche Industrie war sicher größer als der Gewinn für die Alliierten. Da sie später durch hochmoderne Anlagen ersetzt wurden, forcierten im Endergebnis die Demontagen die Entwicklung der deutschen Industrie.

Über die Reduzierung und Beendung der Demontagen hinaus blieben die *Produktionsbeschränkungen und -verbote.* Die Produktionsbeschränkungen für Rohstahl, Chemikalien, Kugellager und Schiffsbau wurden erst im *revidierten Besatzungsstatut* vom 6. März 1951 gelockert, im Rahmen späterer Vereinbarungen aufgehoben. Das Verbot des Flugzeugbaus und jeder Art von Rüstungsproduktion blieb bestehen bis zum Beginn der Wiederbewaffnung.

Die *Entflechtung,* die Auflösung von Konzernen durch rechtliche und wirtschaftliche Verselbständigung ihrer Teile, wurde aus zwei heterogenen Gründen eingeleitet:

Der eine Grund war die traditionelle Antitrust-Einstellung, die Überzeugung, was für die USA gut sei, müsse auch für andere Länder taugen.

Der andere Grund war die weitverbreitete Auffassung – mit der sich, wie schon dargelegt, *Golo Mann* einmal auseinandersetzte – die Konzerne hätten bei der Wiederherstellung des deutschen Militärpotentials nach dem Ersten Weltkrieg eine führende Rolle gespielt und sich an der Vorbereitung des Zweiten Weltkriegs aus eigener Initiative beteiligt.

Durch das amerikanische Gesetz Nr. 56 und seine britischen und französischen Gegenstücke wurde die rechtliche Grundlage für Maßnahmen gegen alle Konzerne geschaffen, wenn sie eine übermäßige Konzentration an Wirtschaftskraft darstellten. Einer Spezialgesetzgebung unterworfen wurden: die Großbanken, die IG Farben, die Montanindustrie und die in der Ufa-Film GmbH zusammengeschlossenen Unternehmen.

Ein schwerer Schaden entstand der Montanindustrie durch die Eingriffe in die *Verbundwirtschaft.* Im Verbundsystem werden die Zechenkokereien mit dem Gichtgas der Hochöfen befeuert, mit dem Kokereigas die Siemens-Martin-Öfen beheizt und der Gasüberschuß in Ferngasleitungen geschickt. Nun wurde gefordert, daß jedes Hüttenwerk nur Eigentümer von Zechen sein dürfte, die höchstens 75 % seines Koksbedarfs decken. Als Durchschnittssatz wäre die Forderung tragbar gewesen. Die Anwendung auf den Einzelfall führte indessen zu grotesken Ergebnissen und die Wettbewerbsbedingungen in den Ländern der späteren Montanunion verschoben sich zuungunsten der deutschen Montanindustrie.

Ein weiterer Schaden entstand der Montanindustrie und der übrigen Wirtschaft aus dem *Ruhrstatut,* das den beteiligten Ländern Ruhrkohle, die im Inland dringend gebraucht wurde, zu billigem

Preis sichern sollte; die inländische Wirtschaft war gezwungen, Ruhrkohle aus dem Ausland zu kaufen. Das Ruhrstatut fiel erst 1952 mit der Schaffung der *Montanunion,* die der französische Außenminister *Robert Schuman* (1886–1963) vorgeschlagen hatte.

Nach dem Ende der alliierten Kontrolle setzte der Rückverflechtungsprozeß ein, der die alten Zusammenhänge in verschiedenen Modifikationen wiederherstellte.[9]

4.
Schöpferische Leistungen der Verpackungswirtschaft

Eine geraffte Darstellung der Leistungen der Verpackungswirtschaft – mit dem Akzent auf der Feinstblechpackungsindustrie – in dem vom Zweiten Weltkrieg geprägten Jahrzehnt unterscheidet sich formell und materiell von dem gleichen Abschnitt aus der Epoche des Ersten Weltkriegs. Sie unterscheidet sich *formell,* da sämtliche Unternehmen des Deutschen Reiches in der Fachgruppe Feine Blechpakkungen zusammengeschlossen waren und immerhin einige Unterlagen erhalten sind.

Sie unterscheidet sich *materiell,* da die technischen Probleme nicht behelfsmäßig, sondern vollkommen gelöst worden sind aus den folgenden Gründen:

- der Übergang von der Friedenswirtschaft über die »Wehrwirtschaft« zur Kriegswirtschaft vollzog sich allmählich und wurde durch den Verlauf des Krieges bis zum Angriff auf die UdSSR, bis Mitte 1941 also, verlängert;
- der Stand der Technik war fortgeschritten und
- die gemeinsamen Interessen des Wirtschaftszweiges wurden energisch und klug vertreten.

Die Wahrnehmung der Interessen lag bei den Herren *Dr. Werner Funk,* Leiter der Fachgruppe Feine Blechpackungen in der Wirtschaftsgruppe Eisen-, Stahl- und Blechwarenindustrie und Beauftragter für die Blechpackungs-Industrie, und *Dipl.-Ing. Herbert Munte,* Leiter des Arbeitsausschusses Feine Blechpackungen im Sonderausschuß Transportgefäße und Behälter beim Reichsminister für Bewaffnung und Munition. Die durch einen glücklichen Zufall erhaltene Begrüßung der Teilnehmer der Jahreshauptversammlung 1941, unter denen sich natürlich auch Vertreter des Reichsernährungs- und des

Reichswirtschaftsministeriums befanden, durch den Leiter der Fachgruppe zeigt an einer Stelle die *Klarheit der Zielsetzung* für die Lösung der technischen Probleme und bietet an einer anderen Stelle ein Beispiel für die Bemühungen, *den Unternehmern ihren eigenen Wirkungsbereich* zu erhalten. Beide Stellen verdienen der Vergessenheit entrissen zu werden:

– *Zielsetzung für die Lösung der technischen Verpackungsprobleme:* »Wir müssen uns darüber im klaren sein, daß der Einsatz der Austauschstoffe nur dann nachhaltig sein kann, wenn wir die aus ihnen hergestellten Packungen in höchster Qualität liefern. Die Aufgaben, die wir in der kommenden Zeit zu lösen haben, werden vordringlich darin bestehen, daß wir durch weitere Vervollkommnung der Rohstoffe und der Fertigungstechnik die Qualität wieder stärker betonen als bisher. Es wird nicht immer so sein, daß der Markt nimmt, was ihm geboten wird, wie es mehr oder weniger heute der Fall ist ... Wir werden uns wieder mit dem Gedanken vertraut machen müssen, daß das Leistungsprinzip das oberste Gesetz unserer Wirtschaft sein muß.«

– *Eigener Wirkungsbereich der Unternehmer:* »Auch auf dem Gebiet der allgemeinen Planung und Gestaltung der Wirtschaft werden wir in der Zukunft nicht mehr in demselben Maße wie bisher Getriebene sein dürfen, sondern wir müssen Treiber sein. Der Staat kann nur lenken, er kann nur die politischen Gesichtspunkte herausstellen, aber das andere ist Sache der Verantwortung des Unternehmers. Deshalb muß er die Freiheit des Entschlusses, was er tun und wie er es tun will, im Rahmen der vom Staat festgelegten Richtlinien, behalten. Er muß die Möglichkeit der Entscheidung und die Möglichkeit des Verdienens haben ... Wenn eine Wirtschaft die Aufgaben, die ihr in einer Zeit wie der heutigen gestellt werden, erfüllen soll, dann muß ihr die Möglichkeit dazu auch auf finanziellem Gebiet gegeben werden. Ob das nun mit fremden Mitteln oder eigenen geschieht, ist betriebswirtschaftlich gesehen gleichgültig. In irgendeiner Weise müssen die Mittel für die Umstellung und Investierung im Betrieb verdient werden ... Unsere Staatsführung will eine initiativenreiche Wirtschaft und wird deshalb nichts tun, was entgegengesetzte Wirkungen auslösen muß,« [!][10]

Als der Zweite Weltkrieg sich abzuzeichnen begann, bestand die größte Schwierigkeit der Erzeugung von *Konservendosen* wiederum darin, daß das Zinn für das Verzinnen der Eisenbleche und das Löten der Rumpfnähte zu 99 % im außereuropäischen Wirtschaftsraum gewonnen wird, nämlich in

den Malaien-Staaten	37 %,
Bolivien	24 %,
Niederländisch-Indien	21 %,
Thailand	7 %,
China	5 % und
Nigeria und Kongo	5 %.[11]

Zum hohen Transportrisiko, das der Erste Weltkrieg deutlich gezeigt hatte, kam das Streben nach der Ersparnis von Devisen. Zum wertmäßigen Volumen des Bedarfs führte ein Experte aus: »Der Zinnauftrag einer 1/1-Dose beträgt etwa 2 g Zinn. Das Kilo Zinn mit 3 RM angesetzt, bedeutet 0,6 Rpf. je Dose. Rechnet man noch das Lötzinn hinzu, so wird der Devisenverbrauch etwa 1 Rpf. je Dose für Zinn und Lötzinn ausmachen. Der Gesamtumsatz der Industrie mit 200 Millionen 1/1-Dosen beziffert, würde das einen Betrag von 2 Millionen RM ergeben. Berücksichtigt man jedoch die Rückläufigkeit des Materials mit über 50 %, so kommt ein Betrag von etwa 1 Million RM je Jahr in Frage.«[12]

Die erste Dissertation, die 1922 über die Feinstblechpackungsindustrie verfaßt wurde, schloß mit der Feststellung, »daß die Konservendosen-Industrie Deutschlands ein der Konserven-, der Blechbearbeitungsmaschinen- und der Weißblech herstellenden Industrie gleichberechtigtes Glied deutscher Volkswirtschaft, deutschen Fleißes und deutschen Geistes ist.«[13] Eineinhalb Jahrzehnte später ergriff die »Konservendosen-Industrie« die Initiative bei der Umstellung auf zinnfreie Dosen. Maßnahmen zur Einsparung von Eisen und Zinn hatten schon früh eingesetzt; sie umfaßten:

- Die Normung, über die schon berichtet worden ist.
- Die Rückgewinnung von Eisen und Zinn aus gebrauchten Konservendosen (1937 fielen rund 1300 t reines Zinn wieder an, so daß bei einem Jahresverbrauch von etwa 2500 bis 3000 t fast die Hälfte

aus Altmetall gewonnen wurde; dazu kam das entzinnte Stahlblech als Schrott).[14]

– Verwendungsbeschränkungen, wie sie etwa durch die Anordnung 25 vom 28. April 1937 (Verwendungsbeschränkung für Weißblech und Weißband) ausgesprochen worden sind.

Die größte Bedeutung kam aber der soeben erwähnten Umstellung auf die zinnfreie Dose zu. Über den Stand der Technik im zweiten Kriegsjahr verfaßte *Dr. Werner Funk* die »Denkschrift über die Einsatzfähigkeit zinnfreier Dosen vom 28. 2. 1941« für das Reichswirtschaftsministerium, das Oberkommando des Heeres, das Reichsernährungsministerium und die beteiligten Reichsstellen. Der Inhalt der Denkschrift ist im wesentlichen bekannt aus dem Referat »Umstellung auf zinnfreie Konservendosen«, das *Dr. Kurt Finkenwirth,* der erste Geschäftsführer der Fachgruppe, auf der Jahreshauptversammlung 1941 gehalten hat.[15] Danach gab es drei Typen von zinnfreien (oder zinnarmen) Dosen:

– die »Lötranddosen«,
– die »gefalzten Dosen« und
– die »geschweißten Dosen«.

Die *»Lötranddosen«,* für die – statt der kompletten Verzinnung des Materials – nur wenig Randzinn, aber die gleiche Menge Lötzinn benötigt wird, wurden 1940 und 1941 relativ viel eingesetzt und haben geholfen, die Weißblechlücke einigermaßen, jedenfalls besser als im Ersten Weltkrieg, zu schließen. Sie haben aber später ihre Bedeutung verloren.

Die *»gefalzten Dosen«,* d. h. die Dosen mit gefalzter Längsnaht, gab es als B1-, B2- und B3-Dosen, die sich durch die Fertigungsart unterschieden.

Die gefalzte Längsnaht, die den Einsatz von unverzinntem Blech ermöglicht, hat gegenüber der gelöteten den Nachteil, daß sich mehrere Lagen Blech ergeben und diese mehreren Lagen Blech an den Stellen, wo sie mit dem Deckel- und dem Bodenfalz zusammenstoßen, die Falzung erschweren und die Dichtung gefährden. Dieser Nachteil läßt sich indessen durch besondere Sorgfalt beim Verschließen ausgleichen und mehrere Millionen von »gefalzten Dosen« wurden verbraucht. Die B-Dosen haben später ihre Bedeutung verloren; das System des Falzens der Längsnaht ist dagegen bis heute erhalten geblieben.

Die »*geschweißten Dosen*« haben den Vorzug der festen Rumpfnaht ohne Verwendung von Zinn. Es ist ihnen eigentümlich, daß nach Fertigstellung eine Voll-Lackierung erfolgt (bei der A1-Dose von außen und innen, bei der A2-Dose durch Innenspritzlackierung), so daß sie einen unbeschädigten Lackfilm aufweisen ebenso wie der gleichfalls voll-lackierte Deckel. Es werden unterschieden:

- die vollautomatisch hergestellte A1-Dose, bei der eine besondere Oberflächenbehandlung des unverzinnten Stahlblechs stattfindet, um ein besseres Haften des Lackes zu gewährleisten;
- die vollautomatisch hergestellte A2-Dose, gekennzeichnet durch die automatische Nahtlackierung, und
- die A3-Dose, gekennzeichnet durch halbautomatische Fertigung.

Die A1- und die A2-Dosen wurden führend und es soll deshalb über sie gesondert berichtet werden.

Die Denkschrift hat dargelegt, daß die betriebsfähigen und die im Ausbau befindlichen Anlagen rund 247 Millionen geschweißte und rund 172 Millionen gefalzte $^{1}/_{1}$-Dosen erzeugen können. Der Bedarf an Konservendosen der Konservenindustrie für Gemüse und Fleisch und der Bedarf für Haushaltsfüllgüter belaufe sich im Jahre 1941 auf rund 400 Millionen $^{1}/_{1}$-Dosen, so daß die Kapazität der Anlagen für zinnfreie Dosen den gesamten Bedarf zu decken in der Lage sein dürfte. Ergänzend sei hinzugefügt, daß der Umsatz der Feinstblechpackungsindustrie im Jahre 1941 132,9 Millionen RM betrug.

Für die *A1-Dosen* – wegen des typischen Verfahrens auch »Bonderdosen« genannt – konnten 1941 bereits alle normalen Sorten von Schwarzblech verwandt werden, wenn das Blech nur rostfrei war und die für die Dosenfalzverschlüsse erforderliche Weichheit besaß. Das war ein großer Fortschritt: ursprünglich mußte Siemens-Martin-Bandeisen, kaltgewalzt, mit ganz geringen Stärketoleranzen beschafft werden. Die Dosen wurden durch Schweißen der überlappten Längsnaht und Auffalzen des Bodens hergestellt. Daran schloß sich das dreistufige Bonderverfahren, umfassend:

- Das Spülen der Dosen in P3- oder Siliron-Bädern mit anschließender Entfernung der alkalischen Laugen durch Spritzbäder.
- Das eigentliche Bondern in einem Spezialbade (ohne Strom), bei dem auf dem Bleche die rostschützende Phosphatschicht gebildet wird.

– Die Nachbehandlung durch Lack, der sich innig verbindet mit dem gebonderten Blech.

Die Stunden-Gesamtleistung der A1-Dosen-Anlage betrug 6000 $^{1}/_{1}$-Dosen, das Gesamtgewicht der im Bonderofen sich bewegenden Kette, Horden und Dosen 11 t [die Anschaffungs- und Herstellungskosten etwa 200 000 RM].[16]

Ausgangspunkt für die Entwicklung der *»A2-Dosen«* – wegen des typischen Verfahrens auch »nahtlackierte Dosen« genannt – bildeten die Erfahrungen mit lackierten Weißblechdosen. An die Stelle des Zinnüberzuges auf dem Blech trat die Grundlackierung, die das blankgewalzte Stahlblech vor Rost zu bewahren und eine gut haftende Zwischenschicht für die Feinspritzlackierung zu bilden hatte.

Die Feinspritzlackierung wurde auf das Innere der Dosen beschränkt und war ein Fortschritt der Fertigungstechnik: es bestand schon lange der Wunsch nach einer Innenlackierung, um eine »einwandfreie und hygienische Dose« zu schaffen, aber die gelöteten Weißblechdosen vertrugen nicht die wegen der Geschmacksfreiheit notwendigen Einbrenntemperaturen. Jetzt ließ sich ein homogener Lackfilm auf Rumpf und Boden aufbringen.

Um ganz vom Zinn freizukommen, wurden – ebenso wie bei den A1-Dosen – die Längsnähte geschweißt; dafür stand ein schon bewährtes Widerstands-Schweißverfahren zur gasdichten, druckfesten Verbindung von dünnen Stahlblechen zur Verfügung.

Von »nahtlackierten Dosen« wurde deshalb gesprochen, da das Prinzip der homogenen Doppellackierung des Doseninneren erforderte, die Schweißnaht abzudecken, um die scharfen Schnittkanten sorgfältig zu schützen.

Von großer Bedeutung war die Zusammenarbeit mit den Walzwerken, die das Material in einwandfreier, gleichmäßiger Qualität zu liefern hatten: kaltgewalzte Band- oder Tafelbleche, Bandbreite 314 mm, Normaldicke für $^{1}/_{1}$-Dosen, Bandseite im Innern fein aufgerauht, beiderseitig grundlackiert, mit 4–5 mm Lack an den Rändern abgestreift. Der Akzent lag natürlich auf dem Korrosionsschutz, der es ermöglichte, unverarbeitete Mengen für die erforderliche Zeit auf Lager zu nehmen.

Ein großer Fortschritt gegenüber der Zeit des Ersten Weltkrieges lag darin, daß es gelang, für die Innenlackierung einen ölfreien Lack, absolut geschmackfrei, von hoher chemischer Widerstandskraft und genügender Elastizität auf inländischer Rohstoffbasis zu entwickeln, und für die Dichtung der Deckel und Böden flüssiger, hitzebeständiger, synthetischer Spritzgummi zur Verfügung stand.

Das Verfahren zur Fertigung der A2-Dosen stellte hohe maschinentechnische Anforderungen und forcierte auch auf diesem Gebiete den Fortschritt. Es war erforderlich eine ganze Reihe von Maschinen und Einrichtungen, deren Anschaffungs- und Herstellungskosten bei 180 000 RM lagen, um auf die mögliche Stundenleistung von 5000 $^{1}/_{1}$-Dosen zu kommen.[17]

Der Einsatz von Packstoffen, die *zunächst* korrosionsanfälliger waren als feuerverzinntes Weißblech, forderte und förderte Fortschritte der Konservierungstechnik:

- Das *Exhaustieren,* durch das der Sauerstoff aus dem Doseninnern und dem Zellgewebe selbst weitgehend entfernt wird.
- Das *Evakuieren,* das Verschließen der Dosen in stark luftverdünntem Raum, das der Verlängerung der Haltbarkeit, der Schonung des Inhalts bezüglich Farbe und Geschmack und der Erhaltung des Vitamins C dient.
- Das *Druckkühlungssystem* an Autoklaven, das darauf beruht, daß nach Ablauf der Sterilisationszeit Kühlwasser mit einem über dem Innendruck der Dosen liegenden Druck eingelassen und dadurch das Ausbeulen von Deckel und Boden vermieden wird. Das Druckkühlungssystem erleichtert nicht nur den Einsatz *aller* Konservendosen, sondern steigert Qualität und bakterielle Sicherheit (durch die Anwendung höherer und kürzerer Sterilisationstemperaturen) und ermöglicht die Reduzierung der Blechdicken, die gerade in den letzten Jahren wiederum forciert wurde.[18]

Dipl.-Ing. *Heinz Plinke,* der Leiter der Versuchs- und Entwicklungsabteilung der Verpackungswerke der Firma Günther Wagner, Hannover, hat darauf hingewiesen, daß für die Fertigung der Schwarzblechdosen Chemie und Physik eine viel größere Bedeutung haben als bei den traditionellen Verfahren: zur Technik der Blechverformung ist die Technik der Oberflächenbehandlung und der Lackverarbeitung getreten. Von den eingehenden Lacken bis zum Lackfilm, bis zu Kurz- und Langversuchen mit der Fertigung entnommenen Dosen reicht die Kette der Kontrollen. Dazu kommen die physikalischen Prüfungen der Oberfläche durch Tiefungsversuche, der Schlagfestigkeit und durch Herstellung von mikroskopischen Bildern.

Interessant ist eine Gegenüberstellung der A1- und der A2-Dosen, die *Dr. Werner Funk* gab: Die A1-Dose hatte den Vorteil, daß warmgewalztes Tafelmaterial eingesetzt werden konnte, das leichter zu beschaffen war als der kaltgewalzte Bandstahl für die A2-Dose.

Der Nachteil der A1-Dose lag in einer gewissen Sprödigkeit des Lackfilms und einer etwas geringeren Säurefestigkeit gegenüber der A2-Dose.

Während die A1-Dose im Blech beweglicher war, hatte die A2-Dose den Vorteil einer großen Beweglichkeit auf der Lackseite.

Zusammenfassend: die A1- und die A2-Dose haben ihre Vorteile und Nachteile, wobei die Nachteile in keinem Falle so groß sind, daß darin eine Gefahr für ihre Einsatzfähigkeit läge.[19]

Das Zünglein an der Waage neigte sich indessen der A2-Dose zu: Das Oberkommando des Heeres setzte für Gemüsekonserven ausschließlich, für Mischkonserven bevorzugt Schwarzblechdosen, *und zwar A2-Dosen* ein; Weißblechdosen waren lediglich bestimmt für Obst, Gurken und Sauerkraut. Das Oberkommando der Kriegsmarine verwendete dagegen für Mischkonserven teilweise Schwarzblechdosen, für alle anderen Konserven verlangte es Weißblechdosen.

Das Oberkommando des Heeres und das Oberkommando der Kriegsmarine setzten galvanisch verzinntes Blech nicht ein für Obstkonserven; das Oberkommando des Heeres verwendete es für Mischkonserven und Marmelade.[20]

Die Entwicklung blieb auch in den letzten Kriegsjahren nicht stehen. Die Eisenhüttenwerk A. G., Bandstahlwerk Rasselstein, Andernach, begann zur Verbesserung der A2-Dosen neuartige Schwarzbleche, die »SF-Bleche«, zu erzeugen, die schon beim Glühungsprozeß chemisch behandelt wurden, damit ihre Oberfläche einen besonders guten Haftgrund zur Erzielung porenfreier Lackierung bilde. Die Verarbeitung von SF-Blechen führte gegen Ende des Krieges zu einer vollkommenen Lösung des Problems der zinnlosen Dosen: einer Dose aus Schwarzblech, die auch geeignet war *für Obst und säurehaltige Füllgüter*. Ein gewaltiger Fortschritt gegenüber den »ersetzten« Dosen des Ersten Weltkriegs, die für Obst unbrauchbar, für Gemüse bedingt brauchbar und nur für Fleisch wirklich brauchbar gewesen sind.

Fritz Züchner – damals Junior, gegenwärtig Senior der Blechwarenfabrik Fritz Züchner – hat mit vollem Recht auf der Jahreshauptversammlung 1941 der Fachgruppe Feine Blechpackungen betont, einzelne Firmen hätten bei den ersten Anzeichen einer Zinnverknappung begonnen, sich mit der Herstellung der zinnfreien Dose zu beschäftigen, so daß sie »in der Stunde der Not nicht erst tastende, übereilte und daher häufig zum Mißerfolg führende Versuche zu machen brauchten.« Die Herstellung der zinnfreien Dosen basierte – daran sei in diesem Zusammenhang erinnert – auf den Vorarbeiten, die unter maßgeblicher Beteiligung von *Dr. Eduard Nehring* schon 1935 begonnen wurden. Zielsetzung war nicht, »eine Kriegswirtschaft vorzubereiten, sondern im Frieden für den Frieden das devisengebundene Zinn dort, wo es sich als ein nicht unbedingt notwendiger Schutz in Form der Feuerverzinnung erwies, einzusparen oder ganz auszuschalten.«[20a]

Da als Ergebnis dieser frühzeitigen Bemühungen die A1- und die A2-Dose bald bereit standen, haben andere Typen neuartiger Dosen keine vergleichbare Bedeutung erlangt. Dennoch soll zweier Entwicklungen gedacht werden, die auch bei rückschauender Betrachtung interessant erscheinen:

Die mit *Luvithermfolie kaschierte Dose* war innen mit Luvithermfolie, einem Produkt der IG Farbenindustrie, ausgekleidet. Luvitherm bildete einen guten Oberflächenschutz; Schwierigkeiten ergaben sich indessen bei der Abdeckung der Schweißnaht.

Bei der *Konservendose aus Aluminium* wurde zunächst unterschieden zwischen der flachgezogenen Dose, die der aus Weißblech gezogenen ähnelt, und der tiefgezogenen, die mit Stufenpressen oder kombinierten Einzelpressen hergestellt wird, wobei die Höhe die Abmessung des Durchmessers in etwa erreicht. Als für die Aluminiumverarbeitung charakteristisch wurde bezeichnet die gespritzte Dose, hergestellt auf besonders konstruierten Ziehpressen. Die Ziehpressen arbeiten mit einem Druck von etwa 900 t und allein durch den Druck des Stempels, der dem Innendurchmesser der zu formenden Dose entspricht, wird die Ronde fließgepreßt. Die Verformung erfolgt in Bruchteilen einer Sekunde und diese schnelle Bewegung wird »Spritzen« genannt, obgleich das dem Wortsinn nicht ganz entspricht. Um Aluminiumdosen für jedes Füllgut einsatzfähig zu machen, ist eine Oberflächenbehandlung durch Lackierung erforderlich. Zur Einsatzfähigkeit der Konservendosen aus Aluminium gehört – so wurde betont – die Unterstützung des Abnehmers. Das Sterilisieren kann nur in einem Überdruckautoklaven erfolgen, die Werkzeuge der Verschließmaschine müssen ausgewechselt und die Leerdosen dürfen nicht so robust behandelt werden wie Stahldosen; Regeln, die inzwischen allgemein bekannt sind![21]

Im Hinblick darauf, daß die Verbandsstatistik der Feinstblechpackungsindustrie nicht bis in das Jahr 1948 zurückreicht, bieten einen gewissen Anhaltspunkt die vorhandenen Informationen über die Obst- und Gemüseverwertungsindustrie. Die 59 Braunschweiger Fabriken produzierten vom 1. Mai bis 31. Oktober 1948:

	31,5	Millionen Dosen Gemüsekonserven
	0,072	Millionen Gläser Gemüsekonserven
davon:	15	Millionen Erbsen
	7	Millionen Bohnen
	1,6	Millionen Dosen Obstkonserven
	0,774	Millionen Gläser Obstkonserven
davon:	50 %	Apfelmus
	20 %	Mirabellen
	10 %	Pflaumen
	10 %	Kürbis

335 000	10-l-Dosen	Gurkenkonserven
30 000	5-l-Dosen	
61 000	3-l-Dosen	
809 000	1-l-Dosen	
360 000	Dosen und Gläser Rote Beete	
1980 t	Marmelade	
1683 t	Rübensaft[22]	

Der 20. Juni 1948 hätte für die Obst- und Gemüseverwertungs-Industrie eine bedrohliche Situation geschaffen, da am Schnittpunkt zwischen alter und neuer Kampagne die Lager geräumt waren, wenn nicht ein glückliches Zusammentreffen dreier Umstände einen guten Start ermöglicht hätte:

- Die *Aufhebung der Bewirtschaftung* von Gemüse- und Obstkonserven und der Rohware erlaubte der unternehmerischen Initiative, sich zu entfalten.

– Eine *reiche Gemüseernte* bot die Rohware in außergewöhnlichen Mengen.
– Die *Ausstattung mit Kopfgeld* (40 DM) schuf nicht erwartete, frühzeitige Absatzmöglichkeiten, die das Problem der Produktionsfinanzierung lösten.[23]

Die Obst- und Gemüseverwertungs-Industrie hat sich zusammengeschlossen zur *»Arbeitsgemeinschaft der Obst- und Gemüseverwertungs-Industrie in der britischen und amerikanischen Besatzungszone«;* Vorsitzender war *Rudolf Meyer* (später Präsident des Bundesverbandes der Obst- und Gemüseverwertungsindustrie e. V.), Geschäftsführer *Hans Krause* (später Geschäftsführendes Vorstandsmitglied des Bundesverbandes). Bei dem *Verein der Konservenfabrikanten Braunschweigs und Umgebung* war Vorsitzender *Hermann Querner,* Geschäftsführendes Vorstandsmitglied *Dr. Nikolaus Bömmels* und Geschäftsführer *Prof. Dr. Walther Herrmann* (jetzt Leiter der Hauptabteilung I »Allgemeine Wirtschafts-, Wettbewerbs- und Unternehmensfragen« des Bundesverbandes der Deutschen Industrie e. V.).

Nicht chronologisch, aber materiell gehört in die Periode des Überganges der Kampf um die *Rückkehr zur Weißblechdose;* ein Phänomen, das vom Standpunkt der Wirtschaftspsychologie außerordentlich instruktiv ist und deshalb betrachtet werden soll.

1944 waren 600 Millionen »geschweißte Dosen« hergestellt worden. Diplom-Volkswirt *Gronwald* (später Ministerialrat im Bundesministerium für Wirtschaft) schrieb 1949: »Die lackierte Schwarzblechdose ist, wie sie sich uns heute präsentiert, ein technischer Fortschritt. Ursprünglich ein Ersatz für die alte, feuerverzinnte Weißblechdose, wurde sie in jahrelangen Bemühungen zu einer Packung entwickelt, die sich vom Füllgut her bewährt hat.«

Trotz dieses Sachverhaltes wurden bald nach der Währungsreform Weißblechkonserven von den Käufern so stark bevorzugt, daß Schwarzblechkonserven nur mit großem Preisabstand verkäuflich waren. Dieses Verhalten beruhte nicht auf einer minderen Qualität der Schwarzblechdose, sondern auf der Gedankenassoziation Schwarzblechdose – kriegsmäßige Verpflegung. Die Käufer hofften unterschwellig, mit einer Weißblechdose das Füllgut in der früheren, der Friedensqualität, zu erhalten.

Die Feinstblechpackungsindustrie wies darauf hin, daß die Entwicklung der Schwarzblechdose noch nicht abgeschlossen sei und zur Erzielung des optischen Bildes beim Verbraucher die Umstellung der Außenlackierung auf eine dem Weißblech fast gleiche Farbwirkung keine Schwierigkeiten böte; die Verwaltung für Wirtschaft äußerte Bedenken, Zinn mit Hilfe von ERP-Krediten einzuführen, aber die Rückkehr zum Käufermarkt erzwang die Rückkehr zur Weißblechdose.[24]

Die *Währungsreform* hat den Kaufkraftüberschuß beseitigt, der jede Schranke kaufmännischer Moral einzureißen drohte. Die Annäherung von Angebot und Nachfrage, die sich anbahnte, bewirkte »eine nicht hoch genug einzuschätzende Rückkehr zu den Grundsätzen kaufmännischer Solidität und Ehrbarkeit, zu Treu und Glauben als den unabdingbaren Grundlagen jeden kaufmännischen Wirtschaftens.«[25]

Die Zwangswirtschaft neigte sich ihrem Ende zu. Es blieben noch bewirtschaftet die Grundlebensmittel (Brot und Mehl, Fleisch und Fett, Nährmittel und Zucker), die Grundrohstoffe, Textilien und Schuhe; immerhin zunächst ein weites Feld! Pessimisten hatten prophezeit, die Arbeitslosigkeit würde nach Beseitigung des Kaufkraftüberhanges Ausmaße annehmen, die denen zu Beginn der dreißiger Jahre nahekommen. Es wurde unterstellt, daß der Mangel an Mitteln für Investitionen auf längere Zeit die unternehmerische Initiative lähmen und nur die produktive Erwerbslosenfürsorge ein Mittel sein werde, um die Zeit des Überganges zur neuen Ordnung zu überwinden. Die Entwicklung verlief aber anders: die Zahl der Arbeitslosen, die im Mai 1948 bei 439 000 lag, stieg im Juli auf 650 000, im September auf 768 000, sank aber schon im Oktober auf 716 000.

Die zunächst bestehende Lücke zwischen Angebot und Nachfrage führte zu einem Preisanstieg, der den Generalstreik vom 12. November 1948 auslöste und die staatliche Wirtschaftspolitik zu gewissen Eingriffen veranlaßte. *Dr. Adalbert Pabst* erinnerte damals an die in Vergessenheit geratene Lehre, »daß eine richtig verstandene Marktwirtschaft nicht nur am wirtschaftlichsten, sondern auch am sozialsten arbeitet, weil sie die bestmögliche Ausnutzung der betrieblichen Produktivität gewährleistet und damit auch dem letzten Verbraucher ein Vielfaches von dem an Gütern zuführt, was ihm die Planwirtschaft zu geben in der Lage ist.«[26]

Die Praxis bewies die Richtigkeit der Lehre:

In den Gaststätten und Geschäften wurden bald de iure bewirtschaftete Waren de facto ohne Marken, Schuh- oder Textilpunkte angeboten.

Die Entfaltung der unternehmerischen Initiative, die Steigerung der Produktion beseitigten den ein Jahrzehnt lang bewirtschafteten Mangel viel schneller als es die Träger der Bewirtschaftung erwartet hatten.

5.
Schmalbach fördert den Fortschritt der Verpackungstechnik

Die eindrucksvollen Erfolge, die SCHMALBACH während des Zweiten Weltkrieges beschieden waren, der entscheidende Beitrag, den es zum Fortschritt der Verpackungstechnik geleistet hat, sind nicht einer Verkettung glücklicher Zufälle oder den äußeren Umständen zu danken, sondern sind das Ergebnis einer der Zeit vorauseilenden Unternehmensführung. An der Schwelle der Zweiten industriellen Revolution wurde die Unternehmensführung als dreidimensionale Aufgabe folgendermaßen umschrieben: »Erstens, das gegenwärtig bestehende Unternehmen muß leistungsfähig gemacht werden. Zweitens, seine Möglichkeiten müssen erkannt und verwirklicht werden und drittens, es muß in ein anderes, in ein Unternehmen der Zukunft umgewandelt werden.«[27]

Seit dem Anfang der fünfziger Jahre hat *Peter F. Drucker* darauf hingewiesen, daß die wissenschaftlichen Mitarbeiter die am raschesten wachsende Gruppe in den Unternehmen sind und analysiert, worin ihr Beitrag zum Erfolg des Unternehmens besteht.[28]

Die Verbindung mit der Continental Can Company bildete wohl den äußeren Anlaß, frühzeitig das ins Leben zu rufen, was *Drucker* »Entwicklungs-Abteilung« nennt, nämlich die »Technische Abteilung«, in der wissenschaftliche Mitarbeiter wirkten. Zum Leiter wurde 1938 *Curt Wunderlich* ernannt, den *Dipl.-Ing. Hans-Dieter Tangermann* als Ingenieur und *Hans Hölscher* als Chemiker unterstützten. Die »Technische Abteilung« erhielt von *Herbert Munte* einen fest umrissenen Auftrag, in dem unter Ziff. 3 stand, sie sollte Prüfungen vornehmen und Versuche durchführen, um aus »neuen metallischen Werkstoffen Dosen herzustellen«. Sie blieb also für das Neue verantwortlich, »bis es nicht mehr ›neu‹, sondern zu einem sicheren, florierenden, erfolgreichen Unternehmen geworden ist«.[29] SCHMALBACH gehörte deshalb zu jenen wenigen Firmen, die – wie *Fritz Züchner* einmal treffend formuliert hatte – »in der Stunde der Not nicht erst tastende, übereilte und daher häufig zum Mißerfolg führende Versuche zu machen brauchten«, sondern in der Entwicklung der »geschweißten Dosen« vorangeschritten waren, gehörte zu jenen wenigen Firmen, die bei der Materialverteilung in den frühen Kriegsjahren naturnotwendig bevorzugt behandelt wurden und ihre Verfahren auf Basis breiter Erfahrungen verbessern konnten.

Auch damals war das Unternehmen, das den »Vorstoß« gewagt hatte, das rechtzeitig in ein Unternehmen der Zukunft umgewandelt worden war, im Vorteil gegenüber denen, die die »Verfolgung« aufnahmen.

Der Kenner der deutschen Verpackungswirtschaft wird schon daraus, daß *Otto Winkelmann* – seit 1935 Vorstandsmitglied der *J. A. Schmalbach Blechwarenwerke AG* – auf der Vortragsveranstaltung der Fachgruppe Feine Blechpackungen »Zinnfreie Konservendosen« über die A2-Dosen referiert hatte, geschlossen haben, daß dieser Dosentyp von SCHMALBACH geschaffen worden ist; tatsächlich wird im Exposé, das *Curt Wunderlich* am 22. Februar 1940 verfaßt hat, die A2-Dose zum erstenmal beschrieben, für die SCHMALBACH das Warenzeichen SILA verwendete. Die A2-Dosen sind aufgrund des *Winkelmann*schen Vortrages im voraufgegangenen Abschnitt behandelt worden; es bleibt nur erforderlich, einige ergänzende Ausführungen zu machen:

Zunächst sei daran erinnert, daß bei der Fertigung von »geschweißten Dosen« zwei Probleme bestehen, deren Lösung im Ersten Weltkrieg behelfsmäßig, im Zweiten vollkommen gelungen ist:
- eine zuverlässige Dichtigkeit der (nicht lötbaren) Dosenlängsnaht zu erzielen,
- das (unverzinnte) Dosenblech einwandfrei zu lackieren.

SCHMALBACH gelang es, ein im Prinzip schon bekanntes elektrisches Schweißverfahren fabrikationsreif und damit das Provisorium des Lötens von Schwarzblech mit verzinnten Kanten überflüssig zu machen.

SCHMALBACH gab auch die Impulse zum Lackieren der Band- und Tafelbleche in den Walzwerken und arbeitete eng zusammen mit der Lackfabrik *Hermann Wiederhold,* Hilden, die die geeigneten Lacksorten lieferte.

A2-Dosenlinien wurden allmählich in sechs Werken errichtet. Aus den erhaltenen Aufzeichnungen geht hervor, daß im September 1942 der Ausstoß über 9 Millionen Stück erreichte und damit die Kapazität der der früheren Weißblech-Dosenlinien angenähert war.

Vor allem das kompliziertere Produktionsverfahren bedingte eine Erhöhung der Preise.

Am Beginn des Zweiten Weltkrieges kosteten die $^1/_1$-Weißblechdosen, unlackiert,
- 90 RM ‰ für Gemüsekonserven,
- 95 RM ‰ für Fleischkonserven;

dagegen die A2-Dosen
- 120 RM bis 135 RM.

Es ist berichtet worden, daß gegen Ende des Krieges die porenfreie Lackierung, die besonders den Studien von *Hans Hölscher* zu danken war, ermöglichte, die A2- oder SILA-Dosen auch für Obst und saure Füllgüter einzusetzen. Diese Dosen zeichneten sich durch eine Korrosionsfestigkeit aus, die die alten mit einer einfachen »Goldlackierung« versehenen Früchte-Dosen nicht im entferntesten erreicht hatten. Es wurde für sie die Bezeichnung ALL-SILA-Dosen geprägt und sie bewährten sich bis die geschilderten psychologischen Motive die Rückkehr zur Weißblechkonservendose etwa gleichzeitig mit der Rückkehr zum Käufermarkt erzwangen.

Die *sachlichen Fortschritte* gingen indessen damit nicht unter:
- In den fünfziger Jahren wurde eine ALL-SILA-Obstdose aus Weißblech geschaffen, auf deren Herstellung sich das Werk Weißenthurm spezialisiert hat.
- Für den Haushaltssektor entwickelte SCHMALBACH die SILA-DUR-Dauerdose, die sich großer Beliebtheit bei den Hausfrauen erfreut. Sie ist mit einem Eingreifdeckel versehen, der durch einen auswechselbaren Gummiring abgedichtet und mit einem leicht zu lösenden Spannring verschlossen ist. Die Dose kann mit ganz geringem Kopfraum gefüllt und bei sachgemäßer Pflege zehn- bis fünfzehnmal verwendet werden. Hergestellt wird sie im Werk Karlsruhe.
- Die Innenspritzlackierung und anschließende Dosentrocknung wurde eingebaut in das Verfahren zur Herstellung von Getränkedosen.

– Die bei der Fertigung der A2-Dosen gemachten Erfahrungen wurden auch verwertet bei der Entwicklung des Systems »Conoweld« der Continental Can Company (beim Conoweld-System handelt es sich um die Fertigung von Getränkedosen aus lackiertem Schwarzblech mit geschweißter und spezialgeschützter Längsnaht).

Die *persönlichen Erfahrungen* blieben dem Unternehmen gleichfalls erhalten:

Curt Wunderlich, der sich unvergessene Verdienste erworben hat, starb am 4. Oktober 1947. Seine Mitarbeiter, vor allem *Hans Hölscher* und *Hans-Dieter Tangermann,* hatten aber entscheidenden Anteil an dem Fortschritt der Technik, der nach der Währungsreform einsetzte.

Trotz der intensiven Bemühungen um die Lösung der technischen Probleme wurde die betriebliche Sozialpolitik nicht vernachlässigt:

1941 wurde die Ferienheim SCHMALBACH GmbH gegründet; Gegenstand des Unternehmens war: »Errichtung oder Erwerb und Betrieb von Erholungsheimen für die Gefolgschaftsmitglieder der Firma J. A. Schmalbach AG und ihre Angehörigen.« Es ist also in den schweren Zeiten des Zweiten Weltkrieges die Erfüllung der sozialen Verpflichtungen ebenso wenig zurückgestellt worden wie im Ersten Weltkrieg, in dem die Stiftung »Braunschweiger Heimatdank für erwerbsunfähige Kriegsinvaliden« errichtet worden ist (S. 92).

Eine Selbstverständlichkeit war es für SCHMALBACH, daß die Familien aller zur Wehrmacht eingezogenen Mitarbeiter während des ganzen Krieges betreut wurden.

Bei der Betrachtung des Zweiten Weltkrieges muß der hervorragenden Haltung der Mitarbeiterinnen und Mitarbeiter gedacht werden:

Zunächst galt es, das Fehlen der zur Wehrmacht eingezogenen Mitarbeiter durch Übernahme zusätzlicher Aufgaben und durch beständige Anleitung nicht oder nicht voll ausgebildeter Hilfskräfte zu überbrücken.

Eine zusätzliche Belastung ergab sich aus dem *Werkluftschutz,* der zu regelmäßigen Nachtwachen zwang und in dessen Dienst viele Mitarbeiter Gesundheit oder gar das Leben opferten. Trotz der Einschränkungen der Ernährung, der immer häufiger und immer intensiver werdenden Luftangriffe, des Verlustes lieber Angehöriger erfüllten die Mitarbeiter, auch die Fremdarbeiter und Kriegsgefangenen, ihre Pflicht. Besonders zu gedenken ist der Mitarbeiterinnen, die eine dreifache Belastung zu tragen hatten: die berufliche Arbeit, die normale Sorge für Haushalt und Kinder und die Betreuung der Kinder während der nervenzerrüttenden Bombennächte in den Luftschutzräumen.

SCHMALBACH erlitt *Kriegsschäden,* von denen Zahlen nur eine schwache Vorstellung zu geben vermögen: Es wurde zerstört das Stammhaus zu 35 %, Karges-Hammer zu 70 %, die Werke Danzig und Wesermünde zu 100 %; andere Werke hatten Brandschäden. Beim Einmarsch der Alliierten brannten Gebäude des Werkes Seesen ab.

Die Gebäudeschäden der Werke I (Stammhaus) und II in Braunschweig, der Geschäfts- und Wohnhäuser auf der Hamburger Straße Nr. 37, 41 und 49 und Am Gaußberg 2 und 4 wurden vom Sachverständigen auf 625 000 RM geschätzt (Vorkriegswert).

In den Jahren 1944 bis 1946 wurden Kriegsschäden an Fertig- und Halbfertigwaren, Maschinen und Transportmitteln angemeldet mit rund 1 900 000 RM (das Aktienkapital betrug damals 5 Millionen RM).

Zu den Kriegsschäden kamen die *Kriegsfolgeschäden:* Verloren war das Werk Danzig – die *Industrie und Blechwarenwerke AG* (Kapital 1 400 000 RM) – mit der Zweigfabrik Bromberg.

Verloren waren die 1941 erworbene, 50 %ige Beteiligung an der *Maschinenfabrik Karges-Hammer-Lecluyse* in Saint-Niclas-Waes in Belgien und die Beteiligung von 400 000 RM an der *Ostmärkischen Blechwarenfabrik Pirlo & Co.* in Kufstein. Die Werke Radebeul – *Sächsische Blechwarenfabrik GmbH* – und Osterburg – *C. F. W. Rungwerth AG* – kamen unter die treuhänderische Verwaltung der Behörden der sowjetischen Besatzungszone. Im Werk Weißenthurm nahm die französische Militärverwaltung Demontagen vor und der nach Gifhorn ausgelagerte Maschinenbestand von *Karges-Hammer* wurde zum Teil von den Alliierten beschlagnahmt.

Welch ein Unterschied gegenüber der Situation am Ende des Ersten Weltkrieges, der nur zu einer anomalen Abnutzung des Maschinenparks geführt hatte!

Am Beginn der *Periode des Überganges* von der Kriegs- zur Friedenswirtschaft stand die Unternehmensführung vor *fast* unlösbaren Aufgaben. Die Produktion sollte anlaufen trotz

- der geschilderten Kriegsschäden und Kriegsfolgeschäden,
- katastrophaler Rohstoff- und Transportschwierigkeiten und
- der völlig unzureichenden Ernährung der Belegschaft.

Die Frage, wie es gelungen sei, die *fast* unlösbaren Aufgaben doch zu lösen, wird am besten beantwortet mit der Erzählung eines Bonmots, das der Verfasser einem leitenden Beamten des Entwicklungsdienstes der Bundesrepublik Deutschland verdankt. Der hochgebildete Ministerpräsident eines Landes der »Dritten Welt« erkundigte sich, nach welchem Modell denn der Wiederaufbau erfolgt sei; der Beamte antwortete: »Nach gar keinem; wir haben einfach angefangen zu arbeiten!«

In allen Werken waren die Mitarbeiter mit dem Aufräumen beschäftigt und – trotz aller Hindernisse – waren die Kriegsschäden bis 1950 soweit beseitigt, daß sie die Fabrikation nicht mehr behinderten. An die Fähigkeit des Management zum Improvisieren und an die Einsatzbereitschaft der Mitarbeiter wurden Anforderungen gestellt, die nur der Augenzeuge voll zu würdigen weiß.

Es herrschte bis etwa 1949 ein ausgesprochener *Verkäufermarkt.* Die ersten Absatzgebiete nach Kriegsschluß waren:

- Die Obst- und Gemüseverwertungsindustrie, die die kostbare Ernte des Jahres 1945 verarbeiten wollte; die Hersteller des begehrten Rübensyrups, die Eimer brauchten.
- Die Haushaltungen, die jede Chance zur Bevorratung nutzen mußten.
- Die Hersteller von chemisch-technischen Artikeln, die auf Kanister und Kannen als Verpackung nicht verzichten konnten.

In den Haushaltungen wurden die Dosen mit einfachen Handgeräten mehrfach abgeschnitten und wieder verschlossen. Management und Mitarbeiter wurden darum in Bekannten- und Freundeskreisen von allen Seiten um die notwendigen Deckel bestürmt, die ihnen natürlich auch nur in ganz begrenztem Umfange zur Verfügung standen. Noch wichtiger war die Verwendung von Dosen und Deckeln zur Beschaffung von Material, das benötigt wurde zur Aufrechterhaltung der Produktion.

Langfristig gesehen müssen alle Bereiche, sorgfältig aufeinander abgestimmt, harmonisch zusammenwirken, um den Erfolg eines Unternehmens zu sichern. Vorübergehend kann indessen infolge der allgemeinen wirtschaftlichen Lage der eine oder andere Bereich dominieren. In der Periode des Überganges dominierte die *Beschaffung*. Unternehmensführung und jene Stelle, die jetzt »Zentralabteilung Materialwirtschaft« heißt, mußten alle Kräfte einsetzen, um das Unternehmen mit Roh-, Hilfs- und Betriebsstoffen zu versorgen.

Die systematische Umwandlung des Unternehmens in ein Unternehmen der Zukunft, die das vom Zweiten Weltkrieg geprägte Jahrzehnt eingeleitet hatte und die eineinhalb Jahrzehnte des »Wirtschaftswunders« begleiten wird, erfordert WISSEN und die Anwendung wissenschaftlicher Methoden. WISSEN verändert die Produktionsfaktoren Arbeitsleistung, Betriebsmittel und Werkstoffe; WISSEN ist »Grundlage und Maßstab des Wirtschaftspotentials und der wirtschaftlichen Macht« geworden.[30]

Am Ende der Periode des Überganges war WISSEN bei SCHMALBACH in reichem Maße vorhanden:

- WISSEN auf dem Gebiete des Finanzwesens, das in den Zeiten der von Geldsorgen freien Wehr- und Kriegswirtschaft selten geworden war, besaß *Herbert Munte*.
- WISSEN auf den Gebieten des Absatzes und der Technik war vorhanden bei dem ausgezeichneten Management, das SCHMALBACH schon früh aufgebaut hatte.
- Dieses eigene WISSEN wurde bald wieder aufgefüllt vom WISSEN und den weltweiten Erfahrungen der Continental Can Company.

Anmerkungen

1 H. *von Seeckt,* Gedanken eines Soldaten, Berlin 1929, S. 11 f.

2 G. *Mann,* Deutsche Geschichte des neunzehnten und zwanzigsten Jahrhunderts. Frankfurt/M. 1958, S. 877 ff.

3 G. *Schnath,* H. *Lübbing,* G. *Möhlmann,* F. *Engel,* Geschichte des Landes Niedersachsen. Würzburg 1962, S. 135 ff.

4 W. *Treue,* Wirtschaftsgeschichte der Neuzeit. 2. Aufl. [1. Aufl.: 1966], Stuttgart 1966, S. 740 ff. (zitierweise: Wirtschaftsgeschichte) und
W. *Treue* (unter Mitarbeit von G. *Frede*), Wirtschaft und Politik 1933 bis 1945. Braunschweig o. J., S. 54 ff.

5 L. *Graf Schwerin von Krosigk,* Die große Zeit des Feuers. Der Weg der deutschen Industrie. 3. Band. Tübingen 1959, S. 485 ff. und
W. *Treue,* Niedersachsens Wirtschaft seit 1760. Von der Agrar- zur Industriegesellschaft. Reihe B Heft 8 der »Schriftenreihe der Landeszentrale für politische Bildung in Niedersachsen«. Hannover 1964, S. 60 f.

6 H. A. *Clement,* The Story of Modern Europe. Deutsche Übersetzung von R. S. *Sattler,* Die Geschichte Europas seit 1870. Braunschweig 1965, S. 291,
G. *Mann,* a. a. O., S. 930 und
W. *Treue,* Wirtschaftsgeschichte, S. 753.

7 P. F. *Drucker,* Die Zukunft bewältigen – Aufgaben und Chancen im Zeitalter der Ungewißheit. Düsseldorf–Wien 1969, S. 332 ff. (zitierweise: »Zukunft«).

8 L. *Graf Schwerin von Krosigk,* a. a. O., S. 500 f.

9 L. *Graf Schwerin von Krosigk,* a. a. O., S. 487 ff. und
W. *Treue,* H. *Uebbing,* Die Feuer verlöschen nie. Zweiter Band: August-Thyssen-Hütte 1926–1966. Düsseldorf und Wien 1969, S. 138 ff.

10 Zinnfreie Konservendosen, Heft 2 der Schriftenreihe der Fachgruppe Feine Blechpackungen, Berlin 1941, S. 5 ff. (zitierweise: »Zinnfreie Konservendosen«).

11 W. *Brennecke,* Probleme der deutschen Blechpackungsindustrie, Heft 4 der Schriftenreihe der Fachgruppe Feine Blechpackungen, Berlin 1942, S. 44.

12 E. *Nehring,* Die Verwendung metallischer und nichtmetallischer Werkstoffe als Verpackungsmaterial der Konservenindustrie, in: Die Obst- und Gemüse-Verwertungs-Industrie XXVI (1939), S. 156 ff.

13 J. *Saarburger,* Die Konservendosen-Industrie. Ein Ausschnitt aus dem Gebiete der Weißblech verarbeitenden Industrie Deutschlands, dargestellt nach dem Stande des letzten Friedensjahres, unter Berücksichtigung ihrer geschichtlichen Entwicklung. Dissertation Universität Kiel 1922 (nur im Auszug gedruckt).

14 H.-G. *Protscher,* Das Weißblech als Werkstoff für Konservendosen. Dissertation Technische Hochschule Braunschweig 1938, S. 99.

15 Zinnfreie Konservendosen, S. 16 ff. und A. *Pfleghar,* Zur Technik der Falzdosen, in: Zinnfreie Konservendosen, S. 33 ff.

16 F. *Züchner,* Zur Technik der oberflächenbehandelten Dosen, in: Zinnfreie Konservendosen, S. 24 ff.

17 O. *Winkelmann,* Zur Technik der nahtlackierten Dosen, in: Zinnfreie Konservendosen, S. 29 ff.

18 E. *Nehring,* a. a. O.

19 Wo steht die Entwicklung der zinnfreien Konservendosen?, in: Die Obst- und Gemüse-Verwertungs-Industrie XXX (1943), S. 132 f.

20 E. *Nehring,* Über die Lenkung und Verarbeitung von Konservendosen für Wehrmachtszwecke in der Gemüse- und Obstkonservenindustrie, in: Die Obst- und Gemüse-Verwertungsindustrie XXX (1943), S. 191 ff.

20a E. *Nehring,* Die Verwendung von oberflächengeschütztem Schwarzblech für Konservendosen. Braunschweig 1940, S. 5.

21 W. *Lassen,* Konservendosen aus Aluminium, in: Zinnfreie Konservendosen, S. 38 ff.

22 Produktion Braunschweiger Betriebe, in: Die industrielle Obst- und Gemüse-Verwertung XXXIV (1949), S. 31.

23 H. *Querner,* Die Obst- und Gemüsekonserven-Industrie / Rückblick und Ausblick, in: Die industrielle Obst- und Gemüse-Verwertung XXXIII (1948), S. 86 ff.

24 Rückkehr zur Weißblechdose?,
Weißblech oder Schwarzblech?,
H. *Krause,* Zur Weißblechfrage, in: Die industrielle Obst- und Gemüse-Verwertung XXXIV (1949), S. 103, 116 f. und 247 f.

25 H. *Krause,* Lage und Zukunft unserer Industrie, in: Die industrielle Obst- und Gemüse-Verwertung XXXIII (1948), S. 3 ff.

26 Wirtschaftspolitik vor großen Entscheidungen, in: Die industrielle Obst- und Gemüse-Verwertung XXXIII (1948), S. 62 f.

27 P. F. *Drucker,* Sinnvoll wirtschaften. Notwendigkeit und Kunst, die Zukunft zu meistern. Wien und Düsseldorf 1965, S. 16.

28 Praxis des Management. Ein Leitfaden für die Führungsaufgaben in der modernen Wirtschaft. Düsseldorf 1956, S. 396 ff.

29 P. F. *Drucker,* Zukunft, S. 78.

30 P. F. *Drucker,* Zukunft, S. 332 ff.

V.
Das »Wirtschaftswunder«
(1949-1963)

»Bei fast allen Völkern Europas beruht ihr Wesen,
ihre Kultur auf einer gemeinsamen Grundlage:
dem Geiste der Griechen und Römer und dem Christentum.
Vielfalt in der Eigenart und trotzdem Gemeinsamkeit
in der Grundlage sind die entscheidenden Vorzüge Europas.
Die Sorge um die Gefährdung dieser Grundlage,
die Sorge um die Gefährdung der Freiheit
und der Gleichberechtigung müssen uns heute
zusammenführen gegen diejenigen Kräfte,
die das freie Selbstbestimmungsrecht des einzelnen
und der Völker verkennen.«

Konrad Adenauer *(1876–1967)*
Erinnerungen 1955–1959. Stuttgart 1967, S. 17

1.
Der Weg nach Europa

In unseren Tagen wird der traditionellen Geschichtsschreibung, deren Schwerpunkt die Erforschung von Kriegen und Machtkämpfen bildet, entgegengehalten, die eigentliche Geschichte sei da, wo der Mensch etwas Fruchtbares leistet und sein Leben gestaltet. Geschichtsschreibung müsse also vor allem zweierlei sein: Geschichte der Wirtschaft und Geschichte des Wissens; das Politische sei nur Zugabe.[1] Die Beantwortung der Frage »Was ist Geschichte?« muß den Historikern überlassen bleiben. Sicherlich wird aber die Verflechtung zwischen der politischen Geschichte, der Entwicklung der Wirtschaft und den Fortschritten der Wissenschaft immer enger und zwingt uns, eine Synthese wenigstens zu versuchen.

Es ist eine glückliche Fügung, daß sich unter den »Männern der ersten Stunde« ein Triumvirat befand, in dem die drei Komponenten der Geschichte harmonisch vereinigt waren:

- *Theodor Heuss* (1884–1963), der erste Bundespräsident, war ein Gelehrter, »der dem Staat von der Spitze her einen zugleich würdigen und populären, anheimelnden Stil zu geben wußte, wie er seit dem Niedergang der Monarchie nicht mehr an der Tagesordnung gewesen war.«
- *Konrad Adenauer,* der erste Bundeskanzler, war ein erfahrener, souveräner Politiker, der in der Innenpolitik wesentlich beteiligt war am moralischen und materiellen Wiederaufbau des Landes vom Punkte Null zu einem vorbildlichen Rechtsstaat und zur zweitgrößten Welthandelsnation, der in der Außenpolitik mit bewunderungswürdiger »Folgerichtigkeit, Unbeirrbarkeit und Ehrlichkeit« sich in den Dienst der »europäischen Integration« stellte.[2]

- *Ludwig Erhard* (geb. 1897), der erste Bundeswirtschaftsminister, verband das Wissen, das er sich in langjähriger Tätigkeit an der Wirtschaftshochschule Nürnberg erworben hatte, mit Energie und Wagemut, realisierte die kühne Konzeption der Sozialen Marktwirtschaft.

Das Leitmotiv seiner Außenpolitik hat *Adenauer* offenbart, als er am 23. März 1949 zum erstenmal eine Rede im Ausland – in Bern – hielt:

»Unsere Zeit ist sehr verwirrt. Täglich tauchen neue Probleme auf, zeigen sich immer wieder neue Phasen in der Entwicklung. Aber trotz dieser Fülle der Probleme muß sich jeder Verantwortung tragende Mensch darüber im klaren sein, daß es für die jetzige und die kommende Generation im Augenblick nur ein Hauptproblem gibt, und zwar das folgende:

Zwei große Mächtegruppen haben sich auf der Erde gebildet. Auf der einen Seite die im Atlantik-Pakt vereinigte Mächtegruppe unter Führung der USA. Das ist die Gruppe, die die Güter der christlich-abendländischen Kultur, Freiheit, und wahre Demokratie verteidigt ...«[3]

Das *Grundgesetz der Bundesrepublik Deutschland* bietet das Höchstmaß an Sicherheit gegen eine Wiederholung der negativen Erfahrungen in den zwanziger und dreißiger Jahren: Der Bundespräsident wird nicht unmittelbar vom Volk, sondern von der Bundesversammlung gewählt und hat kein Notverordnungsrecht. Das Amt des Bundeskanzlers kann durch ein Mißtrauensvotum des Bundestages nur beendet werden, wenn *gleichzeitig* ein neuer Bundeskanzler gewählt wird. Der Bundesrat, durch den die Länder bei Gesetzgebung und Verwaltung des Bundes mitwirken, hat eine stärkere Stellung als der Reichsrat der Weimarer Zeit.

Der *Rechtsstaat* – »eine der tüchtigsten deutschen Traditionen« – wurde wiederhergestellt, auch um den Preis von Opfern. *Golo Mann,* der selbst 1933 seine Heimat verlassen mußte, nennt in diesem Zusammenhang die Wiedergutmachung nationalsozialistischen Unrechts, von der er sagt: »Wir sind leicht geneigt, dergleichen als selbstverständlich hinzunehmen oder zu beklagen, daß die Vergütung nicht freigebiger war. Es war so wenig selbstverständlich, daß es in der Geschichte Europas nahezu beispiellos dasteht.«[4]

Der Weg aus der Isolierung nach Europa vollzog sich allmählich durch eine Änderung der Atmosphäre, eine Intensivierung der politischen, wirtschaftlichen, wissenschaftlichen und kulturellen Kontakte und die Erneuerung alter, das Anknüpfen neuer Freundschaften zwischen Politikern, Gelehrten, Kaufleuten, Künstlern und Offizieren. In diesem organischen Wachsen – als dessen Ausgangspunkt vielleicht spätere Generationen *Adenauers* Berner Rede betrachten werden – gibt es aber doch markante Punkte, von denen drei genannt seien:

- Am 18. April 1951 wird der Vertrag über die Gründung der *Europäischen Gemeinschaft für Kohle und Stahl* (EGKS-Montanunion) abgeschlossen, die erste supranationale Abmachung zwischen Frankreich, der Bundesrepublik, Italien und den Beneluxstaaten. Zielsetzung der Montanunion war und ist es, auf dem Gebiete von Kohle, Erz, Schrott und Stahl »die jahrhundertealten Rivalitäten« zu beseitigen und »einem nunmehr allen gemeinsamen Schicksal« die Richtung zu weisen.
- Am 9. Mai 1955 wird die Bundesrepublik in die *NATO* (North Atlantic Treaty Organization) aufgenommen, ein vertragliches Sicherheitssystem zur Verteidigung von Frieden und Freiheit im atlantischen und westeuropäischen Bereich.
- Am 25. März 1957 unterzeichnen in Rom die Regierungschefs der Montanunion-Länder die *»Verträge zur Gründung der Europäischen Wirtschaftsgemeinschaft und zur Gründung der Europäischen Atomgemeinschaft«* (EWG und Euratom), die eine Aufhebung der Zoll- und Wirtschaftsschranken, die gemeinsame friedliche Nutzung der Atomkraft einleiten.

Im Land Niedersachsen, zu dem *Braunschweig* nun als Verwaltungsbezirk gehört, wurde Großes geleistet in der Erschließung der Ödlandreserven, der Fortführung der Industrialisierung und der Leistungssteigerung der Landwirtschaft.

Am 21. Dezember 1961 starb Ministerpräsident *Hinrich Wilhelm Kopf,* der die Grundlagen für ein neues staatliches Werden aufgebaut, in bewußter und betonter Anknüpfung an die geschichtlichen Überlieferungen des niedersächsischen Raumes dem Bundeslande Niedersachsen sein Gepräge gegeben hat.[5]

Eine Bündelung von Ereignissen – es fällt schwer, sie als nur zufällig zu betrachten – kennzeichnet das Ende eines Abschnittes der Geschichte, den man in der Bundesrepublik »Ära Adenauer« zu nennen pflegt:

- Am 3. Juni 1963 stirbt *Johannes XXIII.* (geb. 1881), dessen Pontifikat – vom universalgeschichtlichen Standpunkt betrachtet – gekennzeichnet war durch das Streben, die Kirche zu öffnen für den Dialog mit der Welt;
- am 15. Oktober 1963 tritt *Konrad Adenauer* als Bundeskanzler zurück;
- am 22. November 1963 wird *John F. Kennedy* (geb. 1917), der von der ganzen westlichen Welt bewunderte Präsident der USA, in Dallas ermordet;
- am 12. Dezember 1963 stirbt *Theodor Heuss,* der auch nach Ablauf der Amtszeit (30. September 1959) durch Reisen und Vorträge für das Ansehen der Bundesrepublik gewirkt hatte, und
- am 14. Oktober 1964 wird *Nikita Sergejewitsch Chruschtschew* (1894–1971), dessen Härte mit Menschlichkeit gepaart war, seiner Ämter in Partei und Staat enthoben.

2.
»Wohlstand für alle«

Das Phänomen, das das »Wirtschaftswunder« genannt zu werden pflegt, war keineswegs ein Wunder – ein Geschehen, das auf natürliche wissenschaftliche Weise nicht erklärt werden kann. Es haben vielmehr in der Bundesrepublik, wie *Karl Jaspers* (1883–1969) beim Empfang des Friedenspreises des Deutschen Buchhandels am 28. September 1958 sagte, »die Arbeitskraft und Tüchtigkeit der deutschen Unternehmer, Angestellten und Arbeiter, die verantwortungsbewußte Sachlichkeit der Wirtschafts- und Finanzpolitik ... das Erstaunlichste ermöglicht ...«[6] Diese großartig gesteigerte Produktivität wäre aber nicht denkbar gewesen »außerhalb des Bannkreises von Hoffnung und gutem Willen, die sobald nach dem Krieg sich in Europa durchzusetzen begannen«[7] – nicht zuletzt dank der klaren Konzeption der deutschen Außenpolitik.

Die Zwangswirtschaft, die unmittelbar nach der Währungsreform gelockert worden war, endete 1950 mit der Aufhebung der Lebensmittelrationierung; es begann die Realisierung der *»Sozialen Marktwirtschaft«*.

In der »Sozialen Marktwirtschaft« hat der Staat *die Wirtschaftsordnung zu errichten und zu überwachen.* Im Rahmen der Wirtschaftsordnung kann und soll sich der Wirtschaftsprozeß eines fairen Leistungswettbewerbs freier abspielen als bisher; es bedarf nicht – wie im paläoliberalen Laissez-faire-System – nachträglicher punktueller Interventionen zur Behebung von Schäden. Die Soziale Marktwirtschaft verdankt das Prädikat »Sozial« ihrer inneren Ordnung, »die von ihren Grundlagen her auf natürlichem Wege selbsttätig eine Übereinstimmung des wirtschaftlich und des sozial Erstrebenswerten herbeiführt. Sie erfüllt außerdem eine zentrale ... Funktion bei der Sicherung einer freiheitlichen Gesellschaftsordnung und einer demokratischen Staatsform.«[8] *Ludwig Erhard* prägte für die wirtschaftliche Zielsetzung seiner Politik die vielzitierte Formulierung: WOHLSTAND FÜR ALLE!

Im Gegensatz zur Zeit zwischen den beiden Kriegen werden die Löhne im Sinne des *Fordismus* nicht nur als Kosten, sondern auch als Mittel zur Schaffung von Kaufkraft gesehen; es wird lediglich versucht zu verhindern, daß bei Lohnerhöhungen »die durch die Produktivitätsentwicklung gesetzten Grenzen aus politischem Wollen heraus übersprungen werden sollen«,[9] wodurch sich zwangsläufig Preissteigerungen ergeben würden.

In den ersten Jahren nach der Währungsreform mußten die Banken, selbst noch im Aufbau, in der Kreditgewährung zurückhaltend sein. Die Unternehmen waren weitgehend auf *Selbstfinanzierung* – also Finanzierung durch Nichtausschüttung von Gewinnanteilen – angewiesen. Der Staat förderte bei Einkommensteuersätzen von exorbitanter Höhe durch Bewertungsfreiheiten und andere steuerliche Vergünstigungen die Investitionen in der Wirtschaft, aber auch den Wohnungs- und den Schiffsbau.

Unabhängig davon, daß der Sozialen Marktwirtschaft die Kongruenz des wirtschaftlich und des sozial Erstrebenswerten innewohnt, wurde die Entwicklung der *Sozialpolitik,* die ihren Ausgang genommen hatte von der sozialen Gesetzgebung der Jahre 1883 bis 1889, fortgesetzt bis die Bundesrepublik »in bezug auf sozialpolitische Leistungen eine der Spitzenstellungen einnahm«. Das vielschichtige System, »in dem eine gesetzliche Alters-, Kranken-, Unfall- und Arbeitslosenversicherung sowie der Lastenausgleich zugunsten der Vertriebenen, die Kriegsopferversorgung, Sozialhilfe, Kinder- und Wohnungsgeld neben- und ineinander wirkten, ... ließ seit dem Ende der fünfziger Jahre eine Verbindung von Rationalisierung der sozialpolitischen Bürokratie und liberaler Beschränkung der Maßnahmen in einer von der Not zum Wohlstand aufgestiegenen Gesellschaft um so erwünschter erscheinen, als die Sozialaufwendungen bis auf 14–20 % des Brutto-Sozialprodukts angestiegen und in einer durch verstärkten Wettbewerb gekennzeichneten Weltwirtschaft zu einer merklichen

Belastung der wirtschaftlichen Konkurrenzfähigkeit der Bundesrepublik geworden waren.« Das Sozialbudget stand unter dem Einfluß von zwei schwer zu koordinierenden Faktoren:

- der automatisch-dynamischen Rententendenz trotz Verschlechterung des Aufbaues der Alterspyramide,
- der politisch begründeten Neigung zur Ausweitung, zu denen als dritter Faktor das Streben nach Harmonisierung der Sozialleistungen innerhalb der EWG hinzukam.

Zwischen der *Integration der westlichen Staaten Europas* und der Unternehmenspolitik besteht ein unmittelbarer Zusammenhang: Automation und Rationalisierung, Massenproduktion und -absatz fordern Großmärkte; Großmärkte fördern Spezialisierung und Konzentration. Durch die intensive Beteiligung an der Integration fand die Wirtschaft der Bundesrepublik – ebenso wie durch ihre Produktions- und Handelsleistungen – den Anschluß an die Welt, der ihr seit 1933 vorenthalten worden war. 1956 erklärte *Ludwig Erhard*: »Die deutsche Wirtschaftsentwicklung kann als ein Experimentalbeweis dafür gelten, daß zur Herstellung einer gleichgewichtigen Ordnung nicht Macht und Reichtum, sondern nur guter Wille und Disziplin erforderlich sind ... Keine mögliche europäische Zielsetzung darf aber in ihrer Wirkung einer europäischen Isolierung ... gleichkommen.«

So kam es denn – vom »Marshall-Plan« bis zur Entwicklungshilfe – zu einer engen technischen und wirtschaftlich-finanziellen *Zusammenarbeit mit den USA*, die insbesondere zwei Vorteile brachte:

- Der Vorsprung auf technischem Gebiet, den die USA erzielt haben während der Jahre der Abschließung Deutschlands gegen das »Ausland« und des Zweiten Weltkrieges, konnte rasch aufgeholt werden.
- Die Methoden des Managements, die einige US-amerikanische Hochschulen – am bekanntesten die Harvard Business School – in Zusammenarbeit mit der Praxis entwickelt hatten, boten wertvolle Anregungen für die Umgestaltung der europäischen Unternehmensführung.

Je stärker der politische Charakter der Gemeinschaften und ihrer Organe verkündet wurde, um so mehr entstand auf der französischen

Seite die Befürchtung, daß die Grenze verwischt würde zwischen den vertraglich übertragenen Funktionen der Gemeinschaften und denen der Mitgliedstaaten. Daraus ergab sich der wachsende französische Widerstand mit dem Ergebnis, daß die wirtschaftliche Zusammenarbeit langsamer Fortschritte machte als erwartet.[10] Der *Trend zur Integration* setzte sich aber fort und am 22. Januar 1972 haben die Premierminister Großbritanniens, Dänemarks, Irlands und Norwegens den Vertrag über den Beitritt ihrer Länder zur Europäischen Wirtschaftsgemeinschaft unterzeichnet.

3.
Industrie und »Wirtschaftswunder«

Seit die Standortbindung der Ersten industriellen Revolution an die Kohle zu schwinden begann, die Kohle ihr natürliches Monopol verlor, das Schwergewicht sich auf die Ölländer verlagerte, sind alle Kohleländer in Abhängigkeit geraten. Die Bundesrepublik ist bei Dekkung ihres *industriellen Rohstoffbedarfs* stärker auf Importe angewiesen als es Deutschland früher war.

»Der Export ist unser Schicksal«; mit diesem Wort kennzeichnete *Ludwig Erhard* den Zwang zu vermehrtem Absatz im Ausland, der sich aus den Gebietsverlusten und der Spaltung des verbliebenen Lebensraumes ergab. Rund vier Fünftel der Ausfuhr entfallen auf zehn Industriegruppen: die chemische Industrie, die eisenschaffende Industrie, den Fahrzeugbau, die feinmechanische Industrie, den Kohlenbergbau, den Maschinenbau, die Metallwarenindustrie, die optische Industrie, den Schiffsbau und die Textilindustrie. Ihr Auslandsumsatz betrug 1957 24,7 Milliarden DM = 81 %, der aller übrigen Industriegruppen 5,7 Milliarden DM = 19 %.[11]

Die verstärkte internationale Verflechtung erschwerte den Trägern der Wirtschaftspolitik ihre Aufgabe, für ein gleichmäßiges Wachstum zu sorgen: die Abhängigkeit von der *Weltkonjunktur* war groß.

Dr. h. c. E. F. Schumacher vom National Coal Board hat eines der fünf Kennzeichen der Zeitenwende, in der wir uns befinden, folgendermaßen umschrieben: »Die bisher wirksamen Fesseln verschiedener Art, die das Tempo der wirtschaftlichen Entwicklung kontrolliert und gemäßigt hatten, wurden abgelegt, und die Idee des immerwährenden Wirtschaftswachstums wurde zur herrschenden Passion der Menschheit.«[12] Die Entwicklung der Konjunktur im Ausland und der

Nachholbedarf im Inland mögen es nahegelegt haben, diese Zielsetzung als Datum in manche Planung einzubeziehen. Die *Kohlenkrise 1958* zeigte die Gefahren solchen Wunschdenkens. Da der Energiebedarf 1957 nicht mehr so stark anstieg wie in den Vorjahren und 1958 sogar zurückging, wuchsen die Halden auf über 10 Millionen Tonnen. Es wurde notwendig, die Kohleneinfuhr durch einen Zoll zu drosseln und die Konkurrenz des Heizöls durch das bekannte Kohle-Öl-Kartell – wenigstens vorübergehend – zu mildern.[13]

Die Zeit nach 1945 brachte das *allgemeine Kartellverbot* der Besatzungsmächte. Fußend auf Art. 12 des Potsdamer Abkommens wurden »übermäßige Konzentrationen deutscher Wirtschaftskraft« für ungesetzlich erklärt und ihre Beseitigung angeordnet, wobei Kartelle nach ausdrücklicher gesetzlicher Bestimmung unter den Begriff der »übermäßigen Konzentration« fielen. Das alliierte Dekartellisierungsrecht blieb in Kraft bis es abgelöst wurde vom Gesetz gegen Wettbewerbsbeschränkungen vom 27. Juli 1957, das im Grundsatz die Unwirksamkeit von Wettbewerbsbeschränkungen verfügt, im praktischen Ergebnis Kartelle verbietet.

Der Versuch, aus der ein Vierteljahrhundert währenden Diskussion des Kartellverbots eine Auswahl zu treffen, führt zu drei Leitsätzen:

(1) Das Wettbewerbsrecht besteht aus zwei Rechtskreisen: dem Recht gegen Wettbewerbsbeschränkungen und dem Recht gegen den unlauteren Wettbewerb, die in den USA aufeinander abgestimmt sind. Der scharfen Antitrustgesetzgebung entsprechen wirksame Maßnahmen zum Schutze des Leistungswettbewerbs. In der Bundesrepublik steht dem modernsten Gesetz gegen Wettbewerbsbeschränkungen Europas als Kern des Rechts gegen den unlauteren Wettbewerb noch das Gesetz gegen den unlauteren Wettbewerb vom 7. Juni 1909 gegenüber.

(2) Bei den *heterogenen* Gütern ist der Preiswettbewerb gedämpft und wird weitgehend ersetzt durch den Qualitäts- und den Werbungswettbewerb. Bei den *homogenen* Gütern konzentriert sich der Wettbewerbsdruck auf den Preis. Jede Preissenkung, die ein Anbieter gegenüber dem Abnehmer macht, um *den durch die Kapital- und Kostenstruktur vorgegebenen optimalen Beschäftigungsgrad* zu halten, löst Unterbietungswellen aus und erst der

vollständige Verzicht auf die Deckung der festen Kosten bildet die absolute Preisuntergrenze.

(3) Von mittelbarer, aber kaum zu überschätzender Bedeutung ist die von einem Altmeister der Sozialwissenschaften neu durchdachte und neu formulierte Erkenntnis *Walther Rathenaus*: »für den echten Unternehmer ist der Gewinn oder deutlicher gesagt die Reichtumsvermehrung weder Selbstzweck noch Endziel, sondern vor allem *Mittel* zu dem, worum es ihm eigentlich geht: sein Unternehmen soll blühen und wachsen; er will ... seine schöpferische Phantasie und Gestaltungskraft betätigen ...«[14]

Das sogenannte »Wirtschaftswunder« begleitete ein *Konzentrationsprozeß,* gegen dessen Intensität von verschiedenen Seiten Bedenken geäußert wurden. Der berühmte Professor der Staatswissenschaften, *Edgar Salin,* veröffentlichte indessen ein Plädoyer für die Konzentration, dessen wichtigste Argumente sein dürften:

(1) Erst das Großunternehmen hat es ermöglicht, durch Massenproduktion den Preis so weit zu senken, daß sich jedermann mit Waren versorgen kann, die früher einer dünnen Oberschicht vorbehalten waren.

(2) Das Kartellverbot führt zur Konzentration und, wenn auch diese erschwert wird, zur Fusion.

(3) Fusionen sind der Regel nach der Weg, um ein Optimum der Produktion zu einem Optimum des Preises zu sichern (Optimum auch vom Standpunkt der zu versorgenden Bevölkerung).

(4) Jede dauernde Vergrößerung des Marktes erzwingt Vergrößerung der Unternehmen und wenn das für das einzelne Unternehmen nicht durch Selbstfinanzierung möglich ist, dann einen Zusammenschluß, eine Konzentration oder Fusion.

(5) Mit der Größe der Unternehmen wächst zwar die Macht, aber Macht ist nicht identisch mit Mißbrauch der Macht, den meist die oligopolistische Konkurrenz weit besser zu verhindern imstande ist als jede bürokratische Instanz.[15]

Beim *Nachwuchs* wurden drei außerordentlich bedeutsame Beobachtungen gemacht:

– Über die Studenten sagte *Konrad Adenauer* in der Berner Rede vom 23. März 1949: »Unsere Studenten verdienen das größte Lob wegen ihres Fleißes. Unter denkbar ungünstigen äußeren Bedingungen legen sie sehr gute Examina ab.«[16]

- Die heranwachsende Jugend ist »gegenüber der Erwachsenengeneration kritischer und selbständiger, weniger gehemmt, betont nüchtern und realistisch, mit starkem Interesse für technische Fragen und einem weiteren geistigen Radius.« Die Begabung verschiebt sich vom sprachlich-theoretischen auf den organisatorisch-praktischen Bereich.
- Bei den Flüchtlingskindern zeigte sich, daß für Begabung und Leistung nicht das Milieu, sondern das Erbgut entscheidend ist, die sozialen Auslesegruppen relativ schicksalsunabhängig sind.[17]

4.
Ist Verpackung Luxus?

Bei der gerafften Darstellung der Entwicklung der Verpackungswirtschaft – mit dem Akzent auf der Feinstblechpackungsindustrie – in den eineinhalb Jahrzehnten des Wiederaufbaues und Wiederaufstieges kann der Chronist zum ersten Male aus Zeitschriften schöpfen, die sich *ausschließlich* den Problemen des Verpackungswesens widmen:

- Seit Mitte 1949 gibt der freie Journalist *Dr. Adalbert Pabst,* Braunschweig, die FEINSTBLECH-KORRESPONDENZ heraus, die in regelmäßigen Abständen kurzgefaßte informatorische Übersichten über die Lage und die Entwicklung auf dem Gebiet der Feinstblechpackungen gibt;
- seit 1946 erscheint in Berlin DIE NEUE VERPACKUNG und
- seit 1949 in Frankfurt am Main das Fachblatt für Technologie und Wirtschaft des Verpackungswesens VERPACKUNGS-RUNDSCHAU.

Die Entwicklung zum *Gesamtverband Feinstblechpackungen e. V.* vollzog sich in drei Phasen:

- Am Beginn der fünfziger Jahre gab es zwei Vereinigungen: den Fachverband Feinblechpackungen e. V. und die Interessengemeinschaft Blechpackungen e. V.
- Am 20. September 1957 gründeten beide Vereinigungen als Dachorganisation den Gesamtverband, der für alle grundsätzlichen Fragen der Feinstblechpackungsindustrie zuständig sein sollte; die Geschäftsführung übernahm zusätzlich *Dr. Wolfgang Benzinger,* seit 17. 1. 1951 Geschäftsführer des Fachverbandes.
- Am 21. Juni 1963 wurde beschlossen, Fachverband und Inter-

essengemeinschaft zu liquidieren, so daß der Gesamtverband den einzigen, praktisch alle Unternehmen der Branche umfassenden Zusammenschluß bildete.

Dr. Julius von Hartmann war der erste Vorsitzende des Gesamtverbandes; wegen einer langwierigen Erkrankung mußte er schon nach Ablauf eines Jahres die stellvertretenden Vorsitzenden, *Waldemar Friebel* und *Otto Meister,* bitten die Geschäfte weiterzuführen; auf der Jahreshauptversammlung 1965 wurde dann *Waldemar Friebel* zum neuen Vorsitzenden gewählt.

Vorstand und Geschäftsführung hatten in einer Periode immer dynamischer, oft hektischer Entwicklung die konkreten Zielsetzungen laufend zu modifizieren, um die Aufgabe des Verbandes, »die gemeinsamen Interessen der Feinstblechpackungsindustrie auf wirtschaftlichem und auf technischem Gebiet zu wahren und zu fördern« erfolgreich wahrnehmen zu können. Als Beispiel für eine neue Zielsetzung sei genannt die Anknüpfung und Pflege der internationalen Beziehungen. Der erste Schritt auf diesem Wege erfolgte Anfang 1953 durch die Teilnahme an den Beratungen des Technical Comittee 52 (luftdicht verschlossene Lebensmitteldosen) der International Organization for Standardization (ISO). Den vorläufigen Abschluß bildet die auf deutsche Initiative zurückgehende Gründung des SEFEL (Secrétariat Européen des Fabricants des Emballages légers), dessen Aktivität die Euro-Normen für Feinstblech und Weißblech, die Behandlung vieler internationaler Probleme zu danken ist.

Im Geschäftsbericht 1968 des Gesamtverbandes Feinstblechpackungen e. V. findet sich die nebenstehende Tabelle, die die Produktion der Feinstblechpackungsindustrie seit dem Jahre 1953 darstellt.
Die Rückkehr zum Käufermarkt, die sich im Bereiche der Konsumgüter rascher vollzog als in dem der Investitionsgüter, brachte die während der Zeit der Zwangswirtschaft in Vergessenheit geratenen werblichen Elemente der Verpackung in Erinnerung. 1950 wurde schon berichtet, die Verpackung spiele auf dem US-amerikanischen Markt für die Verkäuflichkeit von Lebensmitteln eine ausschlaggebende Rolle; sie habe dort drei Aufgaben zu erfüllen: 1. die Ware einwandfrei als Erzeugnis eines bestimmten Herstellers kenntlich zu machen; 2. den Käufer über ihren Gebrauch zu unterrichten, und 3. *den Kaufentschluß des Kunden herbeizuführen.* Kleinere Erzeuger

Jahr	Produktionswert (einschl. USt)		Einsatzgewicht der verarbeiteten Bleche		Produktionswert je t verarbeitetes Blech DM/t
	1000 DM	± %	t	± %	
1953	402 354	.	188 399	.	2 136
1954	410 470	+ 2,0	205 804	+ 9,2	1 994
1955	430 094	+ 4,8	215 477	+ 4,7	1 996
1956	468 927	+ 9,0	230 585	+ 7,0	2 034
1957	540 029	+15,2	259 840	+12,7	2 078
1958	564 166	+ 4,5	267 130	+ 2,8	2 112
1959	626 132	+11,0	300 534	+12,5	2 083
1960	679 807	+ 8,6	325 587	+ 8,3	2 088
1961	736 143	+ 8,3	338 466	+ 4,0	2 175
1962	835 588	+13,5	392 729	+16,0	2 128
1963	839 923	+ 0,5	400 958	+ 2,1	2 095

benutzten die Verpackung – so hat man beobachtet – oft als einziges Werbemittel.

Zunächst beschäftigen sich einige Abhandlungen unter verschiedenen Aspekten mit der wieder bedeutsam gewordenen Werbefunktion der Verpackung und später gab *Dr. A. Männicke* im größeren Rahmen der marktbedingten Ansprüche an die Verpackung eine zusammenfassende Darstellung der werblichen Elemente der Verpackung, näherhin: der »Verkaufsverpackung«, »die unmittelbar mit der Ware zusammen an den letzten Verbraucher abgegeben« wird. Die sieben werblichen Elemente umfassen:

- die Größe, wesentlich bestimmt durch die handelsüblichen Abgabemengen, die sich aus den *gebräuchlichen Maßen und Gewichten* ergeben (für die meisten Artikel des täglichen Bedarfs jetzt festgelegt in der Fertigpackungsverordnung vom 16. Dezember 1971);
- die Form, orientiert am ästhetischen Formsinn des Konsumenten, aber auch an der »guten Handlichkeit« und dem Dekorationseffekt im Einzelhandel;
- die Farbe, die auf das Füllgut abzustimmen ist, da der Käufer bestimmte Farben mit bestimmten Gütern assoziiert (z. B. Blau – Zucker, Gold und Braun – Kaffee, Kakao);
- den Text auf der Verpackung, der – am besten in Form eines Slo-

gans – den Käufer über die Ware informiert (unter Einbeziehung der gesetzlich vorgeschriebenen Angaben);
- die graphische Gestaltung, die durch Illustration, Etikett, Symbol und Bildmarke dem Käufer »eine Vergegenständlichung des Inhaltes« bietet;
- die Rezepte und Einlagen, die die Anwendung oder Verwendung des Füllgutes erleichtern und
- die Steigerung der Verkaufswirkung durch Blickfang, bedeutsam für die Selbstbedienungsgeschäfte.

In enger Verbindung mit den werblichen Elementen der Verpackung steht der *Gebrauchsnutzen,* der sich ergibt, wenn bei der Gestaltung der Verpackungen systematisch die Möglichkeiten einer weiteren Verwendung untersucht und berücksichtigt werden. Die Verpackungen mit Gebrauchsnutzen können in drei Gruppen gegliedert werden:
- Verpackungen, die dem Spiel- und Sammeltrieb des Kunden entgegenkommen (bedruckte Blecheimer etwa, die nach Aufbrauch des Füllgutes als Spielzeug dienen);
- Verpackungen, die nach Aufbruch des Füllgutes im Haushalt weiterbenutzt werden können (man denke an schön gestaltete Kaffee-, Kakao-, Tee- und Keksdosen) und
- Verpackungen, die sich dazu eignen, nach Aufbrauch des Füllgutes betrieblich genutzt zu werden.[18]

Für solche Verpackungen gibt es ein klassisches Beispiel: *Henry Ford* schrieb den Glaslieferanten die Maße der Glasumverpackung so genau vor, daß die Bretter der zerlegten Verpackung ohne jede Nacharbeit als Bodenbretter in seinem berühmten Auto verwendet werden konnten.[19]

Bei der Gestaltung der Verpackungen mit Gebrauchsnutzen ist zu beachten, daß nach der Zugabeverordnung vom 9. März 1932
- es verboten ist, »im geschäftlichen Verkehr neben einer Ware ... eine Zugabe ... anzubieten, anzukündigen oder zu gewähren« (§ 1 Abs. 1);
- das Verbot indessen nicht gilt, »wenn die Zugabe nur in handelsüblichem Zubehör zur Ware ... besteht« (§ 1 Abs. 2 Buchst. d).

Zur Frage, inwieweit bestimmte Verpackungen *handelsübliches Zubehör* sind, gibt es eine umfangreiche Rechtsprechung.

Im Winter 1949/50 geriet die *Obst- und Gemüseverwertungsindustrie* in eine Absatz- und Liquiditätskrise. Die existenzgefährdende Notlage war nicht zurückzuführen auf eine Überproduktion; die Produktion der Konservenkampagne 1949 blieb hinter einer normalen Vorkriegsproduktion zurück und erreichte nicht die im Winter 1948/49 abgesetzte Menge. Die Ursache war vielmehr ein typischer Fall von Substitutionskonkurrenz: dem Wettbewerb zwischen Gütern, die zwar nicht gleichartig sind, aber einander ersetzen können. Nach der Liberalisierung der Einfuhr von frischem Gemüse, frischem Obst und Südfrüchten konzentrierte sich die Nachfrage schlagartig auf diese Erzeugnisse, die es lange Jahre nicht oder nur in beschränktem Umfange gegeben hatte. Erschwerend kam hinzu, daß für den weitaus überwiegenden Teil der Konservenproduktion Schwarzblechdosen verarbeitet worden waren, aus den geschilderten psychologischen Gründen inzwischen die Rückkehr zur Weißblechdose sich vollzogen hatte und die überlagerten Schwarzblechkonserven im nächsten Winter mit Weißblechkonserven zu konkurrieren gehabt hätten. Die auf den Konserven ruhenden kurzfristigen Verbindlichkeiten bestanden zum 1. Februar 1950 – wie aus einem Rundschreiben der Arbeitsgemeinschaft der Obst- und Gemüseverwertungs-Industrie hervorgeht – zu fast 60 % aus Bankschulden und zu mehr als 25 % aus teilweise bereits prolongierten Akzeptverbindlichkeiten gegenüber den Lieferanten.

Von den Hilfs- und Stützungsaktionen, die unternommen wurden, um die Absatz- und Liquiditätskrise zu dämpfen, erlangte bleibende Bedeutung der *»Bassinvertrag«*. Auf Anregung von *Herbert Munte* hat ein Kreis von Sachverständigen ein Verfahren entwickelt, das auf Basis des rechtlichen und wirtschaftlichen Datenkranzes in der Bundesrepublik Deutschland ein gleichartiges wirtschaftliches Ergebnis erzielt wie das US-amerikanische »Field Warehousing«: die Finanzierung von Produktion und Absatz der Konservenindustrie durch Bereitstellung im Volumen ausreichender und auf die Bestandsrealisierung zeitlich abgestimmter Kredite.

Zur Kennzeichnung des Verfahrens, das im »Bassinvertrag« seinen Niederschlag gefunden hat, sei angeführt:

- Die Hausbank und die Lieferanten der Rohware und der Verpackungen gewähren zur Finanzierung der Konservenproduktion Kredite, die besichert werden durch Übereignung der Konserven und Abtretung der sich aus deren Verkauf ergebenden Forderungen an einen Treuhänder.

– Der Fabrikant ist ermächtigt, aus den dem Treuhänder zur Sicherung übereigneten Konserven, dem »Bassin«, an seine Abnehmer zu verkaufen. Nach jedem Verkauf hat er aber *entweder* das Bassin mit anderen Konserven aufzufüllen *oder* die entstandene Forderung an den Treuhänder abzutreten (nach Abschluß der Konservenkampagne die Regel).
– Mit dem Zeitpunkt, von dem an das Auffüllen des Bassins abgelöst wird vom Abtreten der entstehenden Forderungen, wird auf den Rechnungen ein Sonderkonto angegeben, über das nur der Treuhänder verfügungsberechtigt ist. Die eingegangenen Gelder werden periodisch vom Treuhänder an die Bank und die Lieferanten im Verhältnis ihrer Forderungen verteilt, so daß sich die Abwicklung ruhig vollzieht und keine Schleuderverkäufe notwendig werden, die Verluste beim Konservenfabrikanten und Deroutierung des Marktes verursachen.

Zunächst hatte das Land Niedersachsen für Ausfälle zusätzlich eine Bürgschaft übernommen (Beschluß des Kabinetts vom 17. April 1951). Als das Abklingen der Krise – an dem wohl neben dem Einpendeln von Angebot und Nachfrage die Fernwirkungen des am 25. Juni 1950 einsetzenden Koreakriegs beteiligt waren – zum Wegfall der Landesbürgschaft führte, blieb der Bassinvertrag trotzdem erhalten. Leider wurde von ihm nicht in solchem Maße Gebrauch gemacht, daß die »Finanzierung ohne Furcht« zu einer Konsolidierung des Marktes geführt hätte, einer Eingrenzung von Angeboten zu nicht kostendeckenden Preisen auf die Importe aus Niedrigpreisländern.[20]

Die Entwicklung des Marktes für Feinstblechpackungen 1953/54 bietet ein eindrucksvolles Beispiel für die im vorigen Abschnitt geschilderte Eigenart aller Märkte homogener Güter: sobald eine Unterbietung vorgekommen ist, verbreitet sich der reduzierte Preis über den ganzen Markt, löst eine Unterbietung des reduzierten Preises aus und Welle folgt auf Welle ... bis der Preis nur mehr die variablen Kosten deckt. Der Verbandsgeschichte, die *Dr. Wolfgang Benzinger* für den Geschäftsbericht 1966 verfaßt hat, ist zu entnehmen, daß 1953 der Import einer bescheidenen Menge preisgünstiger Feinstbleche – 22 000 t Schwarz- und 1500 t Weißblech – zu einem Absinken des

Durchschnittspreises für die $^1/_1$-Weißblechdose, blank, 99 × 120 mm von 320 DM $^0/_{00}$ im Januar 1953 auf 238 DM $^0/_{00}$ im Januar 1954 führte; schließlich auf 200 DM $^0/_{00}$, einen Betrag, »womit nicht einmal mehr [neben den variablen Kosten] die Verwaltungs- und Vertriebskosten gedeckt waren.« Die vorstehend abgedruckte Tabelle aus dem Geschäftsbericht 1968 zeigt uns, daß von 1953 auf 1954 das Einsatzgewicht der verarbeiteten Bleche um 9,2 $^0/_0$, der Produktionswert nur um 2 $^0/_0$ [!] gestiegen war.

»Kartelle sind Kinder der Not«; diese Beobachtung, die Geheimrat *Emil Kirdorf* 1905 auf der Tagung des Vereins für Socialpolitik vorgetragen hatte, erwics sich einmal mehr als richtig. Angesichts der drohenden Notlage fanden sich die maßgeblichen Persönlichkeiten der Feinstblechpackungsindustrie zusammen, um zu überlegen, welche Maßnahmen zur Wettbewerbsordnung im Rahmen des damals noch geltenden alliierten Dekartellisierungsrechts ergriffen werden könnten. Nach Beratung mit der Anwaltssozietät *Dr. Alfred Gleiss,* Stuttgart, wurde am 20. September 1954 eine Vereinbarung über Marktbeobachtung für Konservendosen – das Erzeugnis, das nahezu vollständig homogen ist – abgeschlossen, die umfaßte:
- den Verzicht auf Diskriminierung und
- die Einrichtung einer Preismeldestelle.

In den USA gehört zum Recht gegen den unlauteren Wettbewerb das Verbot der preislichen Diskriminierung – der unbegründet ungleichmäßigen Behandlung von Abnehmern –, die in der Praxis den Hauptfall des unlauteren Wettbewerbs darstellt. Da es eine analoge Bestimmung im deutschen Recht nicht gibt, wurde vertraglich vereinbart, daß jeder Unterzeichner
- in seinen Preisfestsetzungen frei ist,
- sich aber bindet »an seine eigenen Preisfestsetzungen im Sinne einer Verpflichtung, Diskriminierungen seiner Kunden zu unterlassen.«

Die »Preislistentreue« bietet auch dem Abnehmer einen großen Vorteil: die Sicherheit, daß kein vergleichbarer Konkurrent einen günstigeren Abschluß erzielt.

Die Einrichtung einer Preismeldestelle dient der Schaffung der Markttransparenz durch die Marktstatistik und die Marktinformation. Die *Marktstatistik* ist eine globale Marktübersicht, die »genauer, detaillierter und zeitnaher« sein kann als eine amtliche Statistik. Die

Marktinformation ergänzt die Marktübersicht durch Auskünfte über einzelne Geschäftsvorfälle; sie verhindert das Ausspielen von Lieferanten gegeneinander, das anderenfalls von der Marktgegenseite praktiziert werden könnte.[21]

Der Entwicklung des Rechts gegen Wettbewerbsbeschränkungen und der wirtschaftlichen Verhältnisse entsprechend, wurde die Vereinbarung über Marktbeobachtung für Konservendosen später geändert und aufgegliedert in

- das Rabatt-Kartell für Lieferung von Konservendosen, das nach Anmeldung beim Bundeskartellamt im Bundesanzeiger Nr. 6/59 vom 12. 2. 1959 veröffentlicht worden ist;
- eine Neufassung der Vereinbarung über Marktbeobachtung für Konservendosen, die keinen Verzicht auf Diskriminierung mehr enthielt.

Das Gesetz gegen Wettbewerbsbeschränkungen brachte, daran sei erinnert, zum erstenmal eine »ausschließlich auf den Rabattbereich bezogene Wettbewerbsordnung und deren gesetzliche Verankerung«.[22]

Die Fortsetzung der *nationalen Normung* begann am 8. November 1949 mit der ersten Sitzung der Normenkommission der Feinstblechpackungsindustrie innerhalb des Fachnormenausschusses Verpackung. Die »Männer der ersten Stunde« waren: Oberingenieur *Richard Ahlbrecht* (Verpackungswerke der Firma Günther Wagner) als Obmann, Dipl.-Ing. *Martin Baumeyer* (Fr. Ewers & Co.), Dipl.-Ing. *Klaus Rettig* (Lubecawerke GmbH) und Dipl.-Ing. *Hans-Dieter Tangermann* (SCHMALBACH).

Die Zielsetzung der Arbeiten wurde grundlegend geändert: Die vorhandenen 28 Normblätter wiesen im allgemeinen nur grobe Maßangaben auf, wie sie für die zunächst angestrebte *Typenfestlegung* erforderlich und ausreichend gewesen waren. Jetzt sollte die seit langem gewünschte *Austauschbarkeit* verschiedener Fabrikate erreicht werden. So konnten beispielsweise Deckel trotz gleicher Kernmaße wegen der unterschiedlichen Breite der Deckelränder nicht ohne Umstellung der Verschließmaschinen verschlossen werden; dadurch kam einmal dieses einmal jenes Fabrikat beim Abnehmer als »nicht passend« in Mißkredit. Die Normungskommission nahm deshalb als erste Arbeit in Angriff, die Normblätter zu ergänzen und umzuarbeiten; sie wollte alle für die Formgebung wichtigen Teile der Werkzeuge in ihre Betrachtungen einbeziehen und die zulässigen Abweichungen in Form von Toleranz-Angaben in den Normblättern verankern.

Im Rahmen dieser Arbeit wurden drei Teilaufgaben als vordringlich betrachtet:

– die Bearbeitung des Normblattes für 99er-Konservendeckel auf Basis der Erfahrungen bei Lieferung einheitlicher Deckel für A2-Dosen an die Wehrmacht;
– die Aufnahme der Hansa-Dosen in die Normenreihe und
– der gezogenen Bohnerwachsdosen $^{1}/_{4}$ kg mit 116 mm Durchmesser und etwa 23 mm Höhe (auf Vorschlag der Schuh-, Leder- und Fußbodenpflegemittelindustrie).[23]

Die *internationale Normung* verfolgt andere Ziele als die nationale: »Während die rationalisierende Wirkung nationaler Dosennormung vornehmlich auf technischem und produktionsorganisatorischem Gebiet liegt, hat die internationale Vereinheitlichung in erster Hinsicht kommerzielle Gründe.« Sie dient der Verbesserung der mengenmäßigen Vergleichbarkeit importierter Konserven mit inländischen zum Schutze des Konsumenten (ein Ziel, das gegenwärtig auch von der Neuordnung des Meß- und Eichwesens, besonders der Fertigpackungsverordnung vom 16. 12. 1971 angestrebt wird). Auf eine Rationalisierung der Produktion kommt es im internationalen Rahmen weniger an, da Feinstblechpackungen wegen ihrer Sperrigkeit, wegen der im Verhältnis zum Preis hohen Transportkosten nur ausnahmsweise leer exportiert werden. Die internationale Normung von Feinstblechpackungen wird vom International Organization for Standardization (ISO) Technical Committee 52 – Hermetically Sealed Metal Food Containers – wahrgenommen, gefördert vom Comité International Permanent de la Conserve (C. I. P. C.). Aus der ISO-Arbeit sei berichtet, daß das Technical Committee 52 während seiner 6. Vollsitzung (Juni 1958) beschloß, eine Liste von achtzehn »handelsüblich gleichartigen« Obst-, Gemüse- und Fischkonservendosen den beteiligten Ländern als Empfehlung vorzulegen; eine ähnliche Übereinstimmung wurde für Milchdosen erreicht. Ein bedeutsamer Fortschritt auf dem Gebiet der internationalen Normung wurde außerhalb der ISO erzielt: die Verbände der Konservenindustrie in den Ländern der Europäischen Wirtschaftsgemeinschaft haben sich im

Zusammenhang mit den vom 1. Januar 1959 in Kraft getretenen Einfuhrerleichterungen auf ein Basisvolumen von 850 cm³ für die $^1/_1$-Dose geeinigt, von dem die Füllinhalte der übrigen Dosengrößen abzuleiten sind.

Die Gegner der Normung führten zuweilen den US-amerikanischen Werbe-Slogan »Tailor-Made Cans« als Beweis für eine negative Einstellung zur Normung an. Eine nähere Prüfung zeigte aber, daß dies nicht zutrifft; die führenden Gesellschaften fertigen Tailor-Made Cans nur bei sehr hohen Auflagen. Bestellen Kunden Sonderanfertigungen in kleineren Mengen, müssen sie oft das Vielfache des Preises der genormten Ausführung bezahlen.[24]

Die Herstellung von Vulkanfiber in Großbritannien (1859), von Celluloid® in den USA, denen um die Jahrhundertwende die Kasein-Kunststoffe und vor Ausbruch des Ersten Weltkrieges die Phenol-Formaldehydharze folgten, leitete eine bis heute nicht abgeschlossene Entwicklung ein, die die Versorgung der Industrienationen mit Werkstoffen entscheidend beeinflußt. Die Welterzeugung an Kunststoffen (in Millionen t) stieg nach sorgfältiger Schätzung von 0,02 im Jahre 1900 auf 0,95 im Jahre 1949 und 10,40 im Jahre 1963.
Die große Anzahl der Kunststoffe wird in zwei Gruppen gegliedert: die Thermoplaste und die Duroplaste.

Die Thermoplaste, zu denen die Massenkunststoffe: Polystyrol, Polyaethylen und Polyvinylchlorid gehören, werden nach verschiedenen Verarbeitungstechnologien vorwiegend vom Pulver oder Granulat aus verarbeitet. Ferner gehören zu dieser Gruppe: Polyamid, Polycarbonat, Polyacetate, Polymethylmethacrylate, Polycelluloseacetate und weitere Polymerisate. Sie sind mittels Wärme aufschmelzbar und im thermoplastischen, teils auch thermoelastischen Zustand vielfältig verformbar.

Der unterschiedliche molekulare Aufbau gibt den Thermoplasten die verschiedensten Eigenschaften. Bei der Polymerisation können je nach Verwendungszweck des Kunststoffes entsprechende Modifikationen erfolgen. Die Kristallstruktur bestimmt Dichte, Schmelzfluß, Transparenz, Festigkeit und andere Materialeigenschaften. Thermoplaste haben zum größten Teil einen Verarbeitungsbereich von 100–200 °C und lassen sich wiederholt plastifizieren.

Die Duroplaste sind bei Raumtemperatur sehr hart und spröde.

Sie haben im Gegensatz zu den Thermoplasten keinen Erweichungsbereich, sondern sind in der Wärme je nach Vernetzungsgrad mehr oder weniger zähelastisch. Durch Zugabe von Füllstoffen können die Eigenschaften der Duroplaste der Verwendung entsprechend positiv beeinflußt werden. Typische Duroplaste sind Phenol-, Harnstoff- und Melamin-Formaldehyd-Harze.

Die Kunststoffe sind die jüngsten Packstoffe der Verpackungsindustrie. Die Verpackungen aus Kunststoff nehmen nicht nur am Wachstum der Verpackungsindustrie proportional teil, sondern vergrößern ihren Anteil am wert- und mengenmäßigen Umsatz. Es sei vorweggenommen, daß sie gegenwärtig den dritten Platz einnehmen, nach den Verpackungen aus Papier und Pappe und denen aus Metall.

Der Erfolg der Verpackungen aus Kunststoff hat viele, von Fall zu Fall wechselnde Gründe; angeführt seien drei:

- Die Herstellung von Verpackungen aus Kunststoff hat mit der schnellen, modifizierten Weiterentwicklung der Thermoplaste wie auch deren Verarbeitungstechnologien einen kontinuierlichen Aufschwung in den letzten Jahren erhalten.
- Die Verpackungen aus Kunststoff haben den großen Vorteil aufgrund der geringen Dichte der Thermoplaste sehr leicht zu sein. Die verschiedensten Formgebungen sind dem Verwendungszweck entsprechend möglich. Moderne Fertigungslinien ermöglichen Serienfertigungen mit hohen Stückzahlen, z. B. bei Joghurtbechern.
- Im Bereich der Markenartikel, besonders bei kosmetischen Verpackungen, bieten die Verformbarkeit, Einfärbung des Materials und Dekorationsmöglichkeiten – wie Siebdruck, Offsetdruck, Heißprägen, Metallisieren – eine Vielzahl von Variationen für produkttypische Verpackungen. Spezielle Verschlußausführungen – teils in extravaganter Form – runden das Verpackungsbild ab und erhöhen dem Käufer gegenüber die Wertvorstellung.[25, 26]

Die Entwicklung der *Wellpappen-Industrie* geht zurück bis zum USA-Patent 122 023 »Verbesserung von Papier für Verpackungszwecke«, angemeldet am 1. November 1871 von *Albert L. Jones,* New York, erteilt am 19. Dezember 1871. Zweck der Erfindung war, Phiolen und Flaschen mit nur einer Lage von Packmaterial sicher zu verpacken. Der Weg von der Erfindung bis zu einer Industrie, die heute »in der ganzen Welt direkt und indirekt mehrere hunderttausend Leute beschäftigt«, ist von *Otto Stobbe* in einem Werk, das Niederschlag einer Lebensarbeit ist, im: STOBBE, mit umfassender Sachkenntnis und großer Sorgfalt beschrieben worden.

Wellpappe wird definiert als »ein pappeähnliches Erzeugnis der Papierverarbeitung, ... im Normalfall entstanden durch das Zusammenkleben ... einer oder mehrerer gewellter (geriffelter) mit einer oder mehreren glatten Papierbahnen.« Das charakteristische Merkmal, die »Seele« der Wellpappe ist die gewellte (geriffelte) Papierbahn. Wellpappe nimmt in der Papierverarbeitung eine einzigartige Stellung ein: sie bildet als Packstoff das Ausgangsmaterial für die Schachtel (Kartonagen)-Herstellung, ist aber auch selbst Packmittel und Packhilfsmittel. Die unverarbeitete Wellpappe ist ihrer Natur nach schon eine Art Papierkonstruktion, »die öfters mit der Konstruktion einer mit Verstrebungen gebauten eisernen Brücke verglichen wurde«.

Die erste Wellpappenfabrik in Deutschland gründete 1886 *Henry Maunsell Smyth* (1856–1921) in Fuchsthal bei Kirchberg als Zweigniederlassung der The Thompson & Morris Mfg., Co., London; er benutzte aus Großbritannien importierte Maschinen. Das erste selbständige Unternehmen errichtete 1892 in Breslau *Fedor Schön* (1863 bis 1946), ehemaliger Werkmeister der Kirchberger Wellpappenfabrik. Die erforderlichen Anlagen ließ er nach eigenen Angaben von der Maschinenfabrik *Wilhelm Richter,* Breslau, bauen. Von der zweiten Hälfte der neunziger Jahre an nahmen weitere Firmen die Wellpappenfabrikation auf, begannen Erfinder und Maschinenbauer sich mit der Materie zu beschäftigen. Gegenwärtig gibt es etwa fünfzig Werke. Die Jahresproduktion betrug:

Jahr	in TDM	Veränderung in %	in t	Veränderung in %
1949	64 700	–	67 790	–
1950	90 000	+ 39,1	104 000	+ 53,4
1951	178 205	+ 98,0	123 404	+ 18,9
1952	123 659	— 30,6	114 862	— 6,9
1953	141 548	+ 14,5	164 681	+ 43,4
1954	188 725	+ 33,3	208 713	+ 26,7
1955	245 946	+ 30,3	253 960	+ 21,7

1956	298 192	+ 21,2	301 170	+ 18,6
1957	337 200	+ 13,1	336 227	+ 11,6
1958	385 730	+ 14,4	386 359	+ 14,9
1959	434 514	+ 12,7	439 900	+ 13,9
1960	526 735	+ 21,2	530 937	+ 20,7
1961	580 325	+ 10,1	572 151	+ 7,8
1962	641 557	+ 10,5	628 360	+ 9,8
1963	708 759	+ 10,5	694 235	+ 10,5

1925 wurde der *Reichsverband der Wellpappenindustrie* mit dem Sitz in Berlin gegründet, der sich besondere Verdienste um die Durchführung von Betriebsvergleichen und -untersuchungen erwarb. Im Rahmen des Aufbaues der Organisation der gewerblichen Wirtschaft entstand eine Wirtschaftsgruppe »Papierverarbeitung«, zu der eine Fachgruppe »Pappen verarbeitende Industrie« gehörte; bei dieser wurde die Fachuntergruppe »Wellpappenindustrie« gebildet. Ihr Leiter war *Robert Sieger,* die Geschäftsführung übernahm *Dr. Ludwig Feldgen,* früher Syndikus des Reichsverbandes. Die Fachuntergruppe war zuständig für die fachliche Wirtschaftspolitik, der Reichsverband hatte nur mehr marktregelnde Aufgaben (ähnlich dem Verband der Hersteller feiner Blechpackungen). Er gab beispielsweise eine »Grüne Liste« mit Kalkulationshinweisen und Preisempfehlungen heraus. Am 25. Mai 1948 wurde der Verband der Wellpappenindustrie E. V. (VDW) mit dem Sitz in Frankfurt am Main gegründet. Den Vorsitz übernahm *Dr. Werner F. Klingele,* zum Geschäftsführer wurde *RA Dr. Horst Feldgen* bestellt, der Sohn von *Dr. Ludwig Feldgen.* Der VDW ist Mitglied des Hauptverbandes der Papier und Pappe verarbeitenden Industrie (HPV), gleichfalls mit dem Sitze in Frankfurt am Main. – Einen »Wendepunkt in der europäischen Geschichte der Wellpappe« nannte *Otto Stobbe* die am 18. März 1952 in Santa Margherita an der italienischen Riviera erfolgte Gründung eines Europäischen Wellpappenverbandes, der Fédération des Fabricants de Carton Ondulé (F. E. F. C. O.) mit dem Sitz in Paris – eines der ersten internationalen industriellen Zusammenschlüsse nach dem Zweiten Weltkrieg. Am 17. März 1961 fand in Paris eine interkontinentale Tagung statt, an der sowohl Vertreter der F. E. F. C. O. wie der Fibre Box Association der USA teilnahmen; damals wurde beschlossen, die Intercontinental Corrugated Case Association (I. C. C. A.)

als Zusammenschluß der Wellpappenindustrie der ganzen freien Welt ins Leben zu rufen.[27]

Seit der Mitte der fünfziger Jahre taucht immer wieder in Leserzuschriften, Rundfunkbeiträgen, Zeitschriften- und Zeitungsartikeln das Schlagwort »*Verpackungsluxus*« auf, wobei gewiß nicht nur an den Luxus gedacht wird, den Herders Standard Lexikon definiert als »die über die üblichen Aufwendungen weit hinausgehende Lebenshaltung ... ein Zurschautragen der erworbenen Reichtümer ohne Rücksicht auf die herrschende Sitte«, sondern die damals weitverbreitete, bis heute gelegentlich geäußerte Besorgnis mitschwingt, die Verpackung verteuere die Ware.

Die Auseinandersetzung mit dieser undifferenzierten Auffassung soll zur besseren Übersicht in drei Stufen gegliedert werden:

- Der Einzelhändler hat früher die Waren des täglichen Bedarfs mit der Ladentischwaage oder einem Meßbecher in der vom Käufer gewünschten Menge zugemessen und für den »Weg über die Straße« mit der Hand verpackt. Nach der Rückkehr zur Friedenswirtschaft hat die Konsumgüterindustrie dem Einzelhändler das Portionieren und das Verpacken abgenommen. Sie begann »Fertigpackungen« zu liefern, wie das Gesetz über das Meß- und Eichwesen später sagen sollte, und hat damit erst die rationellen Formen der Distribution, für die die Selbstbedienung typisch ist, ermöglicht.
- Der Weg zwischen Erzeugung und Verbrauch wurde wegen des wachsenden Welthandels räumlich, wegen der Notwendigkeit der Vorratshaltung beim Einzelhändler, der Gepflogenheit der Vorratshaltung beim Käufer zeitlich länger; die Verpackung muß also nunmehr gegen Beschädigungen auf dem Transport und Verderb während der Lagerung schützen.
- Im Zusammenhang mit dem Schutz gegen den Verderb steht der Schutz hochempfindlicher Füllgüter gegen eine Wertminderung. Als Beispiele seien genannt: die wasserdampfdichte Verpackung, die bei Zigaretten das Austrocknen, bei Dauerbackwaren das Feuchtwerden, bei Weinbrandkirschen das Verdunsten des Alkohols verhindert.

Aus diesen Erwägungen ergibt sich fast zwangsläufig die immer aktuelle, auch für den Verbraucher relevante betriebswirtschaftliche Erkenntnis, daß die Kosten einer Verpackung nicht isoliert ermittelt und betrachtet werden dürfen, sondern unter sorgfältiger Berücksichtigung der Auswirkungen der Art der Verpackung auf

- die Kosten der Distribution,
- die Kosten für Reklamationen wegen Transportschäden oder Verderb und
- das Image des Unternehmens, das von Wertminderungen der Produkte negativ, von gleichbleibender Qualität positiv beeinflußt wird.

Nachdem die Art der Verpackung auf Basis einer solchen verfeinerten Kalkulation gefunden worden ist, schließen sich die Erwägungen darüber an, wie sie auszugestalten ist, um ihre Werbefunktion zusätzlich zu erfüllen, die »werblichen Elemente« einzubauen. Die dadurch bedingten Kosten sind »in *der* Höhe wirtschaftlich zu verantworten, in der durch Mehrumsatz Kosteneinsparungen möglich werden.«[28]

Es gibt natürlich auch Verpackungen, die insofern zum Luxus zu rechnen sind als sie »ungewöhnliche Ansprüche an Aufmachung und Gestaltung« mit ungewöhnlichen Kosten erfüllen. Zu solchen Luxusverpackungen sind drei Erwägungen anzustellen:

- Ein Luxusgut kann unbedenklich in einer qualitativ hochwertigen und teuren Verpackung, einer Luxusverpackung, vertrieben werden.
- Für Waren, die keine Luxusgüter sind, sollten nicht Luxusverpackungen verwendet werden.
- Der freie Wettbewerb, der gerade auf den Märkten der Konsumgüter besonders hart ist, sorgt für eine Optimierung aller Kosten, auch der für die Verpackung (viele Hersteller bieten übrigens ihre Waren wahlweise in einer Luxusverpackung und in einer einfachen Verpackung an).

Auf der Basis der Herstellkosten hat das IFO-Institut für Wirtschaftsforschung, München, eine Untersuchung über den Anteil der Verpackungskosten in einigen verpackungsintensiven Wirtschaftszweigen der Bundesrepublik durchgeführt. Um die Bedeutung der Verpackungskosten konkret zu zeigen, sei paradigmatisch angeführt, daß die Verpackungskosten in Prozent der Herstellkosten betragen für

- Zucker unter 3 v. H.,
- Butter von unter 3 v. H. bis über 10 v. H. und

– Zigaretten über 10 v. H.

Bei einem Vergleich mit den USA ist festzustellen, daß die deutschen v. H.-Sätze wesentlich niedriger sind.[29]

5.
Konsolidierung und Wachstum bei Schmalbach

Der wirtschaftliche Zusammenbruch *nach dem Ersten Weltkrieg,* der »einzelwirtschaftliche Fragen in bis dahin unbekannter Art und in drängender Fülle« aufwarf, gab die entscheidenden Impulse für das Entstehen der modernen Betriebswirtschaftslehre.[30] Mit dem Übergang von der Konsolidierung zum Wachstum, mit den ersten Anzeichen des Einsetzens einer neuen Phase der industriellen Entwicklung *nach dem Zweiten Weltkrieg,* tauchte ein einzelwirtschaftliches Problem auf, das bis heute aktuell geblieben ist: die Entscheidungen – die eigentliche unternehmerische Aufgabe – begannen sich gegenüber der Vergangenheit *quantitativ* zu vervielfachen, wurden *qualitativ* schwieriger und zeitigten oft *irreversible Wirkungen.* Die Vermehrung der Entscheidungen ergibt sich von selbst aus der Dynamik, die die Wirtschaft der jüngsten Vergangenheit und der Gegenwart kennzeichnet. Die Tendenz zum Großbetrieb, der nicht mehr mit freiem Auge überschaubar ist, und die Notwendigkeit, sorgfältig die sich rasch wandelnde Umwelt des Unternehmens zu beobachten und das Ergebnis der Beobachtungen bei den Entscheidungen zu berücksichtigen, haben die Entscheidungen schwieriger gemacht. Ihre Wirkungen sind zudem oft irreversibel aus zwei Gründen: Im Bereich der Sachgüter steigt durch die Automation das Ausmaß der Kapitalaufwendungen, die kaum rückgängig zu machen sind, steil an; im Bereich der Mitarbeiter wohnt den proportionalen Kosten eine Tendenz inne, sich den fixen zu nähern. Die Betriebswirtschaftslehre empfing aus dieser Entwicklung den Impuls, die Bedeutung und Leistung des Unternehmers oder der »Geschäftsführung« mehrfach zu umschreiben. *Erich Gutenberg* stellt neben die Elementarfaktoren: Arbeitsleistung, Betriebsmittel und Werkstoffe den dispositiven Faktor: »die Geschäftsführung«, die die Elementarfaktoren mit Hilfe von Organisation und Planung kombiniert; *Wilhelm Hasenack* unterscheidet bei den Fundamental-Funktionen die Verwaltungs- von den *Initiativfunktionen*[31] und auch *Hermann Böhrs* beschäftigt sich eingehend mit den unternehmerischen Funktionen, deren Ausübung unlösbar mit Risiko verbunden ist.[32]

Wer fällte bei SCHMALBACH die Entscheidungen, wer nahm die unternehmerischen Funktionen, die Initiativfunktionen wahr in der Zeit der Konsolidierung nach Kriegs- und Kriegsfolgeschäden und des anschließenden Wachstums?

Der Vorsitzende des Vorstands, *Herbert Munte,* vereinigte in sich die Voraussetzungen für eine erfolgreiche Unternehmensführung in seltener Vollkommenheit:

- Als Diplom-Ingenieur bestimmte er die Zielsetzungen von Produktion und Entwicklung der Verpackungstechnik.
- Als ehemaliger Alleininhaber einer Konservenfabrik war er mit den Problemen eines bedeutenden Sektors der Feinstblechpackungen verarbeitenden Industrien bis in alle Einzelheiten vertraut; die sprichwörtliche Spannung zwischen Ingenieur und Kaufmann löste er in einer Personalunion auf.
- Dazu besaß er eine angeborene Begabung für das Finanzwesen; bei älteren Geschäftsfreunden und Mitarbeitern kursieren bis heute Anekdoten über seine intuitive Erfassung von Schwachstellen in den kompliziertesten Aufstellungen, Rechnungen und Statistiken.

Als Berater stand ihm Syndikus *Fritz Schmiedecke* zur Seite. Er verband umfassende wirtschaftsrechtliche Kenntnisse mit Initiative und Arbeitsfreude, die durch eine körperliche Behinderung nicht beeinträchtigt wurden. Er unterstützte den Vorstand durch die Lösung handelsrechtlicher, steuerlicher und versicherungstechnischer Fragen, er ordnete das Tarifwesen der Feinstblechpackungsindustrie und bekleidete zahlreiche Ehrenämter. Das wichtigste war der Vorsitz in der Tarifgemeinschaft Feinblechpackungsindustrie Niedersachsen e. V. Seine zielbewußte, aber elastische und humorvolle Verhandlungsführung haben entscheidend dazu beigetragen, daß zwischen den Sozialpartnern keine unüberbrückbaren Differenzen entstanden. Am 1. August 1964 beendete *Fritz Schmiedecke* seine Tätigkeit mit der Feier des 40jährigen Dienstjubiläums.

1946 trat in den Vorstand ein der bewährte Leiter der Industrie- und Blechwarenwerke Danzig AG, *Wilhelm von Suckow,* der den Bereich Verwaltung und Organisation übernahm. Er wurde bald in der gesamten Feinstblechpackungsindustrie bekannt, da er im Verbandswesen mannigfaltige Initiativen entfaltete. Wegen der Klarheit der Zielsetzungen, der straffen, wohlvorbereiteten Verhandlungsführung hatte er große Erfolge. Seiner Initiative zu danken war die Gründung der Interessengemeinschaft Blechpackungen e. V. und bei zahlreichen Gemeinschaftsaktionen hatte er die Gestion, von denen das Konsortium für Marktbeobachtung genannt sei. *Otto Winkelmann,* der uns schon mehrfach in der SCHMALBACH-Geschichte begegnet ist, leitete den Vorstandsbereich Verkauf und daneben das »Stammhaus«, das jetzige Werk 11; später übernahm die Werkleitung *Dr. Kurt Jacobi* und *Otto Winkelmann* konnte seine ganze Kraft den Vorstandsaufgaben widmen. Als er Ende 1959 in den Ruhestand trat, blieb er noch einige Jahre als Berater der Firma verbunden. Sein Wirken fand eine äußere Anerkennung in der Verleihung des Verdienstkreuzes I. Klasse des Verdienstordens der Bundesrepublik Deutschland.

Franz Langert, Leiter des Werkes Seesen, trat 1956 in den Vorstand ein mit der Aufgabe, die technische Entwicklung zu fördern und zu koordinieren. Technische Begabung, Erfahrung und Organisationstalent befähigten ihn, ein Manager der Technik zu sein. Ähnlich wie sein Vorstandskollege *Otto Winkelmann* behielt er zunächst die Leitung des Werkes Seesen bei, bis er von *Wilhelm Althoff* abgelöst wurde. Als er Ende 1961 in den Ruhestand trat, löste er noch die Aufgabe, die neugegründete J. A. Schmalbach Austria GmbH so zu organisieren, daß sie sich harmonisch einfügte in die große SCHMALBACH-Familie.

Als *Wilhelm von Suckow* am 1. Januar 1956 nach kurzer Krankheit starb, wurde *Dr. Julius von Hartmann* sein Nachfolger. Bei der Aufteilung der Firma Bremer & Brückmann, Braunschweig, war ihm das Werk Ludwigsburg zugefallen und er hatte es dann als selbständiges Unternehmen der Feinstblechpackungsindustrie weitergeführt. Um Interessenkollisionen zu vermeiden, brachte er sein Unternehmen ein. Für SCHMALBACH bedeutete die leistungsfähige Fabrik mit einer erfahrenen Belegschaft und einem süddeutschen Kundenstamm eine Abrundung und Ergänzung der Produktion und des Absatzes des Werkes Karlsruhe.

1953 hatte sich SCHMALBACH an der AG für Cartonnagenindustrie, Lübeck, beteiligt und sie – nach Erwerb aller Aktien – 1959 umgewandelt in die Wellpappen- und Papierfabrik Lübeck GmbH. Daraufhin wechselte *Rudolf Roitzsch* aus dem Vorstand der AG für Cartonnagenindustrie in den SCHMALBACH-Vorstand über, dem er bis zur Vollendung des 65. Lebensjahres, nämlich bis 1965, angehörte. Er betreute den »Nichtmetallbereich«: Kartonagen, Folien und Kunststoff.

In den Jahren des dynamischen, oft hektischen Wachstums der Industrie, des harten Wettbewerbs am Markt der Konsumgüter bewunderten die Gesprächspartner die wohltuende Ruhe, die die SCHMALBACH-Vorstandsmitglieder ausstrahlten. Besprechungen und Sitzungen wurden zielstrebig, aber ohne Hast abgewickelt. Ein Grund dafür war, daß SCHMALBACH um den Beginn der fünfziger Jahre jedem Vorstandsmitglied einen Assistenten beigegeben hatte, dem ausschließlich oder hauptsächlich die Aufgabe der Unterstützung oblag: *Herbert Munte* stand der Syndikus zur Seite; *Wilhelm von Suckow* ein ehemaliger Generalstabsoffizier *Ernst Albrecht Husen,* der später in die Bundeswehr eintrat, und *Otto Winkelmann Horst Beenke,* der jetzt verantwortlich ist für den Verkauf an die Obst- und Gemüseverwertungsindustrie.

Nachdem das Wachstum der Hauptverwaltung einen vorläufigen Abschluß gefunden hatte, löste sich die Hauptverwaltung auch räumlich vom »Stammhaus« und zog in das Gebäude »Am Gaußberg 2« (Bildteil S. 25). Dieses Gebäude ist landes- und firmengeschichtlich interessant: Es war ursprünglich die Villa des Staatsministers, Wirklichen Geheimen Rates *Dr. jur. Albert von Otto,* der nach dem Tode *Herzog Wilhelms* dem Regentschaftsrat angehört hatte und während der Regentschaft des *Prinzen Albrecht von Preußen* das Ministerium leitete; 1915 hatte *Willi Schmalbach* diese Villa erworben und sie – neben dem Landsitz Brenneckenbrück – als Stadtwohnung benutzt. – Ein bald darauf – 1957 – in der Nachbarschaft, Bammelsburger Straße 15, errichteter Neubau nahm die allmählich wachsenden Abteilungen auf, während der Vorstand und seine Mitarbeiter bis 1965 in der Villa verblieben.

»Rationalisierung sind« – so definiert *H. H. Kunze* – »alle methodisch – also rational – geleiteten Maßnahmen, die den Zweck haben, Leistungen mit einem vergleichsweise (gegenüber früheren Zuständen) geringeren Kraft-, Zeit- und Kosteneinsatz zu erzielen.«[33] Rationalisierung in diesem weiten Sinne wurde ständig und in allen Bereichen betrieben. Der *technischen Rationalisierung* dienten drei Maßnahmen:

- Die Aktion »Mitdenken lohnt sich« regte Mitarbeiter zu kreativem Denken an; viele Verbesserungsvorschläge wurden belohnt.
- Die Fertigung mancher Artikel wurde auf einzelne Werke konzentriert, um die Vorteile der Massenproduktion auszuschöpfen.
- In Verbindung mit der Continental Can Company wurde die Ausstattung der Werke mit neuen vollautomatischen und anderen arbeitsparenden Maschinen gefördert.

Die *organisatorische Rationalisierung* führte 1960/61 zur Errichtung der Verkaufsdirektionen

- Mitte mit dem Sitze in Braunschweig (Leiter: Dr. Wilhelm Brenecke),
- Nord mit dem Sitze in Hamburg (Leiter: Arno Göbel),
- Süd mit dem Sitze in Stuttgart (Leiter: Kurt Schweizer) und
- West mit dem Sitze in Düsseldorf (Leiter: Hans Seidemann/Ferdinand Bohnsack).

Die Verkaufsdirektionen hatten die Aufgabe, alle Kunden und potentiellen Abnehmer ihres Bezirkes – die räumliche Nähe nutzend – umfassend zu betreuen; sie trugen für ihren Bezirk die volle Verantwortung gegenüber der Leitung des Verkaufs in der Hauptverwaltung.

Gleichzeitig wurden die Werke regional zusammengefaßt zu den *Werkgruppen:*

- Mitte mit dem Sitze in Braunschweig (Leiter: Heinz Prast),
- Nord mit dem Sitze in Lübeck (Leiter: Dipl.-Ing. Martin Baumeyer),
- Süd mit dem Sitze in Karlsruhe (Leiter: Carl Wilhelms) und
- West mit dem Sitze in Weißenthurm (Leiter: Ludwig Roth).

Anregungen für alle Gebiete der Rationalisierung ergaben sich aus dem Erfahrungsaustausch zwischen den Associates der Continental Can Company, die jährlich auf der Technischen Konferenz zusammenkamen. Im Jahre 1959 war SCHMALBACH Gastgeber einer solchen Technischen Konferenz in Bad Harzburg und Goslar. Den Vorsitz führte General *Lucius D. Clay;* der frühere Militärgouverneur der amerikanischen Besatzungszone war inzwischen Chairman of the Board of Directors der Continental Can Company geworden. Am 31. Dezember 1962 ging er in Pension, blieb aber Mitglied des Board of Directors (in etwa dem Aufsichtsrat entsprechend).

In enger Verbindung mit der Rationalisierung stehen die Bemühungen, auch Kosten für *Blech und Zinn* einzusparen. In Zusammenarbeit mit den Walzwerken wurden dünnere Bleche mit hervorragender Festigkeit erprobt und eingesetzt. – Anknüpfend an Arbeiten aus der Zeit der Devisenknappheit, löste die elektrolytische Verzinnung die Feuerverzinnung ab, beginnend bei Verpackungen für trockene und nichtsterile Lebensmittel. Später gelang es – gemeinsam mit der Lackindustrie –, die Korrosionsfestigkeit durch Speziallacke zu erhöhen. Lötzinn wurde gespart bei allen Dosen, deren Rümpfe im Bodymaker gefalzt und gelötet werden. Da das Lötgut nicht mehr in das Doseninnere gelangen kann, bestehen keine Bedenken, den Bleianteil zu erhöhen, den Zinnanteil zu senken.

Kaum war die Schwelle zur Friedenswirtschaft überschritten, wurde neben der schon bestehenden »Technischen Abteilung« eine *»Chemische Abteilung«* errichtet und ihr ein eigenes Gebäude, ausgestattet mit den modernsten Instrumenten, auf dem Grundstück des »Stammhauses« zur Verfügung gestellt; die Leitung übernahm *Hans Hölscher*.

Das Problem der Verarbeitung von *Aluminium* zu Verpackungen ist – gemessen mit dem Maßstab einer jungen Industrie – »uralt«: Der Leser wird sich erinnern, daß interessante Versuche in der Epoche des Ersten Weltkrieges zu praktischen Erfolgen nur bei Tuben für kochsalzfreie Füllgüter führten, während des Zweiten Weltkrieges die Lackierung einen breiteren Einsatz ermöglichte. Jetzt wurde die Entwicklung vorangetrieben und bald Aluminium eingesetzt für

- Fischdosen, deren Unterteil aus einem Stück gezogen ist,
- Unterteile von Aerosoldosen,
- Speise- und Motorenöldosen.

Es spielt ferner eine Rolle bei den Aufreißsystemen, die im nächsten Kapitel zusammenfassend dargestellt werden sollen.

Schon 1949 hat SCHMALBACH, unterstützt von der Continental Can Company, begonnen, die Fabrikation von *Aerosoldosen* vorzubereiten. Was sind eigentlich Aerosole, die – wie *Dr. Kurt Jacobi* einmal sagte – »den Wunsch des Verbrauchers nach Bequemlichkeit, Sauberkeit und Wirtschaftlichkeit erfüllen«? Aerosole sind flüssige oder feste Stoffe, die in der Luft so fein verteilt sind, daß ihre Teilchen darin längere Zeit schweben; so besteht Nebel aus Wassertröpfchen, Rauch aus festen Bestandteilen. Die künstliche Erzeugung von Aerosolen erlangte zum erstenmal praktische Bedeutung im Zweiten Weltkrieg: Die Streitkräfte der USA wurden für den Dschungelkrieg mit »Insektenbomben«, dickwandigen, geschweißten Stahlbehältern, ausgerüstet, die den Druck des Treibgases »Freon 12« – etwa 5 atü bei 20 °C – aushalten mußten. Als nach 1945 Treibgase mit niedrigerem Druck gefunden wurden, begann der Siegeszug der Aerosole, entwickelte sich eine Industrie mit hoher Wachstumsrate. Flüssige oder pulverförmige »Wirkstoffe« wurden zusammen mit einem geeigneten Treibgas in druckfeste, mit einem Ventil versehene Dosen gefüllt; ein leichter Fingerdruck genügt, um sie genau nach Bedarf zu entleeren.

Die ständig steigende Zahl der Wirkstoffe läßt sich je nach dem Aggregatzustand, in dem sie verwendet werden, in einige Gruppen gliedern (die teilweise über die Definition »Aerosol« hinausgehen):

- die »klassischen« Wirkstoffe, die versprüht werden (Beispiele: Insektizide, Desinfektionsmittel);
- die Wirkstoffe, die – aus etwas gröberen Teilchen bestehend – Oberflächen »benetzen« (Beispiele: Haarpflegemittel, Farben und Lacke);
- die Wirkstoffe, die als Schaum die Packung verlassen (Beispiele aus der neuesten Entwicklung: Rasiercreme, Schlagsahne);
- die pastosen Wirkstoffe (Beispiele: Senf, Tortengarniermasse);
- die Wirkstoffe, die als flüssiger Strahl entnommen werden (Beispiele aus der neuesten Entwicklung: Konzentrate von Fruchtsäften oder Kaffee) und
- die Wirkstoffe, die dosiert angewandt werden (Beispiel: Pharmazeutika).

Die Entwicklung war mühevoll und hatte drei Ansatzpunkte:

(1) die Lösung der technischen Probleme,
(2) die Marktforschung,
(3) die Beachtung der Bestimmungen des
 - Deutschen Druckgasausschusses und

– der Verkehrsträger im Eisenbahn-, Luft- und Seeverkehr.

1952 erfolgten die ersten Lieferungen. Um den Markt zu erschließen, wurde für die Kunden eine eigene Abfüllanlage aufgestellt.

Es gibt drei Typen von Aerosoldosen:

– Die *dreiteiligen* Dosen, bestehend aus Rumpf, Boden und Deckel (für den Ventilträger) werden entweder aus Schwarzblech mit geschweißtem Rumpf oder aus Weißblech mit im Bodymaker gefalztem und gelötetem Rumpf gefertigt.
– Die *zweiteiligen* Dosen werden nahtlos aus Stahlblech oder Aluminium gezogen mit einer Öffnung im Oberteil, der Boden wird aufgefalzt.
– Die *Monobloc*-Dosen sind aus einem Stück bestehende, nahtlose Behälter aus fließgepreßtem Aluminium.

Zur technischen Ausrüstung gehören natürlich zuverlässige Ventile mit Schutzkappen und die Treibgase, von denen z. B. Frigen und Kaltron genannt seien.

Die stürmische Entwicklung der Aerosole zeigen die folgenden Produktionszahlen (in Millionen Stück):

Gebiete	Früheste bekannte Erfassung	1963
USA/Kanada	34	1 202
Europa	12	415
Bundesrepublik Deutschland	27 (1959)	120
davon: SCHMALBACH	0,750 (1952)	59

Eine interessante Neuerung war die Einführung von *Vacuumdosen für Pulverkaffee.* Sie werden nach der Füllung evakuiert und bewahren dadurch das Aroma; später wurde das Verfahren verbessert durch Begasung des Füllguts.

Zurückgreifend auf die um 1935 gestarteten Versuche, die wegen des Zweiten Weltkrieges nicht abgeschlossen werden konnten, wurde die Entwicklung von *Bierdosen* nach der Währungsreform wieder aufgenommen, der Entschluß gefaßt, die Bierdose in Europa einzuführen. Das schwierigste Problem bildete die Innenlackierung, denn Bier ist ein aggressives und empfindliches Füllgut. Anfang der fünfziger

Jahre kam eine Dose auf den Markt, die höchsten Ansprüchen genügte. Bekannte Brauereien interessierten sich für die neue Verpackung, wurden von SCHMALBACH-Experten in der speziellen Abfülltechnik beraten und bis 1963 erreichte die Produktion 13 Millionen Stück.

Ein verwandtes Problem, an dessen Lösung SCHMALBACH gearbeitet hat, sind die *Trinkwasserkonserven,* die für die Ausstattung von Rettungsbooten und Forschungsexpeditionen sowie für den zivilen Bevölkerungsschutz benötigt werden. Da in Notstands- und Krisensituationen extrem hohe Anforderungen an die Verpackung gestellt werden, erwies sich die Dose als besonders geeignet.[34]

Als beobachtet wurde, daß *Glas* als Verpackung von bestimmten Konserven Bedeutung gewinnt, befaßte sich SCHMALBACH unverzüglich mit der Entwicklung geeigneter Verschlüsse. *Hans Herbert Munte* leitete damals die Auslandsabteilung und knüpfte schon 1952 die ersten Fäden, um eine Verbindung mit der White Cap Company, USA, herzustellen, deren Twist-Off-Verschluß den Markt zu erobern begann. Aufgrund dieser Bemühungen konnte eine Lizenz erworben und die Fertigung *dieses* Verschlusses aufgenommen werden. Der Twist-Off® ist ein nicht atmender Vacuumverschluß. Er hat es zum erstenmal ermöglicht, ein Konservenglas vom Verschließen beim Hersteller bis zum Öffnen durch den Verbraucher dicht zu halten, ganz gleich, ob die Packung nach dem Verschließen noch im offenen Wasserbad oder im Autoklaven gekocht werden muß. Die Handhabung für den Verbraucher ist bequem: durch eine Vierteldrehung des Verschlusses kann er das Konservenglas beliebig oft öffnen. Die zum ersten Verschließen beim Konservenfabrikanten erforderlichen Maschinen und Einrichtungen werden von SCHMALBACH an die Kunden vermietet.

Der Twist-Off-Verschluß hat sich am Markte immer mehr durchgesetzt und bewährt; er ist heute im Zusammenhang mit dem ihm eigenen Vapor-Vacuum-System® zum führenden Verschlußsystem geworden.

Der Verlust der Werke und ihrer Kunden in der sowjetischen Besatzungszone und den – nach den Beschlüssen der Potsdamer Konferenz vom 17. Juli bis 2. August 1945 – bis zur endgültigen Regelung durch einen Friedensvertrag an Polen zur Verwaltung übergebenen Gebieten forderte die Erschließung neuer Märkte, diese wiederum den Bau neuer Werke oder die Angliederung bestehender Unternehmen.

Seit den zwanziger Jahren war SCHMALBACH wiederholt durch gemeinsame Interessen – die Fertigung von Milchfüllochdosen und von Maschinen – mit der Blechwarenfabrik *Bremer & Brückmann,* Braunschweig, verbunden gewesen. 1952 wurde diese Firma erworben (mit Ausnahme des Werkes Ludwigsburg), damit auch deren Kundenstamm und technische Erfahrungen.

Im Zusammenhang mit dem eingangs erwähnten Erwerb der Aktien der AG für Cartonnagenindustrie kam deren Tochtergesellschaft *Fr. Ewers & Co.,* Lübeck, zur SCHMALBACH-Familie und brachte ihre Kunden mit: Unternehmen der Fischindustrie und der Obst- und Gemüseverwertungsindustrie. In der Geschichte der Verpackungswirtschaft ist die Firma Fr. Ewers & Co. uns schon zweimal begegnet:

- sie baute den ersten Bodymaker und
- sie hatte zwei bis drei Jahre ein Zweigwerk in Braunschweig, Herderstr. 5, also auf demselben Grundstück, auf dem später *Franz Becker,* der Kompagnon des Firmengründers, Dosen herstellte.

1959 wurde in Berlin eine 1888 gegründete Blechwarenfabrik, *Gebr. Koppe,* die in Schwierigkeiten geraten war, übernommen, um auch diesem Markt nahe zu sein.

1960 erwarb SCHMALBACH in Haßloch die 1906 gegründete Blechemballagenfabrik *Heinrich Brauch.*

Auf »grüner Wiese« erbaut wurden zwei Werke:

- 1956 *Cuxhaven,* das mit den modernsten Anlagen für Fischdosen ...
- 1960 *Heilbronn,* das mit vollautomatischen Konserven- und Milchfüllochdosenlinien ausgestattet wurde.

Es ist schon berichtet worden, daß SCHMALBACH mit dem Ende des Zweiten Weltkriegs die Beteiligung an der *Ostmärkischen Blechwarenfabrik Pirlo & Co.* in Kufstein verloren hat. Nachdem der Ausbau des Netzes der Produktionsstätten in der Bundesrepublik, das wegen der Sperrigkeit und relativ hohen Transportkosten bei Verpackungen eng sein muß, so weit gediehen war, wandte SCHMALBACH sein Interesse wiederum dem österreichischen Markt zu. Zunächst wurde die *J. A. Schmalbach Austria GmbH* als Verkaufsunternehmen gegründet; 1962 wurde die Blechwarenfabrik *Rothmüller-Mewa* erworben und die Fabrikation aufgenommen. Die Firma heißt nun *J. A. Schmalbach GmbH* und beginnt auch Dosen aus kaltgespritztem Aluminium für Speise- und Motorenöl herzustellen; bis 1963 erreichte die Jahresproduktion 30 Millionen Stück.

Die Zeit der Konsolidierung und des Wachstums fand ihren Abschluß im Metallbereich durch eine bedeutsame Transaktion: *Fritz Beindorff* (1860–1944), der der 1838 gegründeten Firma Günther Wagner, Hannover, innerhalb weniger Jahrzehnte Weltgeltung verschafft hatte, wollte sich aus der Abhängigkeit von seinen Lieferanten lösen und ließ seit 1906 die Malkästen, die Dosen für Schreibbänder und Stempelkissen in einer eigenen Blechwaren-Abteilung herstellen. Aus diesen Anfängen entstanden 1928 am Nordhafen die Verpackungswerke mit einer Arbeitsfläche von 13 000 qm[35]; später kam ein Zweigwerk in Hamburg dazu. Angesichts der wirtschaftlichen Entwicklung des kommenden europäischen Marktes haben sich auf Anregung der Firma Günther Wagner die beiden großen Familiengesellschaften zu einer Vereinbarung entschlossen, nach der die Verpackungswerke der Firma *Günther Wagner* vom 1. Juni 1962 an von SCHMALBACH weitergeführt wurden.

Es wurde schon erwähnt, daß zur technischen Rationalisierung die Konzentration der Fertigung bestimmter Artikel auf einzelne Werke gehört, um die Vorteile der Massenproduktion auszuschöpfen. Die Erhöhung der Zahl der Werke bot Chancen, die selbstverständlich genutzt wurden: Es wurden beispielsweise konzentriert die Produktion von

- Bierdosen beim »Stammhaus«, dem jetzigen Werk 11,
- Aerosoldosen bei Bremer & Brückmann,
- Verpackungen für den chemisch-technischen Sektor beim Werk Seesen,
- All-Sila-Dosen beim Werk Weißenthurm und von Siladur-Dauerdosen beim Werk Karlsruhe.

Die Beschäftigung mit *Kunststoffen* bei SCHMALBACH ist – wiederum gemessen mit dem Maßstab einer jungen Industrie – »uralt«:

- Von 1922 an hatte SCHMALBACH im Rahmen der *Pentherit Werke AG,* Braunschweig, »Kunstbernstein« einige Jahre lang zu Knöpfen und Zigarrenspitzen verarbeitet.
- 1938 beauftragte *Herbert Munte* den Leiter der »Technischen Abteilung« in einer schriftlichen Dienstanweisung, nichtmetallische

Werkstoffe: Papier, Pappe, Bakelit auf ihre Eignung für die Dosenfabrikation zu untersuchen (ein Auftrag, dessen Ausführung der Zweite Weltkrieg verhinderte).

- Anfang der fünfziger Jahre kam *Herbert Munte* zu dem Entschluß, seine alten Pläne zu realisieren und 1955 wurde gemeinsam mit der Kalle & Co. AG, Wiesbaden, die *Berliner Foliengesellschaft mbH* gegründet, um teilzunehmen an der Entwicklung von flexiblen Verpackungen für Lebens- und Genußmittel.

Fast gleichzeitig wurde in Braunschweig begonnen mit der Herstellung starrer Verpackungen aus Kunststoff, aus der 1959 das erste Kunststoffverpackungswerk entstand. Das Programm umfaßte:

- Verschlüsse und Zubehörteile aus Spritzguß für Feinstblechpakkungen und
- geblasene Flaschen aus Polystyrol und Polyäthylen für Spül- und Reinigungsmittel.

Bis zur Verlegung nach Lübeck im Jahre 1963 wurde ein Jahresumsatz von mehr als 6 Millionen DM erreicht.

Die Beschäftigung mit *Kunststoffen* wurde gleichsam automatisch erweitert durch die Übernahme der Firma *Heinrich Brauch,* Haßloch, und die soeben geschilderte Vereinbarung mit der Firma *Günther Wagner,* Hannover:

- In Haßloch befand sich in der Blechemballagenfabrik eine Spritzgußabteilung, die Verpackungen für Nahrungsmittel aus Polystyrol herstellte; der Jahresumsatz lag bei 2½ Millionen DM.
- In Hannover betrug der Jahresumsatz in der Kunststoffverarbeitung 6–7 Millionen DM. Er umfaßte, neben Artikeln für die Günther Wagner Pelikan-Werke, gespritzte und geblasene Artikel für die kosmetische und pharmazeutische Industrie, ferner Verpackungen für Lebensmittel, Haushaltsartikel und technische Teile. Außerdem wurden aus Hart-PVC-Folie Verpackungen für die Fisch- und Feinkostindustrie sowie aus hochfesten und hochelastischen Kunststoffen Maschinenelemente gefertigt.

1963 wurde die *Deutsche Plax GmbH,* Velbert, erworben. Auf 4-Stationen-Hochleistungsblasmaschinen wurden hochwertige Kunststoff-Flaschen gefertigt; Jahresumsatz: 4,8 Millionen DM.

Vom Jahre 1964 an, mit dem das nächste Kapitel beginnt, wurden die Kunststoff-Interessen weiter ausgebaut.

Wie schon kurz erwähnt, hatte SCHMALBACH seit 1953 seine Interessensphäre auch ausgedehnt auf *Papier und Wellpappe.* Aus der Berliner Zweigfabrik der AG für Cartonnagenindustrie entstand durch Zusammenschluß mit zwei weiteren zugekauften Werken die *J. A. Schmalbach Wellpappenfabrik GmbH,* Berlin. Damit besaß SCHMALBACH

- eine große Papierfabrik in Lübeck und
- zwei leistungsfähige Fabriken zur Herstellung von Wellpappschachteln: Lübeck und Berlin.

Später wurden – das sei vorweggenommen – bei der Papier- und Wellpappenfabrik Lübeck GmbH Hochleistungsautomaten für die Verarbeitung von Wellpappe in Betrieb genommen, die die Wellpappe in einem Arbeitsgang schlitzen, drucken, falten und verkleben. Bei unterschiedlichen Formaten der Verpackungen ist eine schnelle Umstellung möglich.

Zwischen den Bereichen Metall und Wellpappe steht die *Kombigesellschaft für kombinierte Packungen GmbH.* 1956 hat SCHMALBACH gemeinsam mit der Braunschweigischen Blechwarenfabrik GmbH, Braunschweig, diese Gesellschaft gegründet mit dem Verwaltungssitz Braunschweig, der Fabrikation in Schenefeld bei Hamburg. 1958 trat die Braunschweigische Blechwarenfabrik GmbH ihren Anteil an SCHMALBACH ab und die Fabrikation wurde in das Metallverpackungswerk Lübeck verlegt. Das Produktionsprogramm bilden Dosen mit Rümpfen aus Pappe oder Papier, mit Deckeln und Böden aus Feinstblech oder Kunststoff, die als Verpackungen für Nahrungsmittel und Erzeugnisse der chemisch-technischen Industrie verwendet werden.

1958 zog SCHMALBACH die formale Konsequenz aus der Einbeziehung von Kunststoff und Wellpappe in seine Interessensphäre, aus der neuen Zielsetzung: Verpackungsprobleme aller Art optimal zu lösen. Die Firma J. A. Schmalbach Blechwarenwerke AG wurde geändert in *J. A. Schmalbach AG.*

Als der Abschnitt, den Konsolidierung und Wachstum kennzeichnen, sich dem Ende zuneigte, erlitten Familie und Firma einen schweren Verlust: am 9. Juli 1961 starb *Herbert Munte. Erich Bechtolf,* Mitglied des Aufsichtsrats, würdigte bei der Trauerfeier das große Lebenswerk und die gütige Persönlichkeit:

»Wir wissen, daß Herbert Munte für diese Lebensarbeit all seine Kräfte eingesetzt hat und daß ihm nichts wichtiger war als diese Aufgabe. Wohl niemals hat er seit Übernahme der Verantwortung vor gut 30 Jahren einen Tag verbracht, und sei es auch ein Sonntag oder ein Urlaubstag, an dem nicht wenigstens seine sorgenden Gedanken sich mit seinem Werk beschäftigt hätten. Dabei war er namentlich in den letzten Jahren kein gesunder Mensch. Mit steigender Sorge sah seine Familie, sahen seine Freunde und alle, die im Unternehmen arbeiteten und ihm ihren Rat zur Verfügung stellten, daß seine Kräfte bei steigender Belastung mehr beansprucht wurden, als es mit seinem physischen Vermögen in Einklang zu bringen war. Der Rat, sich mehr zu schonen, fand, obwohl er seine Berechtigung anerkannte, keinen genügenden Widerhall. Sein Verantwortungs- und Pflichtbewußtsein war stärker als das Gefühl eines Bedürfnisses nach Ruhe und Erholung, und so kam, was kommen mußte, der schnelle Verfall seiner Kräfte und der bittere Tod.

In bestürzter Trauer sind wir nun an seiner Bahre versammelt. Uns erfüllt ein Gefühl tiefer Dankbarkeit für ihn, der uns im Leben so viel gegeben hat an Liebe und Freundschaft, an Treue und Standhaftigkeit. Alles, was er tat und schuf, kam aus einem aufopferungsvollen, gütigen Herzen. Nichts konnte ihm mehr Freude machen, als anderen Freude zu geben. Mit besonderer Liebe hat er sich gerade der sozialen Betreuung aller derer gewidmet, die in diesem Werk tätig sind und waren, insbesondere die Sorge für die alten und invaliden Werksangehörigen war ihm bis zuletzt ein Anliegen, das in den verschiedenen sozialen Einrichtungen des Werkes seinen Ausdruck findet.«

In der Verbindung hervorragender unternehmerischer Fähigkeiten mit »einem aufopferungsvollen, gütigen Herzen« mag der Schlüssel liegen zu der natürlichen Autorität, die *Herbert Munte* ausstrahlte, zu dem Vertrauen, das er einflößte. Jedem, der noch an von ihm geleiteten Sitzungen oder Verhandlungen teilgenommen hat, wird es unvergeßlich sein, wie gern seine Vorschläge angenommen, wie rasch schwierige Probleme zur allgemeinen Zufriedenheit gelöst wurden. In Jahren, die von sich verschärfendem Wettbewerb gekennzeichnet waren, verstand er es, die gemeinsamen Interessen zu betonen, das Trennende zu bagatellisieren. Die ruhige, souveräne Verhandlungsführung ließ keinen Gedanken daran aufkommen, daß er aus Pflichtbewußtsein sich selbst überforderte.

Die Nachfolge von *Herbert Munte* trat *Dr. Julius von Hartmann* an (der am 20./21. Juni 1963 in Bad Kreuznach auch zum ersten Vorsitzenden des neuen Zusammenschlusses der ganzen Branche, des Gesamtverbandes Feinstblechpackungen, gewählt wurde).

Außerdem wurden im Mai 1962 in den Vorstand berufen

- Dr. Kurt Jacobi,
- Hans-Herbert Munte,
- Dr. Rolf Reitis und
- Hans-Werner Rössing-Schmalbach.

Da die von ihnen zunächst übernommenen Aufgaben bald durch das Ausscheiden *Dr. Julius von Hartmanns* und eine völlig neu geschaffene Organisation geändert wurden, soll ein zusammenfassender Bericht dem nächsten Kapitel vorbehalten bleiben.

Gegen Ende 1963 zeigten sich bei *Dr. Julius von Hartmann* die ersten Anzeichen einer Augenerkrankung, deren Heilung trotz mehrerer Operationen nicht glückte. Als er befürchten mußte, seine Gesundheit würde sich in absehbarer Zeit nicht so kräftigen, daß er weiterhin seine vielfältigen Pflichten mit der ihm eigenen Sorgfalt erfüllen könne, bat er um Versetzung in den Ruhestand zum 30. Juni 1964 und legte zum gleichen Zeitpunkt alle Ehrenämter nieder. Aus seinem Wirken als Vorsitzender des SCHMALBACH-Vorstandes ist das bedeutsamste Ereignis die Vereinbarung mit der Firma Günther Wagner. Die Grundlage dieser Vereinbarung bildeten nicht nur rationale Erwägungen, sondern auch die langjährige freundschaftliche Verbindung, die zwischen *Konsul Kurt Beindorff*, dem Seniorchef der Firma Günther Wagner, und *Herbert Munte* sowie *Dr. Julius von Hartmann* bestand.

Aus dem einen Jahr des Vorsitzes im Gesamtverband Feinstblechpackungen ist zu berichten, daß *Dr. Julius von Hartmann* seine Auffassung über die Aufgaben des Verbandes – nach Abstimmung mit den Mitgliedern des Vorstandes – in einem Exposé zusammenfassen ließ, das als Interpretation der Satzung häufig zitiert wird und seiner Initiative die Gründung der Förderungsgemeinschaft für Feinstblechpackungen e. V. zu danken ist.

Wenn wir versuchen, für das Ergebnis von Arbeit und Mühen, von der Fortführung von Traditionen und neuen Entwicklungen, von Erfolgen und Enttäuschungen am Schlusse von eineinhalb Jahrzehnten eine Kennzahl zu finden, brauchen wir nicht lange zu suchen: das Aktienkapital, das am Ende des Zweiten Weltkrieges 5 Millionen RM betragen hatte, wurde 1963 auf 50 Millionen DM aufgestockt.

Anmerkungen

1 G. *Mann,* Deutsche Geschichte des neunzehnten und zwanzigsten Jahrhunderts. Frankfurt/M. 1958, S. 8.

2 G. *Mann,* a. a. O., S. 933 und 947.

3 K. *Adenauer,* Erinnerungen 1945–1953. Stuttgart 1965, S. 182.

4 a. a. O., S. 943 f.

5 G. *Schnath,* H. *Lübbing,* G. *Möhlmann,* F. *Engel,* Geschichte des Landes Niedersachsen. Würzburg 1962, S. 137.

6 L. *Graf Schwerin von Krosigk,* Die Große Zeit des Feuers. Der Weg der deutschen Industrie. Band III. Tübingen 1959, S. 598.

7 G. *Mann,* a. a. O., S. 948.

8 Soziale Marktwirtschaft, in: Dr. Gablers Wirtschafts-Lexikon. Zweiter Band. 8. Auflage [1. Aufl.: 1956], Wiesbaden 1971, Sp. 1205.

9 L. *Erhard,* Wohlstand für alle. Bearbeitet von W. *Langer*. Düsseldorf 1957, S. 221 f.

10 W. *Treue,* Wirtschaftsgeschichte der Neuzeit. 2. Aufl. [1. Aufl.: 1966], Stuttgart 1966, S. 755 f. und 759.

11 L. *Graf Schwerin von Krosigk,* a. a. O., S. 591 f.

12 Aufgaben des nach-modernen Nationalökonomen, in: Betriebswirtschaftliche Forschung und Praxis XIX (1967), S. 547 ff.

13 L. *Graf Schwerin von Krosigk,* a. a. O., S. 592 f.

14 O. *v. Nell-Breuning,* Formen und Deutungen der Wettbewerbsgesellschaft, in: Stimmen der Zeit 96. Jg. (1971), S. 377 ff.

15 Falsche Angst vor Größe, in: DIE ZEIT Nr. 31 vom 2. August 1968.

16 a. a. O., S. 189.

17 L. *Graf Schwerin von Krosigk,* a. a. O., S. 599 ff.

18 Die Warenverpackung als ein Faktor der betrieblichen Absatzpolitik, Heft 5 der »Wirtschaftswissenschaftlichen Abhandlungen«, hrsg. von E. *Kosiol* und A. *Paulsen*. Berlin 1957, S. 71 ff. und 42 ff.

19 K. *Koloc,* Forschung und Verpackung, in: Verpackungswirtschaftliche Tagung anläßlich der Leipziger Messe im Frühjahr 1950. Hrsg. vom Leipziger Messeamt. Leipzig 1950, S. 7 ff.

20 A. R. *Braden,* Field Warehousing und Bassinverträge als Finanzierungs-

hilfe und gleichzeitig Mittel der Marktstabilisierung in der Konservenindustrie, in: Die industrielle Obst- und Gemüseverwertung XLIII (1958), S. 443 ff.

21 H. *Menze,* Markttransparenz in Theorie und Wettbewerbsrecht, in: Wirtschaft und Wettbewerb XIII (1963), S. 578 ff.

22 A. *Sölter,* Das Rabattkartell. Heft 3 der WuW-Schriftenreihe. Düsseldorf 1955, S. 5.

23 Feinblech-Korrespondenz I (1949), Nr. 5, S. 5 und Nr. 6, S. 4.

24 O. *Jacob,* Die betriebswirtschaftlichen Probleme der Normung dargestellt am Beispiel der Feinblechpackung. Dissertation Freie Universität Berlin 1958 (veröffentlicht 1959), S. 41 ff.

25 H. *Domininghaus,* Kunststoff-Fibel. Speyer am Rhein 1967, S. 11 f., und M. *Medeyros* – U. *Koppelmann,* Handbuch der Kunststoffverpackungen, Herne-Berlin 1971, S. 14 f.

Die Zahlen der Weltproduktion sind entnommen dem Jahresbericht 1969 des Gesamtverbandes Kunststoff verarbeitende Industrie e. V., S. 60.

26 R. *Fuhrmann,* Kunststoffpackungen für die Kosmetik, in: neue verpackung XXI (1968), S. 1240 ff.

27 O. *Stobbe,* Wellpappen-Handbuch. Teil I. Als Manuskript gedruckt und 1963 herausgegeben vom VDW Verband der Wellpappen-Industrie e. V., Frankfurt am Main, S. 21 f., 1, 13, 31, 53 ff., 88 und 64 ff.

28 F. *Lange-Wiche* und K. *Pentzlin,* Verpackungsluxus?, in: neue verpackung X (1957), S. 874 f.

29 A. *Männicke,* a. a. O., S. 51 und 102.

30 E. *Gutenberg,* Über einige Fragen der neueren Betriebswirtschaftslehre, in: Zeitschrift für Betriebswirtschaft XXXVI (1966), 1. Ergänzungsheft, S. 1 ff.

31 Funktionenlehre, betriebswirtschaftliche, in: Handwörterbuch der Betriebswirtschaft. 3. Auflage [1. Aufl.: 1926–28] Band II, Stuttgart 1958, Sp. 2095 ff.

32 Organisation des Industriebetriebs. Wiesbaden 1963, S. 41 f.

33 Rationalisierung, in: Handwörterbuch der Betriebswirtschaft. 3. Auflage [1. Aufl.: 1926–28], Band III, Stuttgart 1960, Sp. 4530 ff.

34 H. *Hölscher,* Konserviertes Trinkwasser in Dosen, in: neue verpackung XVI (1963), S. 256.

35 U. *Riedel,* Fritz Beindorff 1860–1944, in: Niedersächsische Lebensbilder. Zweiter Band. Hrsg. von O. H. *May* im Rahmen der Veröffentlichungen der Historischen Kommission für Niedersachsen (Bremen und die ehemaligen Länder Hannover, Oldenburg, Braunschweig und Schaumburg-Lippe). Hildesheim 1954, S. 1 ff.

VI.
Die Zweite industrielle Revolution
(1964-1973)

»Wenn man all das zusammenfaßt, was Erhard für eine
freie deutsche Wirtschafts- und Gesellschaftsordnung,
für eine leistungsfähige unternehmerische Wettbewerbswirtschaft
getan hat und was er geschaffen hat,
um den Glauben an die Zukunft zu sichern,
so gebührt ihm – trotz aller Meinungsverschiedenheiten
und Gegnerschaften auf dem Wege dahin –
ein einziges Wort,
das in der Politik viel bedeutet: Dank!«

Otto A. Friedrich,
Erhards ungewöhnlicher Weg,
in: LUDWIG ERHARD
Beiträge zu seiner politischen Biographie.
Festschrift zum fünfundsiebzigsten Geburtstag.
Hrsg. von G. Schröder, A. Müller-Armack,
K. Hohmann, J. Gross,
R. Altmann. *Frankfurt/M. – Berlin – Wien 1972, S. 82 ff.*

1.
Chronik der Gegenwart

Mit dem Ende des Ersten Weltkrieges wurde die Schwelle von der Geschichte zur Zeitgeschichte überschritten, mit dem Ende der »Ära Adenauer« beginnt der Abschnitt der Zeitgeschichte, in dem wir leben. Für diesen neuen Abschnitt bildet innen- und außenpolitisch die »Ära Adenauer« das Fundament. *Willy Brandt* sagte anläßlich der Verleihung des Friedens-Nobelpreises 1971 in Oslo am 11. Dezember 1971: »Ihm *[Konrad Adenauer]* ist es nicht nur vergönnt gewesen, im hohen Alter die Sehnsucht seines Lebens zu erfüllen und sein Deutschland mit Frankreich zu versöhnen. Er hat auch das Seinige getan, um die Bundesrepublik zu einem ebenbürtigen Mitglied der werdenden Union Westeuropas wie des Atlantischen Bündnisses zu machen. Wie immer wir dies damals im einzelnen beurteilt haben mögen: Ohne das, was im Westen geschaffen wurde, könnten wir nicht tun, was wir heute im Osten erstreben.«[1]

Der mangelnde zeitliche Abstand erlaubt eine Erklärung der historischen Geschehnisse, eine Beurteilung der handelnden Persönlichkeiten nur in unmittelbarem Zusammenhang mit der Politik; die Fülle des weit verstreuten Materials ist noch nicht zu Kompendien konzentriert. Eine Darstellung der Universalgeschichte, deren einzige Zielsetzung es ist, das Verständnis der Wirtschaftsgeschichte zu erleichtern, kann und muß sich deshalb darauf beschränken, die Ereignisse, die wir miterlebt haben, die Persönlichkeiten, die wir kennen, die Ansichten, die sie vertreten, nach Art einer Chronik aufzuzählen:

Heinrich Lübke (1894–1972), der am 1. Juli 1959 zum erstenmal zum Bundespräsidenten gewählt worden war, wurde am 1. Juli 1964 wiedergewählt. Schon jetzt steht fest, daß er sich große Verdienste um die Förderung der Entwicklungshilfe erworben hat.

Am 16. Oktober 1963 wurde der »Vater des deutschen Wirtschaftswunders« *Ludwig Erhard* zum Bundeskanzler gewählt.

In der schnell lebenden und schnell vergessenden Gegenwart ist es notwendig, daran zu erinnern, daß der Bundestag bereits am 14. Juni 1961 die Regierung aufgefordert hatte, ohne Preisgabe deutscher Interessen jede Möglichkeit zu einer *Normalisierung der Beziehungen zu den osteuropäischen Staaten* auszunutzen. In den Jahren 1963 und 1964 wurden Handelsabkommen geschlossen mit Bulgarien, Jugoslawien, Polen, Rumänien und Ungarn. Am 11. Juni 1964 bezeichnete *Ludwig Erhard* in seiner Rede vor dem Council on Foreign Relations in New York das Münchner Abkommen vom 29. September 1938 als nicht mehr existent und erklärte, die Bundesrepublik Deutschland habe keine territorialen Forderungen gegenüber der ČSSR.

Weltpolitisch suchte *Ludwig Erhard* ein Europa als erweiterte wirtschaftliche, militärische und politische Zone, in nun schon traditioneller Weise auf die USA ausgerichtet, zu verbinden mit einem Ausgleich mit Frankreich. *De Gaulle* vertrat nämlich – erstmals auf der Pressekonferenz vom 15. Mai 1962 – die Auffassung, Europa müsse sich mit eigenen Atomstreitkräften als dritte Macht *neben* den USA und der UdSSR zu behaupten in der Lage sein.

Bei den Bundestagswahlen am 19. September 1965 brachte *Ludwig Erhard* seine Partei zum Wahlsieg und wurde am 20. Oktober wiederum zum Bundeskanzler gewählt. In der denkwürdigen Regierungserklärung vom 10. November 1965 wies er auf die *bedenkliche Entwicklung der Wirtschaft* hin und forderte entweder höhere Arbeitsleistungen oder ein Zurückschrauben der Ansprüche. Zur Deckung des Defizits im Bundeshaushalt kündigte er Sparmaßnahmen an.

Die Ehrungen, die *Ludwig Erhard* bei Vollendung des 75. Lebensjahres am 4. Februar 1972 von Freunden und Gegnern erwiesen wurden, zeigten, daß Anlässe und Gründe für die vorzeitige Beendung seiner Amtszeit vergessen sind; der Chronist muß sie nennen:

- die Wahlniederlage der CDU bei den Landtagswahlen in Nordrhein-Westfalen,
- die nicht zum Erfolg führenden Bemühungen, mit der FDP zu einer Einigung über die Sanierung des Haushalts 1967 zu kommen, und – wohl auch –

– die negative Einstellung zu einer »Großen Koalition« (CDU/CSU – SPD).

Nach dem Rücktritt der FDP-Minister wurde *Kurt Georg Kiesinger,* geb. 1904, zunächst von seiner Partei zum Kandidaten für das Kanzleramt, dann am 1. Dezember 1966 vom Bundestag zum Bundeskanzler der »Großen Koalition« gewählt. Er bemühte sich, als Regierungschef ein gemeinsames Koalitionsprogramm durchzuführen. Als Schwerpunkte seiner Amtszeit, die bis zum 20. Oktober 1969 währte, gelten:

(1) In der Innenpolitik:
- eine wirtschaftliche Neuorientierung durch die mittelfristige Finanzplanung, die Projektion der Einnahmen und Ausgaben des Staates für einen längeren Zeitraum;
- die Verabschiedung der Notstandsgesetze und
- Reformen der Sozialpolitik und des Strafrechts;

(2) in der Außenpolitik:
eine Intensivierung der Beziehungen zu den kommunistischen Staaten unter Aufrechterhaltung des Alleinvertretungsanspruchs der Bundesrepublik Deutschland.

Seit März 1969 behinderte der Streit der Koalitionspartner um die Aufwertung der D-Mark die Aktivität der Regierung.[2]

Am 5. März 1969 wählte die Bundesversammlung *Gustav W. Heinemann,* geb. 1899, zum Bundespräsidenten.

Am 28. September 1969, bei der 6. Wahl zum Deutschen Bundestag, entfielen auf
- CDU/CSU 46,1 %
- SPD 42,7 %
- FDP 5,8 % und
- alle übrigen Parteien 5,4 %

aller abgegebenen gültigen Stimmen. SPD und FDP bildeten eine Koalitionsregierung und am 21. Oktober 1969 wurde mit *Willy Brandt,* geb. 1913, zum erstenmal seit dem 28. Juni 1928 – also seit *Hermann Müller* (1876–1931) – ein Sozialdemokrat zum Kanzler gewählt.

Die Zeitgenossen *Willy Brandts* beschäftigte und beschäftigt am meisten die Intensivierung der Ostpolitik. Schon am 15. November 1969 übermittelte der Botschafter der Bundesrepublik der Regierung der UdSSR einen Vorschlag zur Aufnahme von Gewaltverzichtsverhandlungen und am 28. Januar 1970 leitete Staatssekretär *Egon Bahr* mit einem Besuch in Moskau diese Verhandlungen ein. Am 12. August 1970 unterzeichneten *Willy Brandt* und sein Außenminister Walter Scheel, der Vorsitzende des Ministerrates der UdSSR *Alexej Nikolajewitsch Kossygin* und sein Außenminister *Andrej A. Gromyko* den Vertrag über den Gewaltverzicht, der jedoch nach Feststellung der Bundesregierung erst nach dem Erreichen befriedigender Verbesserungen für Berlin ratifiziert werden sollte. Im umstrittenen Artikel 3 heißt es u. a. »die beiden Staaten betrachten heute und künftig die Grenzen aller Staaten in Europa als unverletzlich, wie sie am Tage der Unterzeichnung dieses Vertrages verlaufen, einschließlich der Oder-Neiße-Linie, die die Westgrenze der Volksrepublik Polen bildet, und die Grenze der Bundesrepublik Deutschland und der Deutschen Demokratischen Republik.«

Die Opposition äußerte drei Bedenken:

- Vertrag und Begleitdokumente ermöglichen bei wichtigen Begriffen verschiedene Auslegungen;
- die Forderungen der UdSSR werden ohne Gegenleistungen erfüllt und
- West-Berlin bleibt weiter gefährdet.

Willy Brandt suchte auch Begegnungen mit *Willi Stoph,* dem Ministerratsvorsitzenden der DDR (am 19. März 1970 in Erfurt und am 21. Mai 1970 in Kassel) und am 7. Dezember 1970 unterzeichneten in Warschau *Willy Brandt* und *Walter Scheel,* der Vorsitzende des polnischen Ministerrates *Jozef Cyrankiewicz* und sein Außenminister *Stefan Jedrychowski* den Vertrag über die Grundlagen der Normalisierung der Beziehungen zwischen Polen und der Bundesrepublik Deutschland.

Am 20. Oktober 1971 beschloß das Nobel-Komitee des norwegischen Parlaments, den *Friedens-Nobelpreis Willy Brandt* zu verleihen.

Am 17. Mai 1972 nahm der Bundestag die »Ostverträge« – den deutsch-sowjetischen und den deutsch-polnischen Vertrag – mit einfacher Mehrheit an; mit überwältigender Mehrheit die »gemeinsame Entschließung«, die insbesondere das »unveräußerliche Recht auf Selbstbestimmung«, das Festhalten am Atlantischen Bündnis betont und die Erwartung ausspricht, daß die Sowjetunion und andere sozialistische Länder die Zusammenarbeit mit der EWG aufnehmen werden. Am 3. Juni 1972 haben die Außenminister Frankreichs, Großbritanniens, der UdSSR und der USA in Berlin das Viermächteabkommen für Berlin unterzeichnet. Zur gleichen Zeit tauschte in Bonn die Bundesrepublik mit der UdSSR und der Volksrepublik Polen die Ratifikationsurkunden zum deutsch-sowjetischen und deutsch-polnischen Vertrag aus.

In dem Abschnitt der Zeitgeschichte, in dem wir leben, hat ein Geschehnis aus der Geistesgeschichte die Aufmerksamkeit aller, die gern Biographien lesen, auf *Braunschweig* gelenkt. *Herzogin Viktoria Luise,* während des Ersten Weltkrieges Regentin des Herzogtums Braunschweig, verfaßte eine Reihe von Büchern, die mit großem Erzähltalent und vorbildlicher Sorgfalt geschrieben, viel Erfolg hatten und haben, aber auch als Geschichtsquelle bedeutsam sind.

Es sind erschienen:

- EIN LEBEN ALS TOCHTER DES KAISERS, Göttingen 1965, bisher 11 Auflagen und eine Buchclubausgabe;
- IM GLANZ DER KRONE, Göttingen 1967, bisher 4 Auflagen und eine Buchclubausgabe;
- BILDER DER KAISERZEIT (Bildband), Göttingen 1969, bisher 2 Auflagen;
- 100 JAHRE, Göttingen 1970, bisher 2 Auflagen und
- DEUTSCHLANDS LETZTE KAISERIN, Göttingen 1971, bisher 2 Auflagen.

In der Geschichte gibt es für einen solchen schriftstellerischen Erfolg einer Persönlichkeit, die selbst regiert hat, eine einzige Parallele: *Anton Ulrich Herzog von Braunschweig-Wolfenbüttel* (1633–1714) verfaßte zwei Romane, deren Ansehen groß war: »Aramena« (5 Bände, 1669–1673) und »Octavia« (6 Bände, 1677–1685, 2. Aufl. 1712).[3]

2.
Wirtschaft im Wandel

Wer das Vierteljahrhundert seit der Rückkehr zur Friedenswirtschaft bewußt miterlebt hat, wer jetzt die Fülle der Erinnerungen und die Vielfalt der Veröffentlichungen zu ordnen sucht, dem drängt sich die Erkenntnis auf, daß die »Wirtschaft im Wandel« – im Wandel gegenüber den eineinhalb Jahrzehnten des Wiederaufbaues und des Wachstums – nicht einem Kreis mit *einem Mittelpunkt* gleicht, sondern einer Ellipse mit *zwei Brennpunkten:*

- der eine ist eine Beteiligung der Bundesrepublik an der Entwicklungshilfe, für die das Modewort »Engagement« der treffendste Ausdruck ist;
- den anderen bildet die Modifizierung der Sozialen Marktwirtschaft durch Einbau einer globalen Steuerung.

Am 8. Januar 1960 bezeichnete *Heinrich Lübke* die *Unterstützung der Entwicklungsländer* als eine der vornehmsten Aufgaben der Bundesrepublik, die dadurch beitragen könne, wirtschaftlich und sozial ausgewogene Verhältnisse in der Welt zu schaffen. Am 9. Juni 1961 wurde das ERP-Entwicklungshilfegesetz verabschiedet, das den Bundesminister für wirtschaftlichen Besitz des Bundes ermächtigt, Verpflichtungen zur Gewährung von Darlehen bis zu einem Betrage von 1500 Millionen DM zu übernehmen; am 11. Juni 1963 konstituiert sich der Beirat zur Entwicklungshilfe.

Welche Facts haben die Bundesregierung zu diesem Engagement bewogen?

Da etwa 70 % der Menschheit in Entwicklungsländern leben, die nur 40 % der Nahrungsmittel produzieren, 30 % der Weltbevölkerung – die Industrienationen nämlich – 70 % der tierischen Nahrungsmittel verzehren und die Weltagrarwirtschaft durch die Bevölkerungsexplosion in den Entwicklungsländern in immer stärkeres Un-Gleichgewicht geriet, prägen diese divergierenden Tendenzen die Weltagrarwirtschaft. Aus humanitären und weltpolitischen Gründen wurde eine weltweite wirtschaftliche Planung und Kooperation der Weltagrarwirtschaft verbunden mit Hilfeleistungen und Fortschrittsinvestitionen dringlicher; unter der Führung der technischen Hilfe der UNO wurde und wird die Kooperation der Weltagrarwirtschaft tatsächlich stärker realisiert als auf jedem anderen Gebiet der Wirtschaft.[4] – Wegen der negativen Einstellung gegen den »Weißen Mann« in weiten Teilen der Erde, sei zur Entwicklungshilfe bemerkt, »daß die Auseinandersetzung mit der materiellen Not anderer Menschen in anderen Weltteilen – sei es im Gedanken oder durch die Tat – eine Besonderheit des Europäers, des Nordamerikaners, des Australiers, des Israelis ist. Kein Afrikaner, Indio, Chinese, Malaie oder Araber ist bislang auf den Gedanken verfallen, sich darum zu sorgen, ob außer für sein Volk auch für andere genügend Plätze an den Festtafeln des Lebens verfügbar sind.«[5] – Die Bundesrepublik hat bis 1969 im Rahmen ihrer Entwicklungshilfe Gesamtauszahlungen in Höhe von 51,65 Milliarden DM vorgenommen; davon entfielen 50,5 % auf private und 49,5 % auf öffentliche Mittel. In der Regierungserklärung vom 28. Oktober 1969 hat sich die Bundesregierung dazu bekannt, alles in ihrer Macht stehende zu tun, um die im sogenannten »Pearson-Bericht« genannte Quote von 0,7 % des jeweiligen Bruttosozialprodukts der Industrieländer an *öffentlicher* Nettoleistung für Entwicklungshilfe aufzubringen.[6] Von den privaten Initiativen seien genannt die Aktionen der beiden großen christlichen Kirchen: »Brot für die Welt« und »Misereor«.

Unter dem Eindruck der ersten ernsten Rezession seit der Währungsreform hat sich der Verfassungsgesetzgeber durch eine Änderung des Grundgesetzes (15. ÄndGGG [BGBl. 1967 I S. 581]) für eine *global gesteuerte Marktwirtschaft* entschieden. Gesetzgeber und Regierung wurden verfassungsrechtlich verpflichtet, ihre Politik den Erfordernissen eines gesamtwirtschaftlichen Gleichgewichts anzupassen und dabei insbesondere auch die Grundsätze einer konjunkturgerechten Haushaltswirtschaft zu beachten. Das »Gesetz zur Förderung der Stabilität und des Wachstums der Wirtschaft« vom 8. Juni 1967 (BGBl. I S. 582) ist die »Magna Charta« der neuen Wirtschaftspolitik. Gem. § 1 hat es das Ziel, daß Bund und Länder ihre wirtschafts- und finanzpolitischen Maßnahmen so treffen sollen, daß sie im Rahmen der marktwirtschaftlichen Ordnung zur Wahrung des Geldwertes bei hohem Beschäftigungsstand, außenwirtschaftlichem Gleichgewicht und angemessenem Wirtschaftswachstum beitragen. Die Finanzpolitik des Bundes soll im Hinblick auf dieses Ziel gestaltet werden, *antizyklisch* ausgerichtet sein, und dem Bundeshaushalt soll eine *mehrjährige Finanzplanung* zugrunde liegen.

Ein jährlicher Wirtschaftsbericht der Bundesregierung soll eine Jahresprojektion der geplanten Wirtschafts- und Finanzpolitik aufzeigen. Im Falle der Gefährdung eines der Ziele stellt die Bundesregierung Orientierungsdaten für eine *konzertierte Aktion* der Gebietskörperschaften, Gewerkschaften und Unternehmensverbände zur Erreichung der Ziele zur Verfügung.

Die Bundesregierung erhält ein konjunkturpolitisches Instrumentarium, das ihr ermöglichen soll, den Zyklus von Konjunktur und Rezession in stetiges Wachstum umzuformen.

Die Unterscheidung zwischen Kultur und Zivilisation erscheint aus der Sicht der Gegenwart nicht mehr gerechtfertigt: alles, was zur materiellen Befreiung des Menschen beiträgt, erleichtert das Streben nach Veredelung und Verfeinerung.[7] Eine so interpretierte Kultur ist eng verwandt mit dem Begriff »Gemeinwohl«, dem neben ideellen Werten wie Freiheit und Gerechtigkeit auch materielle Faktoren immanent sind; sie gewinnen wachsende Bedeutung, je mehr die umfassende Daseinsvorsorge, der Wohlfahrtsstaat angestrebt und realisiert wird.

Für die materiellen Faktoren der Kultur und des Gemeinwohls sind in unserer Gesellschaftsordnung die Unternehmer – die selbständigen und die angestellten Unternehmer (Manager) – verantwortlich und die Träger der Wirtschaftspolitik, die die Entfaltung des unternehmerischen Elements in den Betriebswirtschaften zu fördern und über die Globalsteuerung zu beeinflussen vermögen.

Die glänzenden Erfolge der Sozialen Marktwirtschaft, die ohne unternehmerische Initiative nicht möglich gewesen wären, die Notwendigkeit, die materiellen Faktoren des Gemeinwohls zu verstärken, um die Daseinsvorsorge und die Reformen in den verschiedensten Lebensbereichen zu finanzieren, haben aber nicht das Image des Unternehmers geformt. Es ist den breiten Schichten des Volkes nicht bewußt, daß die Gesellschaft den Insassen eines Jumbo Jets gleicht, den die Unternehmer als die mächtigen Triebwerke zu Aufstieg und Fortschritt tragen. Im Gegenteil: seit der Mitte der sechziger Jahre werden die Unternehmer von *verschiedensten* Seiten mit »hoher Wachstumsrate« angegriffen. Unter den Angreifern sind deutlich zwei Gruppen zu unterscheiden:

– Die Anhänger der marxistischen Ideologie, die die Vergesellschaftung, genau: die Enteignung der Produktionsmittel zumindest psychologisch vorbereiten möchten.
– Intellektuelle, in deren Bildung die Wirtschaft nicht integriert ist, die keine Vorstellung von den unternehmerischen Funktionen in der Betriebswirtschaft besitzen. Sie kritisieren insbesondere die »Fremdbestimmtheit der Arbeit« und die »Fremdbestimmtheit der Freizeit und des Konsums«. Die »Fremdbestimmtheit der Arbeit« ist durch den kooperativen Führungsstil, die Sozialgesetzgebung und die Vollbeschäftigung in immer umfassenderer Weise humanisiert worden[8]; auf die angebliche »Fremdbestimmtheit der Freizeit und des Konsums« wird im nächsten Kapitel eingegangen werden.

Zu den Angriffen, die zunächst nur enttäuschen und verletzen, kommen angelaufene oder geplante Reformen, deren *Häufung und Umfang* ernste Sorgen bereiten; als Beispiele seien genannt:

– Die Vermögensabgabe der Wirtschaft zur Vermögensbildung der Arbeitnehmer und die eigentliche Steuerreform.
– Die Ausdehnung der in der Montanindustrie bestehenden Form der wirtschaftlichen Mitbestimmung.
– Die Intensivierung der *Aufsichtspraxis* des Bundeskartellamtes und die *Verschärfung des Gesetzes gegen Wettbewerbsbeschränkungen.*

Die Antwort der Unternehmer kann und wird nicht Resignation sein, sondern das Anbieten von konkurrierenden Reformen, die realisierbar und attraktiv zugleich sind, wie es *Professor Burkhard Freudenfeld,* der neue Leiter des Deutschen Industrieinstituts empfahl, und die Intensivierung der Public Relations, die *Professor Carl Hundhausen* treffend mit »Werbung um öffentliches Vertrauen« übersetzt.

Ehe die Zweite industrielle Revolution, die diesem Kapitel den Namen gegeben hat, behandelt wird, ist daran zu erinnern, daß zur »Wirtschaft im Wandel« ein Wandel in der Organisation der Arbeitnehmer gehört, dessen Wurzeln bis in das Jahr 1933 reichen. Damals wurde das Wirken aller deutschen Gewerkschaften gewaltsam beendet, ihre Mitglieder wurden in die Deutsche Arbeitsfront überführt. Vertreter der Freien, der Christlichen und der Hirsch-Dunckerschen Gewerkschaften fanden sich in Widerstandszentren zusammen und kamen überein, nach dem erwarteten Zusammenbruch des Nationalsozialismus eine einheitliche Gewerkschaft ins Leben zu rufen. Am 13. Oktober 1949 wurde der Deutsche Gewerkschaftsbund gegründet als Gesamtorganisation der Einheitsgewerkschaften der Arbeiter, Angestellten und Beamten der Bundesrepublik Deutschland. Auseinandersetzungen um das Prinzip der Industrieorganisation führten schon auf dem Wege zur Einheitsgewerkschaft zur Herauslösung der Deutschen Angestelltengewerkschaft, Auseinandersetzungen über die parteipolitische Neutralität zur Gründung der Christlichen Gewerkschaftsbewegung Deutschlands. In allen westlich-demokratischen Ländern haben die Gewerkschaften das Ziel, für die arbeitenden Menschen eine möglichst große wirtschaftliche Unabhängigkeit, dauernde Beschäftigung, einen wachsenden Anteil am Sozialprodukt und soziale Sicherung zu erreichen.[9]

3.
Die Zweite industrielle Revolution

In gleicher Weise wie jene »industrielle Revolution«, die in unseren Tagen den Zusatz »Erste« erhielt, prägte auch die neue Phase der industriellen Entwicklung, deren Augenzeugen wir sind, die gesamte Wirtschaft und hat Fernwirkungen auf das soziale Leben und die Politik. Noch einmal bildet die Industriegeschichte den Kristallisationspunkt der Wirtschaftsgeschichte und beeinflußt die Universalgeschichte; darum sind Überschrift des Kapitels und *dieses* Abschnittes identisch.

Unsere Epoche äußert sich in vier Erscheinungsformen:

»1. in der Entwicklung neuer synthetischer Stoffe, besonders auf dem Gebiet der Kunstfasererzeugung; 2. in der Anwendung der Atomenergie; 3. in der Automation der Fertigung; 4. im Einsatz elektronischer Geräte sowohl in der Fertigung als auch im Verwaltungs- und Vertriebsbereich der Betriebe.«[10]

Vom wirtschaftlichen – vom betriebs- und vom volkswirtschaftlichen – Standpunkt sind zwei Aspekte der »forcierten Evolution« der Technik *(Hermann Böhrs)* bedeutsam.

(1) Die schon durch die Erfindungen auf dem Gebiet der Elektrotechnik sich anbahnende Emanzipation von den Kohlenvorkommen vollendet sich, Transportprobleme existieren nicht mehr (zur Erzeugung von 100 Millionen kWh elektrischer Energie werden benötigt in einem thermischen Kraftwerk 35 000 t Kohle, in einem Atomreaktor 35 kg Uran); es wird die Chance zur Deglomeration geboten.

(2) Die Zeit, die von der technischen Erfindung bis zu ihrer industriellen Anwendung vergeht, verkürzt sich ständig; die Entwicklung dauerte beispielsweise 112 Jahre in der Photographie (1727

bis 1839) und 3 Jahre für die Integrierten Schaltkreise in der Elektronik (1958–1961).

Auf die arbeitenden Menschen hat die Zweite industrielle Revolution drei Wirkungen:

(1) Die Automation, »die Steuerung und Kontrolle des Maschinenprozesses«, kann »niemals von dem ungelernten, proletarischen Arbeiter alten Stils bedient werden«, sondern fordert »einen neuen, geschulten, technisch gebildeten Arbeitertyp«. Die *kopernikanische Wende,* die ein großer Sozialwissenschaftler 1950 voraussah, ist Wirklichkeit geworden: die alte Fragestellung, welche Maßnahmen zugunsten der betriebsangehörigen Menschen sich durch erhöhten Betriebserfolg bezahlt machen und finanzierbar sind, ist überholt; jedem arbeitenden Menschen können und müssen Chancen geboten werden, durch seine Tätigkeit als Persönlichkeit reicher zu werden und die reichere Persönlichkeit ist der wertvollere Betriebsangehörige.[11]

(2) Niemand kann mehr damit rechnen, den erlernten Beruf bis zum Erreichen der Altersgrenze auszuüben; jeder muß sich auf einen mehrfachen Wechsel einstellen.

(3) Die schwer zu beherrschenden negativen Möglichkeiten der Atomenergie, die Unvorhersehbarkeit der beruflichen Laufbahn, die sich ständig wandelnde Umwelt erzeugen Angst und . . . »Bedürfnis nach Sicherheit«.[12]

»Der Forscher holt das Kommende, das Spätere durch Gedankenarbeit in die Gegenwart herein, . . .«[13] Trotz *früherer* Veröffentlichungen kann der Beginn der neuen Phase mit der Mitte der sechziger Jahre angesetzt werden aus zwei Gründen:

– Erfindungen, Entdeckungen und Erkenntnisse verbreiten sich allmählich über Volkswirtschaften, Wirtschaftszweige und Betriebswirtschaften; es gibt bis heute bei den Industrienationen »Inseln«, auf denen die Zweite industrielle Revolution noch nicht stattgefunden hat. So bietet sich die Mitte der sechziger Jahre als Schnitt zwischen ersten Anzeichen und voller Verwirklichung an.
– Um die gleiche Zeit wuchs eine neue Generation – von der Ausbildung her vertraut mit der Entwicklung in den USA, mit den Fortschritten der Betriebswirtschaftslehre, der Chemie, der Ingenieurwissenschaften und der Physik – in die Verantwortung, löste allmählich die Persönlichkeiten ab, die Wiederaufbau und Wachstum getragen hatten.

Einleitend wurde gesagt, es habe auch die Zweite industrielle Revolution Fernwirkungen auf das soziale Leben und die Politik. Nach der Aufzählung der Wirkungen auf den arbeitenden Menschen sollen ergänzend einige Fernwirkungen genannt werden:

- Die Deglomeration durch gleichmäßige Verteilung der Ballungszentren ist eine Aufgabe der kommenden Jahrzehnte. Eine andere Form der *Deglomeration* ist aber schon weit fortgeschritten: Der hohe Lebensstandard und die Motorisierung erlauben vielen arbeitenden Menschen im eigenen Haus in einem Dorf zu wohnen. Dadurch verwischt sich der Unterschied zwischen Stadt und Land, wird die dörfliche Gemeinschaft aufgelockert.
- Der Einsatz elektronischer Geräte im Verwaltungs- und Vertriebsbereich, der Wettlauf um die industrielle Anwendung technischer Erfindungen, das Einstellen auf einen Wechsel vom erlernten Beruf zu einem anderen erhöhen den Bedarf an wissenschaftlichen Mitarbeitern und machen den Ausbau des *Schulwesens* zu einem Zentralproblem der Innenpolitik.
- Der *Lohn* war ursprünglich überwiegend ein Kostenfaktor. Nach dem Zweiten Weltkrieg wurde er bald im Sinne des *Fordismus* ambivalent als Kostenfaktor und Mittel zur Schaffung von Kaufkraft gesehen. Jetzt wird er zum wichtigsten konjunkturpolitischen Faktor: die Lohnpolitik, also die Summe der Lohneinkommen in ihrer Höhe und in ihrer Entwicklungstendenz, bestimmt entscheidend die ganze Wirtschaftspolitik.[14]
- Der ungesättigte Arbeitsmarkt bietet Hausfrauen mannigfaltige Chancen. Die *Hausfrauen im Nebenberuf* fördern eine neue, bequeme Methode der Distribution: das System der Selbstbedienung. Das System der Selbstbedienung hilft Arbeitskräfte sparen, die für andere Aufgaben – auch außerhalb der Wirtschaft – zur Verfügung stehen und modifiziert die Verzehrgewohnheiten.
- Die *Automation* drängt zur Ausdehnung der Märkte, zur Schaffung von Großwirtschaftsräumen. Die weiträumigen Wirtschaftsbeziehungen zwischen Unternehmen und Unternehmern tragen zum besseren Verständnis der Völker bei und erleichtern die *internationale Zusammenarbeit auf allen Gebieten.*

Für den aufmerksamen Beobachter der Wirtschaftspraxis, den hellhörigen Leser des Fachschrifttums gewinnt auf dem Weg zur Mitte der achtziger Jahre ein Vierteljahrhundert Gestalt, das sich anschickt, die fünfzehn Jahre des »Wirtschaftswunders«, das Jahrzehnt der Zweiten industriellen Revolution abzulösen; ihm wird das nächste Kapitel gewidmet sein.

4.
Verpackung gehört zur Infrastruktur!

Auf der Jahresversammlung 1965 des Gesamtverbandes Feinstblechpackungen e. V. erinnerte *Hans Herbert Munte* an das weise Wort eines der größten Denker unseres Jahrhunderts: »Tag für Tag wird es uns unmöglicher, anders als solidarisch zu denken und zu handeln.« An der Spitze der Darstellung der Entwicklung der Verpakkungswirtschaft während des Zeitabschnittes, zu dem unsere Gegenwart gehört, sollen Verbandswesen und Gemeinschaftsaktionen stehen:

Den Vorsitz im *Gesamtverband Feinstblechpackungen e. V.* hatte seit 1965 *Waldemar Friebel* inne; in der Geschäftsführung löste *Dipl.-Kfm. Rolf Zöllner* vom 1. Januar 1966 an *Dr. Wolfgang Benzinger* ab. Die Aufgabe des Verbandes, »die gemeinsamen Interessen der Feinstblechpackungsindustrie auf wirtschaftlichem und auf technischem Gebiet zu wahren und zu fördern«, erforderte wiederum eine dynamische Orientierung der konkreten Zielsetzungen an dem Wandel in Technik und Wirtschaft, aber auch an den Reformen auf dem Gebiete des Rechts. Aus der Fülle der Probleme, die in der Regel mit großen Mühen gelöst und ... vergessen werden, heben sich bei rückschauender Betrachtung drei Schwerpunkte ab:
- die Ausgestaltung der Jahresversammlungen zu »Unternehmerseminaren«, die jeweils aktuelle betriebs- und volkswirtschaftliche Themen behandeln und zur Aussprache einladen;
- die beratende Mitarbeit an der Neuordnung des Meß- und Eichwesens und
- die Konzentration der Tätigkeit der Förderungsgemeinschaft für Feinstblechpackungen e. V. auf die Öffentlichkeitsarbeit.

Am 21. August 1971 starb der Ehrenvorsitzende des Gesamtverbandes Feinstblechpackungen e. V., *Dr. Werner Funk*; sein langjähriger Mitarbeiter, *Dr. Wolfgang Benzinger,* würdigte in der Trauerrede noch einmal seine Verdienste.

1951 schon wurde auf Veranlassung des Bundesministeriums für Wirtschaft die Rationalisierungs-Gemeinschaft Verpackung (RGV) im Rationalisierungs-Kuratorium der Deutschen Wirtschaft (RKW) gebildet, um die Arbeiten des seit 1938 tätigen Reichsausschusses für Verpackungswesen im alten RKW fortzuführen. Sie hat insbesondere die Aufgabe,

- als *allgemeine Kontaktstelle* die Verbindung zwischen allen an Verpackungsfragen interessierten Kreisen herzustellen und zu vertiefen;
- als *geistige Clearingstelle* die Bestrebungen und Maßnahmen zusammenzufassen, die der Anwendung des technischen und wirtschaftlichen Fortschritts auf dem Verpackungsgebiet dienen und
- als *zentrale Informationsstelle* das erreichbare Erfahrungsgut zu sammeln und auszuwerten und als Träger der fachlichen Aufklärung und Schulung zu wirken.[15]

Direktor *Waldemar Herrig* vertritt als Delegierter im Beirat der RGV die Feinstblechpackungsindustrie; Mitgliedsfirmen des Gesamtverbandes Feinstblechpackungen e. V. beteiligen sich regelmäßig an den Deutschen RGV-Verpackungs-Wettbewerben.

Seit dem Jahre 1958 findet in Düsseldorf regelmäßig die *INTERPACK* statt – die Internationale Messe für Verpackungsmaschinen und Verpackungsmittel mit internationaler Süßwarenmaschinen-Messe –, deren geschlossenes und vielseitiges Angebot auf dem Gebiete der Verpackungswirtschaft Studien und Fachgespräche in umfassender Weise ermöglicht.

Anläßlich der INTERPACK 1969 hat der damals amtierende Präsident der European Packaging Federation, *Hans Herbert Munte,* die Pressekonferenz mit einem Referat eröffnet, das starken Widerhall fand. Der Versuch, aus einem tour d'horizon des Verpackungswesens, geboten innerhalb einer Redezeit von einer knappen halben Stunde, einen Extrakt zu geben, führt zu drei Leitsätzen:

- Das Verpackungswesen kann sich gar nicht schnell genug entwikkeln, denn es spielt eine entscheidende Rolle beim Kampf gegen den Hunger, der noch immer weite Gebiete bedroht.

- Es ist notwendig, ein positives Image des Verpackungswesens aufzubauen, aufzuklären über seine Bedeutung für die Volkswirtschaft und die internationalen Handelsbeziehungen.
- Das Verpackungswesen ist ein Wegbereiter für Kultur und Zivilisation. Insbesondere hilft es, den Hausfrauen Zeit zu sparen; der Umfang der Zeitersparnis wurde plastisch gezeigt durch Verteilung einer »Speisenkarte«, die den Zeitaufwand für drei Mahlzeiten 1910 und 1969 vergleicht (Bildteil S. 31 f.).

An der Schwelle der siebziger Jahre veranlaßten drei Symptome: die steil wachsende Bedeutung der Verpackungswirtschaft, die Substitutionskonkurrenz zwischen den Packstoffen und die Diversifikation bei den Herstellern von Verpackungen einige Persönlichkeiten der Verpackungswirtschaft zu dem Entschluß, *eine Verbindung zwischen den Fachvereinigungen der Verpackungswirtschaft* zu gründen und zu institutionalisieren. Da ein Dachverband an dem Wettbewerb zwischen den einzelnen Packstoffen scheitern würde und keinen Platz in der Hierarchie der Verbände fände, wurde eine Innovation angestrebt: ein »Querschnittverband« mit dem Arbeitstitel »Fördergemeinschaft VERPACKUNG – Vereinigung der Deutschen Verpackungswirtschaft«. Die Fördergemeinschaft sollte »die deutsche Verpackungswirtschaft allgemein im Board der European Packaging Federation (EPF) und gegenüber der Öffentlichkeit vertreten, während in den Gliederungen der EPF und bei Spezialfragen die RG Verpackung, der FNA Verpackung und das Institut für Lebensmitteltechnologie und Verpackung die Interessen der Verpackung speziell vertreten.« Erläuternd sei bemerkt, daß die Aufgaben des Instituts für Lebensmitteltechnologie und Verpackung e. V., München, »liegen auf wissenschaftlich-technischem Gebiet mit Schwerpunkt bei der Packstofforschung, bei der Festlegung von Güterichtlinien für Verpackungen und bei der wissenschaftlichen Information«.[16] Den Bemühungen des Gründungskomitees blieb der Erfolg versagt aus einer Reihe von Gründen, die sich reduzieren lassen auf eine Wurzel: die Zeit war noch nicht reif. Das Wiederaufleben der Idee, die zur Gründung der gleichfalls ihrer Zeit vorauseilenden Vereinigte Blechwaren-Industrien GmbH (S. 83 f.) geführt hatte, in der Gestalt des Verbandes der Hersteller feiner Blechpackungen zeigt indessen einmal mehr, daß Ideen ihr eigenes Leben haben und wiederauftauchen, sobald die äußeren Umstände günstig sind.

Im November 1953 entstand die soeben erwähnte *European Packaging Federation* (EPF) – das große europäische Verpackungsforum –, das die Möglichkeit bietet,

- alle internationalen Verpackungsprobleme gemeinsam zu bearbeiten, und
- für jedes Projekt die besten europäischen Experten zu gewinnen;

das regelmäßige Zusammenkünfte der Delegierten aus 20 Ländern veranstaltet.

Im September 1968 kam hinzu die *World Packaging Organization* (WPO), die die World Pack Exhibition und den World Star geschaffen hat. Von ihren Aufgaben seien genannt:

- die Ausbildung im Verpackungswesen,
- die Unterstützung des Welternährungsprogramms und
- die Sammlung von Informationen und statistischen Daten.

Am 14. Dezember 1971 feierte die *Einkaufsgesellschaft der Deutschen Konserven-Industrie mbH* ihr 50jähriges Jubiläum. Gegenstand des Unternehmens war und ist der gemeinsame Einkauf von Rohware und Bedarfsgütern ohne Bindung; jedem Konservenfabrikanten ist es freigestellt, Gesellschafter zu werden, aber auch die Einkaufsgesellschaft darf Nichtgesellschafter beliefern. Die Hauptniederlassung befindet sich in Berlin, Zweigniederlassungen in Braunschweig, Düsseldorf und Mainz. Der erste Geschäftsführer war *Ludwig Klein;* gegenwärtig wird sie geleitet von *Hans-Ludwig Klein,* dem Sohn *Ludwig Kleins,* in Berlin und *Richard Duncker* in Braunschweig. Die Geschäftsführung hat die günstige Beschaffung, die sich übrigens nie auf Feinstblechpackungen erstreckte, stets verbunden mit Beratung der Erzeuger der Rohware und der sie verarbeitenden Konservenfabrikanten, die Schaffung guter Gemüsequalitäten gefördert. Zwei unternehmerischen Leistungen kommt bleibende Bedeutung zu:

- Nach dem Ausfall der Anbaugebiete in Sachsen-Anhalt für Gemüse gelang es der Einkaufsgesellschaft, neue Anbaugebiete in Südniedersachsen zu erschließen.
- In den dreißiger Jahren schuf sie durch Entsendung von Beratern nach Südosteuropa, durch Anbau- und Verarbeitungsanleitungen die Basis für die Belieferung der deutschen Industrie mit Obsthalbfabrikaten; in einigen Ländern hat sie den Grundstein für deren heutige Stellung als Lieferanten der Obstverwertungsindustrie in aller Welt gelegt.[17]

Die Einkaufsgesellschaft unterscheidet sich also grundsätzlich von Einrichtungen, die sich darauf beschränken, durch das bloße Zusammenfassen von Bestellungen höhere Rabatte zu erzielen.

Im Bereich der *Wettbewerbsordnung* sind wir Zeugen einer bedeutsamen Wandlung der Wettbewerbswirklichkeit und der Verwaltungspraxis des Bundeskartellamtes:

- In einem so nüchternen und so ausgewogenen Dokument wie der »Stellungnahme der Bundesregierung zum Tätigkeitsbericht des Bundeskartellamtes für 1967« findet sich der Satz: »Heute wird der Wettbewerb überwiegend als ein Marktprozeß angesehen, der sich in Vorstoß und Verfolgung äußert.« Die Stoßrichtung des Wettbewerbs ist also vorwiegend vertikal, nicht mehr horizontal.
- Das Bundeskartellamt nimmt den – durch die Gerichte noch nicht bestätigten – Standpunkt ein, die Einrichtung einer Preismeldestelle, eine wechselseitige Offenlegung von Marktdaten stelle eine Wettbewerbsbeschränkung im Sinne des § 1 des Gesetzes gegen Wettbewerbsbeschränkungen dar.

Dieser Entwicklung entsprechend, wurde das Rabatt-Kartell für die Lieferung von Konservendosen Mitte November 1969 aufgehoben und die Vereinbarung über Marktbeobachtung für Konservendosen nochmals vereinfacht. Die Meldepflicht beschränkt sich jetzt auf die Umsätze mit den einzelnen Abnehmern.

Die Beratung des Konsortiums für Marktbeobachtung hatte von 1956 an der neue Sozius der Anwaltssozietät Dr. Alfred Gleiss (S. 203), RA *Dr. Helmuth Lutz,* übernommen.

Die *Normung* im Bereich der Verpackungswirtschaft wird beeinflußt durch die Normungspolitik des Fachnormenausschusses Verpackung im Deutschen Normenausschuß, die eine Berücksichtigung der Tendenzen der International Organization for Standardization (ISO) anstrebt. Seit 1968 wurde die *ISO-Normung* intensiv fortgesetzt. Es kam eine Einigung zustande über eine Liste von Dosendurchmessern und -volumen. Die Kombination von Volumen und Durchmessern der Dosen, mit der also *Dosengrößen* festgelegt werden, befindet sich in Arbeit. Die Auflistung von Abmessungen von Milchdosen wurde 1970 abgeschlossen.

Auf die ISO-Tätigkeit hat das Sécretariat Européen des Fabricants des Emballages légers (SEFEL) zunehmend Einfluß gewonnen, denn bei SEFEL findet eine Vorklärung aller Probleme zwischen den

EWG-Partnern statt. Außerdem ist SEFEL korrespondierendes Mitglied bei ISO-Technical Comittee 52 – Hermetically Sealed Metal Food Containers – (TC 52) geworden und nimmt an den Sitzungen der Unterkommissionen teil. Die ISO-Festlegung von Paletten und Transporteinheiten hat einen bedeutsamen Fortschritt erzielt: es wird ein Modul mit den Abmessungen 600 × 400 mm empfohlen, der auf die beiden Palettengrößen 800 × 1200 und 1000 × 1200 mm paßt. Transporteinheiten sollen Stellmaße aufweisen, die Bruchteile oder Mehrfache der Modulmaße darstellen.

Die praktische Bedeutung der ISO wurde verstärkt durch den Beschluß, daß die ISO künftig keine Empfehlungen mehr herausgibt, sondern ISO-Standards, die als offizielle Normen gelten. Das Comité Européen de Normalisation (CEN) ist verpflichtet, solche Normen als Europa-Normen (EN) zu übernehmen, wenn keine wichtigen Gründe dem entgegenstehen. Damit schließt sich die Kette ISO-Norm – CEN-Norm – DIN-Norm.

Reference to Standards – die Bezugnahme auf Normen in Gesetzen und Verordnungen – erfolgte in der Fertigpackungs-Verordnung vom 16. Dezember 1971 für pulverförmige Wasch- und Reinigungsmittel (DIN 55 519) und soll auf Dosen ausgedehnt werden (DIN 32). Erläuternd sei bemerkt, daß die vorgeschriebene Angabe des Zahlenwertes des Volumens bei nach dem Volumen von Behältnissen privilegierten Größenstufen entfällt, wenn die Behältnisse nach DIN 55 519 bzw. DIN 32 genormt sind und die Angabe DIN 55 519 bzw. DIN 32 tragen. Die Norm DIN 32 soll die Grundlage bilden für eine CEN-Norm; diese wiederum wird aufgenommen werden in die in Vorbereitung befindliche EWG-Richtlinie für Fertigpackungen. Diese »behördliche Normung«, an der sich die Organisationen der Wirtschaft bemühen, beratend mitzuwirken, wird die künftigen europäischen Dosennormen mehr beeinflussen als die ISO-Normen, soweit den von ISO standardisierten Dosenvolumen andere, durch den Gesetzgeber festgelegte oder privilegierte Volumen entgegenstehen. Es wurde übrigens bekannt, daß auch im Rahmen des General Agreement on Tariffs and Trade (GATT) Normungsarbeiten in Erwägung gezogen werden.

Abschließend ist zu berichten, daß die nationale Normung in der Feinstblechpackungsindustrie nicht mehr bei einer speziellen Normungskommission, sondern bei der 1967 geschaffenen Technischen

Kommission des Gesamtverbandes liegt, die zuständig ist für die Wahrung und Förderung aller gemeinsamen Interessen auf technischem Gebiet. Ihr Vorsitzender ist gegenwärtig *Dipl.-Ing. Werner Illgen* (Schmalbach-Lubeca-Werke AG).

Am 25. August 1960 wurde in aller Welt das 150jährige Jubiläum der Feinstblechpackung gefeiert. Dem Engländer *Peter Durand* war nämlich – daran sei erinnert – am 25. August 1810 das Patent Nr. 3372 verliehen worden, das die Konservierung von Lebensmitteln »in verzinnten Eisengefäßen« zum Gegenstand hat (S. 40). Welche Probleme sind aktuell im sechzehnten und siebzehnten Jahrzehnt der Bewährung dieser Erfindung?

Im Sinne der bekannten Formel *A. J. Toynbees* ist die Substitutionskonkurrenz von Aluminium, Glas und Kunststoffen Challenge, die Übertragung des für Aluminium entwickelten Abstreckzieh-Verfahrens auf Weißblech beispielsweise Response. Bei dieser Übertragung handelt es sich um eine Entwicklung der Weißblechindustrie und des Instituts für Verformungskunde der Technischen Universität Berlin, die inzwischen von fortschrittlichen Unternehmen der Feinstblechpackungsindustrie aufgegriffen wurde. Bei der traditionellen Fertigung von Weißblechdosen entsteht – seit dem 25. August 1810 – eine Längsnaht, die zwar den üblichen mechanischen Beanspruchungen gewachsen ist, aber u. a. den Nachteil hat, daß sie nicht in das Druckbild einbezogen werden kann.

Für das Vermeiden einer Naht sind seit Jahrzehnten Ziehverfahren bekannt, von denen das Ziehen einer Blechronde im Anschlagzug (ohne Verringerung der Blechdicke des Rumpfes) am weitesten verbreitet ist, z. B. für Fisch- und Portionsdosen. Es lassen sich indessen nur Dosen herstellen, deren Höhe 80 % des Durchmessers nicht übersteigt.

Beim Abstreckzieh-Verfahren ergibt die starke Kaltverformung ein stabiles Behältnis mit dickem Boden und geringer Wanddicke, so daß Material eingespart wird. Es gibt bereits Linien, deren Leistung bis zu 1200 Dosen/min beträgt (gegenüber 500/min beim Bodymaker). Die im Abstreckzieh-Verfahren hergestellte Dose läßt sich an der offenen Seite einziehen, so daß der Deckelfalz nicht über den Rumpf vorsteht.

Das Verfahren, das hohe Investitionen erfordert, eignet sich besonders für die Fabrikation von Getränkedosen, da sie ständig unter Innendruck stehen und dieser die sehr dünne Wand abstützt.

Im Jahre 1892 erfand *William Painter* in Baltimore (USA) den *Kronenkork*. Der Kronenkork selbst hat sich seit seiner Erfindung kaum verändert, lediglich die Fabrikationsverfahren sind automatisiert worden. Jetzt haben die Hersteller verschiedene Möglichkeiten geschaffen, um dem Verbraucher den *Wiederverschluß* der angebrochenen Flasche zu ermöglichen: entweder es wird ein Kunststoffverschluß zusätzlich beigegeben oder die Korkscheibe wird durch eine profilierte Kunststoffeinlage ersetzt, die erlaubt, die geöffnete Flasche mit dem Kronenkorken selbst wieder zu verschließen.[18]

Im Zusammenhang mit der Produktion von Verschlüssen für Flaschen (Engmundbehälter) und Konservengläser ist interessant, daß es der Glasindustrie gelungen ist, die Zerbrechlichkeit des Glases auf ein Maß zu reduzieren, das erlaubt, mit Anlagen, die 80 000 Gläser pro Stunde füllen, praktisch bruchfrei zu arbeiten. Die erhöhte Bruchsicherheit ist zurückzuführen auf vier Faktoren:

(1) Durch besseres Formenmaterial, verfeinerte Meß- und Kontrollmethoden in der Fertigung wird eine Verbesserung der Maßhaltigkeit und Verringerung der Toleranzen erreicht.

(2) Die Umverpackung des Glases erfolgt in der Weise, daß am Ende des Kühlofens nach dem Durchlauf der Kontrollstation die Glasbehälter vollautomatisch auf eine »Tablettpalette« gepackt werden, die beim verarbeitenden Betrieb ebenfalls automatisch entleert werden kann.

(3) Die glasverpackten Füllgüter werden weitgehend stoßunempfindlich durch Kombination mit einer geeigneten Kartonumverpackung.

(4) Durch chemische Behandlung der Glasbehälter in heißem und kaltem Zustand mit Sprühmitteln wird die Widerstandsfähigkeit des Glases selbst verbessert.

In enger Verbindung mit der Erhöhung der Bruchsicherheit steht die Gewichtsreduzierung, bei der die stärksten Fortschritte erzielt worden sind; sie sind ein Ergebnis der besseren Maschinenbeherrschung und einer wohldurchdachten Formgebung.[19]

Ein Ereignis auf dem Gebiet der Public Relations war der vom Gesamtverband Feinstblechpackungen e. V. in Verbindung mit der Weißblech-Vereinigung am 29. September 1964 veranstaltete Verpackungswettbewerb »DER GROSSE WEISSBLECH-PREIS«, der Gelegenheit bot, die Feinstblechpackung für Füllgüter der verschiedensten Art in einer eindrucksvollen Schau der Öffentlichkeit vorzustellen. Beteiligung und Echo zeigten, daß der Slogan der Weißblech-Vereinigung »Nicht allein das Entstehungsjahr entscheidet, ob ein Werkstoff modern ist und aktuell bleibt« analog für die Feinstblechpackung gilt.

Die *Produktion der Feinstblechpackungsindustrie,* die der Gesamtverband Feinstblechpackungen e. V. in den Geschäftsberichten zusammenstellt, zeigt deutlich einen Trend zum Wachstum; zeigt einmal mehr, daß die Feinstblechpackungsindustrie dem allgemeinen Aufschwung und Abschwung mit Verspätung folgt (beim Vergleich der Jahre 1967 und 1968 darf indessen der Einfluß der Änderung des Umsatzsteuersystems nicht unberücksichtigt bleiben):

Jahr	Produktionswert (bis 1967 einschließlich USt, ab 1968 ohne Mehrwertsteuer)		Einsatzgewicht der verarbeiteten Bleche		Produktionswert je t verarbeitetes Blech
	1000 DM	± %	t	± %	DM/t
1964	874 660	+ 4,1	401 596	+ 0,2	2 178
1965	928 701	+ 6,2	413 804	+ 3,0	2 244
1966	976 691	+ 5,2	423 227	+ 2,3	2 308
1967	991 627	+ 1,5	421 806	− 0,3	2 351
1968	984 628	− 0,7	437 115	+ 3,6	2 253
1969	1 083 689	+ 10,1	474 688	+ 8,6	2 283
1970	1 169 689	+ 7,9	491 846	+ 3,6	2 378

Ergänzend sei bemerkt, daß durch Verringerung der Blechdicken die Wachstumsrate, die bei der 2. und 3. Rubrik ausgewiesen wird, beeinflußt ist.

Im *Verbandswesen der kunststoffverarbeitenden Industrie* fand am 13. Januar 1970 ein bedeutsames Ereignis statt: es wurde ein eigener Fachverband der Hersteller von Verpackungen konstituiert. Damit fand eine Entwicklung ihren vorläufigen Abschluß, die bei rückschauender Betrachtung in drei Stufen gegliedert ist:

– Bis zum Ende des Zweiten Weltkrieges hatte die kunststoffverarbeitende Industrie »ihre Heimat« in der zur Wirtschaftsgruppe Holzverarbeitung gehörenden Fachgruppe Schnitz- und Formerstoffe. Das Produktionsprogramm enthielt an Verpackungen nur Dosen und Schachteln.

- Die Geburtsstunde der modernen Verpackungen aus Kunststoff liegt um 1950: damals begannen einige Fabrikanten mit den ersten PE-Folien zu experimentieren; 1953 bildete der Gesamtverband kunststoffverarbeitende Industrie eine Arbeitsgruppe »Feinfolien«. 1957 wurde als »Säule des Gesamtverbandes« ein Fachverband »Verpackung und Beläge« gegründet. Bei einer Neuorganisation im Jahre 1961 wurde der Name geändert in »Halbzeug und Verpackung«, da ein Teil des Halbzeuges zu Verpackungen verarbeitet wird (zum Beispiel: Polystyrolfolien und -platten für Becher, geschäumte Blöcke für verschiedene Verpackungen).
- Wegen der zunehmenden Bedeutung der Verpackung wurde die Konstituierung des *Fachverbandes »Verpackung und Verpakkungsfolien aus Kunststoff«* vollzogen, der einen Anteil von rund 20 % an der vom Gesamtverband kunststoffverarbeitende Industrie betreuten Produktion besitzt. Zum ersten Vorsitzenden wurde *Heinz Prast* (Schmalbach-Lubeca-Werke AG) gewählt; die Geschäftsführung übernahm *Dr. Karl Pracht,* der langjährige Geschäftsführer des Fachverbandes »Verpackung und Beläge« bzw. »Halbzeug und Verpackung«. Im Fachverband bestehen die Fachgruppen: Becher, Dosen, Eimer – Flaschen, Behälter und Zubehör – Schaumstoff-Verpackungen und -Formteile – Verpackungsfolien und Erzeugnisse daraus.

In der Geschichte der Fachliteratur gibt es ein, der Gründung eines eigenen Verbandes vergleichbares Geschehnis: 1952 erschien die erste zusammenfassende Darstellung des Verpackungs-Bereichs Kunststoff. Es ist das Heft 5 *»Die Kunststoff-Packung«* der von *Johannes Hofmann* herausgegebenen Verpackungswirtschaftlichen Schriftenreihe aus Forschung und Praxis; der Name des Verfassers: *Dr.-Ing. Klaus Stoeckhert.* Um einen plastischen Eindruck vom Inhalt zu geben, seien die Überschriften einiger Abschnitte des »Speziellen Teiles« zitiert: »Dosen, Flaschen und andere Behälter« – »Verpackungsfolien« – »Tuben und Verschlüsse« – »Abstreifbare Kunststoffpakkungen« – »Sonstige Kunststoffpackungen und Verpackungshilfsmittel« – »Verwendung von Kunststoffen in Verpackungsmaschinen«.

Vom *Verband der Wellpappenindustrie E. V. (VDW)* ist zu berichten, daß schon frühzeitig beschlossen wurde, eine Gemeinschaftswerbung zur Erschließung von Absatzgebieten durchzuführen, zu der gehören:

- Veröffentlichungen,
- Anzeigenwerbung in Fach- und Tageszeitungen,
- Ausstellung fortschrittlicher Wellpappen-Verpackungen auf einem Gemeinschaftsstand bei internationalen Verpackungsmessen und
- der jedes zweite Jahr stattfindende Leistungswettbewerb »DIE GOLDENE WELLE«.

1968 errichtete der Verband ein eigenes Haus in Darmstadt, in dem untergebracht sind die Geschäftsführung und eine Einrichtung besonderer Art: die verbandseigene *Forschungs- und Materialprüfungsstelle,* die den Mitgliedern zur Überprüfung ihrer Rohstoffe, der fertigen Wellpappe und ganzer Packstücke mit Füllgütern aller Art zur Verfügung steht. Die in der Forschungs- und Materialprüfungsstelle zusammenfließenden Erfahrungen ermöglichen dem Leiter, die Mitglieder beim Auftreten von technischen Schwierigkeiten zu beraten.

Die Jahresproduktion zeigte ein beständiges Wachstum:

Jahr	in TDM	Veränderung in %	in t	Veränderung in %
1964	833 260	+ 17,5	796 670	+ 14,7
1965	997 176	+ 19,7	883 429	+ 10,9
1966	1 048 598	+ 5,3	908 731	+ 2,9
1967	1 037 966	– 1,1	934 903	+ 2,9
1968	1 165 229	+ 19,4*	1 152 825	+ 23,3
1969	1 360 145	+ 16,7	1 319 879	+ 14,5
1970	1 494 681	+ 9,9	1 404 406	+ 6,4

* Errechnet nach Kürzung des Umsatzes 1967 um eine kumulative Umsatzsteuerbelastung von 6 %.

Die nachstehende Tabelle zeigt – die geraffte Betrachtung der Bereiche Feinstblech, Kunststoff und Wellpappe abschließend –, daß der Bruttoproduktionswert der Packmittel und Packhilfsmittel in der Bundesrepublik von 1964 bis 1970 einen Anstieg zeigte von

- 47,2 % bei Papier und Pappe,
- 37,8 % bei Metall,
- 121,5 % bei Kunststoff und
- 54,2 % Packmittel insgesamt.

Zur Abgrenzung der verwendeten Begriffe sei angemerkt:

Packstoffe sind zu Verpackungszwecken einsetzbare Stoffe, die durch endgültige Formung zur Herstellung von Packmitteln und Packhilfsmitteln verwandt werden.

Packmittel sind durch endgültige Formung von Packstoffen gewonnene Hüllen, die allein dem Verpackungszweck zu dienen vermögen.

Packhilfsmittel werden ebenfalls durch Formung von Packstoffen gewonnen; sie übernehmen Teilfunktionen der Packmittel, quantitativ treten sie gegenüber diesen zurück.

Verpackung »wird als vollständige oder teilweise, nach dem Verpackungsprozeß feste, relativ leicht zu beseitigende Umhüllung zum Zwecke des Inhalts- und Umweltschutzes, der Lagerungs-, Transport-, Verkaufs- und Verwendungserleichterung verstanden«.[20] (Der einprägsame Terminus Verpackung wird allerdings in Publikationen und Vorträgen auch gebraucht im Sinne des mehrdeutigen »Packaging« – insbesondere synonym mit Verpackungswesen.)

Packmittel und Packhilfsmittel aus	Wert in 1000 DM						
	1964	1965	1966	1967	1968	1969	1970
Papier und Pappe	3 622 583	4 070 560	4 214 657	4 093 070	4 372 179	4 900 328	5 332 698
Metall	1 766 906	1 903 468	1 985 289	1 956 689	2 016 334	2 323 630	2 436 093
Kunststoff	1 076 438	1 259 420	1 376 221	1 522 285	1 809 911	2 179 340	2 384 603
Glas	.	.	.	.	.	.	.
Holz	.	.	.	.	.	.	.
Textil-Gewebe	.	.	.	.	.	.	.
Weichgummi	.	.	.	.	.	.	.
Keramik	.	.	.	.	.	.	.
Packmittel insgesamt	7 470 106	8 341 793	8 711 772	8 656 201	9 304 580	10 664 883	11 525 044[21]

Es wird kaum mehr erinnerlich sein, daß *Professor Dr.-Ing. Kurt Koloc,* damals Rektor der Technischen Hochschule Dresden, anläßlich der LEIPZIGER MESSE im Frühjahr 1950 den Wert der Wissenschaft *für* die Verpackung schilderte und darlegte, die Forschung erstrecke sich auf die Ermittlung:

»1. der konstruktiven Bestlösung,

2. des optimalen Werkstoffes,
3. der besten Art der Verarbeitung,
4. der optimalen Verpackungstechnik.«[22]

In der Bundesrepublik Deutschland beschäftigen sich mit den wissenschaftlich-technischen Problemen – neben den wissenschaftlichen Mitarbeitern der Unternehmen – einige Institute:

(1) Das Institut für Lebensmitteltechnologie und Verpackung e. V., München, dessen Aufgabe schon umschrieben worden ist. Es bleibt zu bemerken, daß
   – das Institut schon 1966 sein 25jähriges Jubiläum feiern konnte,
   – sein Direktor, *Professor Dr.-Ing. habil. Rudolf Heiss,* an der Universität München Verfahrenstechnik in der Lebensmittelindustrie und Verpackungstechnik lehrt.

(2) Das Institut für Seemäßige Verpackung e. V., Hamburg, das sich schwerpunktmäßig der Gestaltung geeigneter Verpackung für den Seetransport widmet.

(3) Das Institut für Konserventechnologie, Braunschweig, das beratend und forschend die Feinstblechpackung begleitet von den Lieferanten der Feinstbleche, Lacke, Dichtungsmassen und Löthilfsmittel zur Konservenindustrie und dem Verbraucher der Konserven; sein Leiter, *Professor Dr. Peter Nehring,* lehrt an der Technischen Universität Braunschweig Technik der Konservenherstellung.

Allmählich wandelt sich die Erkenntnis des Wertes der Wissenschaft *für* die Verpackung in eine Wissenschaft *von* der Verpackung. Nach Auffassung der *Wiener Schule* umfaßt die neue Wissenschaft nicht nur die technischen Probleme, an deren Lösung seit langem gearbeitet wird, sondern auch die betriebs- und volkswirtschaftlichen, die psychologischen und die juristischen.[23] Die Begründer der Wiener Schule – *Professor Dr. E. Grünsteidl* (1900–1971) und *Professor Dr. Karl Skowronnek* – haben die ganzheitliche Betrachtung des Verpackungswesens eingeleitet. Auf Anregung von *Prof. Grünsteidl* wurde 1956 das »Österreichische Institut für Verpackungswesen« gegründet; sein gegenwärtiger Direktor, *Dipl.-Kfm. Dr. Erich Ketzler,* hat schon durch eine Reihe von Veröffentlichungen und Vorträgen die junge Wissenschaft von der Verpackung gefördert.

Seit dem Beginn eines bewußten Strebens nach Umweltschutz, das im nächsten Kapitel betrachtet werden wird, mehrten sich die Stimmen, die Verpackung in einseitiger und übertriebener Weise für den steigenden Müllanfall verantwortlich machen. Es ist darum die Untersuchung der *psychologischen Probleme* der Verpackung nicht nur wegen der Prüfung der *Werbewirksamkeit* bedeutsam, sondern noch mehr für die *Bildung eines Image.* Durch psychologisch fundierte Öffentlichkeitsarbeit muß die Dienstleistung der Verpackung bewußt gemacht werden. Die Verpackungsindustrie besteht, »um die Produkte anderer Hersteller auf den Markt zu bringen, und sie gedeiht infolgedessen nur in dem Maße, wie es gelingt, die Bedürfnisse dieser Industrien zu befriedigen und die Mittel zur Ausweitung ihrer Märkte durch verbrauchergerechte Verpackungen zu liefern.«[24]

Für die juristischen Probleme seien paradigmatisch genannt: Lebensmittelrecht und Verpackung, Wettbewerbsrecht und Verpackung, gewerbliche Schutzrechte und Verpackung. Es ist in diesem Zusammenhang instruktiv, in den Neuerscheinungen der Fachliteratur zu blättern. Es findet sich bei *U. Koppelmann* ein Abschnitt »Juristische Sachverhalte«, gegliedert in: Maßnahmen zum Schutz des Verwenders und Maßnahmen zum Schutz des Gestalters[25]; bei *M. Medeyros – U. Koppelmann* ein Abschnitt »Überbetriebliche Gestaltungsabhängigkeiten«, gegliedert in: Kunststoffpackmittel und Lebensmittelgesetz und Rechtsschutz origineller Verpackungen.[26]

Die vieldiskutierte *»Mehrwertsteuer«* hat eine spezielle Bedeutung für die Verpackungswirtschaft, auf die eingegangen werden soll: Am 12. Juli 1918 war die kumulative Allphasen-Brutto-Umsatzsteuer eingeführt worden, der allgemeine Steuersatz erhöhte sich schrittweise von 0,5 % bis auf 4 %. Da die Kosten für die Packstoffe bei allen Verpackungen einen großen Anteil an den Herstellkosten haben, bot die hohe und kumulative Besteuerung des Umsatzes der verarbeitenden Industrie einen Anreiz, *entweder* einfache Verpackungen selbst herzustellen und damit den Absatz der Verpackungsindustrie zu verkleinern, *oder* den Packstoff zur Verfügung zu stellen und die Verpackungen im Werklohn herstellen zu lassen. Im zweiten Fall war es bei Mängeln der Verpackung oft schwierig festzustellen, ob der Mangel auf einen Mangel des beigestellten Packstoffes zurückzuführen ist oder auf die Verarbeitung und der Kunde erwartete selbstverständlich eine entgegenkommende Regelung. – Vom 1. Januar 1968 an trat an die Stelle der alten Umsatzsteuer eine Allphasen-Netto-Umsatzsteuer mit Vorsteuerabzug, die »Mehrwertsteuer« und die steuerliche Begünstigung der Selbstherstellung entfiel.

Der *Prozeß der Industrialisierung* steht in der Zweiten industriellen Revolution mit der Verpackung in so vielfältigem Zusammenhang wie in der Ersten industriellen Revolution mit der Erfindung der Dampfmaschine, der Gewinnung von Kohle oder der Erzeugung von Stahl:

– Verpackung ermöglicht den zeitlichen Ausgleich zwischen Ernte und Konsum.
– Verpackung ermöglicht den räumlichen Ausgleich zwischen Gebieten des Überflusses an landwirtschaftlichen Erzeugnissen und Gebieten des Mangels.
– Verpackung ermöglicht durch Rationalisierung der Produktion und Distribution der Bevölkerung eine hochwertige Ernährung zu angemessenen Preisen.

Bei den *Industrienationen* sind die Hauptfunktionen der Verpakkung

– die Sicherung einer vielseitigen und *gesunden* Ernährung, derer die Menschen bedürfen wegen des Überwiegens geistig-nervlicher Anspannungen gegenüber körperlichen Anstrengungen;
– die Zeitersparnis bei der Hausfrau.

Die Zeitersparnis bei der Hausfrau hat drei Komponenten:

– Die Verpackung gestattet, *einmal* wöchentlich, an *einer* Stelle, auch bei Andrang *schnell* einzukaufen.
– Die Verpackung bietet *Dienstleistungen:* tischfertige Becherpakkungen, Zerstäuberdosen für Schuhpflegemittel.
– Die Verpackung ist die technische Voraussetzung für die Herstellung von *Convenience foods,* also für genußfertige oder weitgehend vorbereitete Nahrungsmittel.

Die Zeitersparnis bietet jeder Frau die Chance, Hausfrau nur im Nebenberuf zu sein oder mehr Zeit der Erziehung der Kinder oder kulturellen Neigungen zu widmen.

Im Handel wäre das System der Selbstbedienung nicht denkbar, wenn nicht die Artikel des täglichen Bedarfs als »Fertigpackungen« bequem gestapelt und entnommen werden könnten. Das Wachstum von VERPACKUNG lag deshalb in den letzten beiden Jahrzehnten bei den Industrienationen über dem des Bruttosozialproduktes. In den USA verläuft das Wachstum von VERPACKUNG aber bereits parallel mit dem des Bruttosozialprodukts[27]; in der Bundesrepublik Deutschland ist 1971 zum erstenmal die Zuwachsrate der Verpakkungsbranche unter der Steigerungsquote des Sozialprodukts geblieben. Das legt den Schluß nahe, daß auf dem Weg der Industrialisierung ein *relatives* Endstadium erreicht wird. Relativ deshalb, da nach einer französischen Untersuchung der Trend der Ernährungs- und Verzehrgewohnheiten zu Produkten geht, bei denen nur die »Abschlußphase« dem Haushalt obliegt[28] und die Verbraucher bequem zu handhabende Verpackungen wünschen. Die Erwartung eines neuen, forcierten Wachstums ist deshalb nicht unrealistisch.

Traditionsgemäß wird Gemeinschaft als jener Bereich umschrieben, in dem eine Information jeden Punkt an einem Tag erreichen kann. Die »Informationsexplosion« – verursacht durch Rundfunk und Fernsehen[29] – ist der eigentliche Grund dafür, daß wir uns für die Entwicklungsländer nicht nur interessieren, sondern mit ihnen fühlen. So liegt die Frage nahe, welche Funktionen kann die Verpakkung in den Entwicklungsländern erfüllen? Die Antwort ergibt sich fast automatisch aus den Problemen, die zu lösen sind:

- Die Verpackung ist unentbehrlich für den *Schutz der produzierten Nahrungsmittel,* von denen nach einer Schätzung der Food and Agriculture Organization der United Nations bis zu 50 v. H. durch Fäulnis oder Schädlinge verlorengehen.
- Die Verpackung wandelt *empfindliche und billige* Landesprodukte in *haltbare und hochwertige Konserven* ... in Devisenbringer um.
- Die Verpackung allein kann *Massenprodukte,* sogar Schüttwaren, differenzieren und in Exportgüter mit stabilem Preis umwandeln.

»VERPACKUNG GEHÖRT ZUR INFRASTRUKTUR«

Wenn wir am Ende der Betrachtung der Verpackungswirtschaft in unserer, von der Zweiten industriellen Revolution geprägten Gegenwart ein wenig innehalten, um über dieses Wort nachzudenken, das *Hans Herbert Munte* beim Opening Report zum Expert Group Meeting on Packaging der United Nations Industrial Development Organization am 20. Oktober 1971 prägte[30], heben sich bald aus der verwirrenden Fülle der Funktionen von VERPACKUNG drei wichtige Beiträge zur Infrastruktur ab:

- In der *technisch-sozialen Infrastruktur* – orientiert an einer ausreichenden Daseinsvorsorge und wirtschaftlichen Entwicklung – nimmt VERPACKUNG eine Schlüsselstellung ein: in den Industrieländern sichert VERPACKUNG eine vielseitige, *gesunde* Ernährung und entlastet den Arbeitsmarkt durch Einsparung von hauptberuflichen Hausfrauen und Personal im Einzelhandel; in den Entwicklungsländern schützt VERPACKUNG die produzierten Nahrungsmittel und verwandelt Landesprodukte in hochwertige Exportgüter.

- Zur *personalen Infrastruktur* – orientiert an der Vermittlung von Fähigkeiten, »die es dem einzelnen ermöglichen, Funktionen in einem arbeitsteiligen Wirtschaftsprozeß zu übernehmen« – trägt VERPACKUNG gleichfalls bei; VERPACKUNG steht generell in unlösbarem Zusammenhang mit der Beratung der Rohwarelieferanten, beispielsweise der Anbauer gärtnerischer und landwirtschaftlicher Erzeugnisse; in den Entwicklungsländern wird die *personale Infrastruktur* gefördert durch das Umwandeln beschäftigungsloser Dorfbewohner in Fachkräfte, das Hineintragen industrieller Methoden in die Landwirtschaft.
- Zur *institutionellen Infrastruktur* – umfassend »gesellschaftliche Normen, Einrichtungen und Verfahrensweisen«[31] – leistet VERPACKUNG in den Entwicklungsländern einen kaum zu überschätzenden Beitrag, der gleichzeitig einen Anschauungsunterricht für Revolutionäre und radikale Reformer in den Industrieländern darstellen könnte: Der Prozeß der Industrialisierung, *in dem die Verpackung eine Schlüsselstellung einnimmt,* führt zu einem friedlichen Fortschritt; einem Fortschritt, der anknüpft an bestehende soziale und kulturelle Einrichtungen und vorhandende Werte. Dieser Prozeß widerlegt die wirklichkeitsfremde Hypothese, der Fortschritt setze die Zerstörung der traditionellen Gesellschaftsform voraus; der Fortschritt führt vielmehr zur allmählichen Wandlung, zur Evolution der Gesellschaftsform.[32]

5.
Von der J. A. Schmalbach AG zur Schmalbach-Lubeca-Werke AG

Nachdem *Dr. Julius von Hartmann* zum 30. Juni 1964 in den Ruhestand getreten war, nachdem eine Neuorganisation ihren Abschluß gefunden hatte, führte den Unternehmensverband ein Vorstandsteam, bestehend aus den Herren

- *Hans Herbert Munte* (Sprecher),
- *Dr. Kurt Jacobi* (Verwaltung I: Finanzwesen),
- *Hans-Werner Rössing-Schmalbach* (Verwaltung II: Personalwesen, Werbung und Öffentlichkeitsarbeit, Bauwesen),
- *Hans Belter* (Bereich Metall) und
- *Heinz Prast* (Bereich Nichtmetall),
- *Rudolf Roitzsch* (bis 31. 12. 1965, Bereich: Nichtmetall; bis 31. 12. 1965 war der Bereich Metall geteilt in Verkauf *[Hans Belter]* und Produktion *[Heinz Prast]*).

Als Syndikus unterstützt den Vorstand Rechtsanwalt *Adolf Conrad*, seit 16. August 1964 Nachfolger von *Fritz Schmiedecke*.

Es ist eigenartig, daß nach fünfzehn Jahren steigenden »Wohlstandes für Alle«, als *Hans Herbert Munte* Sprecher des Vorstandes wurde, das Verständnis für die Funktionen des Unternehmers genausowenig verbreitet war wie 1930, als *Herbert Munte* in die Geschäftsführung der *J. A. Schmalbach Blechwarenfabriken GmbH* und in den Vorstand der *Union Blechwarenwerke AG* eintrat. Dazu eine Gegenüberstellung, die keines Kommentars bedarf:

»Es ist soweit gekommen, daß es in weiten Kreisen unseres Volkes, selbst in solchen des Bürger- und Beamtentums und sogar in

»Gespräche mit Angehörigen der verschiedensten Berufe und ein aufmerksames Studium der Massenmedien Presse, Film, Rund-

Kreisen der Wirtschaft, als moralisch nicht zu rechtfertigen angesehen wird, wenn in wirtschaftlichen Unternehmen Gewinne erzielt werden, wenn die Betriebe rentabel arbeiten.« (*Carl Friedrich Duisberg* am 23. Mai 1930)[33]

funk und Fernsehen bestätigen immer wieder, daß das Bild des Unternehmers in der heutigen Öffentlichkeit bewußt oder unbewußt verzerrt erscheint. Selbst in Kreisen, denen ein hohes Maß von Intelligenz und Objektivität eigen ist, genießt der Unternehmer bei weitem nicht das Ansehen, das ihm auf Grund seiner Stellung in Wirtschaft und Kultur und angesichts seiner Verantwortung und seiner Leistungen zukommt. Viele sehen in ihm nur einen Zeitgenossen, der auf Kosten anderer möglichst viel Geld verdienen will.« (*Dr. Werner Funk* am 21. Juni 1963)[34]

Hans Herbert Munte zog aus der *gleichen* Situation die *gleichen* Konsequenzen wie es sein Vater getan hatte: durch die Sorge für das Unternehmen, die Betonung der sozialen Verantwortung und die Übernahme wichtiger Ehrenämter, beispielsweise als Präsident der European Packaging Federation, wirkte und wirkt er für ein positives Image des Unternehmers.

Das Vorstandsteam führte in dem Unternehmen, das nicht mehr mit »freiem Auge« überschaubar geworden war, zwei wichtige Reformen ein:
– die *bewußte* Pflege des *partizipativen Führungsstils* und
– ein umfassendes *Management-Kontrollsystem.*

Der partizipative Führungsstil unterscheidet sich von dem patriarchalischen und dem absolutistischen grundlegend dadurch, daß es den Mitarbeitern erlaubt ist, sich innerhalb des fixierten Entscheidungsspielraums frei zu entfalten.[35] In welcher Weise sich *konkret* die Anwendung des neuen Führungsstils vollzieht, erläuterte *Heinz Prast* einmal in einem Vortrag, dessen Manuskript weitgehend gefolgt wird: Der Aufbau der Organisation nach dem Stab-Linien-System verlangt klare Abgrenzung von Kompetenz und Delegation von Verantwortung, ein ausgewogenes Zusammenspiel von Zentralisation und Dezentralisation. Die disziplinaren Anordnungsrechte, die funktionellen Weisungsrechte, die Richtlinienkompetenzen und die Verantwortungen werden genau definiert. Zur eigenen Entlastung bedienen sich die Führungsgruppen der Stäbe. Sie üben die Funktionen der Beratung, der Überwachung und Koordinierung aus.

Die Stab-Linien-Organisation ist Instrument einer weitgehenden Delegation von Aufgaben und der für die Lösung der Aufgaben erforderlichen Entscheidungsbefugnisse. Der Vorstand delegiert an Bereichsleiter und Zentralabteilungsleiter, um frei zu sein für die eigentlichen unternehmerischen Aufgaben; die Bereichsleiter und Zentralabteilungsleiter delegieren weiter an Hauptabteilungsleiter, Werkleiter und Abteilungsleiter, diese wiederum an ihre Mitarbeiter, so daß Aufgaben und Verantwortung von einer lebendigen Pyramide getragen werden. Die Auswirkungen der Zweiten industriellen Revolution auf die Unternehmen machen erforderlich, daß *alle* mitdenken. Menschen, die mitdenken sollen, können nicht autoritativ geführt werden und so wandelten sich die Untergebenen zu Mitarbeitern. Fassen wir zusammen:

- Die betrieblichen Entscheidungen werden nicht mehr von einigen wenigen Männern an der Spitze getroffen, sondern von den Mitarbeitern auf jenen Ebenen, zu denen die Entscheidungen jeweils ihrem Wesen nach gehören.
- Die Mitarbeiter haben einen bestimmten Spielraum, in dem sie selbständig entscheiden.

Zum partizipativen Führungsstil gehört auch das *Mitarbeitergespräch,* dessen Aufgabe es ist, den Mitarbeiter zu akzeptieren, ihn anzusprechen, in ihm Interesse zu wecken, aber auch Verständnis für *Disziplin.* Der partizipative Führungsstil macht die Disziplin nicht überflüssig: es kommt nicht nur darauf an, die Ideen der Unternehmensführung durchzutragen bis in die kleinste Gruppe jedes Werkes, es müssen auch – ein einfaches Beispiel – in allen Werken, zu deren Produktionsprogramm Deckel gehören, die gleichen Deckel produziert werden. Darum sind Normung, Standardisierung und ... Zentralisation unentbehrlich. Zentralisation bedeutet aber nur eine einheitliche Ausrichtung bestimmter Funktionen: der Buchführung, des Kostenwesens, der Materialwirtschaft, des Personalwesens; eine Vielzahl von Entscheidungen bleibt den einzelnen Ebenen zugeordnet.

Nicht nur Arbeit wird delegiert, sondern auch Verantwortung. Der Mitarbeiter *soll* innerhalb des bestimmten Spielraums selbständig entscheiden! Damit sind der Verantwortungsweg und die Vollmachten klar umrissen wie andererseits die Einhaltung des Dienstweges im positiven Sinne. Damit kommen die Initiative, das Mitdenken und Mithandeln der Mitarbeiter in stärkstem Maße zum Ausdruck. Führung im Mitarbeiterverhältnis läßt sich aber nur verwirklichen, wenn die einzelnen Positionen im Unternehmen klar abgegrenzt sind. Aufgabe, Kompetenz und Verantwortung sind eindeutig festzulegen. Der wichtigste Ausdruck der Delegation von Verantwortung ist die Bildung von »Unternehmen im Unternehmen«, deren Leiter für das Erreichen der geplanten Gewinne einstehen.

In allen Lebensbereichen gibt es seit jeher Persönlichkeiten – Feldherren, Politiker, Unternehmer –, die das Charisma besitzen, die ihnen anvertrauten Menschen zu begeistern für die *gemeinsame* Arbeit, die Lösung der *gemeinsamen* Aufgabe; neu ist am partizipativen Führungsstil, daß systematisch das Interesse geweckt, Arbeit und Verantwortung delegiert, der frühere Untergebene zum mitdenkenden und mitentscheidenden Mitarbeiter wird.

Dem *Kontrollieren* – in den Vereinigten Staaten von Amerika »die königliche Funktion des Management« genannt – dient ein konsequent entwickeltes *Management-Kontrollsystem* als umfassendes Führungsinstrument. Ergänzend sei bemerkt, daß das »Kontrollieren« – eine Übersetzung von »to control« – umfaßt:

»(1) Bestimmung des einzuschlagenden Kurses durch Planung und Budgetierung; Festlegung von langfristigen Zielen und Strategien in langfristigen Unternehmensplänen und Ableitung von kurzfristigen Sollvorgaben in Jahres- bzw. Monatsbudgets.

(2) Kontrolle der Kursabweichungen durch die laufende Erfassung und Analyse der Ist-Daten im Rechnungswesen und Vergleich mit den Soll-Vorgaben.

(3) Korrekturmaßnahmen in Form von Management-Entscheidungen, die durch Abweichungen vom Plan ausgelöst werden.«[36]

Die Elektronische Datenverarbeitung, *die optisch im Vordergrund steht,* ist nur ein – allerdings unentbehrliches – Hilfsmittel, das viele Aufgaben erfüllt; als Beispiele seien genannt:

– Da die gesamte Buchführung über EDV läuft, es praktisch keine konventionelle Buchführung mehr gibt, sind die kurzfristigen *mo-*

natlichen Erfolgsrechnungen am achten Arbeitstag nach Monatsschluß verfügbar, der *Jahresabschluß* drei Wochen nach dem Ende des Jahres.

- Die EDV ermöglicht die rasche und wirtschaftliche Aufstellung des *Verkaufs-* und des *Produktionsplanes.*
- Die EDV ermöglicht die Lösung von *Operations-Research-Problemen* in der Lagerwirtschaft und der Transportkostenkontrolle etwa.

In dem schrittweisen Ausbau des *Management-Kontrollsystems* lassen sich drei Phasen unterscheiden:

(1) 1966 wurde – gestützt auf die Elektronische Datenverarbeitung, deren erste Anfänge zurückreichen bis 1958 – eine integrierte Gewinnbudgetierung eingeführt, umfassend:

- Umsatz- und Investitionsbudget,
- Forschungs- und Entwicklungsbudget,
- Kostenbudgets der Werke, der Bereiche und der Hauptverwaltung.

Alle Budgets münden – aufsteigend von den Ergebnissen der Werke über die Ergebnisse der Bereiche und des Gesamtunternehmens – in eine integrierte Gewinnbudgetierung. Schon im nächsten Jahr machte die Fusion mit der *Lubecawerke GmbH* ein einheitliches *Budgetierungs- und Abrechnungssystem* notwendig, das eine Vereinheitlichung der Kontenpläne, Kostenstellenpläne, Abrechnungs-, Verbuchungs- und Kostenrechnungsmethoden einschloß.

(2) Im Jahre 1969 erforderte die Erhöhung der Beteiligung der Continental Can Company, das vorhandene Budgetierungs- und Abrechnungssystem zu einem, sich an dem Continental-Can-Company-Reporting-System orientierenden *Budgetierungs- und Reporting-System* auszubauen; dieses System wurde zu höchster Form gebracht durch *Dr. Klaus Agthe.* Im gleichen Jahr wurde die kurzfristige Jahresbudgetierung ergänzt durch die langfristige, rollende Fünfjahresplanung.

Der Umfang der Arbeiten veranlaßte den Vorstand, eine Zentralabteilung »Verfahrensorganisation und Datenverarbeitung« zu bilden, umfassend die Abteilungen

- Verfahrensorganisation,
- EDV-Planung,

– EDV-Anlagen und
– Verfahrensforschung.

(3) Die Gründung der Europemballage Corporation, über die noch eingehend berichtet werden wird, leitete eine Integration der Organisation ein; einen Prozeß, der sich über einige Jahre erstrecken wird. Das Endziel ist ein *integriertes, einheitliches Management-Kontroll-System,* das die Erfordernisse des Management in Europa wirtschaftlich erfüllt und zugleich orientiert ist an dem Continental-Can-Company-Reporting-System.

Die Verfahren wechseln; unverändert bleibt der Leitspruch für alle Reformen, die bisher durchgeführt wurden und für die Zukunft geplant sind:

DEZENTRALE ORGANISATION – ZENTRALE KOORDINATION UND KONTROLLE!

Dem Leser, der an dieser Stelle ein wenig innehält, wird sich eine Erwägung fast aufdrängen, die – über die Firmengeschichte hinaus – allgemein bedeutsam ist:

Die Verwendung des Terminus »Manager« ist nicht in einer Vorliebe für Fremdworte begründet; der Manager unterscheidet sich vielmehr vom Fabrikherren, Generaldirektor oder Direktor durch zwei Merkmale:

– Seine Autorität basiert nicht in erster Linie auf dem Eigentum oder der Stellung in der Hierarchie des Unternehmens, sondern auf der täglichen Bewährung als Katalysator eines Teams, als Persönlichkeit, die Anregungen ausstrahlt, zum Mitdenken anregt, Probleme aufzeigt oder als Partner im Mitarbeitergespräch.
– Er ist nicht Ober-Buchhalter, Ober-Ingenieur oder Ober-Verkäufer oder das alles in Personalunion, sondern seine Stärke liegt darin, daß er ebenso schwierige wie wirksame Führungstechniken beherrscht.

Mit der Größe und Bedeutung des Unternehmens wuchsen auch die Aufgaben der Hauptverwaltung. Als schließlich 400 Mitarbeiter der kaufmännischen und technischen Abteilungen an 13 verschiedenen Stellen in Braunschweig tätig waren, wurde der Entschluß gefaßt, ein neues Gebäude mit Funktionsräumen für die Hauptverwaltung zu errichten. Anfang April wurde der Grundstein gelegt (Bildteil S. 24) und am 4. Oktober 1965 überreichte die Firma Fried.

Krupp, Maschinen- und Stahlbau, Rheinhausen, als Generalunternehmer nach einer Bauzeit von $1^1/_2$ Jahren dem Vorstand den Schlüssel für das Gebäude (Bildteil S. 25).

Das Top-Management hat eine dreidimensionale Aufgabe: »Erstens, das gegenwärtig bestehende Unternehmen muß leistungsfähig gemacht werden. Zweitens, seine Möglichkeiten müssen erkannt und verwirklicht werden, und drittens, es muß in ein anderes, in ein Unternehmen der Zukunft umgewandelt werden.«[37] In dem knappen Jahrzehnt, das seit 1964 vergangen ist, haben das Top Management und die Aktionäre durch drei große Transaktionen das gegenwärtig bestehende Unternehmen dem Wachsen der Märkte, dem internationalen Wettbewerb angepaßt, es in ein Unternehmen der Zukunft umgewandelt.

Seit dem Ende des Zweiten Weltkrieges waren immer wieder Verhandlungen zwischen *Herbert Munte* und *Waldemar Friebel,* dem Geschäftsführer der *Lubecawerke GmbH,* Lübeck, über die Möglichkeiten eines Zusammenschlusses geführt worden. Da in keinem der beiden Unternehmen die Situation zu einer Fusion drängte, da an der Spitze beider Unternehmen starke Persönlichkeiten mit fest umrissenen Vorstellungen standen, kam es zunächst zu keiner Einigung. Der Wettbewerb in einem Markte, der nicht mehr Deutschland, sondern Europa heißt, veranlaßte das Top-Management der beiden Unternehmen, den alten Plan erneut aufzugreifen und in neue Verhandlungen einzutreten. Am 31. Mai 1967 stimmten sowohl die Aktionäre der *J. A. Schmalbach AG* als auch die Gesellschafter der *Lubecawerke GmbH* den Vorschlägen des Vorstandes bzw. der Geschäftsführung zu, so daß der Zusammenschluß mit Wirkung vom 1. Juni 1967 erfolgen konnte.

Die aus der Firma Wilh. Sparkuhl & Co. entstandenen LUBECA-WERKE waren am 28. November 1901 in das Handelsregister eingetragen worden. Wilh. Sparkuhl & Co., eine »Pechsiederei«, hatte die Blechemballagenfertigung 1895 aufgenommen und zwischen 1896 und 1900 den Bau von Verschließmaschinen; die Geschichte der beiden Fusionspartner als Verpackungshersteller umfaßt also denselben Zeitraum. Eine Phase der forcierten Expansion begann, als nach dem Ende des Zweiten Weltkrieges *Waldemar Friebel* alleiniger Geschäftsführer wurde. Es wurden erbaut oder erworben die Werke oder Firmen Essen (1952), Nürnberg (1953), Matthes-Fischer-Werke, Düsseldorf (1956), Hammonia Metallwaren-Fabrik Friedrich Rost, Hamburg (1957), Keim Plastik und Verpackung GmbH, Nürnberg (1960), Hamburg-Wedel (1961); in Lübeck selbst wurde 1961 ein Neubau für die Maschinenfabrik errichtet und 1963 – als integrierter Teil des Unternehmens – das Zentrallaboratorium und Institut für Verpackungstechnik.[38]

Durch den Zusammenschluß entstand die *Schmalbach-Lubeca-Werke AG.* Mit 32 Werken – 19 metall-, 11 nichtmetallverarbeitenden Werken, einer Maschinenfabrik, einem Werk Werkzeug- und Maschinenbau – der Tochtergesellschaft in Wien und zwei maßgeblichen Beteiligungen in Belgien und der Schweiz lag der Umsatz der vereinten beiden Firmengruppen bei fast 700 Millionen DM.

Vorsitzender des Vorstandes ist *Waldemar Friebel,*
stellvertretender Vorsitzender des Vorstandes *Hans Herbert Munte.*
Neben den beiden Vorstandsbereichen
Verwaltung I *Dr. Kurt Jacobi*
und
Verwaltung II *Hans-Werner Rössing-Schmalbach*
stehen dem Vorstandsbereich Metall *Hans Belter,*
dem Vorstandsbereich Nicht-Metall *Heinz Prast*
und dem Vorstandsbereich Verschlüsse *Harry Kretschmar* vor.
Zu stellvertretenden Vorstandsmitgliedern wurden berufen
in den Vorstandsbereich Verwaltung II *Erhard Heinze,*
in den Vorstandsbereich Metall *Hans Dräger.*

Mit Beginn des Jahres 1969 erhöhte die Continental Can Company, Inc., New York, den bisherigen Anteil am Aktienkapital von 26 % auf 53 % und im Gegenzug wurde die Gründerfamilie, die die Firma aus kleinsten Anfängen *zum größten Verpackungsunternehmen auf dem europäischen Kontinent* entwickelt hat, im Wege des Aktienaustausches Aktionär des größten Verpackungsunternehmens der Welt. Durch diesen Schritt trat die 35jährige harmonische Zusammenarbeit zwischen beiden Firmen in ein neues Stadium, gekennzeichnet durch die Zielsetzungen:

- eine wachsende Position im Verpackungsmarkt zu halten,
- noch schneller die »umwälzenden, technologischen und fabrikatorischen Verfahren zu übernehmen« und

– »schon heute der Kundschaft die Verpackung von morgen« anbieten zu können.

Schon im nächsten Jahre – 1970 – folgte der dritte große Schritt. Es wurde die *Europemballage Corporation,* Delaware, mit dem Verwaltungssitz in Brüssel, eine Holdinggesellschaft mit europäischem Management, gegründet, in die die Continental Can Company, Inc., New York, ihre Mehrheitsbeteiligung an der Schmalbach-Lubeca-Werke AG einbrachte; die Europemballage Corporation erwarb alsbald die Mehrheitsbeteiligung an der *Thomassen & Drijver-Verblifa N. V.,* Deventer. Zielsetzung ist es, die steigende Nachfrage der Verbraucher auf dem europäischen Markt optimal zu befriedigen und den Kostensteigerungen durch Rationalisierung und Standardisierung zu begegnen.

»Der Fortschritt ist unser wichtigstes Erzeugnis!« Dieses Motto, unter das *Waldemar Friebel* eine Broschüre über das Zentrallaboratorium und Institut für Verpackungstechnik stellte, kennzeichnet auch die intensive Entwicklung von Produktion und Technik seit 1964.

Die *Produktionspolitik* ist auszupendeln zwischen zwei Zielen, die einander widersprechen. Das eine Ziel ist die Herstellung *billigster* Verpackungen, um den Einsatz verpackter Waren zu fördern. Das Mittel, um dieses Ziel zu erreichen, ist Rationalisierung auf allen Gebieten:

- Normung
- Einsatz schnell laufender Spezialmaschinen und Automation
- bessere Ausnutzung der Packstoffe, z. B. bei Feinstblech durch Bandzerteilanlagen (Coil-Anlagen).

Das andere Ziel ist die Erfüllung des Wunsches der Verbraucher nach *Convenience packs,* nach bequem zu handhabenden Packungen, die zwar *verläßlich* verschlossen sind, aber dennoch eine *problemlose Entnahme* des Füllgutes ermöglichen.[39] Eine Lösung für dieses schwierige Problem haben wir schon kennengelernt: die *Aerosoldosen.* Die zweite Lösung sind die *Öffnungssysteme* (Bildteil S. 27 bis 29).

Die *Öffnungssysteme* bildeten einen Schwerpunkt des Strebens nach technischem Fortschritt, eines Strebens, das eindrucksvolle Erfolge brachte:

In den sechziger Jahren konnte der erste *Aluminium-Aufreißdek-*

kel für Getränkedosen auf den Markt gebracht werden, der entscheidend dazu beitrug, daß sich die Getränkedose als Einwegverpackung durchsetzte.

Die Arbeiten wurden mit Nachdruck vorangetrieben. Im Rahmen des Ausstellungsprogramms für die INTERPACK 1969, das unter dem Leitspruch »*Renaissance der Metallpackung*« stand, konnten *Vollaufreißdeckel aus Aluminium* gezeigt werden. Die Vollaufreißdeckel nach dem Ring-Pull-Öffnungssystem haben eine Ringlasche und können in einer vorgeritzten Linie nach dem Anheben der Ringlasche voll entfernt werden. Die rationelle Fertigung der Vollaufreißdeckel erforderte neben den Anstrengungen, Aufwendungen und Leistungen in der Entwicklung beträchtliche Investitionen in der Produktion, insbesondere für die Minster-Pressen (Bildteil S. 22). Die Aluminium-Dose mit Voll-Aufreiß wurde ausgezeichnet anläßlich des 7. Deutschen RGV-Verpackungs-Wettbewerbs 1969.

Zwei Jahre später bezeichnete die Jury des 9. Deutschen RGV-Verpackungs-Wettbewerbs 1971 den *Vollaufreißdeckel aus Weißblech*, auch »Stahlaufreiß« genannt, als »fortschrittlichste Entwicklung des Jahres für die Naßkonservenindustrie«. Der Deckel entspricht allen Anforderungen, die bei der Sterilisation auftreten; er ist den üblichen Abfüllsystemen angepaßt. Es kann kein Lochfraß durch Bimetallwirkung auftreten, da die gesamte Dose aus dem gleichen Material besteht, also kein elektrochemischer Kontakt zwischen Stahl und Aluminium eine Korrosionsgefahr bringt. Das Öffnen ist problemlos – *der Dosenöffner kann ins Museum wandern!* Die European Packaging Federation zeichnete den Stahlaufreiß mit dem *»Euro-Star«* aus (1966 war der »Euro-Star« an SCHMALBACH verliehen worden für drei Aerosoldosen im Boutique-Stil, vgl. Bildteil S. 26). Dem »Euro-Star« folgte 1972 beim Wettbewerb in Tokio der »World-Star« – der höchste Verpackungspreis, der auf der Welt vergeben wird (S. 250).

Gleichzeitig mit dem Dosenöffner werden Flaschenöffner und Korkenzieher angegriffen: der Kronenverschluß *Bond Smooth Twist* läßt sich durch eine einfache Linksdrehung von Hand aufschrauben und auch wieder von Hand verschließen. Das Urteil der Jury des 9. Deutschen RGV-Verpackungs-Wettbewerbs 1971 lautete: »Rationelle, neue Lösung des Flaschenverschlußproblems.«

Jeder Leser kennt die Pilferproof-Verschlüsse: Schraubverschlüsse, die durch einen Ring zur Originalitätssicherung mit dem Flaschenhals verbunden sind. Beim Öffnen wird an der Ritzlinie der Verschluß vom Ring abgerissen.

Das *Coronet®-System,* für das SCHMALBACH Alleinvertrieb und Beratung in der Bundesrepublik Deutschland übernommen hat, ist ein wiederaufschraubbarer Flaschenverschluß für kohlensäurehaltige und nicht kohlensäurehaltige Getränke, dessen Gewinde beim Aufsetzen des Verschlusses auf die Flasche an die Mündung angerollt wird. Der Verschluß ist aus technisch reinem Spezial-Aluminium hergestellt und hat eine eingegossene PVC-Dichtungsanlage. Das Neuartige und Besondere des Coronet-Verschlusses ist die kronenförmige Riffelung um den oberen Rand des Verschlusses herum. Der Verschluß wird nämlich nicht durch die Verschließmaschine verformt, wie dies bei allen anderen Aluminium-Getränkeverschlüssen der Fall ist. Dadurch wird die Flaschenmündung ohne besonders großen maschinellen Verschließdruck optimal sicher von oben und seitlich dicht verschlossen.

Für Füllgüter, die in Einwegflaschen abgefüllt werden und bei denen eine Originalitätssicherung gewünscht wird, kann der Coronet-Verschluß mit Pilferproofring kombiniert werden; für Füllgüter, die in Mehrwegflaschen abgefüllt werden und bei denen eine Originalitätssicherung gewünscht wird, mit *abplatzendem* Pilferproofring. Der abplatzende Pilferproofring kann nach dem Abplatzen leicht und einfach vom Verschluß gelöst werden.

Das *Abstreckzieh-Verfahren,* das schon kurz geschildert wurde (S. 253 f.), ermöglicht, eine zweiteilige Dose aus Weißblech in der für Getränkedosen erforderlichen Höhe und mit eingezogenem Deckelfalz herzustellen. Die zweiteilige abgestreckte Getränkedose, eine gemeinsame Entwicklung mit der *Thomassen & Drijver Verblifa N. V.,* Deventer, wurde beim niederländischen Verpackungswettbewerb 1972 mit der »Goldenen Nuß« ausgezeichnet, dem höchsten Verpackungspreis, der im Benelux-Raum vergeben wird. Im Kommentar der Jury werden nicht nur die mit dieser Entwicklung verbundene technologische Leistung gewürdigt, sondern auch die daraus für Verbraucher, Handel und Hersteller resultierenden Vorteile. Der zweiteiligen abgestreckten Dose entspricht in ihrer Geometrie weitgehend die *»necked-in«-Weißblech- und Aluminiumdose.* Das bedeutet, daß diese Dosentypen ohne technische Schwierigkeiten parallel auf den gleichen Anlagen gefüllt, verpackt und transportiert werden können.

Der Vorteil der »necked in«-Getränkedose liegt darin, daß die Verwendung von Schrumpffolie als Umverpackung erleichtert wird, denn die Falzränder stehen infolge des eingezogenen oberen Randes des Rumpfes nicht mehr vor.

Der brillante und universelle Tafeldruck bei der dreiteiligen Getränkedose, der auch anspruchsvolle Dekorationswünsche erfüllt, wird dazu beitragen, daß diese herkömmliche, durch das »necked in«-Verfahren weiter verbesserte Getränkedose noch auf Jahre hinaus einen Platz im Markte behält.

Ehe über Fortschritte in den Bereichen Kunststoff und Wellpappe berichtet wird, sollen noch einige Verpackungen aus Feinstblech aufgezählt werden, die preisgekrönt wurden:

(1) Am 28. September 1964 wurde Der Große Weißblech-Preis verliehen »für die im Dekor originellste Schmuckdose, ›Autoveteranen‹«.

(2) Am 25. Januar 1966 wurde in einer Feierstunde von *Dr. Roger Pinoteau,* dem Beauftragten des Comité du Bon Goût Francais der »Goldpokal für den guten Geschmack« den Firmen *J. A. Schmalbach AG* und *Spray-Chemie,* Schondorf, gemeinsam überreicht für eine ästhetisch gestaltete Aerosoldose.

(3) Beim 7. Deutschen RGV-Verpackungs-Wettbewerb 1969 erhielt die erste in Deutschland hergestellte Aerosoldose für Schlagsahne einen Preis.

(4) Beim 9. Deutschen RGV-Verpackungs-Wettbewerb 1971 bekam – außer den schon genannten Erzeugnissen – einen Preis: Der Gläserverschluß PT *(Press On Twist),* eine Weiterentwicklung des Twist-Off-Verschlusses, gekennzeichnet durch einen besonders elastischen und hochgleitfähigen Compound. Der »PT« wird beim Verschließen einfach auf die Glasmündung aufgedrückt.

Im *Geschäftsbereich Kunststoff* (Bildteil S. 17 f.) wurde eine fertigungstechnologische Konzentration in 4 Kunststoffverpackungswerken, von denen 3 Neubauten sind, durchgeführt. Aufgrund der überdurchschnittlich gestiegenen Zuwachsraten bei der Produktion von gespritzten und geblasenen Kunststoffverpackungen mußten die Werke baulich und maschinell erweitert werden.

Den stetigen Kostensteigerungen und dem anhaltenden Preisdruck wurde durch Rationalisierungsmaßnahmen begegnet, von denen genannt seien:

- systematische Methodenverbesserung beim Werkzeugbau und der maschinellen Ausrüstung;
- verbesserte Materialhandhabung durch Ausstattung der Werke mit modernen Rohstoffsilos, Mühlen für das Rücklaufmaterial, Misch-, Einfärb- und PVC-Eigencompoundanlagen und zentralen Rohstoffbeschickungssystemen für die einzelnen Produktionsmaschinen;
- kontinuierliche Modernisierung und Austausch von Produktionsanlagen, um der raschen Entwicklung der Kunststoffverarbeitungsmaschinen zu folgen;
- Ablösung der Halbautomaten durch automatische Mehrfarben-Drucklinien für Großaufträge;
- Erweiterung der produktionstypischen Dekorationsmöglichkeiten wie Heißprägen und Verschweißen von verschiedenen Einzelteilen mit Ultraschallgeräten;
- Verbesserung der Lagermöglichkeiten von Zwischen- und Fertigprodukten und
- gezielter Ausbau der Fertigungskontrollen.

Das Lieferprogramm wurde bereinigt. Die marktgerechten Kunststoffverpackungen zeichnen sich durch neue Formen, Farbkompositionen, füllgutgerechte Rohstoffauswahl, präzise Produktion und Zweckmäßigkeit aus.

Hergestellt werden:

- Hohlkörper aller Arten und Formen, auch größere Gebinde mit Handgriff;
- Spritzgußteile aller Arten, speziell Becher für Molkereiprodukte und Getränke, Eimer, anspruchsvolle kosmetische Verpackungen und Verschlüsse verschiedenster Ausführungen und
- tiefgezogene Folien-Verpackungen und -Einsätze.

Bei den Deutschen RGV-Verpackungs-Wettbewerben wurden ausgezeichnet die folgenden Entwicklungen:

- Speiseölflasche aus Hart-PVC mit PP-Kombigießer
- Ovaldose mit Kunststoffschnappdeckel mit Filmscharnier für Kakaopulver
- Verstreicherflasche aus Niederdruckpolyäthylen für chemisch-technische Produkte
- gespritzte Kunststoffverpackung für Herdplattenreiniger mit Verstreichermechanismus

- Kunststoff-Flasche für sterilisierte Milch
- Kombi-Packung für Instant-Kakao mit Quick-up-Deckel aus Polyäthylen
- Feinmarinadendose aus Hart-PVC geblasen mit Vollaufreißdeckel
- tiefgezogene Fischmarinadendose aus glasklarem Hart-PVC mit aufgefalztem Vollaufreißdeckel vom System Ring-Pull

Einige der SCHMALBACH-Kunststoffverpackungen tragen
- das »K-Gütezeichen« als Merkmal der Güteprüfung des Qualitätsverbandes Kunststofferzeugnisse (z. B. der Verbandkasten)
- oder das »RAL-Gütezeichen« für physiologisch einwandfreie Kunststoff-Lebensmittel-Verpackungen (z. B. Joghurtbecher).

SCHMALBACH gehört der Qualitätsförderungsgemeinschaft Kunststoff-Becher GmbH an. Sichtbares Zeichen ist das »EDA-Siegel« – *E*rfolg *d*urch *A*uslese – am Boden der Becher.

Die technische Entwicklung des »Top-Front«-Joghurtbechers mit Transport-Steige für die Becher stellt den neuesten Beitrag zum »System-Verkauf« dar, der gekennzeichnet ist durch die Notwendigkeit einer beständigen engen Zusammenarbeit zwischen allen Beteiligten.

Im Bereich *Wellpappe* war *das* Ereignis der jüngsten Zeit die planmäßige Aufnahme der Produktion in *Biebesheim* (Hessen) 1971. Das neu errichtete Werk ist mit der modernsten Wellpappenerzeugungsanlage Europas ausgerüstet, die eine Arbeitsbreite von 2,65 m hat.

Die Eigenproduktion von Schrenzpapier und Wellenstoff wurde ausgedehnt, so daß diese auch an Weiterverarbeiter verkauft werden können.

Neu ist die Produktion der SLW-Drei-Wellen-Wellpappe, besonders geeignet für Verpackung von Schwergut. Verpackungen für Schwergut und Containerverpackungen wurden entwickelt. 1969 erhielt die Wellpappen- und Papierfabrik Lübeck die GOLDENE WELLE für die »Fernsehgeräteverpackung« und 1970 eine »lobende Anerkennung« für die »Katalogverpackung«.

Die *Maschinenfabrik,* die einen hohen Anteil der Erzeugnisse exportiert, verbessert selbstverständlich ihre Konstruktionen *laufend.* Als Beispiele bedeutsamer Neuentwicklungen seien genannt:
- Der *HSS-Pasteurisator LW 1089-System,* der zum Konservieren von sauren Produkten dient (Früchten, Sauerkraut, Gurken, Paprika), gekennzeichnet durch eine Verkürzung der Zeiten der Dampfpasteurisation.

– Der *vollautomatische Überdruck-Autoklav mit Rotation LW 2002,* ein Vollautomat mit Programmsteuerung für die Kochung und Kühlung von Konserven aller Art in Dosen, Gläsern und Folienpackungen, dessen stufenlose Übergänge die schonende Behandlung von druckempfindlichen Füllgütern ermöglichen.
– Der wartungsfrei arbeitende *Verschließautomat LW 202,* der bis zu 24 000 Dosen je Stunde verschließt und Dosen bis zu einem Durchmesser von 113 mm und einer Höhe von 185 mm verarbeitet (vgl. S. 129).

Auf der Jahreshauptversammlung 1965 des Gesamtverbandes Feinstblechpackungen e. V. umschrieb *Hans Herbert Munte* die dreifache Verantwortung einer leitenden Persönlichkeit des Verkaufs:
– Der Umsatz als absolute Zahl darf nicht absinken.
– Der Marktanteil muß erhalten bleiben.
– Durch rechtzeitige Anpassung des Verkaufsprogramms sind schwindende Märkte durch neugewonnene zu ersetzen.

Für die konstitutiven Entscheidungen – die Entscheidungen, die über die Stellungnahme zu Sonderwünschen von Kunden hinausgehen – benötigen die leitenden Persönlichkeiten des Verkaufs die Unterstützung durch einen Fachmann des Marketing, der die Unterlagen für die Gestaltung der langfristigen Maßnahmen im Absatzbereich bereitstellt.[40]

Für die Erfolge, die im Verkauf errungen werden, gibt es einen präzisen Maßstab: Umsatz, Vertriebskosten und Gewinn. Die bekannte Definition des Marketing als Fähigkeit, »das technisch Neue in das wirtschaftlich Produktive zu übertragen«[41] erinnert daran, daß an jedem neuen, jedem verbesserten Produkt der Verkauf beteiligt ist. Es ist aber nicht leicht, in dem täglich sich erneuernden Ansturm der Besuche, Briefe, Fernschreiben, Telefongespräche und Reisen, der drängenden situationsbedingten Entscheidungen, die insgesamt den Umsatz bringen, Schwerpunkte zu finden; es gibt keinen Ehrenpreis, keinen Pokal, der für einen besonders schwierigen Abschluß verliehen wird. Dennoch soll es versucht werden:
– Nach mehrfachen Änderungen ist der Verkauf Metall so organisiert worden, daß dem Direktor Verkauf Metall nach Füllgutgruppen gegliederte Verkaufsleitungen unterstellt wurden: Fleisch, Gemüse und Obst, Fisch, Getränke usw. In der laufenden Bearbei-

tung der Kunden unterstützt werden die Verkaufsleitungen von den Herren des Außendienstes, die ihren Arbeitsplatz in den in 15 Städten bestehenden Verkaufskontoren haben; es gibt also keine regionalen Verkaufsdirektionen mehr (S. 217).

- Der Kundendienst – ein wichtiges Mittel der Verkaufsförderung – wurde verstärkt.
- Die Verkaufsorganisationen der Bereiche Kunststoff und Wellpappe wurde analog gegliedert wie der Verkauf Metall.

In Anbetracht der zunehmenden Bedeutung des *Umweltschutzes* wird in der Schmalbach-Lubeca-Werke AG dieses Gebiet seit 15. Januar 1971 systematisch bearbeitet. Die umfassende Aktivität erstreckt sich auf vier Sektoren:

- Technik und Produktion
  Maßnahmen, die die Schmalbach-Lubeca-Werke AG als Industrieunternehmen beschäftigen:
  Luft
  Wasser
  Lärm
- Produkt-Palette
  Einsatz nicht umweltbelastender Verpackungen durch
  Materialauswahl
  Herstellungsverfahren
- Kommerzielle Auswertung
  Entwicklung und Bau von Maschinen und Geräten für den Umweltschutz:
  Müllzerkleinerung
  Abfallbeseitigung
- Kontaktpflege und Öffentlichkeitsarbeit
  Förderung von Kontakten, Mitarbeit in Fachgremien:
  Behörden
  Verbände
  Aktion Saubere Landschaft
  PR-Aktivität

Auf der Hannover-Messe 1971 hat die SIA-Handelsgesellschaft mbH die »UNICREX«-Geräte zur Abfallzerkleinerung vorgeführt (Bildteil S. 30). Verschiedene Schneidöffnungen von 50 × 50 bis 75 × 78 cm ermöglichen eine breite Anwendung. Schon das Gerät mit der Schneidöffnung 50 × 50 cm zerkleinert in der Stunde 6 bis

12 cbm Abfälle je nach der Materialart, wobei ein Restvolumen von 5 bis 20 % verbleibt. Ein Gerät für den normalen Haushalt ist in Vorbereitung.

Erhard Heinze vertritt die Schmalbach-Lubeca-Werke AG in den Ausschüssen der Verbände, die sich mit dem Umweltschutz beschäftigen und ist Mitglied des Vorstands der Aktion Saubere Landschaft e. V.

In traditioneller Weise wurde die *soziale Verantwortung* betont. Die beständige Sorge für die Mitarbeiterinnen und Mitarbeiter und das Betriebsklima besteht aus einer Fülle von kleinen Problemen, die zur Zufriedenheit der Beteiligten gelöst und ... vergessen werden. Es gibt aber doch einige Aktionen, die »aktenkundig« sind:

- Mit dem Ende des Jahres 1970 trat eine neue *Zusatzrentenordnung* in Kraft, die die bestehende ergänzt und den großen Mitarbeiterkreis einschließt, der nach der bisherigen Regelung nicht erfaßt war.
- In demselben Jahre beschäftigte sich die Werkzeitschrift »Rund um das blaue S« mit der *Sicherheit in den Werken.* Es erschien ein Aufruf von *Heinz Prast* und ein Aufsatz des Sicherheitsingenieurs *Joachim Marienfeld,* der durch eindrucksvolle Zeichnungen ergänzt wurde und auch eine Aufstellung der im Metallbereich häufigsten Verletzungen brachte.
- In den Werken wurden Sozialgebäude errichtet oder bestehende Räume neugestaltet; in ihnen erhalten alle Mitarbeiter ein sorgfältig zubereitetes, besonders preiswertes Mittagessen.
- Jährlich werden in gemeinsamen Feierstunden die Jubilare mit 25-, 40- und 50jähriger Dienstzeit geehrt; als äußeres Zeichen wird ihnen eine Ehrennadel mit dem heraldischen »S« verliehen, bei 10jähriger Zugehörigkeit in Bronze, nach 25 Jahren in Silber, nach 40 Jahren in Gold und nach 50 in Gold mit Brillanten. Die Verleihung der Ehrennadel ist mit einem Geldgeschenk verbunden.

Die Feierstunden für Jubilare leiten über zur Pflege der *Firmengeschichte.* Im ältesten Gebäudeteil des »Stammhauses« befindet sich das »Schmalbach-Museum«, in dem das Archiv, Bilder und Erinnerungsstücke gezeigt werden. Das Archiv ist der Initiative von *Hans-Werner Rössing-Schmalbach* zu danken; es bildete eine unerläßliche Voraussetzung für die Ausarbeitung des 5. Abschnittes der Kapitel I. bis VI.

Die Geschichte von 75 Jahren nähert sich ihrem Ende und lädt zu einem Vergleich von Einst und Jetzt ein, zur Gegenüberstellung einiger Zahlen, die in der Wirtschaft der prägnanteste Ausdruck jeder Entwicklung sind:

Am Beginn stand eine Blechwarenfabrik von 300 qm Grundfläche und 15 Maschinen (S. 50); jetzt umfaßt der Unternehmensverband

- 10 Metallverpackungswerke
- 2 Maschinenfabriken
- 1 Papier- und 3 Wellpappfabriken
- 5 Kunststoffverpackungswerke
- die Tochtergesellschaften
  Schmalbach-Lubeca-Austria Ges. mbH, Wien
  SIA-Handelsgesellschaft mbH, Braunschweig
  Anlagen- und Handelsgesellschaft, Braunschweig
  Ewers & Co. GmbH, Braunschweig

Rund 200 Großraumkofferzüge für den Fernverkehr dienen der Belieferung der Kunden (Bildteil S. 23).

Während der Saison wurden 1898 25–30 Arbeitskräfte beschäftigt, 1973 rund 12 000. Um die Jahrhundertwende erreichte die Jahresproduktion rund 1 Million Dosen; inzwischen sind es 4 Milliarden verschiedener Verpackungen. Wertmäßig liegt der Umsatz bei 800 Millionen DM; der Gegenwert für 1 Million Dosen mag um 1900 100 000 M betragen haben.

Am Tage des 75jährigen Jubiläums besteht der Vorstand aus den Herren

- *Hans Herbert Munte,* Vorsitzender
- *Heinz Prast* und
- *Dr. Klaus Agthe.*

Der Aufstieg des Unternehmens wurde getragen von denen, die in einem Dreivierteljahrhundert – erfüllt von zwei Weltkriegen, zwei Inflationen und zwei industriellen Revolutionen mit ihren Wirkungen und Fernwirkungen – die unternehmerischen Funktionen ausgeübt haben, und denen, die ihnen mit bewährtem Rat zur Seite standen. Es werden deshalb alle Inhaber, alle Mitglieder des Vorstandes und des Aufsichtsrates in einem Anhang genannt. Unabhängig davon soll besonders der AR-Vorsitzenden gedacht werden: *Dr. Albert Rössing* (1936–1948), *Erich Mandke* (1949–1961), *Dr. Walter Tron* (1962), *Erich Bechtolf* (1963–1966) und seither *Dr. Wilhelm Vallenthin.* Die

Inhaber und ersten Vorstandsmitglieder haben die Delegation von Aufgaben und Verantwortung geübt, ehe der partizipative Führungsstil beschrieben und gelehrt wurde. Schon früh haben leitende Angestellte die oberste Unternehmensführung entlastet und mit dem Wachsen des Unternehmens, der bewußten Handhabung der modernen Führungstechnik waren immer mehr Mitarbeiter am Treffen von Entscheidungen, am Aufstellen von Plänen beteiligt.

Die Realisierung der Entscheidungen und Pläne, ohne die es keinen Erfolg gibt, ist zu danken der gewissenhaften Pflichterfüllung aller Angestellten und aller Arbeiter in den Büros und Fabrikhallen, die während der beiden Weltkriege oft mit schweren Opfern verbunden war. Nach der Beendung des Zweiten Weltkrieges haben die Mitarbeiterinnen und Mitarbeiter mit Eifer und Initiative den raschen Wiederaufbau der Werke gefördert. Die Zusammenarbeit mit den Mitgliedern der Betriebsräte und den Aufsichtsratsmitgliedern der Arbeitnehmer war oft sehr freimütig, aber immer fruchtbar; gegenwärtig ist Vorsitzender des Gesamtbetriebsrates *Walter Fusch*.

Dem Freund der Wirtschaftsgeschichte bringt das jüngste Jahrzehnt eine Beobachtung, die weit über die Firmenchronik hinaus interessant ist: Das »Gesetz der dritten Generation«, nach dem Familienunternehmen in der dritten Generation besonders gefährdet erscheinen, ist nur eine Erfahrungstatsache, von der es immer wieder eine Ausnahme gibt. *Hans Herbert Munte,* ein Urenkel des Gründers, hat sich nicht auf die »Sorge um die Erhaltung des Vorhandenen« beschränkt, die oft kennzeichnend schon für die dritte Generation ist[42], sondern hat – wiederum ein Pionierunternehmer – entscheidend beigetragen zum Hineinwachsen des Unternehmens in europäisches Format.

Anmerkungen

1 W. *Brandt*, Der Wille zum Frieden / Perspektiven der Politik. 2. Auflage [1. Aufl.: 1971] Hamburg 1972, S. 362.

2 Kiesinger, Kurt Georg, in: Brockhaus Enzyklopädie. 17. Auflage [1. Aufl.: 1796–1808 unter dem Titel »Conversationslexikon mit vorzüglicher Rücksicht auf die gegenwärtigen Zeiten] Zehnter Band. Wiesbaden 1970, S. 150 f. (zitierweise: BROCKHAUS).

3 W. *Flemming*, Anton Ulrich, Herzog von Braunschweig-Wolfenbüttel, in: Neue deutsche Biographie. Hrsg. von der Historischen Kommission bei der Bayerischen Akademie der Wissenschaften. Erster Band. Berlin 1953, S. 315 f.

4 W. *Treue*, Wirtschaftsgeschichte der Neuzeit. 2. Auflage [1. Aufl.: 1962] Stuttgart 1966, S. 775 f.

5 O. *Jursa*, 2000 n. Chr. Fakten – Ängste – Prognosen, Wien 1967, S. 115 f.

6 Der Fischer Weltalmanach 1972. Hrsg. und verfaßt von G. *Fochler-Hauke*. Frankfurt am Main 1971, S. 268 f.

7 H. *Speidel*, Führung und Bildung, in: Zeitbetrachtungen. Ausgewählte Reden. Mainz 1969, S. 9 ff.

8 Der industrielle Unternehmer und die Gesellschaft. Funktion, Aufgabe und Verantwortung des industriellen Unternehmers und seiner Verbände in Wirtschaft, Staat und Kultur, in: 1. Mai 1965 bis 31. Mai 1966 Jahresbericht des Bundesverbandes der Deutschen Industrie vorgelegt der 17. ordentlichen Mitgliederversammlung in München am 7./8. Juni 1966, Drucksache Nr. 78, S. 31 ff.

9 Deutscher Gewerkschaftsbund, in: »BROCKHAUS«. Vierter Band. Wiesbaden 1968, S. 564 und Gewerkschaften, in: »BROCKHAUS«. Siebenter Band. Wiesbaden 1969, S. 280 ff.

10 K. *Mellerowicz*, Betriebswirtschaftslehre, in: Staatslexikon. Zweite Auflage [1. Aufl.: 1878 ff.] Erster Band. Freiburg i. Br. 1957, Sp. 1200 ff.

11 O. *v. Nell-Breuning*, Der Mensch im Betrieb, in: Zeitschrift für Betriebswirtschaft XX (1950), S. 257 ff.

12 E. *Salin*, Vor einer neuen Etappe der industriellen Revolution, in: Kyklos Vol. VIII (1955), S. 1 ff. und Industrielle Revolution, in KYKLOS Vol. IX (1956), S. 299 ff.

13 F. *Dessauer,* Kontrapunkte eines Forscherlebens. Frankfurt am Main 1962, S. 9.

14 K. *Pentzlin,* Vom Geld wird niemand satt / Zehn Thesen zur Lohnpolitik, in: FRANKFURTER ALLGEMEINE Zeitung für Deutschland Nr. 201 vom 31. August 1957.

15 J. P. A. *Hoffmann,* Die RG Verpackung im RKW-RGV, in: neue verpackung XIII (1960), S. 272 ff.

16 W. *Breyer,* Verpackung und Verpackungstechnik – Fluch, Segen oder Notwendigkeit?, in: Produktivität und Rationalisierung / Chancen, Wege, Forderungen. Hrsg. vom Rationalisierungs-Kuratorium der Deutschen Wirtschaft e. V., Frankfurt/M. 1971, S. 314 ff.

17 50 Jahre Einkaufsgesellschaft der Deutschen Konserven-Industrie mbH, in: Die industrielle Obst- und Gemüseverwertung 56. Jg. (1971), S. 743 f.

18 E. *Klenke,* Der Kronenkork, ein moderner Flaschenverschluß mit Tradition, in: neue verpackung (1960), S. 834 ff.

19 F. *Seibel,* Ausblicke auf die gegenwärtige und zukünftige Situation der Behälterglasindustrie in Europa, in: THE ROLE OF PACKAGING IN THE WORLD TRADE. Prag 1971, S. 96 ff.

20 U. *Koppelmann,* Grundlagen der Verpackungsgestaltung / Ein Beitrag zur marketingorientierten Produktforschung. Herne-Berlin 1971, S. 22 und 24.

21 Entnommen den im »Informationsdienst Verpackung« – hrsg. von der RG Verpackung – veröffentlichten Zusammenstellungen.

22 Die Verpackung vom Standpunkt der Forschung, in: Verpackungswirtschaftliche Tagung. Hrsg. vom Leipziger Messeamt. Leipzig 1950, S. 7 ff.

23 E. *Grünsteidl,*
- Die Wissenschaft von der Verpackung, in: Verpackungswirtschaft, Heft: Mai 1969, S. 5 ff. und
- Das Verpackungswesen im Weltbild der Wirtschaft, in: neue verpackung XVIII (1965), S. 657 ff.

24 K. *Raap,* ein produkt ohne profil, in: neue verpackung XXV (1972), S. 30 ff.

25 a. a. O., S. 159 ff.

26 Handbuch der Kunststoffverpackungen. Herne–Berlin 1971, S. 301 ff.

27 A. *Männicke,* Die Verpackung als Kostenfaktor, in: Verpackung und Konsument. Ergebnisse einer internationalen Studientagung. Band 36 der Schriftenreihe der Stiftung »Im Grüene«. Bern und Stuttgart 1967, S. 59 ff. und J. *Růžička,* Úloha balení v rozvoji ekonomiky, in: THE ROLE OF PACKAGING IN THE WORLD TRADE, Prag 1971, S. 6 ff.

28 Der Trend der Ernährungsgewohnheiten, in: Die industrielle Obst- und Gemüseverwertung 56. Jg. (1971), S. 229 f.

29 P. F. *Drucker,* Die Zukunft bewältigen / Aufgaben und Chancen im Zeitalter der Ungewißheit. Düsseldorf–Wien 1969, S. 107 f. (zitierweise: »Zukunft«).

30 The growing role of packaging in the process of industrialization, verteilt von der UNIDO am 22. Juli 1971, deutsch in: neue verpackung XXV (1972), S. 24 ff.

31 Infrastruktur, in: »BROCKHAUS«. Neunter Band. Wiesbaden 1970, S. 115 f.

32 P. F. *Drucker,* »Zukunft«, S. 170.

33 Deutschland in der Weltwirtschaftskrise in Augenzeugenberichten. Hrsg. und eingeleitet von W. *Treue,* Düsseldorf 1967, S. 98.

34 Zitiert nach: Feinblech-Korrespondenz XIV (1963) Nr. 6 und 7, S. 1.

35 A. *Marx,* Partizipativer Führungsstil und Arbeitsverhalten, in: Personalführung. Hrsg. von A. *Marx.* Band III: Motivation und Stimulans menschlicher Arbeitsergiebigkeit. Wiesbaden 1971, S. 17 ff.
In diesem Zusammenhang ist interessant, daß K. W. *Hennig* schon frühzeitig voraussah, daß die steigende Hinneigung zur Demokratie sich auf die Betriebsorganisation auswirken werde (Betriebswirtschaftliche Organisationslehre. 2. Auflage, [1. Aufl.: Berlin 1934 unter dem Titel »Einführung in die betriebswirtschaftliche Organisationslehre«] Berlin–Göttingen–Heidelberg 1948, S. 21).

36 K. *Agthe,* Controller, in: Handwörterbuch der Organisation. Hrsg. von E. *Grochla.* Stuttgart 1969, Sp. 351 ff.

37 P. F. *Drucker,* Sinnvoll wirtschaften. Notwendigkeit und Kunst, die Zukunft zu meistern. Wien und Düsseldorf 1965, S. 16.

38 W. O. P. *Kettel,* Die Lubecawerke GmbH. Chronik eines Lübecker Industrieunternehmens. Band 12 der Schriftenreihe: Ein Beitrag zur Geschichte der Verpackungsindustrie. Hrsg. vom Zentrallaboratorium und Institut für Verpackungstechnik der Lubecawerke GmbH, Lübeck o. J., S. 23 f., 30 und 83 ff.

39 H. H. *Munte,* Entwicklungstendenzen der deutschen Feinstblechpackungsindustrie bis 1975. Vortrag, gehalten auf der Jahresversammlung des Gesamtverbandes Feinstblechpackungen e. V. am 14. Mai 1965 in Bad Homburg v. d. H. Sonderdruck hrsg. vom Gesamtverband Feinstblechpackungen e. V., Düsseldorf 1965, S. 5 f.

40 a. a. O., S. 6.

41 P. F. *Drucker,* »Zukunft«, S. 73.

42 A. *Paulsen,* Das »Gesetz der dritten Generation« / Erhaltung und Untergang von Familienunternehmungen, in: Der Praktische Betriebswirt XXI (1941), S. 271 ff.

VII.
Ein neues Vierteljahrhundert
(1974-1998)

»Man entgeht der Gefahr nicht dadurch,
daß man ihr den Rücken kehrt,
weil man ihren Anblick nicht erträgt.
Noch keiner hat je die Freiheit auf leichtem Wege gewonnen.«

Karl Theodor Freiherr zu Guttenberg
Fußnoten. Stuttgart 1971, S. 20

1.
Die Welt auf dem Wege in das Jahr 1998

Konrad Adenauer beginnt seine Erinnerungen mit dem Bericht über eine Unterhaltung mit einem Professor für neuere Geschichte an einer deutschen Universität, in der er fordert, es müsse wenigstens der Versuch gemacht werden, »auf dem Weg von Analogieschlüssen aus dem Geschehen unserer Zeit, sogar unserer Tage, zu erkennen, wohin der Lauf der Entwicklung wahrscheinlich gehen werde, . . . «; der Historiker antwortet, es sei nicht seine Aufgabe, Entwicklungen im voraus zu sehen.[1] Die Entscheidung der Streitfrage muß den Historikern überlassen bleiben. Der Betriebswirt, der sich mit Wirtschaftsgeschichte oder der Geschichte der Betriebswirtschaft beschäftigt und zu praktisch verwertbaren Ergebnissen gelangen möchte, *muß* die Forderung *Adenauers* erfüllen, denn die wichtigste Aufgabe jedes Management ist es, die Zukunft langfristig zu sichern. Und auf die Frage, was langfristig ist, antwortet *Dr. Klaus Agthe:* »immer länger.«[2, 3]

So wie der wissenschaftliche Mitarbeiter für das Top Management die Daten sammelt und wertet, um eine konstitutive Entscheidung vorzubereiten, muß derjenige, der aus dem Geschehen unserer Zeit Analogieschlüsse ziehen will, zunächst dieses Geschehen sammeln und werten:

- Bei allen Industrienationen hat die Zweite industrielle Revolution den Kampf gegen Hunger und Kälte, der die Menschheit auf ihrem Weg durch die Jahrtausende begleitet, beendet; in vielfältigen Formen äußert sich das Suchen nach einer neuen immanenten Sinnerfüllung des Lebens.
- *Kurt Herberts* – einem erfolgreichen Unternehmer und bedeutenden Kunsthistoriker – verdanken wir die Erkenntnis, daß die

Kunst – dieser empfindliche Seismograph – eine noch tiefere Wandlung anzeigt: das menschliche Denken, das sich am Ende des Mittelalters vom Spirituellen zum Materiellen gekehrt hat, beginnt eine Wendung zu vollziehen.[4]
– Wir stehen an der Schwelle einer Epoche, die sich von unseren Tagen abheben wird wie die Renaissance vom Mittelalter.

Wir sind Zeugen einer grundlegenden Änderung des Verhältnisses des Menschen zu der von ihm mit Hilfe der Technologie geschaffenen künstlichen Umwelt. Während bisher »aufgeklärte Ingenieure« sich Sorgen machten um die Folgen der Technik und »nachträglich um die Milderung negativer Nebenerscheinungen bemüht waren, wirft der moderne Zukunftsforscher noch *vor* der Verwirklichung technischer Möglichkeiten die Frage auf, ob man sie realisieren solle, in wessen Interesse sie seien und welche Veränderungen sie auslösen könnten . . .«, »was von gesellschaftlichen, menschlichen und umweltlichen Gesichtspunkten aus erwünscht (oder nicht erwünscht) sei und vermutlich sein werde.«[5]

Die Unruhe, die nach einer neuen immanenten Sinnerfüllung des Lebens suchen läßt, wurde von zwei Phänomenen ausgelöst:
– Das Wachstum der Produktivität geht Hand in Hand mit einer Verlängerung der verschlungenen Zweckreihen. Kurze Zweckreihen, wie sie der selbständige Handwerker, der naturverbundene Landwirt oder der freischaffende Künstler kennen, befriedigen menschlich; lange verschlungene Zweckreihen, die in den Einzelabschnitten kein abschließendes Ziel mehr haben, bieten keine Sinnerfüllung des Lebens[6], wenn sie nicht von flankierenden Maßnahmen begleitet werden.
– Die doppelte Mobilität: vom erlernten Beruf zu einem anderen, von Ort zu Ort, die von der Dynamik der allgemeinen oder der persönlichen Entwicklung gefordert wird, entspricht nicht der Tradition eines Volkes, das 1873 noch überwiegend aus schollegebundenen Bauern und geruhsamen Kleinstädtern bestand.

Die wichtigste Hilfestellung vermag eine wahrhaft progressive Wirtschaftspädagogik zu bieten, die
– statt eines auf einen bestimmten Beruf abgestellten Wissens ein breites Wissen vermittelt verbunden mit der Fähigkeit, »ständig Wissen und Können den Fortschritten der Zeit anzupassen« und

– die Entfaltung von zentraler Initiative, Beweglichkeit und schöpferischem Geist fördert.[7]

Wissen und Fähigkeiten erleichtern in dreifacher Weise die immanente Sinnerfüllung des Lebens zu finden:

(1) Ein genügend breites Wissen ermöglicht, das Ziel der langen verschlungenen Zweckreihen zu erkennen und die eigene Aufgabe in größere Zusammenhänge einzuordnen.

(2) Die Fähigkeit, Wissen und Können der fortschreitenden Zeit anzupassen, läßt jeden Wechsel der Tätigkeit oder des Berufes nicht nur als Mühe, sondern zugleich als Ansporn und Chance empfinden.

(3) Wer das Lernen gelernt hat, wird bei einem Wechsel von Ort zu Ort durch Beschäftigung mit der Geschichte, der Natur, der Umgebung bald heimisch werden; wer Initiative und Beweglichkeit besitzt, wird am neuen Ort neue Freunde gewinnen.

Zum zukunftsträchtigen Geschehen unserer Tage gehört eine nur innerhalb des Faches gewürdigte wissenschaftliche Leistung: Auf Anregung des Mitbegründers der Wiener ganzheitlichen Schule, *Professor Dr. Walter Heinrich,* hat *Dr. Michael Hofmann* die »*Unternehmerforschung*« – mit überzeugendem Erfolg – eingeleitet. Der Verfasser strebt an »eine systematische Erkenntnis der Beweggründe und Ziele, der Leistungen, Fähigkeiten und Eigenschaften und der damit zusammenhängenden Teilfragen, wie etwa der Ausbildung und Förderung, des Nachwuchs- und Generationsproblems«. Besonders instruktiv ist die Untersuchung der Unternehmerfunktionen, gegliedert nach den Funktionsbereichen: Allgemeine Führungsfunktionen, Wirtschaftsfunktionen und Sozialfunktionen.[8]

Die differenzierter werdende Einstellung zur Technik, die Notwendigkeit großer Investitionen in Schulen aller Art und aller Stufen, die Fülle der Reformpläne sind in analoger Weise für die Unternehmer Challenge wie die Stunde Null nach dem Zweiten Weltkrieg. Response muß und wird eine Steigerung der Produktivität sein, die es erlaubt, Reformen zu finanzieren ohne Gefährdung des scheinbar selbstverständlichen Wohlstands, den auch seine eifrigsten Kritiker für sich nicht missen möchten.

Weder die vertiefte Erkenntnis über die Funktionen des Unternehmers, die *Dr. Michael Hofmann* vermittelt, noch der steigende Beitrag der Unternehmer zu den materiellen Faktoren der Kultur genügen indessen, um das Image des Unternehmertums zu prägen: dazu bedarf es einer *intensiven* »Werbung um öffentliches Vertrauen« durch die Unternehmer und ihre Verbände nach dem klugen Motto »Tu Gutes und rede darüber« *(Georg-Volkmar Graf Zedtwitz-Arnim).*

Unter den Phänomenen unserer Tage, die die Zukunft formen, nimmt eine Sonderstellung die *»Bevölkerungsexplosion«* ein. Von den vielen Autoren, die einen Blick auf das – dem 100jährigen Jubiläum der Schmalbach-Lubeca-Werke AG eng benachbarte – Jahr 2000 versucht haben, konnte bisher ein einziger nach Ablauf eines Jahrzehnts seine Voraussagen an der Wirklichkeit verifizieren: *Fritz Baade.* Er erwartet ein Anwachsen der Erdbevölkerung von jetzt über 3 auf 7 Milliarden. Das Wachstum wird sich indessen weder *zeitlich* noch *räumlich* gleichmäßig verteilen:

- Im achten Jahrzehnt wird sich die Erdbevölkerung um fast 1 Milliarde – den Bevölkerungsstand des Jahres 1800 – vermehren.
- Auf die Entwicklungsländer werden 1,5 Milliarden – bei gegenwärtig rund 1 Milliarde – entfallen.[9]

2.
Verpackung in einer sich wandelnden Welt

Wenn Geschichte betrieben wird, um für die Zukunft zu lernen, verlagern sich die Akzente von den Machtkämpfen und Kriegen – reversiblen Vorgängen – zu Entdeckungen und Erfindungen, aber auch zu »organisatorischen Entwicklungen« wie dem Handel, dem Verkehr nach Fahrplan, der Eurovision-Intervision. Ihre Bedeutung ist daran zu erkennen, ob ihre Wirkungen auf die Wirtschaft, ihre Fernwirkungen auf die Gesellschaft irreversibel sind und Initialvorgänge auslösen; d. h. Vorgänge, die – einmal angelaufen – sich selbst intensivieren oder ob das nicht zutrifft.[10]

Bei den Entwicklungen, aus denen *Hans Herbert Munte* 1965 die Wachstumschancen für VERPACKUNG bis 1975 ableitete, handelt es sich um irreversible, teilweise um Initialvorgänge und sie werden sich darum bis 1998 fortsetzen:

1. Die Steigerung des Sozialprodukts verbunden mit der Politik der Vollbeschäftigung führt zu einer Verbreiterung der Einkommenspyramide, zu einer Zunahme der Anzahl der Ehefrauen, für die die Erwerbstätigkeit Hauptberuf, der Haushalt Nebenberuf ist, und einer Zunahme der »Luxusbedürfnisse«.
2. Die Erhöhung des Familieneinkommens und der Zeitmangel der berufstätigen Hausfrau bringen eine Rationalisierung der privaten Sphäre mit sich. Das führt automatisch zu
   a) einer Konzentration des Einkaufs auf den Beginn des Wochenendes, also einem Trend zu
   Selbstbedienung und Supermarkt, damit zu
   haltbaren Lebensmitteln: Konserven und Präserven,
   Getränken in Einwegverpackungen;

b) dem Wunsch nach Erhöhung der Verbrauchsfertigkeit von Lebensmitteln bis zum Fertiggericht;
c) einem ständig steigenden, ständig differenzierter werdenden Bedarf an pharmazeutischen und kosmetischen Präparaten, an Reinigungs- und Pflegemitteln und deren Verpackungen.

3. Die Verbreiterung der Einkommenspyramide verbunden mit der Steigerung der Freizeit und dem verstärkten Personalmangel in handwerklichen Berufen führt zu der Beschäftigung mit Hobbies und einer Ausweitung des Do-it-yourself.

Für diese neue Gruppe der Amateurhandwerker werden Lacke, Farben und Klebstoffe in Kleinstmengen benötigt, die – eine Parallele zu den Wünschen der Hausfrau im Nebenberuf – bequem verpackt sein müssen,[11] d. h. in Verpackungen, die eine Dienstleistung übernehmen.

Der aus den USA kommende Wunsch nach einer Erhöhung der »*Qualität des Lebens*«, die Notwendigkeit, Kraft und Zeit für *lebenslanges, berufsbegleitendes* Lernen zu erübrigen, die noch nicht erwähnte Neigung zum Camping und die rasch wachsende Bedeutung von *Catering* – der Versorgung von Anstalten oder Unternehmen mit fertigen Mahlzeiten – werden die aufgezeigten Entwicklungen zweifellos verstärken.

Das Verhältnis der einzelnen Zweige der Verpackungsindustrie zueinander wird durch zwei gegenläufige Tendenzen gekennzeichnet sein: zunehmende *Substitutionskonkurrenz* und zunehmende *Kooperation.* Die *Substitutionskonkurrenz* – der Wettbewerb zwischen Gütern, die einander ersetzen können – überrundet allmählich die herkömmliche Konkurrenz: den Wettbewerb zwischen gleichartigen Gütern; näherhin: es verschärft sich der Wettbewerb von Verpackungen aus verschiedenen Packstoffen. Zu dieser *direkten* Substitutionskonkurrenz kommt die *indirekte*: Es laufen nicht nur die Packstoffströme ineinander, sondern es sind die Verfahren immer weniger packstoffgebunden: Folien aus Kunststoff werden kalandriert wie Papier, Papierhersteller übernehmen Verfahrenstechniken der kunststoffverarbeitenden Industrie, Kunststoffe werden spanlos verformt wie Metalle und verschiedene Verfahren führen zu dem gleichen Ergebnis. Es entsteht eine Substitutionskonkurrenz zwischen Gütern, die weder gleichartig sind, noch einander direkt ersetzen können. Als Beispiel seien genannt: Feinstblechpackungen und Verpackungen aus Flexible

Plastics, die zwar (mit Ausnahme der retortable pouches) nicht für hitzesterilisierte Konserven verarbeitet werden können, wohl aber geeignet sind zur Aufnahme von tiefgekühlten oder getrockneten Lebensmitteln.[12] Andererseits gewinnt die *Kooperation* an Bedeutung: Gläser werden mit Verschlüssen aus Feinstblech kombiniert, Dosenunterteile aus Kunststoff mit einem Metall-Vollaufreißdeckel.

Drei Aspekte der VERPACKUNG, genau: des Verpackungswesens, sind so bedeutsam, daß ihnen eigene Abschnitte gewidmet werden müssen:
- Verpackung und Umweltschutz
- Verpackung und Entwicklungshilfe
- Die Wissenschaft von der Verpackung

In einer aus umfassender Sachkenntnis schöpfenden, in glänzendem Stil vor einigen Jahren in der Bundesrepublik Deutschland geschriebenen historischen Betrachtung über betriebliche Funktionen kommt VERPACKUNG zweimal vor, und zwar im Kapitel »Beschaffung – Absatz – Preispolitik«:
- Es wird bemerkt, daß ohne Kenntnis der Verpackungsmethoden des Mittelalters unverständlich sei, wie Lübecker Heringe nach Oberitalien exportiert werden konnten.
- Die im 14. Jahrhundert üblichen Verpackungen und ihre Bedeutung werden kurz geschildert.[13]

Der Gelehrte, der 1998 das interessante Thema behandeln will, wird VERPACKUNG eine geschlossene Darstellung zwischen »Fertigung« und »Absatz« widmen müssen!

3.
Verpackung und Umweltschutz

In allen Industrieländern wurden die reichen Früchte des Fortschritts von Technik und Wissenschaft nach dem Zweiten Weltkrieg von den Wenigen dankbar, von den Vielen gleichgültig hingenommen; niemand dachte an »flankierende Maßnahmen« zur Abschirmung negativer Auswirkungen der sich häufenden Eingriffe in den Naturhaushalt. An der Schwelle des achten Jahrzehnts kündigte sich fast ohne Übergang ein stürmischer Wandel an:

- Gelehrte, Politiker und Publizisten, die ganze Bevölkerung ruft nach mehr Schutz für die Umwelt;
- die Bundesregierung erklärt, »daß Umweltpolitik den gleichen Rang hat wie andere große öffentliche Aufgaben, zum Beispiel soziale Sicherheit, Bildungspolitik oder innere und äußere Sicherheit.«

Die Verpackungsexperten machen sich die Forderung nach einer gesunden, schönen Umwelt zu eigen, aber sie müssen davor warnen, das Müllproblem – selbst nur ein Ausschnitt aus der Ökologie – durch gesetzliche Maßnahmen gegen Einwegverpackungen lösen zu wollen; sie müssen an drei Fakten erinnern:

(1) Der Anteil des *Hausmülls* an der Gesamtabfallmenge beträgt in der Bundesrepublik Deutschland 7 %, 93 % sind weitaus schwieriger zu beseitigende Abfallstoffe; im Hausmüll wiederum sind enthalten etwa 34 % Packmittel, von denen entfallen auf Kunststoff 1 %, Blech- und Metallverpackungen 4,7 %, Glas- und Flaschenscherben 8,8 % und Papier und Pappe 18,7 %.

(2) In den Industrieländern würde beim Fehlen von Einwegverpackungen die Produktion und Distribution von Nahrungsmitteln

unter das Niveau der Notzeit während des Zweiten Weltkrieges sinken (bei Rückkehr zum Verpackungsstandard 1948 wären im Einzelhandel der Bundesrepublik Deutschland etwa 250 000 Arbeitskräfte zusätzlich erforderlich).

(3) In den Entwicklungsländern würde durch Maßnahmen gegen Einwegverpackungen der Industrieländer, in die sie exportieren, der Fortschritt gehemmt.

In der Einstellung der Wirtschaft zu sie belastenden Maßnahmen des Staates hat sich eine Wandlung vollzogen: die Reaktion beschränkt sich nicht mehr auf die Abwehr dieser Maßnahmen, sondern sie bemüht sich um einen eigenen Beitrag zur Lösung der Aufgaben. Der Beitrag zur Verbesserung der Abfallbeseitigung umfaßt zwei Teile:

(1) Die in der Landschaft umherliegenden, meist achtlos weggeworfenen Packmittel sind nicht ein Problem der *Verpackung,* sondern ein Problem der Erziehung des einzelnen Menschen: des Bewußtseins in ihm, seinen und seiner Mitmenschen Lebensraum nicht gefährden zu dürfen.[14] Die Wirtschaft fördert deshalb die bekannte Aktion »Saubere Landschaft«.

An den entleerten Packungen zeigt sich deutlich die Problematik des *»Verursacher-Prinzips«.* Die Umweltverschmutzung durch achtlos weggeworfene entleerte Packungen ist nicht verursacht vom Hersteller der Verpackungen oder der sie verarbeitenden Industrie, sondern von den Verbrauchern, die sich nicht verantwortlich fühlen für die Reinhaltung ihrer und ihrer Mitmenschen Lebensraum. Die ordnungsgemäß in den Hausmüll gebrachten entleerten Packungen sind dagegen der Preis für einen Stand der technischen Entwicklung, die *allen* Bürgern Vorteile bringt und die Voraussetzung für das unentbehrliche SB-System bildet.

(2) Es werden Maschinen zur Abfallzerkleinerung gebaut, die das Volumen des Müllanfalls (ohne Beschränkung auf Verpackungen) in erheblichem Umfange verringern. Es sei erinnert an die »UNICREX«-Geräte, die die SIA-Handelsgesellschaft mbH auf den Hannover-Messen 1971 und 1972 vorgeführt hat (S. 279 f.).

Wenn wir lesen, daß nach einer Schätzung des Bundesministeriums des Innern der Umweltschutz bis 1975 rund 36 Milliarden DM, nach Berechnungen der Organisation for Economic Cooperation and Development 2–3 % des Bruttosozialprodukts erfordern dürfte, drängt sich die Frage auf, in welcher Weise die Finanzierung möglich ist. Zwei Varianten gibt es: Nach dem Prinzip der *speziellen Entgeltlichkeit* gehen die Kosten in die Wirtschaftsrechnung der Produzenten ein und werden von den Konsumenten unmittelbar getragen. »Weil über die Einbeziehung von umwelterhaltenden Maßnahmen mehr Produktionsfaktoren bis zur Fertigstellung der einzelnen Produkte eingesetzt werden müssen, wird ein Großteil der Erzeugnisse teurer. Der einzelne Konsument, der mit seinem Wunsch nach bestimmten Produkten indirekt einen Umweltverzehr auslöst, muß die dadurch notwendig werdenden Reinvestitionen in den Faktor Natur nunmehr selbst bezahlen.«

Nach dem Prinzp der *generellen Entgeltlichkeit* betrachtet der Staat die Vermeidung von Umweltschädigungen als Gemeinschaftsbedürfnis, gelangen alle Bürger ohne besonderes Hinzutun in den Genuß der Maßnahmen zum Schutz der Umwelt und die Kosten werden aus den Steuern – im Zentrum der Argumentation steht die direkte Besteuerung der Einkommen – gedeckt; es werden also die Bezieher hoher Einkommen relativ stärker herangezogen als bei einer Überwälzung auf die Preise.[15]

Für das Prinzip der *speziellen Entgeltlichkeit* spricht eine steuerliche Erwägung: Man kann das *19. Jahrhundert* als das Jahrhundert der *Einkommensbesteuerung,* das *20. Jahrhundert* als das Jahrhundert der *Umsatzsteuer* bezeichnen. Bei wachsenden Staatsausgaben bildete nämlich der Ausbau der Umsatzbesteuerung die einzige Möglichkeit, die Sätze der Einkommensbesteuerung in einer Größenordnung zu halten, die nicht allzu leistungshemmend wirkt, die Wirkungen des »Gesetzes des abnehmenden Steuerertrages mit zunehmenden Steuersätzen« zu mildern.[16] Es liegt nahe, daß in der Bundesrepublik die Kosten für die Realisierung der Umweltpolitik – entgegen den Vorstellungen der Anhänger des Prinzips der generellen Entgeltlichkeit – nur auf dem Wege der Umsatzbesteuerung aufgebracht werden könnten und es bietet sich darum als die einfachere Lösung die Anwendung des Prinzips der speziellen Entgeltlichkeit an, das wirtschaftlich zu einem analogen Ergebnis führt.

4.
Verpackung und Entwicklungshilfe

Schon heute kann mit Sicherheit gesagt werden, daß im Jahre 1998 die Emanzipation der Entwicklungsländer als *der* entscheidende Vorgang des zur Neige gehenden Jahrhunderts betrachtet werden wird. Der Ost-West-Konflikt wird überlagert, vielleicht abgelöst von dem Nord-Süd-Konflikt, dem Konflikt zwischen den besitzenden und den nicht besitzenden Staaten. Der Entwicklungshilfe kommt in der Weltpolitik derselbe Stellenwert zu wie der nationalen Sozialpolitik in der Frühzeit der Ersten industriellen Revolution. Es gilt, die Gärung zu kanalisieren und zu disziplinieren, die Gefahr der Revolution zu bannen durch Förderung der Evolution.[17]

Bei aller Verschiedenheit zwischen den Entwicklungsländern ist ihnen eines gemeinsam: das Schreckgespenst des Hungers ist für die runde Milliarde Menschen, die in den Entwicklungsländern wohnen, eine bittere Realität. Ihre Regierungen streben nach einer *schnellen* Erhöhung des Lebensstandards, die »nur durch rasche Industrialisierung bei gleichzeitiger Steigerung der Produktivität der Landwirtschaft zu erreichen ist«. Ressourcen für Investitionen stehen aber nicht zur Verfügung und ohne Investitionen kann es keinen Fortschritt geben. Ein Zwangssparen scheidet wegen der Armut der Bevölkerung aus; es gibt nur den Weg der Auslandshilfen.[18] Die Situation wird noch verschärft dadurch, daß zeitlich das achte Jahrzehnt, räumlich gerade die Entwicklungländer Schwerpunkte der Bevölkerungsexplosion bilden. Da die Landwirtschaft der Industrienationen im 19. Jahrhundert den traditionellen Methoden verhaftet blieb, konnten damals junge Staaten als »Brotkörbe« ihre Investitionen finanzieren. Heute werden in der Landwirtschaft der Industrienationen industrielle Methoden angewandt, sie können sich weitgehend selbst versorgen und es bestehen zur Landwirtschaft in den Entwicklungsländern Produktivitätsunterschiede bis zum Ausmaße 25:1! Ein solches Gefälle läßt sich nicht durch eine vorübergehend bescheidene Entlohnung der Arbeitskräfte ausgleichen und eine wirksame Hilfe kann sich darum nicht auf eine völlige Öffnung aller Agrarmärkte beschränken.[19]

Sowohl bei der Sicherung der Ernährung (1) wie auch bei der Lösung des Finanzierungsproblems (2) nimmt VERPACKUNG eine Schlüsselstellung ein:

(1) *Ing. Josef Hubálek* sagte in seinem Referat auf dem Symposium »THE ROLE OF PACKAGING IN THE WORLD TRADE«, wir müßten uns alle dessen bewußt werden, »welche elementare Bedeutung für die Zukunft unserer Welt die industrielle Verarbeitung der Nahrungsmittel und ihre Verpackung haben, wenn die Ernährung etwa der Hälfte der Weltbevölkerung radikal verbessert und gleichzeitig im Laufe der kommenden 30 Jahre die Ernährung einer gegenüber dem heutigen Stand verdoppelten Weltbevölkerung gesichert werden soll. Es ist evident, daß das nicht nur eine Frage des Volumens der Erzeugung und der Rationalisierung der Ernährung ist, sondern vor allem eine Frage des Kampfes gegen Verluste, in dem die Verpackungstechnik große Werte schützt und hilft, die von den natürlichen Bedingungen beeinflußte Periode geringerer Produktivität zu überbrücken.«[20]

(2) VERPACKUNG ermöglicht den Export aller verderblichen Landesprodukte während des ganzen Jahres, macht empfindliche Landesprodukte erst zu Welthandelswaren und steigert die erzielbaren Erlöse durch Verwandlung von Landesprodukten in Convenience foods.

Der Devisenstrom aus dem Nutzen dieser Exportchancen kann dienen

- zunächst der Tilgung der Investitionen für die Produktion der exportierten Erzeugnisse einschließlich derer für den inländischen Kampf gegen den Verderb und damit gegen den Hunger;
- dann der Finanzierung neuer Investitionen, die wiederum die Handelsbilanz verbessern.

Es sollte deshalb bei der Auslandshilfe Investitionen für VER-

PACKUNG eine hohe Priorität eingeräumt werden, denn sie tilgen sich gleichsam selbst.[21]

Die Erkenntnis von der doppelten Schlüsselstellung der VERPACKUNG läßt hoffen, daß die internationale Zusammenarbeit in der World Packaging Organization dazu beitragen wird, daß bis 1998 der Wettlauf zwischen den Völkern der östlichen und der westlichen Welt abgelöst wurde vom Kampf aller Völker gegen die drei großen Geißeln, »die uns seit Jahrtausenden bedrohen: Hunger, Armut und Krieg.«[22]

5. Die Wissenschaft von der Verpackung

Durch die Mechanisation, charakteristisch für die Erste, und die Automation, charakteristisch für die Zweite industrielle Revolution, wurden und werden immer mehr Waren in immer kürzeren Zeiträumen durch immer weniger Menschen produziert. Die Ware hat eine zentrale Position im Wirtschaftsleben erlangt und ihr Weg vom Produzenten zum Konsumenten wurde nicht nur räumlich und zeitlich, sondern auch organisatorisch länger – damit gefahrenreicher. Zwischen Füllgut und Packstoff besteht eine Wechselwirkung, die um so bedeutsamer ist, je höher der Anteil *neuer* Waren wird, für die keine Erfahrungen vorliegen. Die Notwendigkeit der Entwicklung von Verpackungen, die auf gefahrenreichem Wege alte und neue Waren schützen, gleichzeitig aber auch wirtschaftlich sind, führte zum Entstehen der technischen Verpackungsforschung.

Die Wiener Schule hat die ganzheitliche Betrachtung der Verpackung eingeleitet und damit die Wissenschaft von der Verpackung begründet. Aus der Doppelnatur der Verpackung als Manifestation der Technik und der Wirtschaft ergibt sich zunächst die Einbeziehung betriebswirtschaftlicher Erwägungen: jede Lösung eines Verpackungsproblems ist ein ausgewogener Kompromiß zwischen technischen und betriebswirtschaftlichen Anforderungen. Das betriebswirtschaftliche Gebiet des Verpackungswesens hat drei Schwerpunkte: die innerbetrieblichen Fragen (beispielsweise Kalkulation der Verpackungen, Organisation der Verpackungsarbeiten), die Beziehungen der Betriebswirtschaften untereinander (also die Beziehungen innerhalb der Kette, die reicht vom Hersteller der Verpackungen über die verarbeitende Industrie und den Handel bis zum verbrauchenden Haushalt) und die Beziehungen zwischen Betriebswirtschaften und Markt, die wegen der Werbefunktion der Verpackung *psychologische Aspekte* einschließen.

Die technische und die betriebswirtschaftliche Verpackungsforschung bildet die Voraussetzung für eine Untersuchung der gesamtwirtschaftlichen Bedeutung des Verpackungswesens, die in das Gebiet der *Volkswirtschaftslehre* fällt. Wenn das Ergebnis der Untersuchung zur Bildung eines wirklichkeitsnahen und darum positiven Image genutzt werden soll, wird es wiederum notwendig, *psychologische Aspekte* einzuschließen.

Die Verpackung ist – wie jedes wirtschaftliche Phänomen – auch vom Standpunkt der *Rechtswissenschaft* zu betrachten. *U. Koppelmann* gliedert diesen Problemkreis sehr zweckmäßig in: »Maßnahmen zum Schutz des Verwenders« und »Maßnahmen zum Schutz des Gestalters« (S. 260).

Die wachsende Bedeutung weiträumiger wirtschaftlicher Beziehungen läßt als dringendstes Problem erscheinen: die *vergleichende* Darstellung des einschlägigen Rechts und die anschließende Harmonisierung mindestens innerhalb der Großwirtschaftsräume.[23]

Die interdisziplinäre Zusammenarbeit nahm seit dem Ende des Zweiten Weltkrieges in solchem Umfange zu, daß sie die Struktur der Hochschulen zu verändern begonnen hat. Die Wissenschaft von der Verpackung ist ein eindrucksvolles Beispiel für die Notwendigkeit und den Nutzen einer engen Verbindung zwischen allen Wissenschaften, die sich mit einem konkreten Gegenstand beschäftigen.

In den Industrieländern wird die Bedeutung der Wissenschaft von der Verpackung für die Verpackungswirtschaft aus drei Gründen zunehmen, die sich fast automatisch aus den schon angestellten Erwägungen ergeben: wegen der Zunahme der Substitutionskonkurrenz, der Kooperation und des Anteils neuer Waren, besonders auf dem Gebiete der Lebensmittel. Alle diese Phänomene werden das traditionelle Lösen von Verpackungsproblemen aus der Erfahrung fast ganz verdrängen.

Jede Entwicklungshilfe muß beginnen mit Ausbildungshilfe, Beratungshilfe, Erziehungshilfe, denn Ausbildung und Fortbildung machen Investitionen erst produktiv.[24] Der Wissenschaft von der Verpackung kommt als »soft ware« zur Ergänzung der Investitionen besondere Bedeutung zu, da Verpackungen ausschließlich für solche Waren entwickelt werden müssen, die bisher entweder gar nicht oder mindestens nicht für weiträumige Transporte verpackt worden sind; Erfahrungen also gar nicht vorliegen, zudem nicht an eine allgemeine industrielle Tradition angeknüpft werden kann.

Für einen Augenblick wollen wir die Grenze des Jahres 1998 überschreiten: Bei einer Wachstumsrate von nur 1,8 % p. a. – gegenwärtig 2–2,5 % – wird die Weltbevölkerung im Jahre 2100 etwa 35 Milliarden betragen, die mit den bereits heute bekannten Methoden der Nahrungsmittelproduktion auch ernährt werden können.[25] Die doppelte Ausdehnung der Nahrungsmittelproduktion: das Erschließen von Nutzflächen in dünn besiedelten Gebieten, das Entwickeln neuer Nahrungsmittel wird wiederum der *intensiven Unterstützung* durch die Wissenschaft von der Verpackung bedürfen.

6.
Management
an der Schwelle
des dritten Jahrtausend

Wenn wir die bisher angestellten Erwägungen nur ordnen und abrunden, können wir schon ein Syndrom der vom Standpunkte des Management wichtigsten Merkmale der wirtschaftlichen Umwelt an der Wende vom zweiten zum dritten Jahrtausend bilden:

- Der Preiswettbewerb zwischen gleichartigen Gütern wird gedämpft sein durch die Änderung der Wettbewerbswirklichkeit (Vorstöße neuer Produkte, Substitutionskonkurrenz) *einerseits,* die auf gleichmäßiges Wachstum – ohne den ausgeprägten Wechsel von Konjunktur und Krise – gerichtete Wirtschaftspolitik *andererseits.*
- Die berufstätigen Frauen wenden die erlernten Arbeitsmethoden auch auf die Haushaltsführung an und rationalisieren schrittweise die gesamte private Sphäre. Die »Fremdbestimmtheit der Freizeit und des Konsums« wird 1998 vergessen sein (schon heute spräche man besser von »werblicher Beeinflussung«).
- Nachdem in dem Vierteljahrhundert, das seit dem Ende des Zweiten Weltkrieges vergangen ist, die Befriedigung der Grundbedürfnisse: Ernährung, Kleidung, Wohnung problemlos wurde, wendet sich die unternehmerische Initiative den Aufgaben des »Better Way of Life« zu; so werden im Laufe des nächsten Vierteljahrhunderts geschaffen werden: »Düsenflugzeuge, die leiser, Fabrikanlagen, die umweltfreundlicher, industrielle Erzeugnisse, die individueller gestaltet sind.«[26]

Im Rahmen der Unternehmensführung werden zwei Entwicklungen abgeschlossen sein:

- Die Ausbildung von Managern an den Universitäten oder auf dem »zweiten Bildungsweg« wird systematisch aufgebaut sein wie etwa das Studium der Medizin; dadurch wird den Unternehmen ein gleichmäßig vorbereiteter Nachwuchs zur Verfügung stehen und die Bedeutung der angestellten oder selbständigen Unternehmer für die Gesellschaft wird ebenso allgemein bekannt sein wie die des Arztes.[27]

- Die Zielsetzung: Gewinnmaximierung wird abgelöst sein vom Erwirtschaften des *geplanten* Gewinnes, der ausreichend sein muß für Dividenden und *geplante* Investitionen.[28]

Die Wahrnehmung der *unternehmerischen* Funktionen im wirtschaftlichen Bereich *(sachliche Führung)* läßt sich in drei Leitsätzen charakterisieren:

- Die systematische Delegation der Entscheidungen an die einzelnen Ebenen der Hierarchie wird die Entscheidungen, die die oberste Stufe der Unternehmensführung zu treffen hat, beschränken auf die unternehmerischen; also diejenigen, die die beiden Merkmale haben: Bedeutung für das gesamte Unternehmen und Unsicherheit des Ergebnisses.[29]
- Der an Erfahrungen von Streitkräften während des Zweiten Weltkrieges anknüpfende, von der Entwicklung der Elektronen-Rechenmaschinen geförderte »mathematische Eingriff in die Unternehmensführung«[30] wird die Zahl der Entscheidungen, deren Ergebnisse unsicher sind, weiterhin reduzieren und für die verbleibenden Ansatzpunkte als Hilfe bieten.
- Die Intuition wird *unentbehrlich* bleiben, denn es ist *Merkmal* der unternehmerischen Entscheidungen, daß sie nicht rein rational getroffen werden können und auch in die Vorbereitung jedes »Vorstoßes« mit einem neuen Produkt muß Intuition einfließen.

Da das WISSEN die Produktionsfaktoren: Arbeitsleistung, Betriebsmittel und Werkstoffe laufend verändert, da Natur- und Geisteswissenschaften für die moderne Wirtschaft unentbehrlich sind, wird die Zahl und Bedeutung der *wissenschaftlichen Mitarbeiter,* die als Experten in mannigfacher Weise die Angehörigen der obersten Stufe der Unternehmensführung unterstützen, im nächsten Vierteljahrhundert zunehmen. Eine wichtige Aufgabe der wissenschaftlichen Mitarbeiter wird es sein, die Entscheidungen, die an die oberste Stufe der Unternehmensführung herangetragen werden, daraufhin zu prüfen, ob sie nicht doch rational getroffen und darum delegiert werden können, die verbleibenden sorgfältig vorzubereiten. Auf diese Weise wird es möglich sein, das Top Management spürbar zu entlasten und ihm Zeit für die menschliche Führung zu verschaffen.

In einem Prozeß, der mit der Französischen Revolution begann und mit dem Zweiten Weltkrieg endete, wurde der Mensch aus der Ordnung der vielfältigen überschaubaren Gemeinschaften gelöst, die ihm bis dahin kaum übersteigbare Grenzen setzten, aber gleichzeitig eine feste Stütze boten. Die Freiheit zur Gestaltung des persönlichen Lebens, die freie Bahn zur beruflichen Entfaltung haben ihren Preis: »Vereinsamung und Preisgegebenheit können als Grundstimmung des modernen Lebens gelten« und bilden einen Nährboden für die Verbreitung radikaler Ideologien.

In dieser Gefahr, vor der wir die Augen nicht verschließen dürfen, hat jede Unternehmensführung – neben den wirtschaftlichen – sozialkulturelle Aufgaben: Viele Mitarbeiter suchen in der Leistung und ihrer Anerkennung einen Lebenssinn, in dem Unternehmen eine provisorische »Heimat«; nach dem Verfall der bisher bergenden Ordnungen vermögen die Unternehmen nicht wenigen Mitarbeitern einen Halt zu geben, der sie auch in der Privatsphäre »ihren Mann« stehen läßt.

Zwei Wege bieten sich der Unternehmensführung, um Wirtschaftlichkeit und Humanität harmonisch zu verbinden:

- Die beständige Sorge für Gerechtigkeit gegenüber Gruppen und einzelnen; ergänzt durch das Mitarbeitergespräch, das für unpopuläre Maßnahmen Verständnis weckt.
- Die Förderung der Bereitschaft und Fähigkeit der Mitarbeiter, als Glieder eines Kommunikationssystems, das gleichermaßen von oben nach unten wie von unten nach oben durchlässig ist, an Entscheidungen teilzuhaben.[31]

Leitbild des Top-Managers wird immer mehr die von dem belgischen Großindustriellen *Joseph Basile* geschilderte Persönlichkeit sein, die in sich verbindet »25 Prozent technische Berufskenntnis, 25 Prozent Phantasie und 50 Prozent Kultur«. Kultur wird in diesem Zusammenhang umschrieben als »eine umfassende Geistesbildung, die man durch eine dreifache Bemühung erwirbt: durch Wissen, Handeln und Verinnerlichung, mit dem Ziel einer harmonischen Entwicklung der eigenen Persönlichkeit und der Gesellschaft.«[32]

Die persönliche Kultur wird den Top-Manager befähigen, eine schwierige Aufgabe zu lösen, die alle bisher geschilderten überhöht: Er wird die Kraft gewinnen, in den Mitarbeitern, die er individuell zu fördern willens ist, das bloße Dasein in sinnhaftes Leben zu wandeln[33]; zu dem *nie entbehrlichen* eigenen Mühen den entscheidenden Anstoß zu geben. Was eine Persönlichkeit, die diese Kraft besitzt und entfaltet, für die Entwicklung der ihr anvertrauten Menschen *und* die Erfüllung der gemeinsamen Aufgabe bedeuten kann, schildert *Friedrich von Schiller* (1759–1805):

»Und eine Lust ist's, wie er alles weckt
Und stärkt und neu belebt um sich herum,
Wie jede Kraft sich ausspricht, jede Gabe,
Gleich deutlicher sich wird in seiner Nähe!
Jedwedem zieht er seine Kraft hervor,
Die eigentümliche, und zieht sie groß,
Läßt jeden ganz das bleiben, was er ist;
Er wacht nur drüber, daß er's immer sei
Am rechten Ort; so weiß er aller Menschen
Vermögen zu dem seinigen zu machen.«
(Die Pikkolomini. Erster Aufzug. Vierter Auftritt)

7.
Ein Rückblick auf das Jahr 1973 aus dem Jahre 1998

Es gibt geschriebene und gesprochene Bücher. Dieses ist ein gesprochenes Buch; der Chronist hat »während er schrieb, innerlich zu jemand gesprochen: zu bestimmten Menschen, die er als Empfänger seines Wortes empfand«[34]; von Kapitel zu Kapitel, von Abschnitt zu Abschnitt sah er wechselnde Zuhörer vor sich, an die er sich wandte.

Der erste »Futurologe«, der amerikanische Journalist *Edward Bellamy* (1850–1898), der erste, der der Faszination des Jahres 2000 erlag, gab seinem Buch den Titel »Ein Rückblick aus dem Jahr 2000 auf das Jahr 1887«.[35] Im letzten Abschnitt des letzten Kapitels wendet sich der Chronist an den Vorsitzenden des Vorstandes des Jahres 1998, der zur Vorbereitung seiner Festansprache zum 100jährigen Jubiläum in diesem Buche blättert und zurückblickt auf das Jahr 1973, das er aus seinen Jugenderinnerungen kennt. Er wird feststellen, daß drei Entwicklungen sich als irreversibel erwiesen haben:

- die Zunahme der wissenschaftlichen Mitarbeiter, deren Leistungen nicht präzise meßbar sind, die nur durch Anerkennung, durch einen menschenbezogenen Führungsstil belohnt werden;
- der Trend zur Mobilität, deren negative Wirkungen allgemein gemildert, aber nicht in jedem Falle aufgelöst werden können und
- der weitgehende Verfall der überschaubaren Gemeinschaften, die durch Jahrtausende der Geschichte dem einzelnen Grenze und Stütze waren.

Es wird darum ein Grundsatz, den der Vorsitzende des Vorstandes des Jahres 1973, *Hans Herbert Munte,* geprägt hat, auch in der Festansprache zum 100jährigen Jubiläum eines Unternehmens der Verpackungsindustrie als aktuell empfunden werden:

»WIR WOLLEN DER ÄUSSERUNG VON WÜNSCHEN ZUVORKOMMEN, DIE MENSCHEN SOLLEN SICH BETREUT UND GEBORGEN FÜHLEN.«

Anmerkungen

1 Erinnerungen 1945–1953. Stuttgart 1965, S. 13.

2 Strategie und Wachstum der Unternehmung. Baden-Baden und Bad Homburg vor der Höhe 1972, S. 5.

3 In diesem Zusammenhang ist es interessant, daß *J. Löffelholz,* der große Historiker der Betriebswirtschaftslehre, erklärt, »daß es eines der höchsten Ziele der *geschichtlichen Forschung ist, die wissenschaftlichen Begriffe der modernen Lehre zu erklären und an der Lösung der aktuellen Probleme der Gegenwart mitzuarbeiten«* (Geschichte der Betriebswirtschaft und der Betriebswirtschaftslehre, Stuttgart 1935, S. XI).

4 Verantwortung in der industriellen Gesellschaft. Düsseldorf–Wien 1971, S. 303.

5 R. *Jungk,* in: Technologie der Zukunft. Hrsg. von R. *Jungk.* Berlin–Heidelberg–New York 1970, S. V f.

6 K. *Pentzlin,* Rationalisierung als Unternehmeraufgabe. Berlin–Köln–Frankfurt (M) 1968, S. 31.

7 K. *Herberts,* a. a. O., S. 139.

8 M. *Hofmann,* Das unternehmerische Element in der Betriebswirtschaft. Band 5 der »Beiträge zur ganzheitlichen Wirtschafts- und Gesellschaftslehre«. Hrsg. von W. *Heinrich.* Berlin 1968, S. 5 und 137 ff.

9 Weltweiter Wohlstand. Oldenburg (Oldb.) und Hamburg 1970, S. 12 ff.; das frühere Werk heißt: Der Wettlauf zum Jahr 2000. Oldenburg (Oldb.) und Hamburg 1960.

10 E. H. *Graul* – H. W. *Franke,* Die unbewältigte Zukunft. München 1970, S. 89 ff.

11 Entwicklungstendenzen der deutschen Feinstblechpackungsindustrie 1975. Vortrag, gehalten auf der Jahresversammlung des Gesamtverbandes Feinstblechpackungen e. V. am 14. Mai 1965 in Bad Homburg v. d. H. Sonderdruck hrsg. vom Gesamtverband Feinstblechpackungen e. V., Düsseldorf 1965, S. 3.

12 H. *Belter,* Feinstblechpackungen im Wettbewerb mit Verpackungen aus anderen Werkstoffen. Vortrag, gehalten auf der Jahresversammlung des Gesamtverbandes Feinstblechpackungen e. V. am 29. April 1966 in Bad

Pyrmont. Sonderdruck hrsg. vom Gesamtverband Feinstblechpackungen e. V., Düsseldorf 1966 (mit eingehenden Literaturangaben).

13 H. *Linhardt,* Die historische Komponente der funktionalen Betriebswirtschaftslehre. Heft 14 der Betriebswirtschaftlichen Schriften. Berlin 1964, S. 39 und 41.

14 G. *Fellmerck,* Umweltschutz ist Charaktersache/Aktion »Saubere Landschaft«, Umweltschutz und Glasverpackungen, in: neue verpackung XXIV (1971), S. 794 ff.

15 J. *Werner,* Umweltschutz in ökonomischer Sicht, in: Wirtschaftswissenschaftliches Studium I (1972), S. 61 ff.

16 R. *Kerschagl,* Steuerstaat und sozialisierter Staat, in: Wirtschaftliche Entwicklung und soziale Ordnung. Festschrift zum 70. Geburtstag von Ferdinand Graf Degenfeld-Schonburg. Hrsg. von E. *Lagler* und J. *Meßner.* Wien 1952, S. 301 ff.

17 W. *Besson,* Struktur und Entwicklung der gegenwärtigen Weltpolitik, in: Perspektiven für das letzte Drittel des 20. Jahrhunderts (1). Stuttgart–Berlin–Köln–Mainz 1968, S. 163 ff.

18 E. *Schneider,* Die großen Probleme der Weltwirtschaft im letzten Drittel des 20. Jahrhunderts, in: Perspektiven für das letzte Drittel des 20. Jahrhunderts (2). Stuttgart–Berlin–Köln–Mainz 1971, S. 130 ff.

19 P. F. *Drucker,* Die Zukunft bewältigen / Aufgaben und Chancen im Zeitalter der Ungewißheit. Düsseldorf–Wien 1969, S. 468.

20 Sociální a ekonomické aspekty balení vyrobků pro export, in: THE ROLE OF PACKAGING IN THE WORLD TRADE. Prag 1971, S. 42 ff.

21 H. H. *Munte,* The growing role of packaging in the process of industrialization, verteilt von der UNIDO am 22. Juli 1971, deutsch in: neue verpackung XXV (1972), S. 24 ff.

22 F. *Baade,* Weltweiter Wohlstand. Oldenburg (Oldb.) und Hamburg, S. 7.

23 E. *Grünsteidl,* Die Wissenschaft von der Verpackung, in: Verpackungswirtschaft, Heft: Mai 1969, S. 5 f.

24 E. *Schneider,* a. a. O., S. 140.

25 K. *Steinbuch,* Technik und Gesellschaft im Jahre 2000, in: Die Rolle der Wissenschaft in der modernen Gesellschaft. Hrsg. von H. *Scholz.* Berlin 1969, S. 256 ff.

26 R. *Jungk,* Der Stellenwert der Technik im Streben nach dem »Better Way of Life«, in: Produktivität und Rationalisierung / Chancen, Wege, Forderung. Hrsg. vom Rationalisierungs-Kuratorium der Deutschen Wirtschaft e. V., Frankfurt am Main 1971, S. 38 ff.

27 Den ersten Schritt zur Ausbildung von Managern in Deutschland bildet zweifellos die Begründung der »Betriebswirtschaftlichen Organisationslehre« durch K. W. *Hennig.* 5. Auflage [1. Aufl.: 1934 unter dem Titel »Einführung in die betriebswirtschaftliche Organisationslehre]. Wiesbaden 1971.

28 J. K. *Galbraith,* THE NEW INDUSTRIAL STATE; dt.: Die moderne Industriegesellschaft, München–Zürich 1968, S. 190.

29 E. *Gutenberg,* Unternehmensführung / Organisation und Entscheidungen. Wiesbaden 1962, S. 61 und 76 ff.

30 O. R. *Schnutenhaus,* Die Entscheidungsanalyse der Unternehmensführung für das systematische Gewinnmachen im Markt. Herne–Berlin 1969, S. 43 ff.

31 K. *Herberts,* a. a. O., S. 208 ff.

32 J. *Basile,* Der neue Führungsstil / Ein Kulturbrevier für Männer, die etwas zu sagen haben. Wien 1967, S. 16 f.

33 E. *Salin,* Um Stefan George. 2. Auflage [1. Aufl.: 1948] Düsseldorf und München 1954, S. 61.

34 R. *Guardini,* Lob des Buches. 2. Auflage [1. Aufl.: 1952] Basel 1954, S. 27 f.

35 A. *Fleischmann* besorgte die deutsche Übersetzung. 5. Auflage [1. Aufl.: 1889] Leipzig 1890.

Anhang

1.
Inhaber, Vorstandsmitglieder und Aufsichtsratsmitglieder; Organisation der Unternehmensführung am 7. Januar 1973

1. Inhaber und Geschäftsführer

(1) 7. 1. 1898–1. 10. 1898
Becker und Schmalbauch Blechwarenfabrik,
Gesellschafter:
Franz Becker und Johann Andreas Schmalbauch
(S. 3 des Bildteils)
1. 10. 1898
J. A. Schmalbauch Blechwarenfabrik
bis 7. 1. 1904
alleiniger Inhaber: Joh. Andreas Schmalbauch
1904–1928 Gesellschafter: Willi und Gustav Schmalbach
(Namensänderung 1913) (S. 5 des Bildteils)

(2) J. A. Schmalbach Blechwarenfabriken GmbH
1928–1935 Geschäftsführer:
Willi Schmalbach, gest. 1929
Gustav Schmalbach, gest. 1931
Herbert Munte seit 10. Dez. 1930 (S. 5 des Bildteils)
Stellv. Geschäftsführer: Albert Wanglin seit 10. Dez. 1930 (S. 6 des Bildteils)

2. Vorstandsmitglieder

(1) Union Blechwarenwerke AG als Holding-Gesellschaft für alle Tochterunternehmen
1927–1931 Gustav Schmalbach
1930–1935 Herbert Munte
1932–1935 Albert Wanglin und Otto Winkelmann
stellv. Vorstandsmitglieder (S. 6 des Bildteils)

(2) J. A. Schmalbach Blechwarenwerke AG bzw. J. A. Schmalbach AG

1935–1961	Herbert Munte (Vorsitzender)
1935–1946	Albert Wanglin
1935–1959	Otto Winkelmann
1946–1955	Wilhelm von Suckow (S. 6 des Bildteils)
1956–1964	Dr. Julius von Hartmann, von 1961 an Vorsitzender (S. 5 des Bildteils)
1956–1961	Franz Langert (S. 6 des Bildteils)

Berufungen 1962:
Dr. Kurt Jacobi (S. 7 des Bildteils)
Hans Herbert Munte (S. 5 des Bildteils)
Hans-Werner Rössing-Schmalbach (S. 7 des Bildteils)
Dr. Rolf Reitis

Zusammensetzung vom 1. Juli 1964 an:
Hans Herbert Munte (Sprecher)
Dr. Kurt Jacobi
Hans-Werner Rössing-Schmalbach
Rudolf Roitzsch (bis 31. 12. 1965; S. 7 des Bildteils)
Hans Belter, Heinz Prast (am 11. 12. 1964 berufen; S. 7 des Bildteils)

(3) Schmalbach-Lubeca-Werke AG (Fusion am 1. 6. 1967)
Waldemar Friebel, Braunschweig
Vorsitzender (seit 1. 1. 1971 wegen Ernennung zum Präsidenten der Europemballage Corp., Brüssel, beurlaubt; S. 5 des Bildteils)
Hans Herbert Munte, Stöckheim, stellv. Vorsitzender
Hans Belter, Druffelbeck, bis 31. 12. 1967
Dr. Kurt Jacobi, Braunschweig, bis 31. 3. 1971
Harry Kretschmar, Essen, bis 31. 12. 1969
Heinz Prast, Braunschweig
Hans-Werner Rössing-Schmalbach, Braunschweig, bis 21. 5. 1970
Hans Dräger, Lübeck, stellv. Vorstandsmitglied, bis 31. 12. 1969
Erhard Heinze, Klein-Schöppenstedt, stellv. Vorstandsmitglied, bis 31. 12. 1970
Dr. Klaus Agthe, Braunschweig, stellv. Vorstandsmitglied, seit 7. 10. 1969 (S. 7 des Bildteils)
Vom 18. 3. 1971 an:
Hans Herbert Munte, Stöckheim, Vorsitzender
Heinz Prast, Braunschweig
Dr. Klaus Agthe, Braunschweig

3. Aufsichtsratsmitglieder

(1) J. A. Schmalbach GmbH
1928–1935 Dr. Albert Rössing, Vorsitzender

Dr. h. c. Wilhelm Hoffmann, stellv. Vorsitzender
Generalkonsul Franz Krahé (seit 1933)
Reichsbankdirektor Rube (vorübergehend)
Willy Spillner
Erich Mandke (seit 1934)

16. 12. 1935 im Zuge der »Umwandlung« erloschen diese Aufsichtsratsmandate

(2) Union Blechwarenwerke AG als Holding-Ges.

1927–1929 Dr. h. c. Willi Schmalbach, Vorsitzender, gest. 1929
Dr. h. c. Wilhelm Hoffmann, stellv. Vorsitzender
Fabrikant Paul Kasper
Geh. Kommerzienrat Max Leeser
Kommerzienrat Dr. h. c. Millington-Hermann
Fabrikant Rudolf Schmalbach

1930 für Dr. h. c. Willi Schmalbach übernahm seine Witwe, Frau Margarete Schmalbach, den Vorsitz; sonst unverändert

1931 Dr. h. c. Wilhelm Hoffmann, Vorsitzender
Dr. Albert Rössing, stellv. Vorsitzender
Frau Margarete Schmalbach
Fabrikant Paul Kasper
Geh. Kommerzienrat Max Leeser
Kommerzienrat Dr. h. c. Millington-Hermann (bis 1932)
Fabrikant Rudolf Schmalbach (bis 1932)

1933 Dr. Albert Rössing, Vorsitzender
Erich Mandke, stellv. Vorsitzender
Fabrikant Paul Kasper

1934 bis zur »Umwandlung«
Dr. Albert Rössing
Erich Mandke
Generalkonsul Franz Krahé (1935)

(3) J. A. Schmalbach Blechwarenwerke AG

1936–1938 Dr. Albert Rössing, Vorsitzender
Erich Mandke, stellv. Vorsitzender
O. C. Huffman
Generalkonsul Franz Krahé, gest. 9. 1. 1939

1939–1941 Dr. Albert Rössing, Vorsitzender
Erich Mandke, stellv. Vorsitzender
O. C. Huffman, gest. 1941
Günter Mehring

1942–1944 Dr. Albert Rössing, Vorsitzender
Erich Mandke, stellv. Vorsitzender
Carl Hübner
Günter Mehring

1945	dieselben, ohne Günter Mehring
1946	dieselben, dazu Albert Wanglin
1947–1948	Dr. Albert Rössing, Vorsitzender, gest. 1949
	Erich Mandke, stellv. Vorsitzender
	Albert Wanglin
1949	Erich Mandke, Vorsitzender
	Dr. Walter Tron, stellv. Vorsitzender
	Albert Wanglin
1950–1954	Erich Mandke, Vorsitzender
	Dr. Walter Tron, stellv. Vorsitzender
	Erich Bechtolf
	Günter Mehring
	Albert Wanglin (bis 27. 6. 1953)
	Willi Güse } Aufsichtsratsmitglieder der
	Wilhelm Probst } Arbeitnehmer (vom 27. 6. 1953 an)
1955–1960	Erich Mandke, Vorsitzender
	Dr. Walter Tron, stellv. Vorsitzender
	Erich Bechtolf
	Günter Mehring
	Willi Güse
	Wilhelm Probst
1961	Erich Mandke, Vorsitzender bis 13. 12. 1961
	Dr. Walter Tron, Vorsitzender ab 13. 12. 1961
	Erich Bechtolf
	Günter Mehring
	Heinrich Berndl (Willi Güse ausgeschieden)
	Wilhelm Probst
1962	Dr. Walter Tron, Vorsitzender, gest. 14. 12. 1962
	Erich Bechtolf, Vorsitzender vom 3. 5. 1963 an
	Günter Mehring, stellv. Vorsitzender
	Konsul Kurt Beindorff, vom 20. 6. 1962 an
	Heinrich Berndl, gest. 18. 8. 1962
	Wilhelm Probst
1963	Erich Bechtolf, Vorsitzender
	Günter Mehring, stellv. Vorsitzender
	Konsul Kurt Beindorff
	Dr. Wilhelm Vallenthin, vom 11. 6. 1963 an
	Hermann Thürnau, vom 11. 6. 1963 an (für Heinrich Berndl)
	Wilhelm Probst
1964	Erich Bechtolf, Vorsitzender
	Günter Mehring, stellv. Vorsitzender
	C. Rudolph Moor, stellv. Vorsitzender vom 19. 6. 1964 an
	Konsul Kurt Beindorff
	James A. Stewart seit 19. 6. 1964 (für ein Jahr in den Vorstand delegiert)

Dr. Wilhelm Vallenthin
Rudolf Grebenstein, vom 2. 9. 1964 an
Wilhelm Probst
Hermann Thürnau

1965 Erich Bechtolf, Vorsitzender
Günter Mehring, stellv. Vorsitzender
C. Rudolph Moor, stellv. Vorsitzender
Konsul Kurt Beindorff
James A. Stewart
Dr. Wilhelm Vallenthin
Rudolf Grebenstein
Wilhelm Probst
Hermann Thürnau

1966 bis zur Fusion Erich Bechtolf, Vorsitzender, ausgeschieden am 10. 5. 1966
Dr. Wilhelm Vallenthin, Vorsitzender, vom 10. 5. 1966 an
Günter Mehring, stellv. Vorsitzender
C. Rudolph Moor, stellv. Vorsitzender
Konsul Kurt Beindorff
James A. Stewart
Hans Witscher, vom 10. 5. 1966 an
Rudolf Grebenstein
Wilhelm Probst
Hermann Thürnau

(4) Schmalbach-Lubeca-Werke AG

1967 Dr. Wilhelm Vallenthin, Frankfurt, Vorsitzender
Walter Meier-Bruck, Hamburg, stellv. Vorsitzender
Günter Mehring, Hannover, stellv. Vorsitzender
C. Rudolph Moor, Zürich, stellv. Vorsitzender bis 21. 5. 1970
Konsul Kurt Beindorff, Hannover, gest. 21. 2. 1968
Hans-Joachim Götz, Hannover, vom 28. 6. 1968 bis 3. 6. 1969
Hans Groos, Düsseldorf
Dr. Helmuth Lutz, Stuttgart, seit 21. 5. 1970
Carrol F. Marquard, New York, vom 3. 6. 1969 bis 21. 5. 1970
Hans-Werner Rössing-Schmalbach, Morcote/Lugano, seit 21. 5. 1970
Rudolf Grebenstein, Hannover
Heinz Oldekop, Lübeck
Wilhelm Probst, Seesen, bis 28. 6. 1968
Hermann Thürnau, Hannover

Seit 1971: Dr. Wilhelm Vallenthin, Frankfurt, Vorsitzender
Waldemar Friebel, Bad Schwartau, stellv. Vorsitzender
Walter Meier-Bruck, Hamburg, stellv. Vorsitzender
Hans Groos, Düsseldorf

Dr. Helmuth Lutz, Stuttgart
Hans-Werner Rössing-Schmalbach, Morcote/Lugano
Rudolf Grebenstein, Hannover
Heinz Oldekop, Lübeck
Hermann Thürnau, Engelbostel

Seit
15. 5. 1972: Dr. Wilhelm Vallenthin, Frankfurt, Vorsitzender
Waldemar Friebel, Bad Schwartau, stellv. Vorsitzender
Ben ter Haar, Deventer
Dr. Helmuth Lutz, Stuttgart
Armin Reckel, Hamburg
Hans-Werner Rössing-Schmalbach, Morcote/Lugano
Rudolf Grebenstein, Hannover
Heinz Oldekop, Lübeck
Hermann Thürnau, Engelbostel

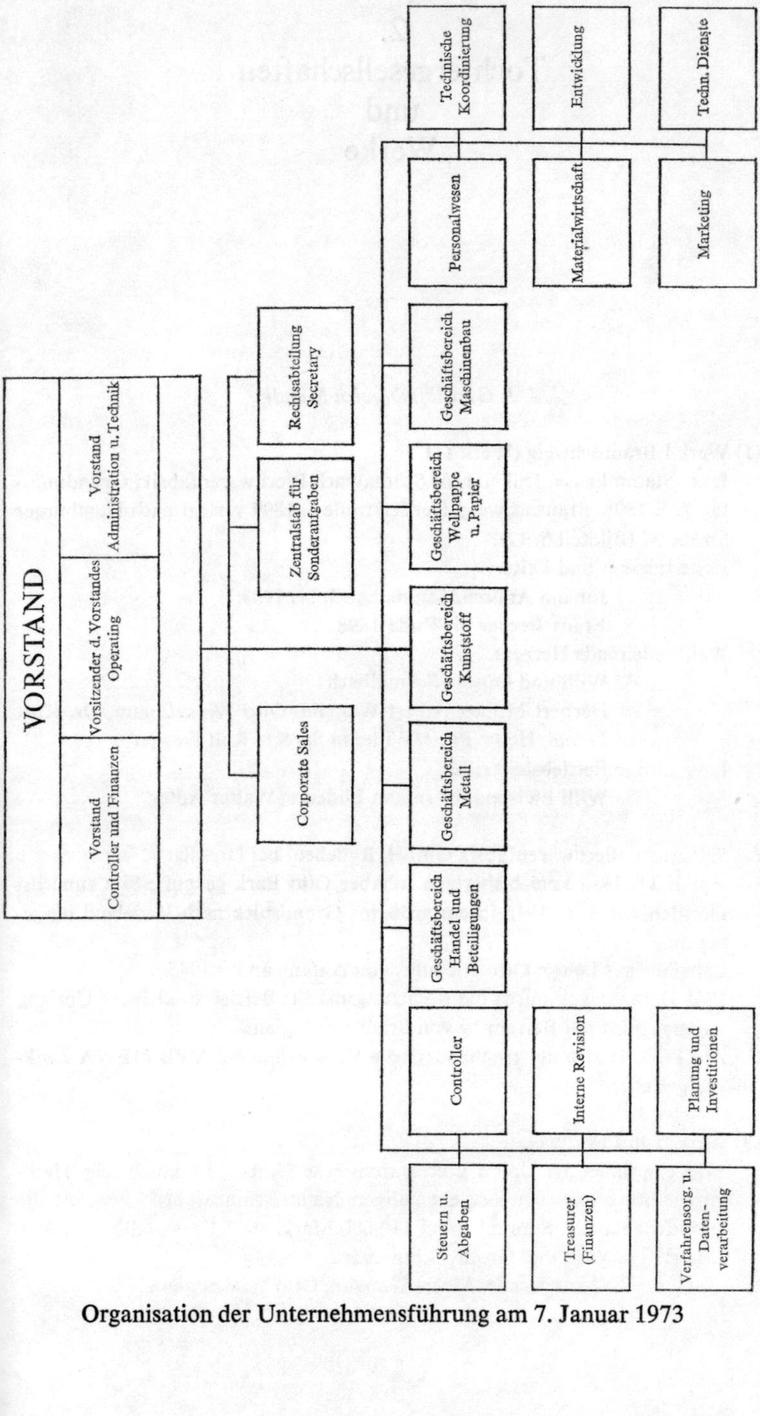

Organisation der Unternehmensführung am 7. Januar 1973

2.
Tochtergesellschaften und Werke

1. Geschäftsbereich Metall

(1) Werk I Braunschweig (Werk 11)

Das »Stammhaus«, früher J. A. Schmalbach Blechwarenfabrik, Gründungstag 7. 1. 1898, Braunschweig, Herderstraße 5. 1899 verlegt nach Hamburger Straße 37 (Bildteil S. 12).

Erste Inhaber und Leiter:

Johann Andreas Schmalbauch bis 1904,
Franz Becker bis Ende 1898

Weitere leitende Herren:

Willi und Gustav Schmalbach
Herbert Munte, Albert Wanglin, Otto Winkelmann, Dr. Kurt Jacobi, Heinz Prast, Wilhelm Spreen, Rolf Denker

Langjährige Betriebsleiter:

Willi Bielstein, Hermann Lüdecke, Walter Adler

(2) Sächsische Blechwarenfabrik GmbH, Radebeul bei Dresden

Am 1. 11. 1912 vom bisherigen Inhaber Otto Bark gekauft; Sitz zunächst Dresden, am 1. 6. 1916 in ein größeres Grundstück nach Radebeul umgezogen.

Langjähriger Leiter: Otto Niebuhr, von Anfang an bis 1945

1945 Demontagen durch die Besatzungsmacht; Betrieb in kleinem Umfang weitergeführt mit Betreuung von Braunschweig aus.

Am 17. 7. 1951 unter treuhänderische Verwaltung der VVB MEWA Zwikkau gestellt.

(3) Werk II Braunschweig

1913 gegründet als Union Blechwarenwerke GmbH, Braunschweig, Hamburger Straße 49, in einer ehemaligen Nähmaschinenfabrik, genannt die »Schiffchenbude«. Stammkapital 110 000 Mark. 1927 Umwandlung in AG.

Leiter: Willi und Gustav Schmalbach,
Oscar Krafft, Albert Wanglin, Otto Winkelmann

Langjährige Betriebsleiter:

Willi Kaufmann, Georg Grove.

Die Fertigung wurde 1955 bis 1956 zum Werk 12, Braunschweig, Juliusstraße (vgl. Ziff. 17) verlegt. Heute ist in den Räumen das Werk Maschinen- und Werkzeugbau untergebracht (vgl. auch 4. Geschäftsbereich Maschinenbau).

(4) Heinrich Böse, Blechwarenfabrik, Braunschweig, Rebenstraße 5
Das kleine Werk wurde gegen Ende des 1. Weltkrieges erworben und stillgelegt; die Fabrikation übernahm das Stammhaus.

(5) Industrie- und Blechwarenwerke AG, Danzig
Gründung der Industriewerke AG Danzig im März 1922, der Danziger Blechwarenfabrik GmbH zur gleichen Zeit; 1926 wurden beide Firmen zu einer AG zusammengefaßt.

Erster Leiter:

Ernst Briechle; später bis Kriegsende Wilhelm von Suckow

Betriebsleiter:

Gerhard Clemens

Von Danzig aus erfolgten einige neue Gründungen:

a) 1935 Bydgoska Fabryka Opakowan Blaszanych Sp. zZ.O.O., Bromberg. Von hier aus wurde die blühende polnische Schinken- und Fleischwarenindustrie beliefert.
b) Ibewag Kraftfahrzeuge GmbH
c) 1937 erste Zweigniederlassung in Königsberg, die in den Räumen der Ostpreußischen Fleischwerke AG mit übernommenen Maschinen 8 Monate lang Fleischkonserven im Auftrage der Reichsstelle für Tiere fertigte.

Die Werke Danzig und Bromberg wurden mit dem Kriegsende von der polnischen Regierung beschlagnahmt.

(6) Werk Karlsruhe (Werk 42)
Gegründet im Mai 1923 unter der Firma Rheinische Blechwarenwerke AG. Der Betrieb, zuerst in gemieteten Räumen, wurde später in ein eigenes Fabrikgelände zu Karlsruhe West verlegt; 1926 mit Werk Weißenthurm zu einer AG zusammengefaßt.

Langjährige Leiter:

Dr. Friedrich Klocke
Kurt Steigertahl
Adolf Schmidt
Heiner Bort

(7) Westfälische Blechwarenwerke AG, Bad Oeynhausen
Gegründet im Sommer 1923.
Das Werk wurde 1925 stillgelegt und die Kundschaft im Lippisch-Westfälischen Raum vom Werk Seesen weiter bedient.

Leiter: Arnold Roever, Schwager von Gustav Schmalbach, der dann auch nach Schließung des Werkes die Interessen in dem Raum als Handelsvertreter wahrnahm.

(8) Deutsches Blechwarenwerk AG, Braunschweig
SCHMALBACH beteiligte sich 1924 maßgeblich und übernahm die AG ganz im Jahre 1934. Schwerpunkt der Fertigung: Schmuckdosen.
Langjährige Leiter:
Otto Löbbecke, Richard Graf, Ernst Meyer und Hellmut Schmalbach (für einige Jahre)
Das Werk wurde im Zweiten Weltkrieg zu 80 % zerstört und nicht wieder in Betrieb genommen. Die Fabrikation übernahmen andere SCHMALBACH-Werke.

(9) Werk Wesermünde
1924 als Auslieferungslager gegründet. Im Oktober 1928 wurde daraus ein kleines Werk mit »Halbfabrikation«, d. h. bedruckte Dosenrümpfe, fertige Deckel und Böden wurden vom Stammhaus Braunschweig geliefert und in Wesermünde zu Dosen zusammengesetzt. Fabrikationsprogramm: Fischdosen aller Art, mit denen die Industrie an der Küste beliefert wurde. Im Zweiten Weltkrieg wurde das Werk stark zerstört, dann wieder teilweise aufgebaut als
»Blechwarenfabrik Bremerhaven«.
Langjährige Leiter:
Friedrich Borchers, gest. 29. 8. 1956
Hans Belter
Nach Aufbau des Werkes Cuxhaven wurde der Betrieb in Bremerhaven stillgelegt, aber dort ein Auslieferungslager belassen.

(10) Werk Seesen (Werk 14)
1925 von der Firma Fritz Züchner übernommen und weitergeführt als Seesener Blechwarenfabrik AG (S. 131).
Leiter: Otto Stötzel, gest. 1932
Walter Barthel, gest. 1942
Hellmut Schmalbach, gest. 1948
Franz Langert
Willi Althoff, gest. 1971
Günter Koesling
Herbert Roehrs
Langjährige Betriebsleiter:
Hermann Lüdecke
Eugen Dörr

(11) Werk Weißenthurm (Werk 31 / Bildteil S. 16)
1925 von der Firma Fritz Züchner übernommen und weitergeführt als

Rheinische Blechwarenwerke AG (verbunden mit Werk Karlsruhe). Es wurde die alte Kundschaft vorwiegend im Rheinland und in Rheinhessen weiterbeliefert; außerdem traten die Braunschweiger Werke zum Zweck der Frachtersparnis verschiedene Kunden zur Belieferung an Weißenthurm ab.
Langjährige Leiter:
Franz Langert, Karl Schulte (auf einer Dienstfahrt verunglückt 1959), Hans Waniek, Ludwig Roth, Hans Eggert
1960 wurde ein Zweigbetrieb in Laubach/Eifel errichtet; er ist mit Teilfabrikationen beschäftigt.

(12) Werk Osterburg
1927 beteiligte sich SCHMALBACH maßgeblich an der Firma C. F. W. Rungwerth AG. Beliefert wurde vorwiegend die Konservenindustrie in der Altmark.
Langjährige Leiter:
Albert Wanglin, Karl Wolff
Nach dem Zweiten Weltkrieg wurde das Werk demontiert und 1946 enteignet.

(13) Werk Leer
1927 gemeinsam mit Bremer & Brückmann gegründet als Milchdosenwerk Braunschweig GmbH, Braunschweig, zur Herstellung von Milchdosen auf vollautomatischen Linien. Um Fracht zu sparen, wurde das Unternehmen 1932 nach Leer verlegt und umbenannt in Ostfriesische Blechwarenfabrik Mido.
Kurz vor dem Ausbruch des Zweiten Weltkrieges wurde außerdem der Betrieb Braunschweig, Bahnhofstraße, mit zwei weiteren Dosenlinien wieder eröffnet. Dieser Betrieb wurde während des Krieges stillgelegt und nicht wieder aufgenommen.
Das Werk Leer hat bis zum Herbst 1966 gearbeitet und auch Füllochdosen für Speiseöl hergestellt. Es wurde dann stillgelegt und die Fabrikation vom Werk Hannover übernommen.
Langjährige Leiter
in Braunschweig:
Otto Winkelmann, Walter Barthel, Georg Grove;
in Leer: Ernst Knabe, Georg Grove, Wilhelm Geßner

(14) A. Runge, Blechwarenfabrik AG in Braunschweig
Das von Anton Runge 1896 gegründete kleine Werk wurde 1928 übernommen und stillgelegt. Außer Konservendosen und technischen Artikeln wurden insbesondere Packungen für die Film- und Fotoindustrie hergestellt; diese Fabrikation wurde in die anderen Braunschweiger Werke verlagert.
Die Firma selbst blieb bis 1935 als Verkaufsorganisation bestehen.
Leiter: Karl Klotz, Fritz Schmiedecke, Wilhelm Geßner

(15) Maschinenfabrik Karges-Hammer AG

Gegründet 1873 von Robert Karges, dem Konstrukteur zahlreicher Maschinen für Konservierung und Blechbearbeitung; 1899 wegen Beteiligung von Gustav Hammer in eine AG umgewandelt.

Hauptaktionäre in den 20er Jahren waren SCHMALBACH sowie die Firma Bremer & Brückmann, die verschiedene Neukonstruktionen einbrachte.

Nach Übernahme des gesamten Aktienkapitals durch SCHMALBACH wurde die AG 1936 in die SCHMALBACH-Organisation eingegliedert und 1950 an die Firma Schuler Pressenbau, Göppingen, verkauft.

(16) Bierlingwerke AG, Dresden-Heidenau

Diese kleinere Fabrik für die Herstellung von Spielwaren aus Feinblech, Thermosflaschenhülsen, Karteikästen wurde übernommen 1928, im Jahre 1929 mit dem SCHMALBACH-Werk Radebeul (vgl. Ziff. 2) zusammengelegt.

Leiter: Dr. Wilhelm Bösche, Otto Niebuhr

(17) Bremer & Brückmann, Blechwarenfabrik, Braunschweig, Juliusstraße 12, und Ludwigsburg

Sehr altes Unternehmen, ursprünglich Nähmaschinenfabrik; von 1890 an Herstellung von Konservendosen. Nach langjähriger Zusammenarbeit (S. 222) erfolgte die Übernahme 1952. Später Werk 12; Schwerpunkte der Fertigung: Schmuckdosen, Nahrungsmittelpackungen, Zigaretten-, Tabakdosen, Aerosoldosen und Gläserverschlüsse.

Leiter: Franz und Werner Brückmann, Walter Barthel, Dr. Julius von Hartmann, Dr. Kurt Jacobi.
Zwischenzeitlich in der Leitung mit Werk I verbunden;
Fritz Habenicht und Karl Wange

Geschlossen am 31. 12. 1971; die Produktionen wurden auf andere Werke verlagert; die Fertigung von Schmuckdosen übernahm aufgrund besonderer Vereinbarung die Firma Fricke & Nacke Feinstblechpackungen, Braunschweig.

Das Werk Ludwigsburg war bei der Aufteilung der Firma 1952 Herrn Dr. Julius von Hartmann zugefallen und wurde von ihm als selbständiges Unternehmen weitergeführt. Als Dr. Julius von Hartmann 1956 Vorstandsmitglied von SCHMALBACH wurde, brachte er das Werk mit ein (S. 215).

Leiter: Dr. Julius von Hartmann, Kurt Schweizer

(18) Werk Cuxhaven (Werk 21)

Am 1. 2. 1956 wurde im neuen eigenen Gebäude der Betrieb eröffnet unter Übernahme der bisherigen Fabrikation des Werkes Bremerhaven. Es werden insbesondere Fischdosen jeder Art hergestellt.

Leiter: Hans Belter (bis 1961), Werner Schlobohm, Hermann Bornemann

(19) Metallverpackungswerk Lübeck (Werk 22)
Gegründet 1883 als Firma Fr. Ewers & Co. Zuerst Nähmaschinenfabrik, dann Herstellung von Konserven- und Fischdosen sowie von Gummiringen.
1900 übernahm die AG für Cartonnagenindustrie, Dresden, die Firma, die 1959 mit der AG für Cartonnagenindustrie zu SCHMALBACH kam (S. 216).
Leiter: Rudolf Roitzsch, Martin Baumeyer, Arno Göbel, Walter Drechsler, Kurt Offeney

(20) Moll & Co., Hamburg
Eine kleinere Blechwarenfabrik, deren Spezialität die Herstellung von Marmeladeneimern und von Gläserverschlüssen war. Sie wurde 1959 von der AG für Cartonnagenindustrie übernommen und stillgelegt. Die Fabrikation wird in den Werken Braunschweig und Lübeck weitergeführt.

(21) Gebr. Koppe, Berlin (Werk 16)
Eine alte Blechwarenfabrik, gegründet 1888. Sie wurde 1947 im Ostsektor Berlin-Lichtenberg enteignet und 1949 in Berlin-West wieder aufgebaut, geriet 1954 in Konkurs. Von SCHMALBACH durch Vertrag vom 14. 12. 1959 übernommen. Neue Firma: J. A. Schmalbach, Verpackungen GmbH, Berlin. Anfang 1963 verlegt nach Berlin-Mariendorf in die Räume der Mitteldeutschen Papierwerke GmbH (vgl. Geschäftsbereich Wellpappe und Papier Ziff. 2).
Leiter: Dr. Walter Seyde, Günter Koesling
Aufgelöst 1971; Fertigung verlagert auf andere Werke.

(22) Werk Heilbronn (Werk 41 / Bildteil S. 21)
Pläne zur Gründung bestanden seit 1956. Das Gelände am Neckar wurde 1957 erworben mit Bahn- und Wasseranschluß. Die Fabrikation in neuen Gebäuden lief 1960 an. Auf vollautomatischen Linien werden insbesondere Milchdosen, Konservendosen, Aerosol- und Bierdosen gefertigt.
Leiter: Alfons Schulz

(23) Metallverpackungswerk Haßloch
1906 als Heinrich Brauch Blechemballagenfabrik OHG gegründet und von SCHMALBACH 1960 übernommen.
Leiter: Fritz Brauch (bis 1965), Karl Wange
1. 1. 1970 umgewandelt in eine Betriebsstätte des Werkes Karlsruhe.

(24) Emballage GmbH, Saarbrücken
Gegründet 1922; von SCHMALBACH übernommen 1963 und bald darauf stillgelegt. Die Kundschaft wird seither durch die rheinischen und süddeutschen SCHMALBACH-Werke beliefert.
Früherer Leiter: Walter Kiefaber

(25) Metallverpackungswerk Hannover (Werk 17)
Die Verpackungswerke der Firma Günther Wagner, Hannover, wurden aufgrund einer Vereinbarung vom 1. Juni 1962 von SCHMALBACH weitergeführt (S. 223).
Leiter: Hans Brosch

(26) Metallverpackungswerk Hamburg
Die Günther Wagner Verwaltungs-Gesellschaft mbH & Co. Verpackungswerk in Hamburg, eine Tochtergesellschaft der Firma Günther Wagner, Hannover, wurde gleichfalls vom 1. Juni 1962 an zunächst von SCHMALBACH weitergeführt. 1966 wurde das Werk geschlossen und die Fabrikation auf die Werke Cuxhaven und Lübeck verteilt.

(27) Schmalbach-Lubeca-Austria Ges. m. b. H., Wien (Werk 91)
Im Jahre 1960 zunächst als J. A. Schmalbach Austria GmbH gegründet, im Jahre 1962 durch Erwerb der Blechwarenfabrik Rothmüller-Mewa zu einer Fabrik ausgebaut (S. 222 f.).
Geschäftsführer:
Hans Herbert Munte
Georg von Eisenhart-Rothe (bis 31. 12. 1969)

(28) Metallverpackungswerk Düsseldorf (Werk 32)
1967 erworben durch die Fusion mit der Lubecawerke GmbH.
Leiter: Rainer Besch.

(29) Metallverpackungswerk Wedel (Werk 27)
1967 erworben durch die Fusion mit der Lubecawerke GmbH.
Leiter: Erich Kanofsky, Kurt Kaiser.

2. Geschäftsbereich Kunststoff

(1) Pentherit Werke AG
1922 in Braunschweig gegründet zur Herstellung von Artikeln aus »Kunstbernstein«; nach kurzer Zeit liquidiert.

(2) Berliner Foliengesellschaft mbH, Berlin
Gegründet 1955 zusammen mit der Kalle & Co. AG, Wiesbaden, die zu 50 % beteiligt war (S. 224).
Leiter: Horst Furchheim Verkauft zum 1. 1. 1970.

(3) Kunststoffverpackungswerk Lübeck (Werk 72)
1956 als Abteilung Plastik im Gebäude der ehem. Konservenfabrik Paul Kasper, Braunschweig, entstanden, 1963 nach Lübeck verlegt (S. 224).
Leiter: Dr. Klaus Stoeckhert, Georg-Wilhelm Steifensand, Rolf Budesheim
Nach Verlegung nach Lübeck: Harry Schrick, Fritz Hunger

(4) Kunststoffverpackungswerk Haßloch (Werk 73 / Bildteil S. 17)
Zunächst Spritzgußabteilung der Blechemballagenfabrik Heinrich Brauch (S. 222 und 224); seit 1964 selbständiges Kunststoffverpackungswerk.
Leiter: Harry Schrick, Walter Dick, Elmar Schümmer, Alfons-L. Grabinski

(5) Kunststoffverpackungswerk Hannover (Werk 74)
1962 im Rahmen der Verpackungswerke von Günther Wagner übernommen (S. 223 f.). Seit 1964 selbständiges Kunststoffverpackungswerk.
Leiter: Wilhelm Lampe, Gerhard Beindorff
Seit 1968 umgewandelt in Betriebsstätte wegen Verlagerung eines Teiles der Produktion nach Celle (Ziff. 7).

(6) Werk Velbert (Werk 75)
Entstanden aus der Deutschen Plax GmbH, deren Anteile SCHMALBACH 1963 gekauft hatte.
Leiter: Heinz-Otto Roppel

(7) Niedersächsische Kunststoff GmbH, Celle (Werk 76)
Übernommen 1966.
Leiter: John Busch, Joachim Cornehl, Heinz Kerstan

(8) Kombigesellschaft für kombinierte Packungen GmbH (Werk 79)
Gegründet 1956 zusammen mit der Braunschweigischen Blechwarenfabrik GmbH (S. 225); am 1. 1. 1972 in den Geschäftsbereich Kunststoff organisatorisch eingegliedert.

3. Geschäftsbereich Wellpappe und Papier

(1) Wellpappenfabrik Lübeck (Werk 61) (Bildteil S. 19) Papierfabrik Lübeck (Werk 62)

Die AG für Cartonnagenindustrie wurde 1888 in Dresden gegründet und 1946 enteignet. Die beiden Fabriken in Lübeck wurden nach dem Zweiten Weltkrieg wieder aufgebaut und SCHMALBACH beteiligte sich 1953. 1959 erwarb SCHMALBACH alle Aktien (S. 216).

Leiter: Rudolf Roitzsch, gest. 1966
Helmut Jäckel, Max Meyenburg
Willy Keuter Herbert Homann.

(2) J. A. Schmalbach Wellpappenfabrik GmbH, Berlin (Werk 63)

1963 gebildet aus der Zweigfabrik Berlin-Reinickendorf der AG für Cartonnagenindustrie, dem Cartonnagenwerk Grunert & Co. KG, Berlin, und den Mitteldeutschen Papierwerken GmbH, Berlin-Mariendorf (S. 225).

Leiter: Rudolf Clemens, Werner Gauert

(3) Wellpappenfabrik Biebesheim (Werk 64) (Bildteil S. 20)

Erbaut 1970/71

Leiter: Wolfgang Laufer

4. Geschäftsbereich Maschinenbau

(1) Maschinenfabrik Lübeck (Werk 55)

1967 erworben durch Fusion mit der Lubecawerke GmbH.
Aufgabe: Bau von Maschinen für die Verpackungsindustrie.
Leiter: Willi Hasselbrink, Rudolf Lüttge

(2) Maschinenwerkstatt Seesen (Werk 58)

Aufgabe: Dienstleistungen für die Geschäftsbereiche Metall, Kunststoff und Wellpappe und Papier.
Leiter: Robert Clemens, Georg L. Christoph

(3) Maschinen- und Werkzeugbau Braunschweig (Werk 59)

1968 entstanden durch Umwandlung der HV-Werkstätten in ein selbständiges Werk; von Mitte 1972 an verlegt in die Juliusstraße (ehemals Werk 12).
Aufgabe: Dienstleistungen für die Geschäftsbereiche Metall, Kunststoff und Wellpappe und Papier, insbesondere Werkzeugbau.
Leiter: Rudolf Lüttge bis 1971, Günther Hensel

5. Geschäftsbereich Handel und Beteiligungen

(1) Anlage- und Handelsgesellschaft mbH, Braunschweig
Geschäftszweige:
Küchen und Kantinen
Belegschaftshandel
Reisen
Geschäftsführer:
Erhard Heinze, Heinz Härtwig

(2) Sia-Handelsgesellschaft mbH, Braunschweig
Geschäftszweige:
Abfallzerkleinerer
Haushaltsartikel
Freizeitprogramm
Geschäftsführer:
Erhard Heinze, Erich Beine

(3) Ewers & Co. GmbH, Braunschweig
Geschäftszweige:
Versicherungen
Finanzierungen
Werbeagentur
Geschäftsführer:
Erhard Heinze, Heinz Härtwig

(4) Unterstützungseinrichtung Schmalbach-Lubeca-Werke AG, Braunschweig
Geschäftsführer:
Adolf Conrad, Ewald Lange

(5) Lubeca Maschinen und Anlagen GmbH, Lübeck
Diese Tochtergesellschaft beschäftigt sich mit der Abwicklung des Exportes von Maschinen.
Geschäftsführer:
Heinz Prast, Christian Friebel

(6) Europemballage GmbH, Braunschweig
Geschäftsführer:
Dr. Klaus Agthe, Erhard Heinze

(7) Hammonia Metallwaren-Fabrik GmbH, Braunschweig
Geschäftsführer:
Dr. Klaus Agthe, Erhard Heinze

(8) Heinrich Brauch Feinstblech- und Plastikverpackungen GmbH, Haßloch
Geschäftsführer:
Dr. Klaus Agthe, Erhard Heinze

3.
Literaturverzeichnis

1. Lexika, Nachschlage- und Sammelwerke

BROCKHAUS ENZYKLOPÄDIE. Zwanzig Bände. 17. Auflage [1. Aufl.: 1796 bis 1808 unter dem Titel »Conservationslexikon mit vorzüglicher Rücksicht auf die gegenwärtigen Zeiten] Wiesbaden 1966 ff.

M. *Broszat* – H. *Heiber* (Hrsg.), dtv.-Weltgeschichte des 20. Jahrhunderts.

Band 1: H. *Herzfeld,* Der Erste Weltkrieg. München 1968.

Band 2: G. *Schulz,* Revolutionen und Friedensschlüsse 1917–1920. München 1967.

Band 3: H. *Heiber,* Die Republik von Weimar. München 1966.

Band 4: E. *Nolte,* Die faschistischen Bewegungen. München 1966.

Band 5: H. *Graml,* Europa zwischen den Kriegen. München 1969.

Band 6: G. K. *Kindermann,* Der ferne Osten in der Weltpolitik des industriellen Zeitalters. München 1970.

Band 7: E. *Angermann,* Die Vereinigten Staaten von Amerika. München 1966.

Band 8: K.-H. *Ruffmann,* Sowjetrußland. München 1967.

Band 9: M. *Broszat,* Der Staat Hitlers. München 1969.

Band 10: L. *Gruchmann,* Der Zweite Weltkrieg. München 1967.

Band 11: T. *Vogelsang,* Das geteilte Deutschland. München 1966.

Band 12: J. *Lukacs,* Konflikte der Weltpolitik nach 1945. Der Kalte Krieg. München 1970.

Band 13: F. *Ansprenger,* Auflösung der Kolonialreiche. München 1966.

Band 14: W. *Wagner,* Europa zwischen Aufbruch und Restauration. München 1968.

Dr. Gablers Wirtschafts-Lexikon. Zwei Bände. 8. Auflage [1. Aufl.: 1956] Wiesbaden 1971.

G. *Fochler-Hauke,* Der Fischer Weltalmanach 1972. Frankfurt/M. 1971.

E. *Grochla* (Hrsg.), Handwörterbuch der Organisation. Stuttgart 1969.

HERDERS STANDARD LEXIKON. Drei Bände. Freiburg i. Br. 1959 ff.

Historische Kommission bei der Bayerischen Akademie der Wissenschaften (Hrsg.), Neue deutsche Biographie. Berlin 1953 ff.

R. *Jungk* (Hrsg.), Technologie der Zukunft. Berlin–Heidelberg–New York 1970.

E. *Lagler* und J. *Meßner* (Hrsg.), Wirtschaftliche Entwicklung und soziale Ordnung. Festschrift zum 70. Geburtstag von Ferdinand Graf Degenfeld-Schonburg. Wien 1952.

Leipziger Messeamt (Hrsg.), Verpackungswirtschaftliche Tagung anläßlich der Leipziger Messe im Frühjahr 1950. Leipzig 1950.

A. *Marx* (Hrsg.), Personalführung.
Band 1: Problematik menschlicher Arbeitsleistung im Betrieb. Wiesbaden 1969.
Band 2: Personalwirtschaft im Zeichen des technischen Fortschritts und der betrieblichen Mitbestimmung. Wiesbaden 1970.
Band 3: Motivation und Stimulans menschlicher Arbeitsergiebigkeit. Wiesbaden 1971.
Band 4: Lernen und Ausbilden in ihrer Bedeutung für die Betriebswirtschaften. Wiesbaden 1972.

Niedersächsische Lebensbilder.
Band 1: Herausgegeben im Rahmen der Veröffentlichungen der Historischen Kommission für Hannover, Oldenburg, Braunschweig, Schaumburg-Lippe und Bremen von O. H. *May*. Hildesheim und Leipzig 1939.
Band 2 bis 5: Herausgegeben im Rahmen der Veröffentlichungen der Historischen Kommission für Niedersachsen (Bremen und die ehemaligen Länder Hannover, Oldenburg, Braunschweig und Schaumburg-Lippe) von O. H. *May*. Hildesheim 1952, 1957, 1960 und 1962.
Band 6 und 7: Herausgegeben in demselben Rahmen von E. *Kalthoff*. Hildesheim 1969 und 1972.

K. *Ploetz,* Auszug aus der Geschichte. 27. Auflage [1. Aufl.: 1855] Würzburg 1968 (Hrsg.: A. G. PLOETZ-Verlag).

Perspektiven für das letzte Drittel des 20. Jahrhunderts.
Band 1: Stuttgart-Berlin-Köln-Mainz 1968.
Band 2: ebenda 1971.

Rationalisierungs-Kuratorium der Deutschen Wirtschaft e. V. (Hrsg.), Produktivität und Rationalisierung / Chancen, Wege, Forderungen. Frankfurt a. M. 1971.

H. *Rinn* und M. *Rychner* (Hrsg.), Dauer im Wandel. Festschrift zum 70. Geburtstag von Carl J. Burckhardt. München 1961.

J. *Růžička* (Redakteur), THE ROLE OF PACKAGING IN THE WORLD TRADE. (Hrsg.: ČVTS Komitét manipulace s materiálem) Prag 1971.

K. *Seischab* – K. *Schwantag* (Hrsg.), Handwörterbuch der Betriebswirtschaft. 3. Auflage [1. Aufl.: 1926–28].
Band 1: Stuttgart 1956.
Band 2: Stuttgart 1958.
Band 3: Stuttgart 1960.
Band 4: Stuttgart 1962.

G. *Schnath* (gemeinsam mit H. *Lübbing*, G. *Möhlmann*, F. *Engel*), Geschichte des Landes Niedersachsen. Würzburg 1962.

H. *Scholz* (Hrsg.), Die Rolle der Wissenschaft in der modernen Gesellschaft. Berlin 1969.

L. *Graf Schwerin von Krosigk*, Die große Zeit des Feuers.
Band 1: Tübingen 1957.
Band 2: Tübingen 1958.
Band 3: Tübingen 1959.

Staatslexikon. Elf Bände. Zweite Auflage [1. Aufl.: 1878 ff.] Freiburg i. Br. 1957 ff.

O. *Stobbe*, Wellpappen-Handbuch. Teil I. Als Manuskript gedruckt und 1963 herausgegeben vom VDW Verband der Wellpappen-Industrie e. V., Frankfurt am Main.

F. *Valjavec* (Hrsg.), HISTORIA MUNDI. Zehn Bände. Bern und München 1952 ff.

Zinnfreie Konservendosen, Heft 2 der Schriftenreihe der Fachgruppe Feine Blechpackungen, Berlin 1941.

2. Bücher und Broschüren

K. *Adenauer*, Erinnerungen.
Band 1: 1945–1953, Stuttgart 1965.
Band 2: 1953–1955, Stuttgart 1966.
Band 3: 1955–1959, Stuttgart 1967.
Band 4: 1959–1963. Fragmente. Stuttgart 1968.

K. *Agthe*, Strategie und Wachstum der Unternehmung. Baden-Baden und Bad Homburg vor der Höhe 1972.

F. *Baade*, Weltweiter Wohlstand. Oldenburg (Oldb.) und Hamburg 1970; das frühere Werk heißt: Der Wettlauf zum Jahr 2000. Oldenburg (Oldb.) und Hamburg 1960.

J. *Basile*, Der neue Führungsstil / Ein Kulturbrevier für Männer, die etwas zu sagen haben. Wien 1967.

E. *Bellamy*, Ein Rückblick aus dem Jahre 2000 auf das Jahr 1887. Dt. Übersetzung von A. *Fleischmann*. 5. Auflage [1. Aufl.: 1889] Leipzig 1890.

H. *Böhrs*, Organisation des Industriebetriebs. Wiesbaden 1963.

R.-W. *Borchardt*, Grundzüge der Wirtschaftsgeschichte. 8. Auflage [1. Aufl.: 1954] Wolfenbüttel 1960.

W. *Brandt*, Der Wille zum Frieden / Perspektiven der Politik. 2. Auflage [1. Aufl.: 1971] Hamburg 1972.

W. *Brennecke*, Probleme der deutschen Blechpackungsindustrie. Heft 4 der Schriftenreihe der Fachgruppe Feine Blechpackungen. Berlin 1942.

H. A. *Clement*, The Story of Modern Europe. Dt. Übersetzung von R. S. *Sattler*, Die Geschichte Europas seit 1870. Braunschweig 1965.

F. *Dessauer*, Kontrapunkte eines Forscherlebens. Frankfurt am Main 1962.

H. *Domininghaus*, Kunststoff-Fibel. Speyer am Rhein 1967.

P. F. *Drucker*,
- Age of Discontinuity. Dt. Übersetzung: Die Zukunft bewältigen. Aufgaben und Chancen im Zeitalter der Ungewißheit. Düsseldorf – Wien 1969.
- Managing for Results. Dt. Übersetzung: Sinnvoll wirtschaften. Notwendigkeit und Kunst, die Zukunft zu meistern. Wien und Düsseldorf 1965.
- Practice of Management. Dt. Übersetzung: Praxis des Management. Ein Leitfaden für die Führungsaufgaben in der modernen Wirtschaft. Düsseldorf 1956.

L. *Erhard*, Wohlstand für Alle. Bearbeitet von W. *Langer*. Düsseldorf 1957.

J. *Fahl*, Lübecks Wirtschaftsleben in der Gegenwart, Lübeck 1935.

E. *Franzel*, 1870–1950 Geschichte unserer Zeit. München 1951.

W. *Friebel*, Handbuch der Dosenfertigung. Berlin 1936.

J. K. *Galbraith*, THE NEW INDUSTRIAL STATE. Dt. Übersetzung: Die moderne Industriegesellschaft. München – Zürich 1968.

E. H. *Graul* – H. W. *Franke*, Die unbewältigte Zukunft. München 1970.

R. *Guardini*, Lob des Buches, 2. Auflage [1. Aufl.: 1952] Basel 1954.

E. *Gutenberg*, Unternehmensführung / Organisation und Entscheidungen. Wiesbaden 1962.

W. *Heinrich*, Hat der Westen eine Idee? Frankfurt/M. 1958.

K. W. *Hennig*, Betriebswirtschaftliche Organisationslehre. 5. Auflage [1. Aufl.: 1934 unter dem Titel »Einführung in die betriebswirtschaftliche Organisationslehre«] Wiesbaden 1971.

K. *Herberts*, Verantwortung in der industriellen Gesellschaft. Düsseldorf–Wien 1971.

M. *Hofmann*, Das Unternehmerische Element in der Betriebswirtschaft. Band 5 der »Beiträge zur ganzheitlichen Wirtschafts- und Gesellschaftslehre«. Hrsg. von W. *Heinrich*. Berlin 1968.

O. *Jacob*, Die betriebswirtschaftlichen Probleme der Normung dargestellt am Beispiel der Feinblechpackung. Dissertation Freie Universität Berlin 1958 (veröffentlicht 1959).

O. *Jursa*, 2000 n. Chr. Fakten – Ängste – Prognosen. Wien 1967.

W. O. P. *Kettel*,
- Die Lubecawerke GmbH. Chronik eines Lübecker Industrieunternehmens. Band 12 der Schriftenreihe: Ein Beitrag zur Geschichte der Verpackungsindustrie. Hrsg. vom Zentrallaboratorium und Institut für Verpackungstechnik der Lubecawerke GmbH, Lübeck o. J.
- Die Verpackung im Wandel der Zeit. Hrsg. vom Zentrallaboratorium für Verpackungstechnik der Lubecawerke GmbH, Lübeck 1960.

U. *Koppelmann*,
- Grundlagen der Verpackungsgestaltung / Ein Beitrag zur marketingorientierten Produktforschung. Herne – Berlin 1971.
- (gemeinsam mit M. *Medeyros*), Handbuch der Kunststoffverpackungen, Herne – Berlin 1971.

H. *Linhardt*, Die historische Komponente der funktionalen Betriebswirtschaftslehre. Heft 14 der Betriebswirtschaftlichen Schriften. Berlin 1964.

J. *Löffelholz,* Geschichte der Betriebswirtschaft und der Betriebswirtschaftslehre. Stuttgart 1935.

A. *Männicke,* Die Warenverpackung als ein Faktor der betrieblichen Absatzpolitik. Heft 5 der »Wirtschaftswissenschaftlichen Abhandlungen«, hrsg. von E. *Kosiol* und A. *Paulsen.* Berlin 1957.

G. *Mann,*

- Deutsche Geschichte des neunzehnten und zwanzigsten Jahrhunderts. Frankfurt/M. 1958.
- Geschichte und Geschichten. Frankfurt/M. 1961.

J. *Mertl,* Politické Strany/Jejich základy a typy v dnešním světě. Band IV der »Sociologická Knihovna«. Hrsg. von der MASARYKOVA SOCIOLOLICKÁ SPOLEČNOST. Prag 1931.

K. *Pentzlin,* Rationalisierung als Unternehmeraufgabe. Berlin–Köln–Frankfurt/M. 1968.

H.-P. *Protscher,* Das Weißblech als Werkstoff für Konservendosen. Dissertation Technische Hochschule Braunschweig 1938.

W. *Rathenau,* Reflexionen. Leipzig 1908.

L. *Reiners,* In Europa gehen die Lichter aus. Der Untergang des Wilhelminischen Reiches. 2. Auflage [1. Aufl.: 1954]. München 1955.

G. *Ritter,* Staatskunst und Kriegshandwerk. Das Problem des »Militarismus« in Deutschland.

Band 1: Die altpreußische Tradition (1740–1890). München 1954.

Band 2: Die Hauptmächte Europas und das Wilhelminische Reich. München 1960.

Band 3: Die Tragödie der Staatskunst / Bethmann-Hollweg als Kriegskanzler (1914–1917). München 1964.

Band 4: Die Herrschaft des deutschen Militarismus und die Katastrophe 1918. München 1968.

J. *Saarburger,* Die Konservendosen-Industrie. Ein Ausschnitt aus dem Gebiete der Weißblech verarbeitenden Industrie Deutschlands, dargestellt nach dem Stande des letzten Friedensjahres, unter Berücksichtigung ihrer geschichtlichen Entwicklung. Dissertation Universität Kiel 1922 (nur im Auszug gedruckt).

E. *Salin,* Um Stefan George. 2. Auflage [1. Aufl.: 1948]. Düsseldorf und München 1954.

H. von *Seeckt,* Gedanken eines Soldaten. Berlin 1929.

J.-J. *Servan-Schreiber,* Die amerikanische Herausforderung. 4. Auflage [1. Aufl.: 1968] Hamburg 1968.

A. *Sölter,* Das Rabattkartell. Heft 3 der WuW-Schriftenreihe. Düsseldorf 1955.

W. *Sombart,*

- Der Bourgeois. Zur Geistesgeschichte des modernen Wirtschaftsmenschen. München und Leipzig 1913.
- Die deutsche Volkswirtschaft im Neunzehnten Jahrhundert. Band VII der Reihe »Das Neunzehnte Jahrhundert in Deutschlands Entwicklung«. Hrsg. von P. *Schlenther.* Berlin 1902.

H. *Speidel,* Zeitbetrachtungen. Ausgewählte Reden. Mainz 1969.

E. *Schmalenbach,* Der freien Wirtschaft zum Gedächtnis. 3. Auflage [1. Aufl.: 1949] Köln und Opladen 1958.

O. R. *Schnutenhaus,* Die Entscheidungsanalyse der Unternehmensführung für das systematische Gewinnmachen im Markt. Herne – Berlin 1969.

M. *Stahmer,* Fischhandel und Fischindustrie. Stuttgart 1913.

W. *Treue,*

- (Hrsg.) Deutschland in der Weltwirtschaftskrise in Augenzeugenberichten. Düsseldorf 1967.
- Niedersachsens Wirtschaft seit 1760. Von der Agrar- zur Industriegesellschaft. Reihe B Heft 8 der »Schriftenreihe der Landeszentrale für politische Bildung in Niedersachsen«. Hannover 1964.
- Wirtschaftsgeschichte der Neuzeit. 2. Auflage [1. Aufl.: 1966]. Stuttgart 1966.
- (gemeinsam mit G. *Frede*) Wirtschaft und Politik 1933–1945. Braunschweig o. J.
- Die Feuer verlöschen nie. Erster Band: August Thyssen-Hütte 1890–1926. Zweiter Band (gemeinsam mit H. *Uebbing*): August Thyssen-Hütte 1926 bis 1966.
  Düsseldorf und Wien 1969.

J. *Vimar,* La fortune du pot. Petite historie illustrée du conditionnement. Hrsg. von Carnaud Basse-Indre. Paris o. J.

C. *Wagner,* Konserven und Konservenindustrie in Deutschland. Vierter Band. Drittes Heft der »Abhandlungen des staatswissenschaftlichen Seminars zu Jena.« Hrsg. von J. *Pierstorff.* Jena 1907.

M. *Weber,* Wissenschaft als Beruf. 4. Auflage [1. Aufl.: 1919] Berlin 1959.

3. Abhandlungen in Zeitschriften und Zeitungen* einschl. Sonderdrucken

R. *Ackermann,* Grundlagen der Weißblechbewirtschaftung, in: Die Obst- und Gemüse-Verwertungs-Industrie XXV (1938), S. 266 ff.

H. *Belter,* Feinstblechpackungen im Wettbewerb mit Verpackungen aus anderen Werkstoffen. Vortrag, gehalten auf der Jahresversammlung des Gesamtverbandes Feinstblechpackungen e. V. am 29. April 1966 in Bad Pyrmont. Sonderdruck hrsg. vom Gesamtverband Feinstblechpackungen e. V., Düsseldorf 1966 (mit eingehenden Literaturangaben).

A. R. *Braden,* Field Warehousing und Bassinverträge als Finanzierungshilfe und gleichzeitig Mittel der Marktstabilisierung in der Konservenindustrie, in: Die industrielle Obst- und Gemüseverwertung 43. Jg. (1958), S. 443 ff.

G. *Fellmerck,* Umweltschutz ist Charaktersache / Aktion »Saubere Landschaft«,

* Aus den Anmerkungen am Schlusse jedes Kapitels werden nur jene Abhandlungen wiederholt, bei denen der Name des Verfassers angegeben ist.

Umweltschutz und Glasverpackungen, in: neue verpackung XXIV (1971), S. 794 ff.

H. *Flick,* 150 Jahre Konservendose, in: Die industrielle Obst- und Gemüseverwertung, 45. Jg. (1960), S. 87 ff.

W. *Friebel,* Vom richtigen Dichten der Konservendosen, in: Die Konserven-Industrie XX (1933), S. 133 ff.

R. *Fuhrmann,* Kunststoffpackungen für die Kosmetik, in: neue verpackung XXI (1968), S. 1240 ff.

R. *Fürst,* Kartelle in betriebswirtschaftlicher Schau, in: Betriebswirtschaftliche Forschung und Praxis IX (1957), S. 321 ff.

W. J. *Gall,* Verpackung hilft im Kampf gegen den Hunger der Welt, in: neue verpackung XXII (1969), S. 170 ff.

E. *Grünsteidl,*

- Die Wissenschaft von der Verpackung, in: Verpackungswirtschaft, Heft: Mai 1969, S. 5 ff. und
- Das Verpackungswesen im Weltbild der Wirtschaft, in: neue verpackung XVIII (1965), S. 657 ff.

E. *Gutenberg,* Über einige Fragen der neueren Betriebswirtschaftslehre, in: Zeitschrift für Betriebswirtschaft XXXVI (1966), 1. Ergänzungsheft, S. 1 ff.

H. *Hölscher,* Konserviertes Trinkwasser in Dosen, in: neue verpackung XVI (1963), S. 256.

J. P. A. *Hoffmann,* Die RG Verpackung im RKW-RGV, in: neue verpackung XIII (1960), S. 272 ff.

H. *Hoffmeister,* Was uns bewegt! in: Die Obst- und Gemüse-Verwertungs-Industrie XXI (1934), S. 209 f.

H. *Kanter,* Rückblick und Ausblick, in: Die Konserven-Industrie XV (1928), S. 119 ff.

K. *Köhn,* Wichtige Fragen aus der Gemüse- und Obstkonservenindustrie, in: Die Obst- und Gemüse-Verwertungs-Industrie XXIV (1937), S. 543 ff.

E. *Klenke,* Der Kronenkork, ein moderner Flaschenverschluß mit Tradition, in: neue verpackung XIII (1960), S. 834 ff.

H. *Krause,*

- Zur Weißblechfrage, in: Die industrielle Obst- und Gemüse-Verwertung XXXIV (1949), S. 103, 116 f. und 247 f.
- Lage und Zukunft unserer Industrie, in: Die industrielle Obst- und Gemüse-Verwertung XXXIII (1948), S. 3 ff.

H. *Menze,* Markttransparenz in Theorie und Wettbewerbsrecht, in: Wirtschaft und Wettbewerb XIII (1963), S. 578 ff.

H. H. *Munte,*

- Entwicklungstendenzen der deutschen Feinstblechpackungsindustrie bis 1975. Vortrag, gehalten auf der Jahresversammlung des Gesamtverbandes Feinstblechpackungen e. V. am 14. Mai 1965 in Bad Homburg v. d. H. Sonderdruck hrsg. vom Gesamtverband Feinstblechpackungen e. V., Düsseldorf 1965, S. 5 f.
- The growing role of packaging in the process of industrialization, verteilt

von der UNIDO am 22. Juli 1971, deutsch in: neue verpackung XXV (1972), S. 24 ff.

O. v. *Nell-Breuning*,

- Formen und Deutungen der Wettbewerbsgesellschaft, in: Stimmen der Zeit. 96. Jg. (1971), S. 377 ff.
- Der Mensch im Betrieb, in: Zeitschrift für Betriebswirtschaft XX (1950), S. 257 ff.

E. *Nehring*,

- Über die Lenkung und Verarbeitung von Konservendosen für Wehrmachtszwecke in der Gemüse- und Obstkonservenindustrie, in: Die Obst- und Gemüse-Verwertungs-Industrie XXX (1943), S. 191 ff.
- Die Verwendung metallischer und nichtmetallischer Werkstoffe als Verpackungsmaterial der Konservenindustrie, in: Die Obst- und Gemüse-Verwertungs-Industrie XXVI (1939), S. 156 ff.

P. und E. *Nehring*, Das Weißblech als Material für Konservendosen, in: Die Konserven-Industrie XV (1928), S. 63 f.

A. *Noth*, Die Normung der Konservendosen, in: Die Konserven-Industrie XV (1928), S. 127 f.

A. *Pabst*, Wirtschaftspolitik vor großen Entscheidungen, in: Die industrielle Obst- und Gemüse-Verwertung XXXIII (1948), S. 62 f.

A. *Paulsen*, Das »Gesetz der dritten Generation« / Erhaltung und Untergang von Familienunternehmungen, in: Der Praktische Betriebswirt XXI (1941), S. 271 ff.

K. *Pentzlin*,

- Firma geht vor Familie / Die Chancen des Familienunternehmens, in: Frankfurter Allgemeine Zeitung für Deutschland Nr. 240 vom 16. Okt. 1971.
- Die Chancen des Familienunternehmens. Sonderdruck der Ansprache anläßlich des Festaktes zum 100jährigen Bestehen der Firma Karl Huber Verpackungswerke, gehalten am 1. Juli 1971 in der Stadthalle Öhringen.
- Vom Geld wird niemand satt / Zehn Thesen zur Lohnpolitik, in: Frankfurter Allgemeine Zeitung für Deutschland Nr. 201 vom 31. August 1957.
- (gemeinsam mit F. *Lange-Wiche*) Verpackungsluxus?, in: neue verpackung X (1957), S. 874 f.

H. *Querner*,

- Die deutsche Konservenindustrie nach dem Kriege, in: Die Konserven-Industrie V (1918), S. 71 f.
- Die Obst- und Gemüsekonserven-Industrie / Rückblick und Ausblick, in: Die industrielle Obst- und Gemüse-Verwertung XXXIII (1948), S. 86 ff.

K. *Raap*, ein produkt ohne profil, in: neue verpackung XXV (1972), S. 30 ff.

E. *Salin*,

- Falsche Angst vor Größe, in: DIE ZEIT Nr. 31 vom 2. August 1968.
- Vor einer neuen Etappe der industriellen Revolution, in: KYKLOS Vol. VIII (1955), S. 1 ff. und Industrielle Revolution, in: KYKLOS Vol. IX (1956), S. 299 ff.

H. *Serger*,
- Aluminium in der Konserven-Industrie, in: Die Konserven-Industrie VIII (1921), S. 145 ff.
- Konserven in Feldpostbrief-Packungen, in: Die Konserven-Industrie I (1914), S. 401 f.
- Richtlinien für den Gebrauch von Schwarzblechdosen zum Konservieren, in: Die Konserven-Industrie III (1916), S. 377 f.
- Die Verwendung gebrauchter Weißblechdosen in der Konserven-Industrie, in: Die Konserven-Industrie VII (1920), S. 187.
- Die Verwendung von Papierdichtungsringen bei Konservendosen, in: Die Konserven-Industrie IV (1917), S. 241 f.
- Zur Frage des Weißblechersatzes für Konservendosen, in: Die Konserven-Industrie III (1916), S. 109 ff. und 115 ff.

E. F. *Schumacher*, Aufgaben des nach-modernen Nationalökonomen, in: Betriebswirtschaftliche Forschung und Praxis XIX (1967), S. 547 ff.

J. *Werner*, Umweltschutz in ökonomischer Sicht, in: Wirtschaftswissenschaftliches Studium I (1972), S. 61 ff.

4.
Personenregister

5.
Sachregister

Bildteil

Die Luftaufnahmen der »Stuttgarter Luftbild« auf den Seiten 12, 16, 17, 20, 21 und 25 sind freigegeben durch das Regierungs-Präsidium Nord-Württemberg unter den Nummern 9/20315, 9/21056, 9/22089, 9/23410, 9/24704, 9/30485. Die Luftaufnahme auf Seite 19 von Schöning & Co. ist freigegeben vom Ministerium für Wirtschaft und Verkehr, Schleswig-Holstein, unter der Genehmigungs-Nummer SH 34238.

Inhaltsverzeichnis des Bildteils

*) Die Abbildungen sind Wiedergaben aus der Fotokopie, die im SCHMALBACH-Archiv verwahrt ist. Das Original des Protokolls ist nach Auskunft von Notar Friedrich Nessig (Enkel des Justizrates) am 15. Oktober 1944 verbrannt in der Kanzlei seines Vaters, des Notars Erich Nessig; der damaligen Schreibweise entspricht das heutige *Nessig*.

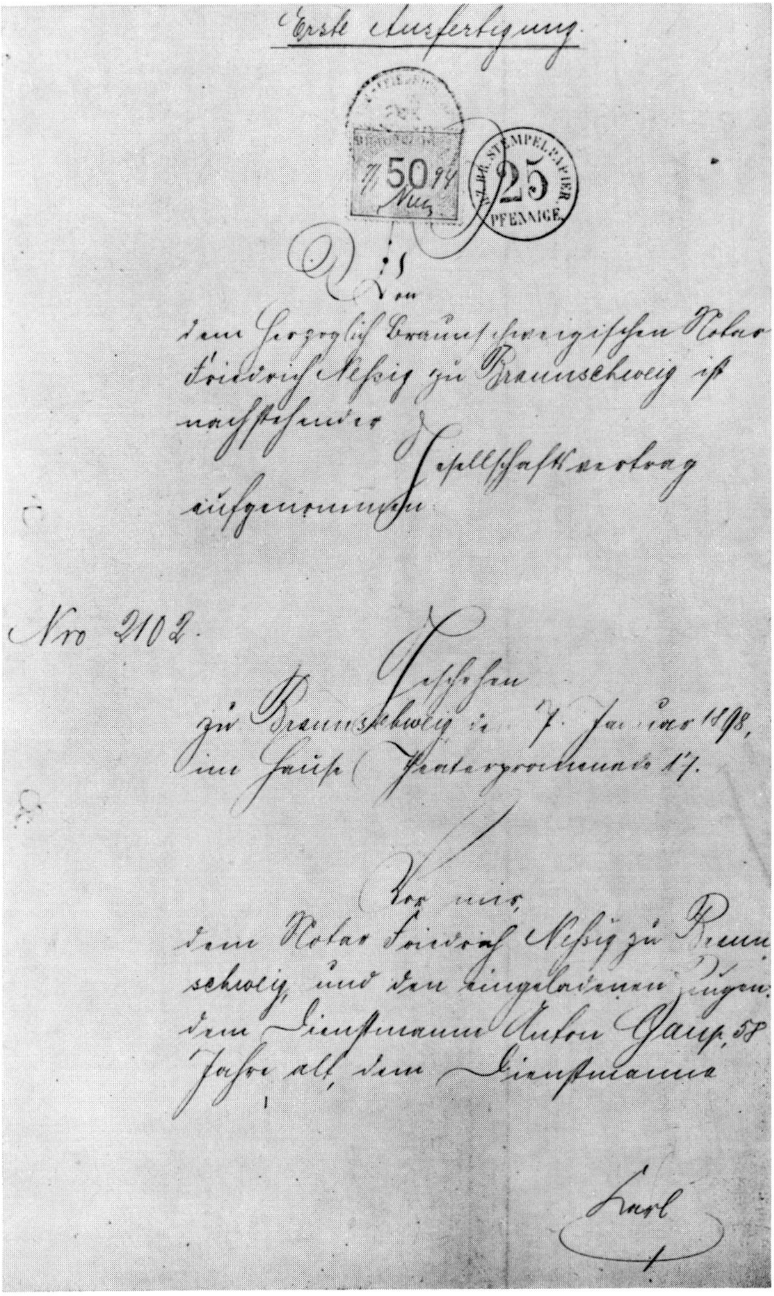
Erste Ausfertigung.

7/50 94 Aug

STEMPELPAPIER 25 PFENNIGE

Von
dem Herzoglich braunschweigischen Notar
Friedrich Nessig zu Braunschweig ist
nachstehender
Gesellschaftsvertrag
aufgenommen.

Nro 2102.

Geschehen
zu Braunschweig, 7. Januar 1898,
im Hause Theaterpromenade 17.

Vor mir
dem Notar Friedrich Nessig zu Braun-
schweig und den zugezogenen Zeugen:
dem Dienstmann Anton Gauß, 58
Jahre alt, dem Dienstmanne
Carl

Erste Seite des Protokolls,
aufgenommen von Justizrat Nessig am 7. Januar 1898,
über die Gründung

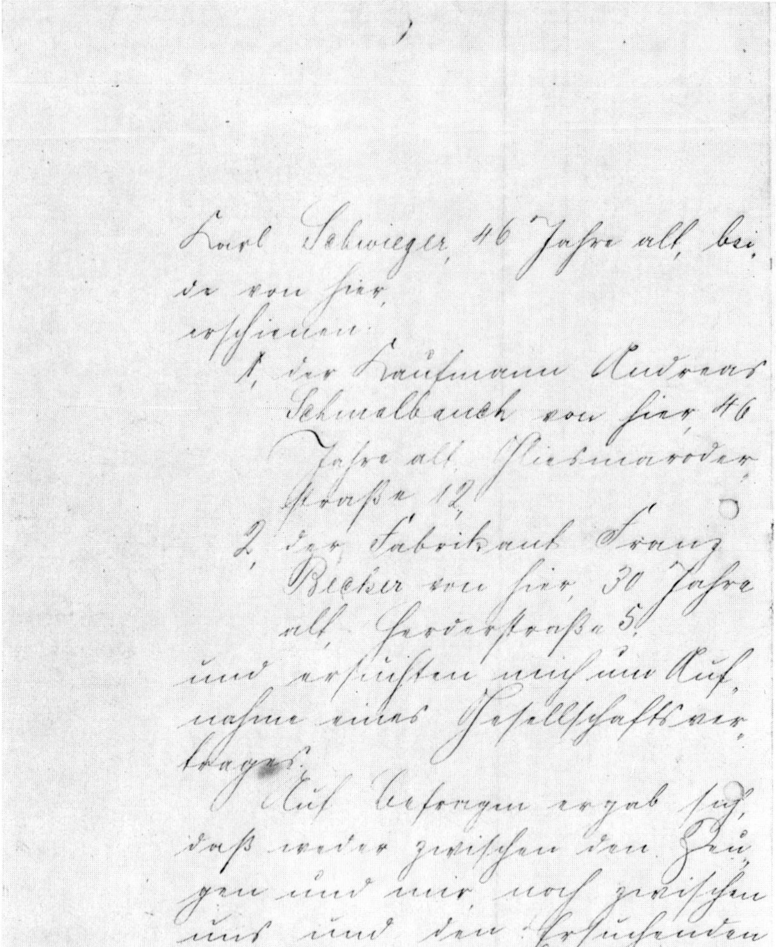

Karl Schwieger, 46 Jahre alt, bei-
der von hier,
erschienen:
1, der Kaufmann Andreas
Schmalbauch von hier 46
Jahre alt, Gliesmaroder-
straße 12,
2, der Fabrikant Franz
Becker von hier, 30 Jahre
alt, Gördestraße 5.
und ersuchten mich um Auf-
nahme eines Gesellschaftsver-
trages.
Auf Befragen ergab sich,
daß weder zwischen den Zeu-
gen und mir, noch zwischen
uns und den Ersuchenden
ein Angehörigkeits- oder Ab-
hängigkeitsverhältniß besteht
und trugen darauf die

Zweite Seite des Protokolls,
aufgenommen von Justizrat Nessig am 7. Januar 1898,
über die Gründung

Johann Andreas Schmalbauch (1851–1904)

Dr. Albert Rössing

Erich Mandke

Dr. Walter Tron

Erich Bechtolf

Dr. Wilhelm Vallenthin

Willi Schmalbach

Gustav Schmalbach

Herbert Munte

Dr. Julius von Hartmann

Waldemar Friebel

Hans Herbert Munte

Albert Wanglin

Otto Winkelmann

Wilhelm von Suckow

Franz Langert

Hans-Werner Rössing-Schmalbach

Dr. Kurt Jacobi

Rudolf Roitzsch

Hans Belter

Heinz Prast

Dr. Klaus Agthe

Nicolas Appert
(1749–1841)
Stich von Henry Cheffer
(für französische
Jubiläumsbriefmarke)

Bryan Donkin, F. R. S.
(1768–1855)
Archiv Tin Research
Institute, London

Dosenverschließmaschine der Lubecawerke GmbH um 1896

Max Liebermann: Konservenmacherinnen 1880 Original im Städtischen Museum Leipzig

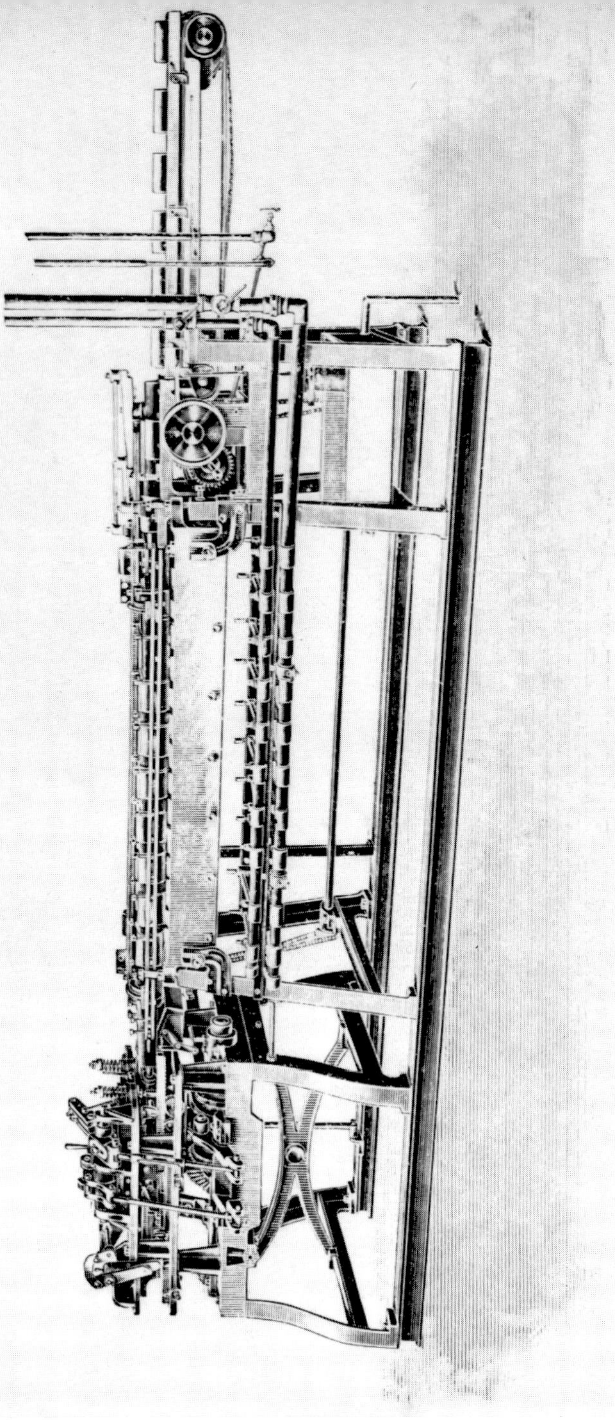

Der erste »Bodymaker«
(Katalog der Maschinenfabrik Fr. Ewers & Co., Lübeck, 1901)

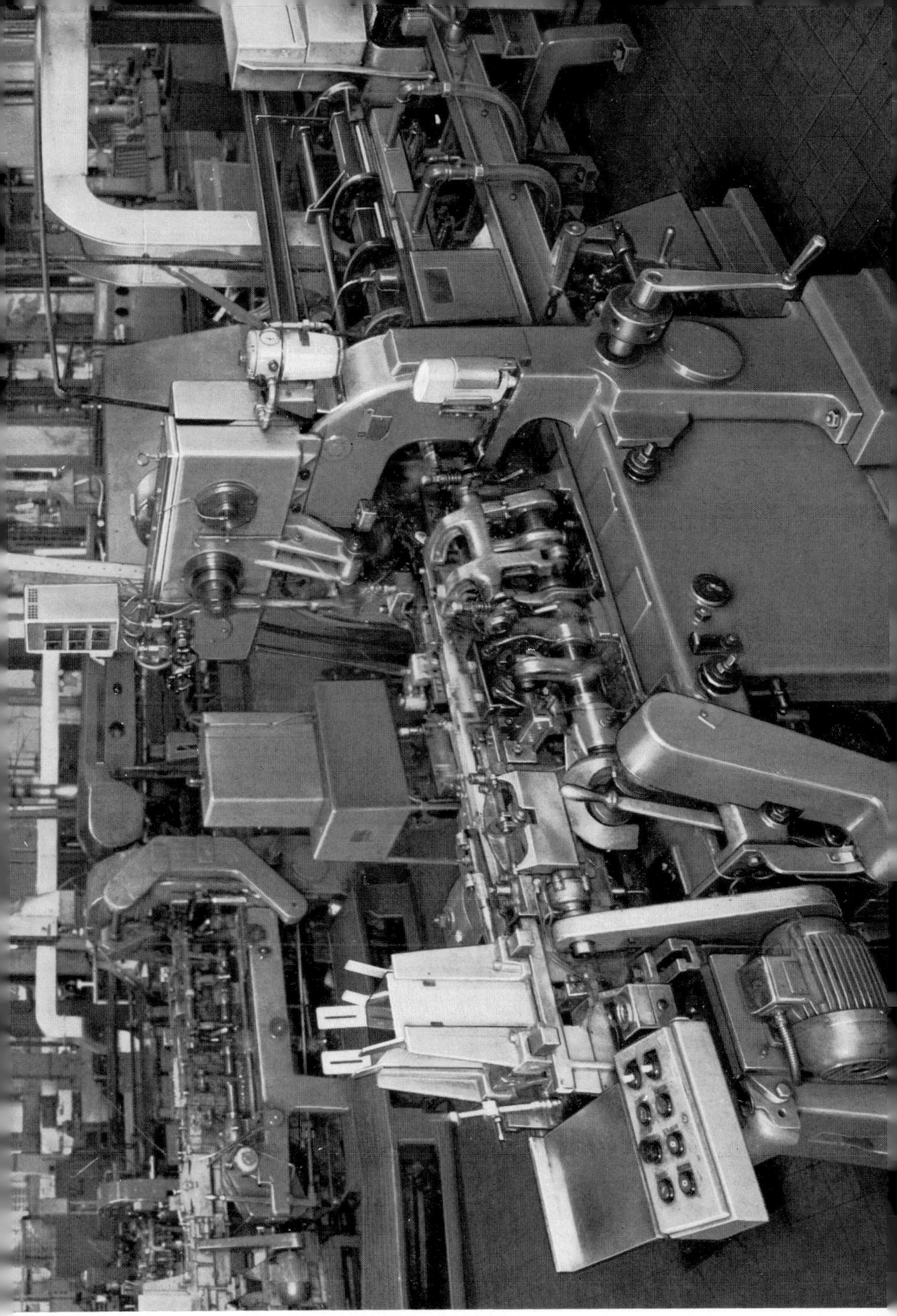

Moderner Bodymaker

Oben: Das »Stammhaus« – Frontansicht
Unten: Das »Stammhaus« – Luftansicht

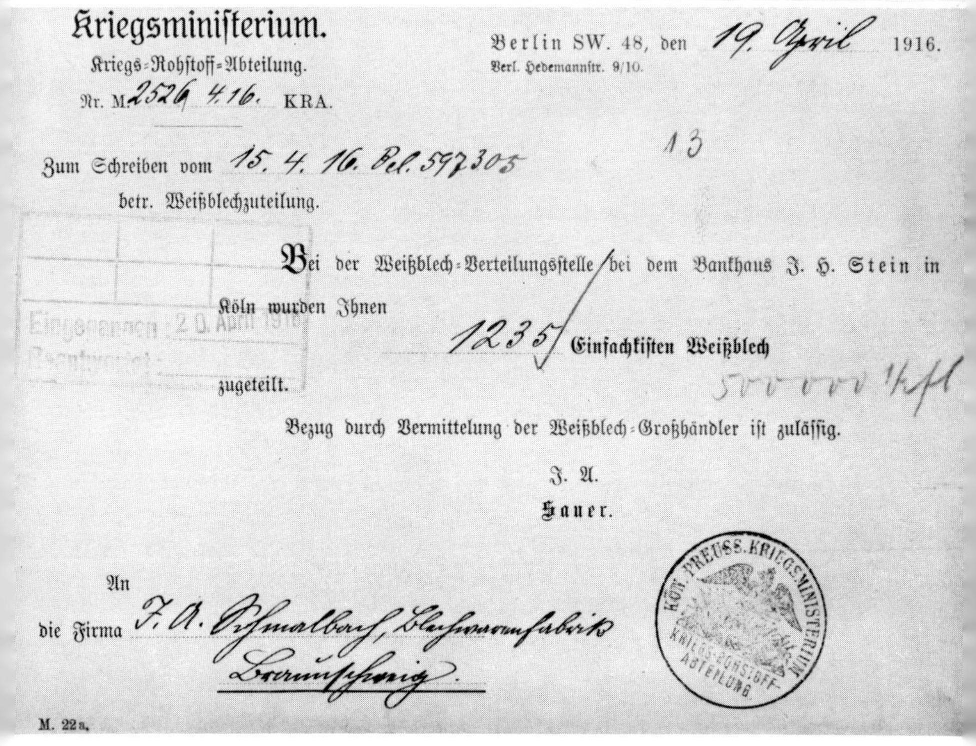

Kriegsministerium.
Kriegs-Rohstoff-Abteilung.
Nr. M. 2526 4.16. KRA.

Berlin SW. 48, den 19. April 1916.
Berl. Hedemannstr. 9/10.

13

Zum Schreiben vom 15. 4. 16. Bel. 597305
betr. Weißblechzuteilung.

Eingegangen: 20. April 1916
Beantwortet:

Bei der Weißblech-Verteilungsstelle bei dem Bankhaus J. H. Stein in Köln wurden Ihnen

1235 Einfachkisten Weißblech

zugeteilt.

500 000 Kfl

Bezug durch Vermittelung der Weißblech-Großhändler ist zulässig.

J. A.
Hauer.

An
die Firma J. A. Schmalbach, Blechwarenfabrik
Braunschweig.

KÖN. PREUSS. KRIEGSMINISTERIUM KRIEGS-ROHSTOFF-ABTEILUNG

M. 22a.

Oben: Anzeige aus »Die Konserven-Industrie« 1914
Unten: Bezugschein für Weißblech

Verteilungsstelle für Gemüse- und Obstkonservendosen
aus verzinntem Blech

Geschäftsstelle: Bohlweg 5/7 (Viktoriahaus)
Fernsprecher 4207 und 4479.

Postscheck-Konto Hannover Nr. 7678.

Braunschweig, den 14 März 1918.
Nr. B. 84
75.

Freigabeschein.

An Fa. Grabenhorst & Co.,
Wolfenbüttel

Die Kriegsrohstoffabteilung des Kriegsamtes ist willens, der Gemüse- und Obstkonservenindustrie Dringlichkeitsscheine für die Lieferung von weiteren 250 t Schwarzblech für den Monat April 1918 auszustellen.

Die auf Ihre Firma entfallende Menge von

siebenhundertundfünfzig kg. Schwarzblech

(1,3 % Ihres Friedensbedarfs an Gemüse- und Obstkonservendosen) erhalten Sie durch die Firma:

J. A. Schmalbach Braunschweig

Wir haben hiervon der Kriegsrohstoffabteilung des Kriegsamtes Mitteilung gemacht. Die auf dem Schein angegebene Dosenfabrik hat hierauf bereits den Dringlichkeitsschein von der Rohstahl-Ausgleichstelle erhalten. Ein weiterer Dringlichkeitsschein auf Grund dieses Freigabescheines wird nicht ausgestellt. Sollte trotz des Dringlichkeitsscheines das Blech nicht ausgeliefert werden, so stellen wir anheim, uns bis zum 1. Mai 1918 hiervon unter Beibringung der Unterlagen Mitteilung zu machen.

Die Zuteilung des Schwarzbleches geschieht unter folgenden Bedingungen:

1. Die Zuteilung gibt keinen Rechtsanspruch auf die Auslieferung des Bleches und es bleibt vorbehalten, die Freigabe von Blech ganz oder teilweise zu widerrufen.
2. Die Zuteilung verliert ihre Gültigkeit, wenn nicht spätestens am 14. Tage nach der Ausstellung der Blechemballagenfabrik der Auftrag auf Lieferung von Fabrikaten aus diesem Schwarzblech überschrieben ist.
3. Das Blech darf nur in Ihrem eigenen Fabrikbetriebe verwendet werden.
4. Werden Heeres- oder Marineaufträge auf Gemüse- und Obstkonserven erteilt, so sind die hier freigegebenen Bleche zunächst hierfür bestimmt.
5. Vor Erteilung des Auftrages an die Blechwarenfabriken sind Sie verpflichtet, die Richtigkeit der Zuteilung zu prüfen und etwaige Irrtümer dem unterzeichneten Geschäftsführer sofort anzuzeigen.

Zur Deckung unserer Unkosten haben Sie an uns für jede freigegebenen 50 kg. Schwarzblech 15 Pfg. zu zahlen. Sie wollen infolgedessen auf beifolgender Zahlkarte den Betrag von 2,25 innerhalb 14 Tagen nach Eingang dieses Scheines zur Einzahlung bringen. Eine weitere Zuteilung hängt von der **pünktlichen** Bezahlung dieser Gebühren ab.

Außerdem wollen Sie uns auf beifolgendem Zettel mitteilen, wann und an welche Fabrik Sie den Auftrag zur Lieferung von Fabrikaten aus dem in Frage kommenden Schwarzblech gegeben haben.

Der Geschäftsführer:
Kantw.

Freigabeschein für Gemüse- und Obstkonservendosen

J. A. Schmalbach, Blechwarenfabrik
Braunschweig, Hamburgerstr. 17.

Gutschein über Nr. 0297

zehn Milliarden Mark

Bis zum 1. Dezember 1923 löse ich diesen Gutschein bei Vorlage an meiner Kasse mit vorstehendem Betrage ein.

Braunschweig, 26. Oktober 1923.

ppa J. A. Schmalbach

Oben: Aufgrund behördlicher Genehmigung von J. A. Schmalbach gedrucktes Geld
Unten: Milchdosenlinie mit »Bodymaker«, etwa 1928

Werk Weißenthurm

Kunststoffverpackungswerk Haßloch

Sammel-
transportanlage

Kunststoff-
Blasautomat, System Plax

Wellpappen- und Papierfabrik Lübeck
(im Hintergrund Metallverpackungswerk, Maschinenfabrik,
Kunststoffverpackungswerk und Kombiwerk)

Oben: Werk Biebesheim – Luftaufnahme
Unten: Werk Biebesheim – Die modernste und größte Wellpappenerzeugungsanlage Europas

Werk Heilbronn

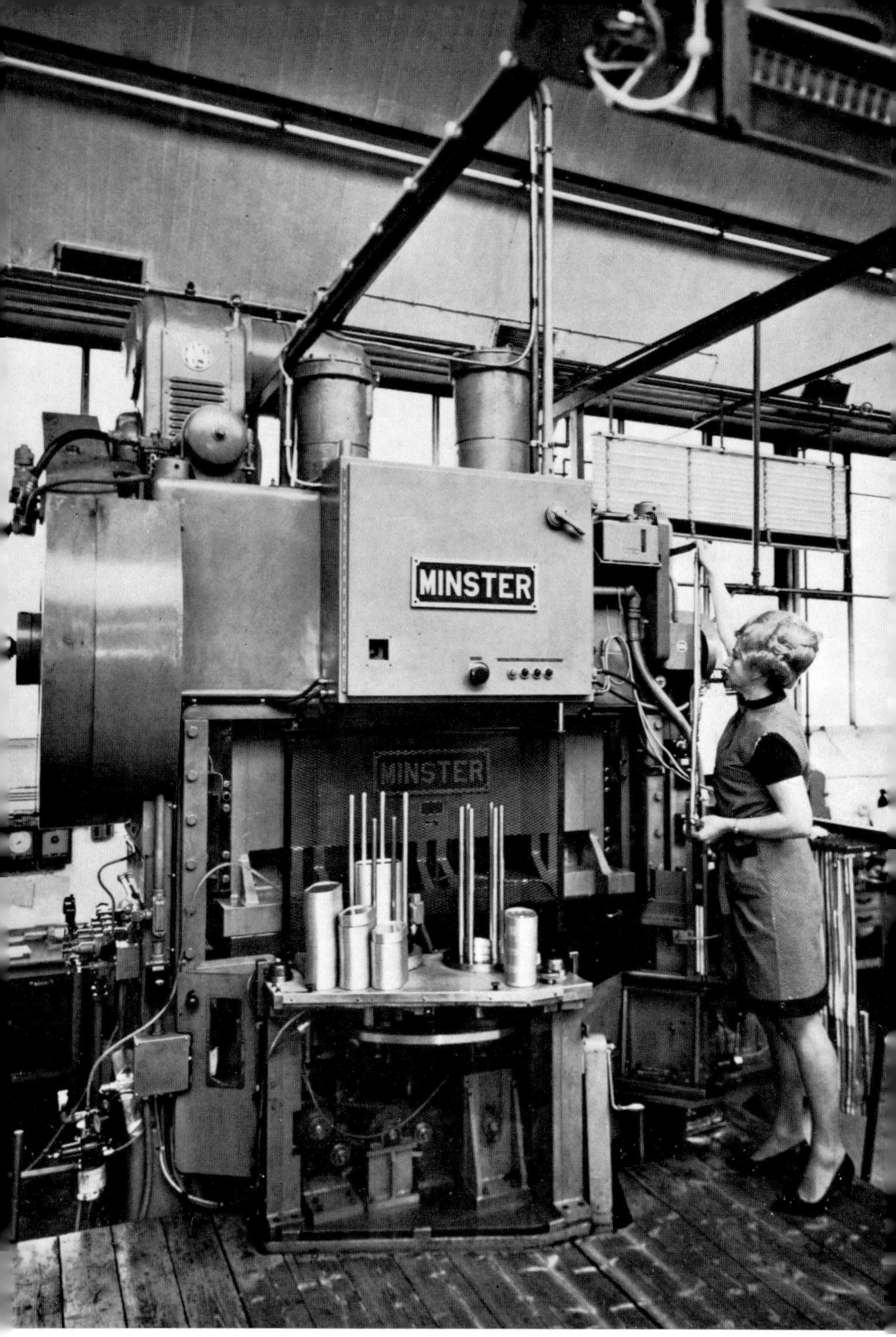

Minsterpresse

Oben: Lösung des Transportproblems 1923 . . .
Unten: . . . und heute

Grundsteinlegung durch Hans-Werner Rössing-Schmalbach

Oben: Gebäude der Hauptverwaltung 1955–1964
Unten: . . . seit 1965

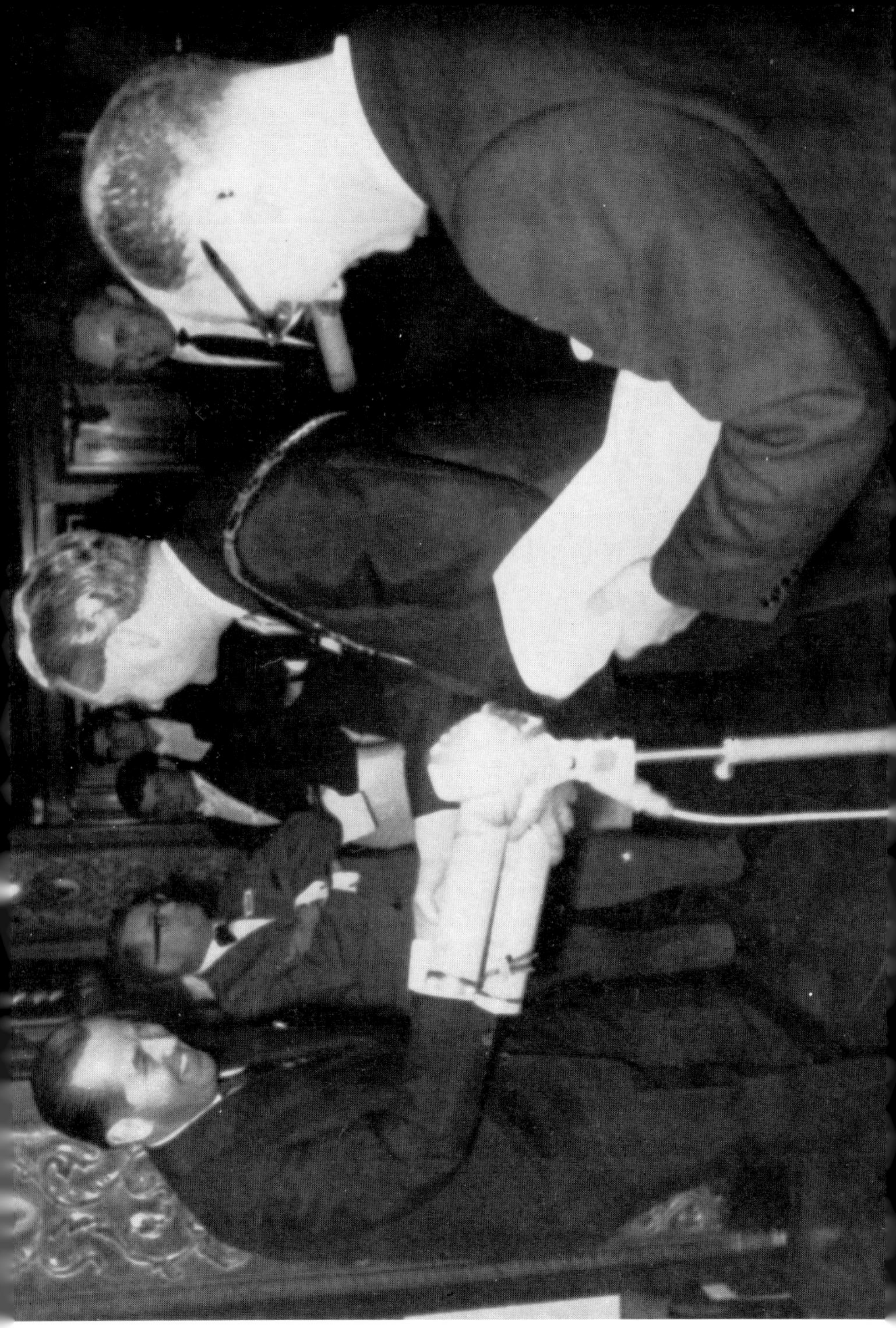

Hans Herbert Munte nimmt in Madrid am 29. November 1966
den Euro-Star entgegen

Die Entwicklung von Öffnungssystemen in 7½ Jahrzehnten

1898
Die ersten Spargeldosen waren so massiv, daß sie Jahr für Jahr wiederverwendet werden konnten. Zum Öffnen stellte man ein heißes Bügeleisen darauf, »damit sich die Verlötung löste!«

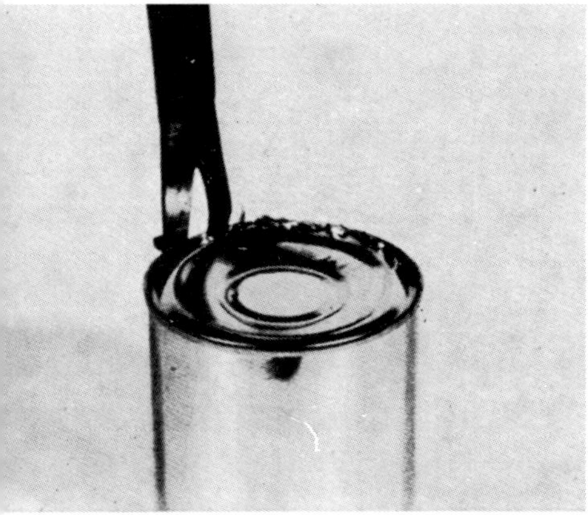

1910: In dieser Zeit war das Dosenöffnen anstrengende Arbeit. Der Deckel konnte zwar mit einem Gerät entfernt werden, es blieb aber ein scharfer Rand, der leicht zu Verletzungen führte.

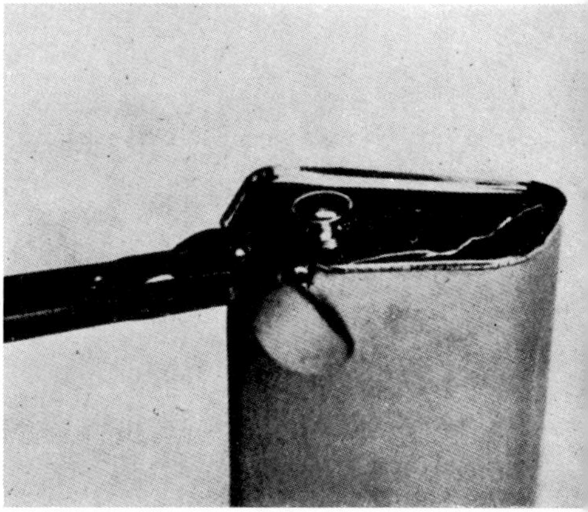

1920: Der Fortschritt marschiert. »Verbesserte« Dosenöffner kommen auf den Markt.

Oben links: 1930
Das Zeitalter der Öffnungssysteme beginnt. Die Reißbanddose der 30er Jahre hat einen aufgelöteten Schlüssel und läßt sich relativ bequem öffnen.

Oben rechts: 1940
Mit dem »Zieh-fix« erfahren die Öffnungssysteme eine weitere Verbesserung: ohne Hilfsmittel wird der in den Deckel eingefalzte Gummiring durch eine Lasche aufgezogen.

Unten: 1950
Für Fischdosen gibt es schon frühzeitig eine Reihe verschiedener Öffnungssysteme. Bei allen ist der erforderliche Schlüssel der Verpackung beigefügt. Hier ein Zungenaufreiß für die Club-Dose aus Aluminium.

Oben 1960: In den 60er Jahren erscheint der erste Aluminium-Aufreißdeckel für Bierdosen auf dem deutschen Markt.
Unten 1969–1973: Vollausreißdeckel aus Aluminium, später der Stahlaufreiß, schließen die $7^1/_2$ Jahrzehnte Entwicklung von Öffnungsmöglichkeiten zunächst ab.

Speisen 1910

Für die Zubereitung erforderliche Zeit nach der Sammlung von Kochrezepten „Wiener Küche", Leipzig-Wien, 26. Aufl. von Regierungsrat Olga Hess und Hofrat Prof. Adolf Fr. Hess

Speisenfolge

Frühstück

Kaffee
Mahlen in der Handmühle: 10 Minuten · Aufgießen in der Kaffeemaschine: 15 Minuten

Butterbrötchen
und Aprikosenjam (Marillenjam)
2 Stunden

Gesamtzeit (geschätzt) 1/2 Stunde

Mittagessen

Ragout fin (Feines Ragout in Muscheln)
2 1/2 Stunden

Rindsuppe mit Leberknödeln
2 1/2 - 3 Stunden

Pökelzunge mit Spargel und Salzkartoffeln
Zunge 3 - 4 Stunden · Spargel 1 Stunde · Kartoffeln 1 Stunde

Obstsalat (Macedoine von frischen Früchten, mit Schlagsahne und Champagner)
1 Stunde und 1/4 Stunde

Mocca
1/4 Stunde

Gesamtzeit (geschätzt) 2 1/2 - 3 1/2 Stunden

Abendessen

Ochsenschwanzsuppe
3 1/2 Stunden

Wiener Würstchen, mit warmem Kartoffelsalat
5 Minuten und 1 Stunde

Gesamtzeit (geschätzt) 1 1/2 Stunden

Karte

Zubereitung aus Convenience foods
(einschließlich Anrichten)

1969

Speisenfolge

Frühstück

Kaffee
1 Minute (Instant)

Butterbrötchen
und Aprikosenjam (Marillenjam)

Gesamtzeit (geschätzt) 10 Minuten

Mittagessen

Ragout fin (Feines Ragout in Muscheln)
10 Minuten

Rindsuppe mit Leberknödeln
10 Minuten (aus Naßsuppenkonserven)

Pökelzunge mit Spargel und Salzkartoffeln
Zunge 15 Minuten · Spargel 10 Minuten · Kartoffeln 3 Minuten

Obstsalat (Macedoine von frischen Früchten, mit Schlagsahne und Champagner)
1 Minute und 1 Minute (aus Zerstäuberdose)

Mocca
1 Minute (Instant)

Gesamtzeit (geschätzt) 30 Minuten

Abendessen

Ochsenschwanzsuppe
10 Minuten

Wiener Würstchen, mit warmem Kartoffelsalat
5 Minuten und 15 Minuten (aus pasteurisierten Kartoffeln)

Gesamtzeit (geschätzt) 20 Minuten

Der Zerkleinerer »Unicrex« reduziert den Abfall um 85 %.